同志社大学人文科学研究所研究叢書 XLIII

大学の協同を紡ぐ

……… 京都の大学生協 ………

名和又介、庄司俊作、井上 史編

日本生活協同組合連合会

はじめに

研究対象

　本書では、「大学のまち・京都」における戦後の大学生協の展開過程を解明している。研究として8本の論文と、オーラル・ヒストリーとして19人の大学生協関係者による生協との関わりを中心とした証言によって構成した。なお、証言に関しては、初出時にはそれをもとにした「質疑」を掲載したが、本書では紙幅の制約のため省略している。
　まず、京都の大学生協について、研究の前提となる事項を整理するとともに、既存の研究に触れ、本書の意義と今後の課題を明確にしておきたい。前者に関しては、国際協同組合年にちなんで出された今手元にある2つのパンフレット、2012国際協同組合年〈IYC〉全国実行委員会「2012国際協同組合年ってなに?」（2012年1月、以下パンフ1）と京都府生活協同組合連合会「協同組合がよりよい社会を築きます」（2012年3月、以下パンフ2）が参考になる。その要点を引用する形で叙述を進める。
　今年は国連決議にもとづく国際協同組合年である。この決議では、協同組合を「人々の経済社会開発への最大限の参加を促している」、「持続可能な開発、貧困の根絶、都市・農村におけるさまざまな経済部門の生計に貢献できる事業体・社会的企業」と評価している。こうした評価の背景には、世界的な食料危機（2007年）や金融・経済危機（2008年以降）に対して、協同組合が耐久力・回復力を示したことがある。国際協同組合同盟（ICA）は世界の協同組合の連合組織であり、世界各国の農業、消費者、信用、保険、保健、漁業、林業、労働者、旅行、住宅、エネルギーなどあらゆる分野の協同組合の全国組織が加

盟している。2011年3月現在、ICAの加盟組織は93カ国、247団体、傘下の組合員は世界全体で10億人を超える。加盟国を地域別にみると、ヨーロッパが最多で34（組織数81）、次に南北アメリカ20（74）、日本を含むアジア・太平洋26（69）、そしてアフリカ13（23）である。

　わが国の協同組合は①一次産業に従事する組合員への支援、②安全・安心な消費生活への貢献、③地域振興や暮らしの改善につながる金融、④地域に密着した医療・福祉、⑤助け合いの精神を形にした共済、⑥自ら就労機会を創出する労働者協同組合、の各分野にわたる。①は戦前からの長い歴史をもつ農協（JA）や漁協（JF）、森林組合であり、本書で研究対象とする大学生協は地域生協とともに②の代表的な協同組合である。2009年3月現在の全協同組合数は36,492（組合員数80,259千人、一部推定、重複あり、以下同じ）であり、そのうち大学生協は228（1,509千人）である。ちなみに地域生協は612（25,320千人）である（以上、パンフ1による）。

　京都府には1951年創立の京都府生活協同組合連合会のもと、19の会員生協が地域・大学・医療・職域・共済の各分野で事業を展開し、全体でみるとその規模は組合員数のべ70万人、事業高1,100億円となる。生協は今や府下の消費者の暮らしと生活においてなくてはならない存在となった。

　本書の研究対象である京都の大学生協の特徴をみると、「大学のまち・京都」にふさわしく大学生協のウェイトの大きさが指摘できる。19の会員生協のうち、大学生協京都事業連合を含め11が大学生協である。初期陣営のなかでの大学生協の優位が第1の特徴である。

　すぐ後に各大学生協の概要をまとめるが、全体でみると、1949年設立の京都大学生協をはじめ1950年代までに3生協が設立されている。60年代には3生協、さらに70年代に単協としては2生協、それに加え京都事業連合も71年に設立された。このように11のうち9生協が70年代までに設立されている。それも京都橘学園生協を別にすると、71年までに8生協が設立され、90年代以降設立されたのは2生協にとどま

る。全国の大学生協は85年2月現在、短大・所管外を含め146である。それが現在、上述の通り230弱である。つまり、全国的には大学生協は3分の1以上が80年代半ば以降設立された。それと対照的に、京都では60年代までに過半が、70年前後まで伸ばすと大半が設立されていたのである。一般的に大学生協の誕生は戦後の高度経済成長がもたらしたものといえるが、京都では早々とつくられていった。これが京都の大学生協の第2の特徴である。

　一般的に大学生協は私立より公立、公立より国立で多かった。4年制大学でみると国立では85年現在7割近い大学に生協があった。公立では医科系単科大学も多い関係もあって約半数の大学に生協があった。私立の場合、生協があったのは全体の2割弱であるが、当然ながら「歴史の古い大きい大学」[1]に多かった。一方、短大の生協というのは当時まだきわめて少なかった。京都の状況も85年当時のこの全国の状況と共通性があり、相対的に京都には国公立の大学、私立も有力大学が多く、これが大学生協の普及が進んだ1つの背景にあるといえる。ただし、状況的に時期が20年ほど先行したことに京都の独自性がある。

　京都の大学生協のうち、本書の研究や証言で取り上げる大学生協について、その概要を設立順に述べる（以下、パンフ2からのほぼ引用である）。

　京大生協は1949年設立、京都の大学生協の中では最古の歴史を誇り、創立以来60年以上にわたり京大教職員の福利厚生環境を支えてきた。組合員数3万4,397人、事業高58億7,051万円におよぶ。現在は吉田・宇治・桂キャンパス内の26事業所で事業を展開し、組織活動も学生・院生・教職員・留学生など階層別の組織委員会が活発に活動する。2010年に「京大生協のMission&Vision2015」を定め、①健やかなキャンパスライフのために、②より充実した学びのために、③大学との緊密なパートナーシップ、④国際拠点化への貢献、⑤地域と地球社会に向けて、⑥信頼される事業体となるために、という6つのビジョンにもとづき活動を展開する。

同志社生協は1957年設立、組合員数３万9,028人、事業高43億7,675万円におよぶ。創立者新島襄の教えを受けた安部磯雄による「日本で最初の大学生協」を発祥とし、その伝統のもとに同志社大学消費生活協同組合として設立された。翌年法人化。86年以降、今出川校地に加え京田辺校地でも事業を行うようになり、そして97年以降、同志社女子大学でも事業を開始したほか、関連中高でも活動するようになった。文系は今出川に統合、京田辺には理系という大学再編成を迎える2013年をにらみ、それに即応した事業展開を目指す。

　京都府立医科大学・府立大生協は1958年設立、組合員数１万351人、事業高は10億963万円である。府立医大生協を母体に発足し、1962年に府立大学の両大学にまたがる生協になり今日に及ぶ。組合員には学生・教職員だけでなく、患者も加入して利用する。府立２大学の生協として地域とのつながりを大切にした事業活動を行い、学生の成長を支援する農村体験ツアーや地産地消といった独自の取り組みを展開する。

　立命館生協は1962年設立、2012年に創立50周年を迎える。組合員数４万7,273人、事業高63億3,431万円はともに京都の大学生協ではトップである。京都衣笠キャンパスと滋賀県草津市のびわこ・くさつキャンパス（BKC）、大分県別府市の立命館アジア太平洋大学（APU）、３つの付属中高キャンパス、学園本部棟のある京都朱雀キャンパスにおいて食堂、ショップ店を運営する。京滋地区では健康で快適なキャンパスライフを目指し、APUでは世界各国からつどう留学生固有の要求にもこたえる取り組みを進める。2013年の京都長岡京新キャンパス、15年の大阪茨木新キャンパスの開校をひかえ、「参加・協同・助け合い」の精神でキャンパスライフの充実に貢献していくことを目指す。

　龍大生協は1966年設立、組合員数２万1,038人、事業高19億1,659万円である。深草・大宮・瀬田の３キャンパスで事業活動を行う。大学の第５次長期計画が実施されるなか、学部移転や新学部の設置、キャ

ンパスの再整備の課題などが予定され、生協にとっても大きな変化を迎えようとしている。現在中期計画を検討しており、大学の変化をチャンスととらえ、より魅力的な生協をつくり大学に貢献していくことを目指す。

　京都工芸繊維大生協は1971年設立、組合員数約4,603人、事業高6億1,079円である。大学は京都松ヶ崎にキャンパスがある、工科系の国立大学である。キャンパス内の福利厚生棟「KIT HOUSE」のなかには1階のカフェテリア、2階にKIT SHOPがある。生協は①安心で安全、豊かなキャンパスライフに貢献する、②豊かなキャンパスづくりに貢献する、③大学の目指す教育・研究と大学づくりに貢献する、という使命にもとづいて活動を展開する。

　その他の4大学生協について、名称と設立年、組合員数、事業高のみ順に記すと、京都教育大生協1966年、1,984人、2億2,698万円、京都橘学園生協1977年、3,669人、4億2,326万円、池坊学園生協1995年、314人、2,226万円、京都経済短期大学生協1996年、384人、2584万円である。

　最後に、大学生協京都事業連合は1971年設立、会員生協数は19、事業高は164億8,640万円におよぶ。61年に食材共同仕入れのため設立された「京都ブロック」を前身とし、10年後「事業連合」として法人化した。商品の共同仕入れをはじめ大学生協の事業を支える各種共同事業を行う。厳しい事業経営環境のもとで会員生協の経営への貢献を高めるため、2011年、阪神と北陸の3事業連合で「機能統合」し、商品・食材の共同仕入れなどの事業連帯活動の広域化と高次化の取り組みを開始する。

本書の意義と今後の課題

　本書は京都の大学生協の歴史研究である。大学生協研究については米澤旦氏の丹念なレビューがある[2]。そのなかで米澤氏は「大学生協

研究は多いとはいえない」としつつ、既存の大学生協論・研究を「大学研究の経営論」と「大学生協の歴史研究」に分類し整理している。この分類は妥当なものと思われるが、本書は後者、つまり最初に述べたように京都エリアに限って戦後大学生協の発展史を明らかにしようとするものである。同じ協同組合のなかで、例えば農協研究と比べると、生協研究はかなり見劣りすることは否めない。そして生協研究のなかでも、大学生協研究は地域生協研究に比べかなり見劣りし、さらに大学生協研究のなかでも、歴史的研究は米澤論文でも示唆されているように遅れている。「戦後の大学生協の歴史研究」として米澤氏が挙げているのは、わずか本書第1章と第5章の初出論文と東大生協に関する資料集等だけである。戦前の学生消費組合の研究でも、本書第9章の初出論文と他数篇に限られる。大学生協の歴史的研究は今後本格的に深められるべき分野であり、本書はそのためのささやかな一歩になるのではないかと思い取りまとめた。

　本書は、同志社大学人文科学研究所の共同研究（研究テーマ「京都地域における大学生協の総合的研究」2006～2008年）の研究成果の一部である。本書の各論文・証言は研究例会の報告をもとにまとめられている（その記録は京都の大学生協史編纂委員会編『会報』2006年10月創刊～第21号2012年4月、に掲載）。また研究会では、同志社生協資料の整理と、同機関誌「東と西と」を『同志社生協史料集Ⅰ　「東と西と」第1期』2008年2月、『同志社生協史料集Ⅱ　「東と西と」第2期』2008年4月、にとりまとめ刊行した。本書の研究篇の各論文はこれらを基礎資料として活用しまとめられている。

　米澤論文ではわれわれの共同研究について、上記各論文の概要を紹介した上で、「大学生協の歴史研究に関して言えば、『京都の大学生協史編纂委員会』のような試みが、関東圏やそれ以外の地方の大学生協の歴史研究においても求められる。とりわけ、戦後は通史的な整理が不足している。各大学生協の年史も70年代以前に書かれた25年史、30年史が多く、大学生協全体の歴史についても70年代以降は蓄積が少な

い」。「大学生協が大学というコミュニティから離れられない以上、大学との関係は大学生協にとっては大きな課題である。設立当初、60年代・70年代、（学生運動の停滞を境にした要求路線から対話路線への転換を決定づけた、1978年発表の福武直による）会長所感の以後、国立大学法人化以降でその性格が異なることは先行研究から読み取れる」と好意的に評価していただいた。資料にもとづく具体的事実の掘り起こしが歴史研究の出発点であり命である。大学生協の研究が少ないなか、まずは歴史の厚い岩盤に深くボーリングする。本書の証言編も、研究の現状を考慮した上で、現場で悪戦苦闘した人びとの語りから歴史の現実を浮かび上がらせることが有益であると考え、このような形でまとめてみた。米澤論文の評価は本書所収のいくつかの論文に対するものであるが、われわれの意図をよく理解していただいたと感謝している。

　もとより、本書の不十分な点も十分に自覚している。第1に、京都の大学生協といいながら、研究篇では同志社生協にいちじるしく偏っている。これは、資料整理等が他大学では遅れたためであり、他に特別の理由はない。この難点を多少とも補うため、証言編では京大生協、京都府立医科大学・府立大生協、立命館生協、龍大生協、京都工繊大生協のほか広範囲に事例を集めた。なおその後、京大生協でも資料整理と調査が進められ、生協の議事録・事業報告などの諸資料をもとに詳細な生協史年表と事業・活動記録が最近まとめられた。これを起点に今後研究が進められることになる。第2に、歴史研究の最終目的は研究対象に即した時期区分と新たな歴史像の構築である。本書ではとてもその域には及ばなかった。個人的には、時期区分の問題では高度経済成長と大学生協（地域生協も）との関連が重要であると認識しており、こうした観点から大学生協の発展史を理論的に捉えていくことが必要ではないかと考えている。これは大学生協の転換期とされる1970年代の位置づけの問題であり、また高度経済成長前の時期とそれ以降の時期をそれぞれどう捉えるかという問題でもある。新たな歴史

像に関しては、大学生協の発展史を通した「戦後大学の社会史」、あるいは「戦後学生の社会史」といった形に研究を発展させていく必要があるのではないか、またその可能性と学術的意義は大きいものがあると考える。本書がそのきっかけになれば嬉しいし、われわれも引き続き努力を続けていきたい。

注
1　福武直『大学生協論』東京大学出版会、1985年、pp 4 - 5。
2　米澤旦「大学生協論・研究の展開」『生協総研レポート』No.61、2010年3月。

目　次

はじめに ……………………………………………… 庄司　俊作　3

第Ⅰ部　研究編

第1章　大学生協の高度経済成長と学生生活……………庄司　俊作　16
　はじめに　16
　1　1960年代の学生生活　18
　2　同志社生協の設立と発展　23
　3　経営不安定な時代へ　29
　4　1970年代の同志社生協と学生生活　32
　おわりに　40

第2章　バブルおよびポストバブル期における消費動向と学生生活の変化 …………………………………………久保　建夫　42
　はじめに　42
　1　バブル、バブル崩壊と生協―大学生協にもふれて　43
　2　学生生活の変化とその背景　51

第3章　京都、滋賀、奈良地域の学生生活
　………………………久保　建夫、名和　又介、三宅　智巳　64
　はじめに　64
　1　学生生活の現状と問題点　65
　2　下宿生の生活を支える保護者の負担　74
　3　学生の意識と行動　76
　4　「学生生活総合支援」のあり方について―まとめにかえて　79

第 4 章　消費者運動から考える大学生協 …………………原山　浩介　83
　　はじめに　83
　　1　「安くてよいもの」という発想　84
　　2　運動と資本主義の狭間　86
　　3　生協とは何か、という問い　89

第 5 章　1960年代の同志社生協 ………………………………井上　史　92
　　はじめに　92
　　1　同志社生協の歴史的概略―1945年まで　95
　　2　同志社生協の歴史的概略―1945年以後　102
　　3　第 1 期「東と西と」　107
　　おわりに―安部磯雄から嶋田啓一郎へ　117

第 6 章　1960年代の同志社生協の可能性 ……………及川　英二郎　125
　　はじめに　125
　　1　値上げ問題の発生　131
　　2　値上げ問題への取り組みと地域生協　139
　　おわりに　155

第 7 章　1970年代、80年代の同志社生協 ……………………井上　史　160
　　はじめに　160
　　1　施設闘争と府連第 2 次中期計画の「総力戦」　165
　　2　「学園に広く深く根ざした大学生協づくり」と事業活動の転換　167
　　3　食堂政策の転換　171
　　おわりに　175

第 8 章　『邂逅』（同志社大学生協書評誌）と全国大学生協読書推進
　　　　運動 ……………………………………………………名和　又介　181
　　はじめに　181
　　1　『邂逅』の紹介　182

2　大学生協の書籍政策　187
　　3　読書推進運動　190
　　おわりに　197

第9章　初期の同志社生協史に関する一考察 ………… 小枝　弘和　205
　　はじめに　205
　　1　安部磯雄の消費組合設立と同志社の状況　209
　　2　商事研究会の発足と購買部の設置　211
　　3　同志社大学学友会への購買部移管—学生会館と新島会館建設をめぐって　215
　　4　その後の購買部と課題　220

第10章　安部磯雄から学ぶ ……………………………………… 223
　　はじめに　223
　　1　安部のキリスト教観　227
　　2　安部磯雄の社会主義　231
　　3　安部磯雄の協同組合（消費組合）運動　233
　　おわりに　235

第Ⅱ部　証言編

1950〜1960年代
　　1　同志社大学協同組合の経営立て直しに参画する …… 竹本　成徳　240
　　2　同志社大学学生会館と生協設立 ………………………… 太田　雅夫　244
　　3　私の在籍した頃の京都府立医科大学・府立大学生活協同組合
　　　　……………………………………………………………… 横関　初恵　254
　　4　「同盟化」の時代 ……………………………………………… 横関　武　270
　　5　大学生協における事業連合組織の形成とその特徴 …… 小見　弘　274

1970年代

6 京都地域の大学紛争と生協・京都地域大学生協の事業連帯活動について……………………………………………………稲川 和夫 289
7 1960～70年代の京大生協………………………………西山 功 299
8 紛争に揺れた時期の京大の表と裏……………………野村 秀和 305
9 大学生協運動の転換期に身をおいて…………………原 強 317

1980年代以降

10 1983年立命館生協：不祥事と再建のとりくみ………芦田 文夫 329
11 京都の大学生協で経験したこと、考えていたこと…小塚 和行 341
12 田辺移転・業者競合から工学部の統合移転・女子大店舗開設の頃
   ……………………………………………………横山 治生 349
13 34年の大学生協歴をふりかえって……………………平 信行 354
14 わたしと大学生協………………………………………末廣 恭雄 368
15 京都事業連合の歩みと「98年問題」を超えて………小池 恒男 380
16 同志社生協食堂部門の歴史と京都事業連合及び大学生協連食堂政策の推移……………………………………………………今岡 徹 394
17 先輩方の頑張りの上に今大学生協の書籍事業があることを！
   ……………………………………………………寺尾 正俊 413
18 70年代後半の大学生協の活動と事業について………三宅 智巳 427
19 70年代後半の大学生協の活動と事業について………毛利 雅彦 438

あとがき………………………………………………………名和 又介 445

年表 450

細目次 468

第Ⅰ部 研究編

第1章 大学生協の高度経済成長と学生生活
　　　―同志社生協経営諸資料の統計分析を通して― ……………………… 庄司俊作

第2章 バブルおよびポストバブル期における消費動向と学生生活の変化
　　　……………………………………………………………………………… 久保建夫

第3章 京都、滋賀、奈良地域の学生生活
　　　………………………………………………… 久保建夫、名和又介、三宅智巳

第4章 消費者運動から考える大学生協 ……………………………………… 原山浩介

第5章 1960年代の同志社生協
　　　―機関誌『東と西と』を通して― …………………………………… 井上　史

第6章 1960年代の同志社生協の可能性
　　　―洛北生協設立の文脈― ……………………………………………… 及川英二郎

第7章 1970年代、80年代の同志社生協
　　　―変化と模索の時代の大学生協運動― ……………………………… 井上　史

第8章 『邂逅』（同志社大学生協書評誌）と全国大学生協読書推進運動
　　　………………………………………………………………………………… 名和又介

第9章 初期の同志社生協史に関する一考察
　　　―購買部の動向に着目して― ………………………………………… 小枝弘和

第1章

大学生協の高度経済成長と学生生活
――同志社生協経営資料の統計分析を通して――

庄司 俊作

はじめに

　同志社大学生協（以下、現在の「同志社生協」と略）の経営資料が人文科学研究所の方に移され、同職員の手によって整理のうえ資料目録が作成された。本稿はその過程で利用しえた経営資料を分析したものである。

　本稿の目的に関していうと、大学生協の経営と活動を通して、戦後の高度経済成長の歴史的意義を検討したいという大きな問題関心がある。そこで、大学生協と学生生活について、同志社生協を中心に高度経済成長期の歴史的な変化を明らかにしたい。大学生協における同志社生協の位置の見当をつけるため、他の大学と対比して検討する。対象とする時期は、ちょうど学生運動が燃え上がり大学が揺れに揺れた時期が中心である。同志社大学では大学紛争がとりわけ激しかったと聞く。この意味は二つ考えておかなければならない。一つは、大学は休日が多くただでさえ生協の経営を困難にしているのに、長期間ロックアウトが行われ、生協の事業活動が実質的に不可能になる事態が一

再ならず生まれた。これに伴う経営的打撃はさぞかし大きかったに違いない。もう一つは、協同組合の本質に関わることである。一般に協同組合は「事業体と運動体の矛盾的統合」といわれる。高度経済成長期の大学が揺れた時期というのは、この矛盾がとりわけ拡大した時期だったのではないか。これは経営のあり方に当然ながら大きく影響する。大学生協に特殊な矛盾の現われというのもあったかもしれない。この点に留意しつつ、大学生協の経営を見ていく必要がある。

　対象時期についていうと、高度経済成長期はふつう1955年〜73年の期間とされている。本稿では少し時期をずらすことにする。始期は五年あとに、また終期は10年あとにずらして、60年代から80年代半ばまでの時期を中心に検討する。これはなぜかというと、資料的制約もあるが、経済成長が国民生活——ここでは学生生活であるが——を変えるまでのタイム・ラグを考慮している。高度経済成長期の後、74年から91年にかけての時期はバブル期を挟んでポスト成長期あるいは安定成長期と呼ばれる。高度経済成長の影響が問題であるので、時期的なずれを考えないといけない。そういうわけで、安定成長期の前半の85、86年までを対象にすることにした。1人当たり名目GDPを見ると、東京オリンピック直後の1965年はまだ932ドルであり、現在のアセアンのインドネシア807ドル（2001年1人当たり名目GDP、以下同じ）、タイ1,967ドル、フィリピン994ドルと比べて大きな差はなかったことが注目される。それが、70年1,967ドル、75年4,475ドルと増加した後、1980年代に入って1万ドルを超えている（1984年1万542ドル、以上は内閣府資料による）。始期も終期も少し時期をずらすことはむしろ分析に必要な操作であると考えられる。

　まとめをすれば、1960〜80年代半ばの大学生協の分析を通して、大学生協にとっての高度経済成長の歴史的意義を明確にするとともに、この時代が今日の大学生協のあり方をどのように規定しているか、この時代から何が歴史的教訓として引き出せるかを考察してみたい。この時代を振り返ることで大学生協の今日的課題として何か見えてくる

ものがあるはずである。この検証に最終的な目的を置く。

1　1960年代の学生生活

　1960年代の学生生活を端的に示す資料をないかと種々の資料、総計類を探索した。その結果、重要な資料に出くわした。それが第3回学生生活実態調査（以下、学調）で、これをもとに表1-1を作成した。この表は1964年時点の実態を示している。同志社生協の資料の中には第1回の学調は残っていない。第3回が一番古い。その後、1980年くらいから毎年残っているが、60年代と70年代は飛び飛びであり、60年代はこれが一番最初で唯一の資料ということになる。

　東京と京都、地方の国公立と私学の中からいくつかの大学を取り上げ（事例は少ない）、収入や生活費から学生の生活が調査された。こうしたデータは他の年度にはなく、筆者の見た限りこの年度だけである。ここでは東京の国立大学として東京大学（以下、東大。他大学も略称で表記）と東教大、私立大学として早稲田、慶応、そして京都からは京大、同志社、立命館の各大学を取り上げた。一見して100円未満がゼロになっていることに奇異な感じをもたれるかもしれない。これはデータのまま、資料に説明はなく平均値で10円の位を四捨五入か何かした結果と推察される。表1-1を見る前に一点だけ指摘したいことがある。1960年代というのは、一言でいうと学生生活に余裕がなかった時代ではないか。高度経済成長が始まってかなり時間が経っているが、学生はまだギリギリの生活を送っていたのではないか。そのことが学生運動の背景でもあったと想定される。

　何のためこういうことをいうかというと、70年代との差異を明確にするためである。この時代の国立大学は授業料は年間1万2,000円である。この授業料の金額がもっている意味は決定的に大きいと考えられる。私学の授業料は国公立から比べると高い。しかし、60年代まで

表1-1 学生の経済生活の比較（1964年）

（自宅生） （単位：円）

		京大	同大	立大	東大	東教大	早大	慶大
収入	家庭から①	3,400	5,900	4,100	4,000	2,500	5,100	7,500
	アルバイト	3,600	2,500	3,800	4,100	4,600	3,100	2,700
	奨学金	900	200	300	900	1,200	400	300
	合計	7,900	8,600	8,200	9,000	8,300	8,600	10,500
食住費	食費	1,800	2,300	2,500	2,000	1,500	2,100	2,700
	食費率（対①）	0.53	0.39	0.61	0.50	0.60	0.41	0.36
	住居費	—	100	—	—	—	—	—
	合計	1,800	2,400	2,500	2,000	1,500	2,100	2,700
	食住費率（対①）	0.53	0.41	0.61	0.50	0.60	0.41	0.36
その他	勉学費	1,300	1,100	1,100	2,400	1,900	1,400	1,600
	教養娯楽費	1,700	1,900	1,900	1,900	1,300	2,300	2,800
	通学費	690	930	930	600	860	540	440
	日常費	900	1,200	1,200	1,000	1,100	1,100	1,600
	合計	4,590	5,130	5,130	5,900	5,160	5,340	6,440

（自宅外生）

		京大	同大	立大	東大	東教大	早大	慶大
収入	家庭から①	11,300	14,600	13,300	11,200	10,700	14,500	21,500
	アルバイト	3,200	1,900	2,600	4,300	4,200	3,700	1,600
	奨学金	4,800	900	800	3,100	2,200	1,300	500
	合計	19,300	17,400	16,700	18,700	17,100	19,500	23,600
食住費	食費	7,900	7,500	7,100	7,100	7,100	7,400	8,500
	食費率（対①）	0.70	0.51	0.53	0.63	0.66	0.51	0.40
	住居費	3,600	3,200	3,500	3,600	3,300	4,200	5,300
	合計	11,500	10,700	10,600	10,700	10,400	11,600	13,800
	食住費率（対①）	1.02	0.73	0.80	0.96	0.97	0.80	0.64
その他	勉学費	1,900	1,400	1,400	2,700	2,000	1,800	2,200
	教養娯楽費	1,600	2,300	1,900	1,900	1,400	2,300	3,400
	通学費	340	490	510	520	840	640	720
	日常費	1,500	1,900	1,700	1,900	1,900	2,000	2,700
	合計	5,340	6,090	5,510	7,020	6,140	6,740	9,020

資料：全国大学生活協同組合連合会『学生の経済生活――大学生協による第2回学生生活実態調査報告書』（1965年）より作成。

は、国公立の安い授業料にいわば釘付けされ抑制されていた側面を見落とすことができない。一例に同大の授業料の推移を見ると（後掲表1-2参照）、60年は2万1,000円である。私学では他に初年度納入金があるが、これは考慮に入れない。国公立の倍まではいかない。そして同大ではその後、授業料が段々と引き上げられ、65年に6万5,000円になるが、71年まで据え置かれる。筆者は71年に大学に入学した。この

時も国立の授業料は1万2,000円で変わらない。地方からの進学や大学在学中の兄がいたりして、親から私学にはやらない、かつ浪人御法度という厳しいお達しがあり、進学先は国立しか念頭になかった。その際、安い授業料が進路選択の重要な要因であったことは間違いない。筆者のような学生は高校や大学の同級生の中に少なからずいた。けっして苦学生ということではなく、安い授業料のおかげで多くの若者が地方からでも大学に進学できるというような時代だったといった方が適切である。そのような学生にはもとより経済的余裕のある生活は許されない。

　ところが、70年代に入ると、状況が大きく変化する。同大では72年に授業料が11万8,000円とそれまでの倍近く引き上げられる。そして73年に24万円、74年に29万円と立て続けに大幅な引き上げが行われた。一方、国公立も負けておらず、73年3万6,000円、77年9万6,000円と引き上げられる。ともに授業料の引き上げが行われたわけだが、私学がそれを先導したことと、結果として国公立・私学間の授業料格差が60年代より拡大したことが注目される。60年代にはまだ確認された、国公立の安い授業料によってはめられていた私学の授業料引き上げのタガが外れたともいえる。こうした背景に社会問題ともなったこの時のインフレの昂進があったことは指摘するまでもない。それとともに、70年代に入って国民生活が高度経済成長によって一段向上したことが重要であったといえる。

　さて、表1-1に戻って、以上を踏まえ、1960年代の学生の生活を見てみる。この表では自宅外生（以下、下宿生）と自宅生とを分けて示した。まず注目すべきは、家庭からの仕送り（下宿生）、あるいは家庭からの小遣い（自宅生）に対する食住費の割合（以下、食住費率）である。下宿生の場合、アルバイトと奨学金がこの時代には不可欠だったことが指摘できる。どういうことかというと、国立と私学では当然かなり違うが国立の場合、食住費率はほぼ1であり、この点は東京も京都も違いがない。筆者が入学した当時の東教大は地方出身の学生

が多く貧乏くさい大学だったが、同大学の学生でも時代が少し下るが食住費を賄うくらいの仕送りをもらっていた。食住費率1というのは、食費と住居費の合計が親の仕送りの一般的基準であったことを意味している。遠く離れた子の食うこと、住むことの面倒をみるぐらいは親の責任という親心の表れといえようか。ただし問題はそれぞれの中身ではあるが。それはすぐ後に見るとして、学生の生活には他に本を買うための勉学費や時に映画を観たりするための教養娯楽費だって必要である。したがって、逆にいうと、国立に通う下宿生にとって、仕送りはせいぜい食住費を賄うだけであり、教養娯楽費等はアルバイトの収入や奨学金で調達するしかなかったということになる。自宅生の場合も、食住費率、否、食費率は５割、多くて６割と国立の３大学はかなり似かよっている。国立の自宅生にとっても、親からもらう小遣いだけでは、ささやかな外食費といえる食費さえほとんど賄えない状況であった。そこで、自宅生も奨学金のウェイトが小さい分、下宿生並みにアルバイトに精を出さなければならなかった。

　一方、私学の場合はどうか。下宿生の場合、国立に比べ仕送りの額は少し多くなる。しかし、慶大は別にして、食住費率は仕送りで多くて７～８割しか賄えない。住居費も、慶大を別にすれば国立と差はなく、私学の学生も低家賃の下宿生活が一般的であったことがうかがわれる。これらの点も東京と京都の間で違いはない。こんなつつましい生活にもかかわらず、仕送りの７～８割は食費と住居費で消えていたことになる。

　こういう生活は今の学生の生活とはかなりかけ離れている。

　さらに、仕送りに対する食費だけの割合を見ると、国立の下宿生は三大学とも６～７割であることが注目される。これは東京も京都も差はない。私学の下宿生はどうかというと、慶大は別にして、東京、京都の区別なく、３大学とも５割強である。この時代の下宿生は、仕送りに対する金額でいうと、国立で６～７割、私学で半分は食費に使っていたことになる。自宅生の場合、住居費は不要であり、食費も負担

はかなり減る。それでも、食費を見ると、国立の場合、小遣いの5〜6割に相当する金額が使われている。私学の場合だと、3〜4割に相当する金額になる。この点も東京と京都で違いはない。自宅生も食費の負担がかなり重く、それだけ経済的余裕のなさを示している。

となると、勉学費、教養娯楽費はやはりアルバイトで稼ぐしかない。各大学とも、勉学費、教養娯楽費に費やす個別の金額は、自宅生と下宿生の間にほとんど差がないことが注目される。自宅生と下宿生の間では何の金額が違うかというと、日常費である。ここが各大学とも自宅生と下宿生の間でかなり金額が異なる。各大学とも自宅生と下宿生の間で勉学費等がほぼ同じで、日常費に差が出ていることについては、いろいろな解釈が可能であるがここでは省く。勉学費と教養娯楽費の支出は大学間によってかなり大きな差異があることに注目したい。国立と私学の間の学生生活、学風の違いが明瞭にうかがえる。国立は、勉学費が教養娯楽費より多いことが特徴である。

一方、私学は、慶大が典型であるが教養娯楽費が勉学費を上回っている。最後に、その中で同大の特徴についていうと、東京私学型とでもいうべきか、同じ京都の立大と比べると差が目立つ。東京の早大、慶大と似ている。慶大ほどではないが小遣いと仕送りの額が大きい。それに加え、自宅生も下宿生もアルバイト収入が少ない。この点も慶大と似ている。これらは同大の学生が比較的経済的に恵まれていたことを示している。そして支出では、やはり慶大ほどではないが教養娯楽費の金額が大きく、学生の教養娯楽志向の強さが表れている。

以上、1960年代の学生は一般に経済的には余裕のないぎりぎりの生活を送っていたことが明確になった。

2　同志社生協の設立と発展

　同志社生協のこれまでの長い歩みの中に位置づけたとき、1960年代は躍進期と規定することができる。1957年に創立されて以降、生協施設は次々に拡充されるとともに、事業が飛躍的に拡張されていく。この点はすでに井上史氏によって明らかにされている[1]。井上氏が作成した同志社生協の年表（**第5章103頁**）によると、60年代にはさまざまな店が次々に開店している。この点を前提にして以下叙述していく。

　まず表1-2を参照されたい。これは同志社生協の事業と経営の総括表として作成した。この表をもとに総供給高と1人当たり利用高の推移を示す図1-1と、総供給高と当期剰余の推移を示す図1-2を作成した。総供給高の金額は総合消費者物価指数でデフレートし実質ベースにした。この二つの図から次の点が読み取れる。

　第一に、1960年代の特徴として、総供給高の伸びと組合員の増加、1人当たり利用高の伸びが併進していくことが指摘できる。総供給高は60年から68年にかけて2.9倍に増加した。組合員数は56年6,043人、59年9,316人と増加し、68年には18,372人とこの時点で在籍者ほぼ全員の生協加入が実現している。60年代は、生協が広範な学生に受け入れられ、その意味で学内に市民権を得た時代であったということができる。そこで、1人当たり利用高をみると、60年から69年にかけて1.5倍に増加した。1人当たり利用高がこれだけ増加したのも、後に述べる70年代や80年代と異なる点である。なお、80年代後半からまた組合員は増加するが、これは大学の田辺キャンパス開校や同志社女子大学の同志社生協への参加などによる学生の増加を反映したものである。

　第二に、以上の結果、60年代には当期剰余は、一貫して黒字である。その額はけっして多くないが、ともかく赤字はまぬがれている。この点も70年代や80年代とは異なる。

　では生協の躍進の要因は何か。60年代は先ほどみたように学生の生活には経済的余裕がなかった。となると、学生は何よりも安くて生活

表1-2 同志社生協の事業と活動（総括表）

	組合員数	出資金（千円）	総供給高（百万円） 名目	実質	1人当たり利用高（円） 名目	実質	当期剰余（万円）	職員数	授業料（文系、千円）	総合消費者物価指数
1954		323	23							
55	5,150	535	49	277	9,459	53,441				17.7
56	6,043	847	60	339	11,192	63,232	1,705	64		17.7
57			67	366			1,112	56		18.3
58		1,823	98	538				62		18.2
59	9,316	2,559	184	1,000	19,845	107,853	252	70		18.4
60	10,942		177	927	16,191	84,770	209	95	21	19.1
61	12,673	5,390	219	1,090	17,032	84,736		127	30	20.1
62	14,738	8,000	293	1,369	20,353	95,107		152		21.4
63	16,000	10,338	368	1,593			515	152		23.1
64		11,972	498	2,075			418	169	50	24.0
65	17,280		511	2,004	29,543	115,855	191	165	65	25.5
66		18,534	654	2,440						26.8
67		28,873	729	2,622			144	178		27.8
68	18,372	34,943	777	2,643				199		29.4
69	17,611	31,498	711	2,294	40,356	130,181	▲325	181		31.0
70		32,237	697	2,093				119	146	33.3
71	20,250	36,860	691	1,958	34,100	96,601	▲12,212	120		35.3
72		41,915	871	2,360			543	105	118	36.9
73		48,714	1,086	2,636			24		240	41.2
74		47,690	1,180	2,300			▲1499		290	51.3
75		47,416	1,398	2,436			590			57.4
76		51,138	1,540	2,452			158			62.8
77	21,388	57,034	1,737	2,562			40			67.8
78	21,350	81,599	1,740	2,475	81,476	115,898	▲2,043			70.3
79			1,889	2,591			2,591			72.9
80	20,384	94,088	1,956	2,485	95,950	121,919	791?			78.7
81	20,821	105,384	1,983	2,401			▲6,770		340	82.6
82	21,284	126,055	2,067	2,440	97,109	114,651	▲3,689			84.7
83	17,679	150,685	2,113	2,446	119,501	138,311	3,024			86.4
84	18,841	163,784	2,002	2,267	106,261	120,341	3,467			88.3
85	19,079	168,927	2,126	2,360	111,412	123,654	4,926			90.1
86	20,546	202,656	2,082	2,303	101,326	112,086	▲4,934			90.4
87	19,517	216,890	2,219	2,460	113,675	126,025	146		480	90.2
88	19,883	241,488	2,783	3,068	139,986	154,340	323		530	90.7
89	20,328	263,998	3,283	3,538	161,525	174,057	▲27			95.8
90	20,278	269,112	3,413	3,570	168,305	176,051	1,061			95.6
91	21,117	282,636	3,460	3,502	163,867	165,857	2,124			98.8
92			3,553	3,539			60			100.4
93	21,962	298,289	3,638	3,581	165,643	163,034	8		548	101.6
94	23,914	324,059	3,785	3,711	158,290	155,186	▲10,399		566	102.0
95	25,617	363,084	4,010	3,939	156,552	153,784	152		584	101.8
96	27,935	397,766	4,213	4,139	147,234	144,631	▲3,928		602	101.8
97	30,093	437,424	4,371	4,227	145,251	140,475	▲6,069		620	103.4
98	31,042		4,461	4,285	143,723	138,065	▲4,793		638	103.4
99	32,053	483,920	4,649	4,483	145,052	139,877	1,134		656	103.7
2000	32,816	512,340	4,543	4,419	138,444	134,673	▲1,046		672	102.8
01	33,333	529,988	4,160	4,086	124,789	122,583	▲7,836			101.8
02			4,250	4,220			▲5,968			100.7
03	33,658	556,082	4,130	4,114	122,698	122,209	▲277			100.4
04	33,252	584,852	4,157	4,140	125,006	124,508	1,108			100.4
05	33,702	627,934	4,290		127,306		714			
06	34,335	643,220	4,368		127,225		14			

資料：組合員数、出資金、名目総供給高、1人当たり利用高などは本書第5章の表5-3、および同志社大学人文科学研究所「京都地域における大学生協の総合的研究」の定期研究会での配布資料（井上史氏作成）による。部分的に同志社生協「各年通常総代会議案書」に照合して補正した。▲は赤字。←授業料を除く空欄は不詳。

注：1) ①1956年は55年11月～56年10月のもの（後掲表5-3、以下も同じ）。
　　　②1957年当期剰余は56年11月～57年10月のもの。
　　　③1961～63年は『第12回通常総代会議案書』による。1961年の出資金等は1961年4月～9月のもの。
　　2) 実質総供給高等は名目値を総合消費者物価指数でデフレートしたもの。
　　3) 授業料は2000年まで改定時のみ示した。1980年の当期剰余791万円は疑問が残るがそのままとした。

第1章　大学生協の高度経済成長と学生生活　25

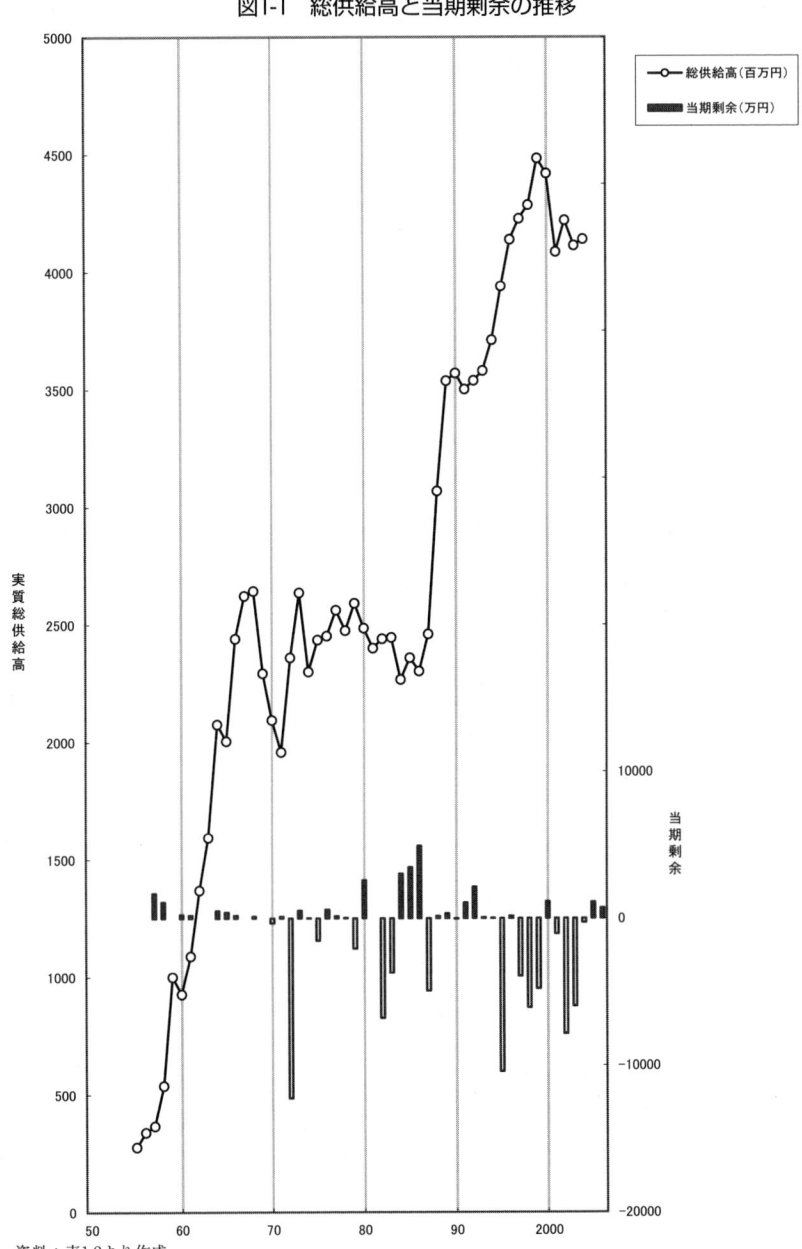

図1-1　総供給高と当期剰余の推移

資料：表1-2より作成。

第Ⅰ部　研究編

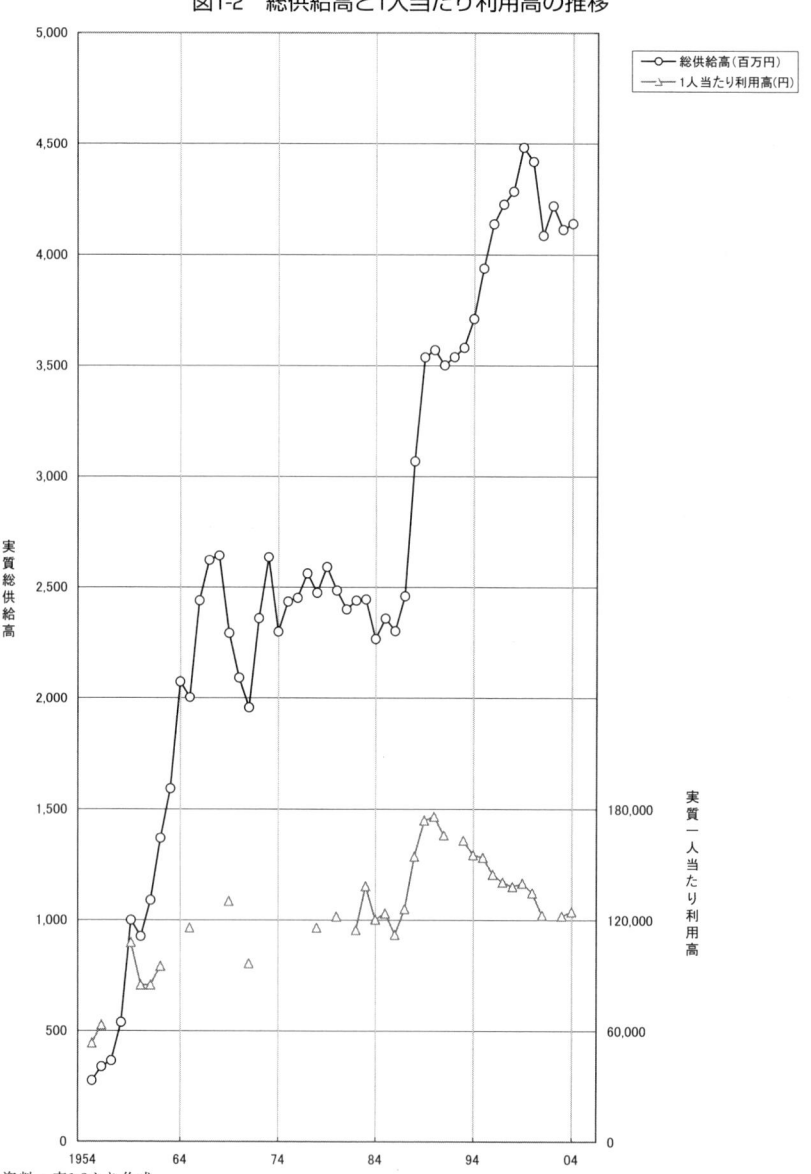

図1-2　総供給高と1人当たり利用高の推移

資料：表1-2より作成。

が便利になる商品を求めて購買・消費行動をとるということになるだろう。同志社生協は80年代後半に経営再建計画をまとめるが、その中で60年代を「普及時代」と規定し、安くて便利とみれば学生はどんどん買ってくれたと述べている。この時代の生協機関誌『東と西と』を読むと、生協への学生の意識がひたすら提供される商品の廉価性に向いていたことをうかがわせる記事が目につく。大学を取り巻く商業・食事環境の劣悪さもこれに輪をかけたことは詳述する必要はない。

　今のように味だ、店の雰囲気などとは言わず、安くて、食べ物であれば量、といったプリミティブなニーズが支配的であり、その点で生協も事業環境は恵まれていたといえる。そうしたニーズの一端を表していると思われる興味深い事例をもうひとつ挙げる。それは表1-3に示した食堂部主要メニューの推移である。ここには、食に対する学生の潜在的要求の所在とありようが明瞭に示されている。いずれも上半期だけの実績であるが、ランチの提供数が3万食台から61年には一気に16万食弱に増加している。定食もかなり増加している。一方、すうどんやカレーライスはかなり減少している。ランチや定食の中身は分からないが、学生が気に入るような中身に改善された可能性がある。だとしても、もちろん大した改善ではなかったであろう。先ほどの学生の素朴なニーズということでいうと、こうした学生に対するヒット

表1-3　食堂部主要メニューの推移（上半期）

（単位：食数）

	1959	60	61
カレーライス	48,655	66,726	45,276
カツライス	45,538	53,454	43,463
定食	94,732	95,045	121,049
すうどん	72,160	58,980	55,599
中華そば	37,264	43,645	61,996
ランチ	34,983	31,117	157,588

資料：同志社生協「第7回通常総代会議案書」1961年、52頁より作成。

の仕方はイメージとして理解できる。学生はニーズに合うと、それを一気に受け入れる、それだけある意味で貧しい時代であったといえる。

さて、生協は事業体と運動体の矛盾的統合であると述べた。その矛盾を止揚して事業の拡大、経営の発展を図ることが重要である。こうした観点からいうと、同志社生協には多分に問題があったように思われる。それは、60年代における同志社生協の「運動の過剰」ということになる。そしてそれは、多分に時代の反映でもあった。その一方で、組合員の要求に立脚して事業活動を行うという協同組合の原点がおろそかにされたことはなかったか。

組合員に依拠するということでは、機関誌である『東と西と』の役割がきわめて重要である。その『東と西と』に関して、「いままでの『東と西と』は組合員にとって存在するのかしないのかわからないという状態であった。しかも内容は、生協を大衆的・民主的に発展させていくための機関誌とはとうていいえないものであった」、とその編集方針が『総代通信特別号』において批判され、編集方針が変えられることに、それまでの組合員と乖離した生協経営の問題点が象徴的に示されている[2]。

運動の過剰ということでいうと、60年代において同志社生協では水光熱費撤廃闘争や後の京都生協の創立につながる京都ブロックの同盟化構想と地域化構想（地域生協設立）、生協研究所の設立、生協出版部の出版事業など多様な取り組みを行っている。出版事業が順調に発展していれば、今の東京大学出版会のような組織が同大に誕生していたかもしれない。それはともかく、水光熱費撤廃闘争の生協の主張を見ると、水光熱費を大学に負担させる理由として、水光熱費を生協からとるというのは授業料の二重搾取だと主張している。率直にいってこれはちょっと筋が通らないと思われるが、いずれにしてもこうした考え方から生協は運動を積極的に担っていった。

これに関しては、同志社生協では後に「左右の運動の偏向を克服」したと公式に総括している[3]（詳細は第5章参照）。

運動の過剰に通底することとして、60年代に生協職員が異常に増加することが指摘される。表1-2を見ると、56年の64人から68年の199人へと10年余りの間に3倍に増加している。それ以降は減少していくが、60年代の職員の増え方は尋常ではない。今と違ってほぼ全員正職員である。ただし年齢は若い。異動が激しく、すぐ辞めていく。採用の方針や賃金面など立ち入って検討すると少なからず経営に関わる重要な問題が明らかになるが、ここでは省略する。

一点だけいうと、これは生協の強気というか、過剰な楽観的展望というと言い過ぎになるかもしれないが、そういう経営見通しの反映だったのではないかと思われる。そして、「経営の過小」としての、60年代に職員を大幅に増やしたことが、後の同志社生協の事業と経営の足かせになることを付言しておきたい。

3 経営不安定な時代へ

日本の戦後史では1960年代、70年代と10年単位で時期を区分することが多いが、これは同志社生協の歴史を見る上でも有効である。同大では70年代に入るとすぐ学生運動が燃え盛り、長期間ロックアウトされるという大学として異常な事態を迎える。これは同志社生協の経営に計り知れない打撃を与えることになる。図1-1と図1-2によって70年代の経営の全体的特徴を見てみる。

第一に、売り上げについては、実質総供給高は、70年前後に激しく落ち込んだ後、80年代半ばまで横ばいで推移する。70年前後の状況を詳しく見ると、総供給高は68年までうなぎのぼりに増加した後、一転して、69年に激しく落ち込み、70、71年とさらに落ち込みが続き、72年に一定持ち直した後、73年にやっと68年の水準に回復する。ここに大学紛争の深刻な影響が見て取れる。

問題は、総供給高がその後も60年代末の到達水準を超えることなく、

87年まで長い停滞期にあることである。これが70年代から80年代前半までをひと括りにする根拠である。

　ではこの要因は何か。そこで、1人当たり利用高を見てもらいたいが、総供給高と1人当たり利用高の両者併進というか、つまり後者の伸び悩みが前者の頭打ちを規定していることが分かる。70年前後の総供給高の激しい落ち込みも、1人当たり利用高の減少が理由であった。

　多少脱線するが、さらに一歩進めていうと、80年代後半以降総供給高は飛躍的に増加した。90年代も60年代と同様、うなぎのぼりの増加を見たことが注目される。だが、2000年代に入ると多少落ち込み、そのまま現在に及んでいる。一方、注目されるのは、1人当たり利用高の推移である。少し細かく見ると、それは、87年までせいぜい12万円台であったが、その後93年にかけては増加し、16、17万円台に到達した。この増加が総供給高の伸びをもたらした。それとともに、93年以降、1人当たり利用高は漸減していること、とくに2000年以降、70年代から87年までの水準に戻り、現在に及んでいることが注目される。1人当たり利用高で見ると、現在の水準が70年代と何ら変わらないことは、現在の同志社生協の経営を考える上できわめて示唆的である。

　話を戻して、図1-1から読み取るべき第2の点は、1970年代以降の当期剰余に関わる。60年代は当期剰余が赤字になる年はなかった。70年代に入ると、上述のような総供給高の推移に対応して、当期剰余が赤字になる年が多くなる。しかも、赤字の額もかなり大きい。とくに80年代は、当期剰余が黒字の年と赤字の年が年ごとに変転し、しかも赤字の年はその額が大きく、経営の不安定さをうかがわれる。第2の点は要するに、70年代から80年代前半にかけて同志社生協の赤字体質が定着したことを意味している。この点に関連して、90年代後半から2000年代前半にかけて総供給高が増加した中で、当期剰余が連続して赤字に陥っていることが注目される。

　そこで、同志社生協では事業剰余での赤字を雑収入や大学援助金を主とする事業外収入等で補い、経営収支を黒字にするという構造が70

表1-4 損益の推移

(単位：百万円)

	事業剰余	事業外損益	特別損益	当期剰余
1956				1
59				0.3
60				0.2
63				0.5
64				0.4
67	▲14			0.1
70	▲14	15		1
71	▲26	14		▲12
72	▲7	13		5
73	▲16	16		
74	▲37	17	6	▲15
75	▲23	27	2	6
76	▲32	30	4	2
77	▲47	43	3	
78	▲67	39	9	▲21
79	▲86	37	75	26
80	▲106	42	▲4	▲68
81	▲64	34	1	▲30
82	▲66	30		▲37
83	▲5	35		30
84	▲7	43		35
85	▲7	56		49

資料：同志社生協「各年度通常創会議案書」より作成。特別損益の特別利益は車輌売却益など資産処分による臨時的収入が主。▲は赤字。空欄は不詳。

年代以降生まれ、現在まで続いている（表1-4参照）。こうした経営構造も70年代に定着することになる。この点でも、70年代は今日の同志社生協につながっているといえる。

4 1970年代の同志社生協と学生生活

　1970年代以降、学生も豊かになったはずであるのに、なぜ同志社生協は総供給高が停滞し（87年まで）、経営が悪化したのか、その要因を検討しなければならない。そこで、主要な経営諸指標を他大学と比較した結果を表1-5と表1-6に示した。80年代に入ると、同志社生協や京都事業連合では大学生協の経営の問題点を洗いだし、経営再建というか、あるいは経営発展ともいっているが、いろいろな対策を立てる試みを続けて行っている。次の2表はその資料からとった。

　細かい点は省略して、次の3点が注目される。同志社生協では他大

表1-5　同志社生協の経営の特徴（1982年）

（単位：円、％、千円）

		同大	早大	慶大	関学大	大学生協連標準値
組合員一人当り利用高	合計	97,644 (110,817)	135,606	129,044	149,645	137,520
	食堂	22,405	14,888	11,473	36,428	26,182
	購買	51,906 (65,079)	89,877	81,389	82,506	69,632
	書籍	22,620	28,480	33,852	30,712	30,594
労働分配率		70.6	53.4	47.8	65.7	62.5
物件費分配率		30.7	27.6	28.4	28.6	27.5
分担金分配率		12.3	17.8	18.0	3.4	8.1
経常剰余率		▲1.8	0.5	1.0	1.7	0.7
事業剰余率	食堂	▲2.1	8.8	10.4	5.1	8.7
	購買	4.2	6.9	9.9	6.0	7.7
	書籍	3.9	4.3	5.0	3.2	5.3
労働生産性	全体	3,451	5,073	5,768	3,890	3,920
	食堂	3,373	4,321	4,635	3,724	3,393
	購買	4,883	7,765	8,323	5,392	6,143
	書籍	4,246	4,487	5,253	4,221	5,079

資料：同志社生協「経営再建基本計画」1983年、2ページより作成。（　）内はプレイガイド斡旋高を含む。▲は赤字。

表1-6　経営諸指標の大学生協比較（総合、1981年）

（単位：％、千円、円、人、回）

	京大	同大	立大	府・医大	全国平均 （除赤字生協）
供給剰余率	24.9	24.0	23.5	23.2	22.3
労働分配率	65.0	71.2	73.0	65.5	63.5
費用分配率	26.8	30.7	15.1	18.3	26.8
供給高対比経常剰余率	0.7	▲0.6	0.0	1.6	0.7
パート化比率	63.1	61.8	60.8	58.7	59.3
職員当たり人件費	2,641	2,341	2,776	2,717	2,389
労働生産性	4,062	3,289	3,802	4,148	3,763
組合員当たり利用高	199,751	94,560	131,354	168,220	132,901
同　出　資　金	8,061	6,713	7,241	6,397	8,543
売場1坪当たり在籍者	13.0	21.0	24.0	14.0	21.7
同　供　給　高	2,286	2,231	3,052	2,190	2,382
同　剰　余　高	569	536	717	508	530
同　総　経　費	567	610	726	476	522
同　職　員　数	0	0	0	0	0
同　総　資　産	517	550	639	415	609
同　固　定　資　産	107	180	135	65	128
同　商　品	169	170	249	176	216
同　出　資　金	92	158	168	83	154
流動比率	121.1	85.8	100.8	107.0	126.8
当座比率	66.4	38.6	43.7	53.4	58.0
自己資本比率	23.9	4.1	11.9	10.4	28.9
総資本対経常剰余率	2.2	▲6.3	0.1	8.6	2.8
商品回転率	13.6	13.2	12.3	12.5	11.0
供給債権回転率	42.4	77.4	50.0	44.9	25.8
仕入債務回転率	9.4	13.0	12.3	7.2	7.7

資料：大学生協京都事業連合「第1次中期計画」（1983年）より作成。▲は赤字。

　学に比べ、第一に、組合員1人当たり利用高がきわめて少ない。各事業ともそうであるが、とくに購買事業の低迷が目立つ。第二に、労働生産性がそれに対応して低い。一方、第三に、労働分配率は高い。このように見ると、経営内容が悪くなるのは当然ということになるが、

少し補足する。3点目の労働分配率については、同大は立大に次いで高いが、これは職員の人数が多いからであり、賃金が高いからではない。表1-5の人件費を見ると、同大は、80年代初めでは賃金は低く、パート化も京大などに比べると進んでいた。60年代に大幅に増加した職員は70年代には減少するが、まだ経営を圧迫していたといわざるをえない。

　その結果としての赤字経営の体質化ということになる。同大では供給高対比経常剰余率がマイナスになっている点に注目したい。府立大・府立医大や京大ではプラスであった。これは事業外収入で補填しなければ経営的にもたないことを示している。

　なぜ同大の学生は生協をあまり利用しなかったのか。以上から、一つの問題はこの点に帰着することが分かる。

　事業別の名目供給高の推移を見ると、70年から82年にかけては購買3.7倍、書籍3.0倍、食堂1.8倍の増加である。先ほど述べたように他大学と比較すると、同大では3事業の中で購買事業の利用が最も悪かったのであるが、70年代の伸び自体を見ると、3事業の中では購買事業が最大であった。食堂事業は、この間の物価指数を考慮すると、むしろ利用が低下しているのではないかとさえ思われる。

　3事業の中で、食堂事業はどの大学でも労働生産性が最も低く、逆に労働分配率は最も高いという特徴があった。食堂に多数の職員が働いていたことが背景にある（この時期、『東と西と』には食堂での職員数の過剰を指摘した記事が散見される）。したがって経営的には利用高を高めることが不可欠であるが、82年の1人当たり利用高を見ると、同大は京大の55パーセント、立命の72パーセントにとどまる。事業剰余率がマイナスになる事態が生まれたのは、この結果であった。購買事業も、東京の早大や関学大と比較すると、組合員1人当たり利用高は2倍は無理としても、それに近く伸ばす余地はあったと見られる。

　個々の事業について、学生のニーズと関わらせて実態を明らかにす

る。やはり他大学と比較をしながら進めるが、以下では比較の対象は京大と立大にしぼる。まず食堂事業に関しては、学生の食事場所を参照されたい（表1-7）。同大では昼食をとらない学生が多く、何とその割合は22パーセントにものぼる。立命も18パーセント、京大は11パーセントである。2割も昼食抜きというのはどう考えればいいのか。生協食堂で食べるのは京大で70パーセントである。それに対して、同大

表1-7　食事場所

(単位：%)

		京大	同大	立大
朝食	食べない	35.5	57.5	41.9
	自宅・下宿	31.2	24.3	42.3
	自炊	18.1	11.8	8.8
	生協食堂	5.8	2.9	2.2
	学内食堂			
	下宿周辺			0.4
	大学周辺	0.7	0.4	
昼食	食べない	10.9	21.5	17.5
	自宅・下宿		2.0	1.1
	自炊	0.7	1.3	1.1
	生協食堂	69.6	42.3	57.5
	学内食堂	4.3	2.3	3.2
	下宿周辺	2.2	1.0	3.9
	大学周辺	5.1	20.2	11.4
夕食	食べない	5.1	3.9	3.6
	自宅・下宿	32.6	49.2	31.4
	自炊	8.0	9.1	13.9
	生協食堂	14.5	6.2	12.1
	学内食堂		0.3	1.8
	下宿周辺	25.4	19.2	27.5
	大学周辺	11.6	3.9	3.6

資料：全国大学生活協同組合連合会『学生の経済生活と消費性動向-第13回学生生活実態調査速報版』(1977年12月) より作成。空欄は事実なしまたは0.3未満のもの。

注）：「自宅」「自宅外」の各大学の比率は京大46人と92人、同大172人と135人、立大91人と189人。

は42パーセントにとどまる。立大も58パーセントであるので、同志社はかなり少ないといえる。では同志社の学生はどこで食事をしていたか。目立つのは、大学周辺の食堂で食べるというもの。この時代に学生だった大学職員や一部教員に聞き取りをすると、異口同音に昼食時の生協食堂の混雑がひどく、そのため食べられなかったと言う。明徳館食堂の美観や味を指摘する声もあったが、混雑が生協食堂を敬遠する第一の理由だったのではないか。現に、60年代の『東と西と』には「殺人的な混雑」を報じた記事が散見される。

　朝食を生協でとるという学生は京大でも6パーセントとほとんどネグリジブルであるので無視するとして、夕食に注目されたい。京大では15パーセント、立大は12パーセントとかなりの学生が生協を利用している。それに対して、同大は6パーセントである。同大の学生はどこで夕食をとっていたかというと、ほぼ半数が自宅ないし下宿である。周知のように同大は自宅生の割合が高いから、これは主として自宅で夕食を食べる学生が多かった反映ではないかと思われる。その意味では、同大では生協の食堂事業は不利な条件をかかえていたといえる。もう一点、学生の昼食費を見られたい（表1-8）。昼食費に400円以上使っていたのが、同大では39パーセントとかなり多いことが注目される。これは、安さや手軽さよりも味や店の快適さなどを優先する学生の意識を反映したものではないか。つまり、同大の学生は嗜好が高かった。生協もそうした学生の好みに即応したフードサービスが求められていたといえるが、この点でもミスマッチがあったのではないかというのが筆者の見立てである。ちなみに、81年に入社した筆者はこの時期独身でだいたい夜9時ごろまで大学で仕事をしていたので、毎日昼と夜は生協で食事をとった。同志社人としては教職員はもとより、学生と比べても異常な生活をしていたとあらためて思う。

　次に購買事業については、学生の購入先イメージに注目したい（表1-9）。これは3大学共通だが、生協の購買事業は、まだ十分に学生に利用されていなかったというのが全体的な特徴である。つまり、まだ

表1-8 昼食費

(単位：%)

	京大	同大	立大
～299	25.6	11.4	8.7
300～399	44.9	43.3	47.8
400～	25.5	39.2	38.3

資料：表1-7に同じ。

表9 購入先イメージ

(単位：%)

		生協	デパート	スーパー	一般小売店	専門店	専門店街	その他	思いつかない
文具	京大	84.1		5.1	6.5	2.9	0.7		0.7
	同大	84.0	0.7	1.3	10.1	2.3	0.3	0.3	0.3
	立大	87.1	0.7	3.6	5.7	2.5	0.4		
電気製品	京大	32.6	2.9	4.3	5.8	18.1	30.4	2.9	3.6
	同大	26.4	4.2	5.2	8.1	25.1	24.4	2.3	2.3
	立大	36.4	1.4	3.2	7.1	24.6	23.6	1.1	1.1
衣料品	京大	10.9	31.9	21.7	6.5	19.6	7.2		2.2
	同大	8.5	29.0	11.4	7.2	26.7	15.6		1.0
	立大	8.9	28.9	13.6	4.6	28.2	13.2		2.5
スポーツ用品	京大	32.6	2.2	5.1	5.1	52.2	0.7		2.2
	同大	3.6	4.9	2.3	3.7	73.0	2.0		5.9
	立大	8.9	6.1	3.6	6.5	68.2	2.9		6.1
食品	京大	13.8	2.2	65.9	12.3	2.2		1.4	
	同大	7.5		74.6	14.3	0.3			0.7
	立大	6.4	1.1	74.3	13.9	1.4		0.7	
日常雑貨	京大	42.0	5.1	34.8	13.0		0.7	0.7	0.7
	同大	27.0	4.9	46.3	16.9	1.3	0.3	0.4	0.7
	立大	26.4	3.9	52.5	15.0	0.4	0.4	0.4	0.4
レコード	京大	31.9	2.2	0.7	4.3	52.2			1.4
	同大	30.6	1.6	0.3	11.4	49.2	0.7		3.3
	立大	26.8	0.4	1.1	7.1	51.4	1.4	0.4	1.8
DPE	京大	26.8	1.4	5.8	10.1	42.0			1.4
	同大	16.0	0.3	1.3	17.6	52.4	0.3	0.3	2.0
	立大	26.4		2.1	12.1	45.0		0.7	1.8

資料：表1-7に同じ。空欄は事実なしまたは0.3未満のもの。

全体として学生のニーズに応えていないし、逆に発展の余地は大いにあった。商品別に見て、生協を利用していると答えた者の割合が5割を超えているのは、文具だけである。他は全て、比較的購買事業が活発な京大でも利用者割合は5割を切っている。3大学の中で、同大の購買事業はとりわけ振るわない。京大と比較すると、ほぼ全商品で生協利用が低い。衣料品やスポーツ用品、日用雑貨で利用者割合は1割を切っている。利用者割合が京大並みなのは、文具のほかレコードだけである。生協は購買事業では完全に外部業者との競争に敗れ、学生の役に立っていないといえる。

　書籍事業もいろいろ問題をかかえていたが、食堂事業や購買事業ほど問題が目立たないこともあるので、データはあるが詳しくは述べない。

　最後に、生協の認知度ということで生協に対する学生の見方、評価を見てみる（表1-10）。まず厚生施設の担当者は誰かという質問に対して、同大の学生で「生協」と答えた者は26パーセントと、京大や立大に比べてかなり少ない。「大学」との答えはおくとして、「分からない」という答えが35パーセントと、他大学に比べてかなり多いことが問題である。生協が学生にとって身近な存在ではない。生協機関誌も、京大に比べて読む学生の割合はかなり少ない。「機会がない」というより「知らない」という方が実態に近いと思われるが、「読まない」と答えた学生と合わせると、42パーセントにのぼる。また、生協の「総代会」となると、知っているとの答えは25パーセントにすぎなかったことが注目される。京大では7割近く、立大では6割近く知られていたので、この数字にはやや象徴的な意味があると受けとめられる。それに対して、COOPクレジットは半数以上の学生が知っていた。この点では立大より少ないが、京大とはほぼ同じである。

　ところが、生協に対する評価はどうか。「役に立たない」との評価は20パーセントと少数である。全体的に同志社でも京大、立大と同じような評価であって、けっして悪くはない。

表1-10 生協の認知度

(単位:%)

		京大	同大	立大
厚生施設の担当者	生　協	35.4	26.4	33.2
	学　校	10.2	16.6	17.5
	生協業者競合	22.3	12.1	15.0
	分からない	20.4	34.9	26.8
生協機関紙の読み方	読　む	47.8	33.6	30.8
	読まない	18.2	18.2	24.3
	機会がない	12.4	23.8	26.1
生協事項の認知度（YES）	総代会	68.6	25.4	57.5
	生協米運動	56.6	30.9	38.6
	COOPコーヒー	16.8	22.1	21.1
	COOPクレジット	52.2	55.0	62.5
生協の広告について	よく見る	48.9	43.0	36.1
	見ない	50.4	53.1	61.5
生協への評価	役立たず	16.8	19.5	19.3
	やや役立つ	44.2	42.7	46.1
	役立っている	38.3	36.5	34.6

資料：表1-7に同じ。
注：「読む」は「たいてい読む」と「ざっと読む」。生協への評価は「役立っている」は「大変役立つ」も含む。

　生協の認知度の検討を通じて、同志社では相対的に学生と生協の距離が大きいこと、つまり生協は学生にとって身近な存在でなかったことを明らかにした。それにもかかわらず、生協に対する評価は他大学と比較して悪くないことが注目に値する。これは、学生に対する生協の働きかけの弱さを反映しているといえる。事業面における学生のニーズへの対応の不十分さに照応しているのではないか。70年代の同志社生協の経営困難化は、このような、事業体として当然な必要な働きかけの弱さにも起因すると思われる。

おわりに

　1982年に同志社生協が「経営再建計画」を立てることになり、興味深い議論をしている。それを見ると、経営の問題点を「構造的赤字体質」とした上でその要因を2点指摘している。

　一つは、「歴史性としての費用構造問題」である。生協の経営責任者も労働分配率が高いことを経営の問題点として認識していたのである。だが、誤解のないようもう一度繰り返すが、以上で明らかにしたように、それはけっして同志社生協の個々の職員の給与や待遇がよかったということではない。他の雇用関係の書類を見ていてきわどい資料を見つけた。学術資料としてもこのような資料を公開していいのかなと一瞬混乱したが、そこに書かれている80年代の職員の賃金の低さには驚かされた。それでも経営は赤字が続いた。これは経営の責任が十分に果たされていなかったことを意味している。

　もう一つは、「現代性としての体質問題」という点が指摘されている。この点に関しては、具体的に「商品はかつては安くて便利なだけで利用されてきた。しかしもう違うんだ」として、今は「便利だけでは利用されなくなっている。組合員の生活と要求が多様化、個性化しているなかで、その生活や要求が満たされる店、そしてそう努力している店、自分たちの生き甲斐や学園生活に有用な店、自分たちのことを真剣に考えてくれる店が求められているのである」との判断が示されている。時代の変化が的確に把握されていた。これまでの分析も、このような観点から、60年代から80年代半ばにかけての同志社生協の経営のあり方と問題点をあとづけたものである。大学生協も「事業体と運動体の矛盾的統合」という協同組合の基本的性格はまぬがれず、継続的にその止揚を図りながら組織と経営を発展させるしか存続の可能性はない。

　こうした矛盾をかかえた生協の、特殊同志社的性格を戦後の転換点に焦点を当てささやかな分析を行った。82年の経営再建の模索は「同

志社大学生協経営再建基本計画」として結実する。それまでの「運動の過剰」と「経営の過小」はどこまで、あるいはどのように克服されたか、組合員のニーズに対応する経営は確立されたか、それには大学とその構成員に対しても自己の活動と役割を積極的にアピールし、学生生活の向上を図る大学の福利厚生施策の改善を促すとともに相協力するという主体性が不可欠だが、そうした生協組織としての主体形成は達成されたか、そしてこれらの課題は具体的実践の中でどこまで徹底されたかが経営動向の分析と絡めて検証されなければならない。

　生協施設の相も変わらぬ狭あい性と劣悪さ、それに加え、80年代以降豊かな時代になり学生の消費生活も格段に向上したにもかかわらず、1人当たり生協利用高（実質）がほとんど伸びていない現実を見るとき、福祉厚生事業の担い手としての生協の依然とした限界性と、その改善に責任を負う大学の政策的対応の問題点がともに指摘できる。その実態の解明が、80年代以降の同志社生協をめぐっては今後なすべき課題である。

注

1　井上史「1960年代の同志社生協―機関誌『東と西』を通して」、『社会科学』第81号、2008年7月、同志社大学人文科学研究所『社会科学』第81号、2008年7月。本書第Ⅰ部第5章参照。
2　同志社生協『同志社生協の歩み』1975年。前掲、井上「1960年代の同志社生協」、p.20。
3　前掲、井上「1960年代の同志社生協」、p.20。

第2章

バブルおよびポストバブル期における消費動向と学生生活の変化

久保 建夫

はじめに

　研究会では、中長期的には全国大学生協連（以下、全国連と略）「学生生活実態調査」（以下、「学調」と略）を素材に、時代の変化とともに京都における学生生活はどう変わってきたのか、その折々に大学生協はどう対応し、どんな役割を発揮してきたのかを調べてみようと思っている。しかし、これには長期にわたるデータの整備と時代背景の分析が必要であるので、報告は86年から95、96年にかけてのバブル・ポストバブル期を中心に、一部に97年の金融危機、直近の07、08年のリーマンショックの前後に限定して、その間の経済の劇的変化の渦中で学生生活の変貌をみようとした。しかし資料の制約などで、京都における基本諸指標のデータは時系列的に拾えず、報告直前届いた全国連提供「80〜08年の収入と支出（全国版）」一覧表（小論では総括表）に基づき推移と対象期間の特徴をみるに止まった。小論でも報告時と同様、バブル・ポストバブル期の激変のスケッチとそれを取り

上げる意味、そして「学調」データから読める学生生活の変化や大学生協の課題に言及するに止める。

1 バブル、バブル崩壊と生協——大学生協にもふれて

（1）なぜバブル、ポストバブルを問題にするのか

　1983年から京都生協調査資料室で研究会をつくってサポートしてきた（87年『転換期の生活協同組合』、92年『生協　21世紀への挑戦』刊行）。ちょうどこの2冊刊行の間が問題のバブル本格化とバブル崩壊のはじまりに当たっており、同時代的進行の体験をしたわけである。
　プラザ合意と円高誘導が定着する1986～87年から始まるバブルについては生協関係者からはほとんど聞くことはなかった。論壇では山崎正和『柔らかい個人主義』や博報堂『分衆の時代』、電通「少衆の時代」「"豊かさ"を超えた"艶（つや）の時代"」が騒がれ、マーケッター、マスコミや一部アカデミズムでは、豊かさのなかで日本人が変貌して個の自立がすすんで新しい地平がみえてきたなどがいわれていた。私はそういう風潮に対して、この豊かさ（『経済白書』では「大型消費」）には裏があると考えて、バブル消費の二面性について「『大型消費』時代の到来と消費の階層性（上・下）」[1]と「バブル、ポストバブル期における消費経済論」[2]で、「大型消費」は一握りの株・土地保有の資産家、もっぱらそれらの独占的所有者たる巨大株式会社の法人需要によって喚起されており、勤労者をはじめとする国民諸層の暮らしは豊かさにはほど遠いと強調した。なぜならこの間、円高不況を口実に賃上げは抑制され、家計支出はバブル期間も上向かず、唯一例外は非消費支出増大と「主婦の就労関連の支出」（教育費・ローン返済、簡便レトルト加工食品・家事節約型耐久財・女性用衣料品関連・薬・パック旅行等：当時の住友銀行『調査月報』参照）だけだったからである。90年代の価格破壊の前のバブル期に「所得破壊」が先行し、

88、89年の「実質任意可処分所得」（85年『国民生活白書』）は70年代の水準にようやくたどり着く有様で、格差の拡大・窮乏化が進行した。

　当時氾濫した「豊かさ」の正体（定義）ははっきりしないが、業界や白書では高額商品、たとえば家電製品なら高級・大型商品、高級外車の売行好調、海外旅行者1,000万人突破という類いである（日銀の電話対応者に聞くと、高級化とは「高額商品が売れること」との回答）。その背景には、国民の懐が豊かになったのではなく、所得や資産の二極化が進んだことがあった。当時、女流エコノミストが金融資産の分析から「消費の階層化」を発表し話題になったが、私の場合は、土地・住宅価格や株価の暴騰、いわゆる含み資産の有無による資産格差が消費格差に表れることを強調した（詳しくは前掲の拙稿参照）。現実には、個人消費の伸びといっても、法人需要を含む『国民経済計算』の「民間最終支出」と「家計調査」の消費支出の伸び率を比較すると大きなギャップが浮かび上がる。バブル消費の頂点88年でも、前者の対前年伸び率5.1％に対し後者は3.3％が精々で92年には0.5％に縮小する（88年を除く86〜92年の伸び率は、前者3.1、4.3、3.5、4.0、2.6、1.6％、後者1.0、1.0、0.8、2.1、0.5％）。

　また、「経済計算」に入らない「企業の含み益」（土地・株）は、1978年の112兆円、85年が226兆円、バブルの頂点88年には501兆円へと5倍になっている。首都圏を中心に地価が急上昇、株や土地をもつ資産家の含みは急伸、とくにGDPの11％を占める法人需要が大きく伸びたが（日本興業銀行『調査月報』）、勤労者世帯の家計は収入低迷と硬直化でその支出は70年代並に止まっていた（ローン返済や民間保険料等の増大で家計自由度はむしろ低下し、実質任意可処分所得は75、80、85、88年は192,382、185,771、197,790、207,888円で推移）。バブル期の大型消費の実体は国民不在で大法人の需要盛隆だったのである。

　その国際的背景には、85年プラザ合意による円高誘導＝「円高不況」と数次に及ぶ巨大公共投資（9兆円弱）、87年10月NY株式大下落で相次ぐドル買い支えと公定歩合大幅引き下げがあって未曾有の金余

第2章　バブルおよびポストバブル期における消費動向と学生生活の変化　45

りがあった。他方、銀行をはじめ大企業は国内に「有利な投資先・融資先」を見いだせず土地・株に投融資を集中する、海外不動産や証券を買いあさる。カネ・モノの供給と需要の異常なインバランス……やがて株・土地のバブル（泡）は実需に急速に収斂し、その価格は大きく下落する（株価は90年1月から急落し、89年12月のピーク3万9千円が92年8月1万4千円に暴落、地価も半値に下落）。景気も93年10月に底入れし、戦後はじめて株・土地そろい踏みの大暴落で89年末〜92年8月半ばに1,000兆円、国富の11〜14％相当が泡と消えたが、これは第二次世界大戦で失われた国富に匹敵するそうである。

　「失われた10年（20年）」の始まりだが、時あたかもアメリカのニューエコノミーの全盛時代、日本経済界はその旗頭であるカジノ資本主義のきらびやかさに目がくらみ、それをモデルにと猛進＝盲進し〔企業収益改善＝株価上昇・失業率低下・物価沈静を三種の神器とするアメリカのニューエコノミーは、実際のところワーキングプア輩出による失業率「低下」、リストラによるコスト削減とマネーゲームによる株価・キャピタルゲイン上昇で経営好調、ウォルマート型の低物価（久保「ウォルマートのEDLP戦略の光と影」関東学院大学『経済系』07年10月、参照）ということで、国内市場は低迷し格差・社会の分裂が進行〕、うちつづく新自由主義路線への傾斜＝「構造改革路線」への邁進[3]。すなわち「物づくり経済」「パイの分配」から「金融サービス経済」「金融資本によるone takes all」へ、生産拠点の海外フライトと国内産業の空洞化、リストラ、ワーキングプア輩出、社会保障費削減と生活不安の蔓延、国内購買力の低下＝国内市場の一層の疲弊、景気の二極化・不況の長期化、そして社会の分裂と経済危機の拡大という悪循環の形成である。

　こうしてみてくると、80年代後半から90年代初めにかけてのバブルとその崩壊は当然予見されなければならなかった。89年にはすでに百貨店業界、不動産業界のトップの危惧表明は散見されていた。大都市の百貨店売り上げの4割が外商（主に法人需要）であったが、ある百貨

店のトップは"大口の法人需要に惑わされず、来店者一人ひとりの買い物行動を注視して微妙な変化のなかにニーズや次のトレンドを読み取らねば"と警告していた。しかし法人需要に被さった百貨店はバブル崩壊で軒並み売上急落を招いたが、結局はバブル消費も破裂して「等身大の購買力・消費水準」に収斂(しゅうれん)していった。

　当時、生協経営幹部のなかには、生協は生活必需品を扱うので景気変動や経済動向とは無関係として、バブル崩壊後も共同購入アイテムの倍増や立地条件軽視の「大型」店出店ラッシュで程なく経営危機に陥るものがでる。そこで、今がどういう局面かを問い、成長神話から決別して量より質重視（組合員との関係や生産者との関係の再構築と協同性重視など）への原点回帰を強調したことがある（95年の秋季・日本協同組合学会報告）。

　流通業界でも、ダイエーはバブル期に大型店をところかまわず出店し、膨大な借入金を使って土地転がし・含み資産積上に熱中するあまり本業をおろそかにし、地価の暴落で大量の不良資産を抱えこみ経営破綻に陥った。イトーヨーカ堂やジャスコはこれと対照的な展開をみせて難局を乗り切ったようである。バブルの認識・対応の違いによって後の展開が大きく異なるということである。厳密な現状分析や見通しの上に生協の事業や組織戦略を展開する、とりわけ組合員や消費者の生活実態やニーズとそれに根ざした生活意識を理解して共に取り組むことが肝要である。

（2）生協におけるバブル・ポストバブル認識

日生協『現代日本生協運動史』におけるバブル・バブル崩壊の認識

　日生協のバブル・バブル崩壊の認識はどうか。日本生活協同組合連合会（以下、日生協と略）『現代日本生協運動史』（下）の5章序節「80年代の情勢と生協運動の飛躍的発展」、6章序説「90年代の情勢と発展への再構築」でみていく（限られた資料での論述なので、理解不行き届きの場合はご批判を仰ぎたい）。

そこでは、バブル崩壊は数年遅れのタイムラグをおいて生協事業経営にも現われたとの認識はある。94年の総事業高が、店舗面積の拡大（プラス10万平米）や組合員数増大（共同購入組合員数プラス5％）にもかかわらず店舗も共同購入も前年割れを示したからである。96年に始まる7次中期計画によって、従来の「生活総合」路線から「食中心」に急転換したことからもうかがえる。

　『運動史』では、バブルとその崩壊についておおよそ次のように記述されている——"株価が86〜89年で3倍、地価は86〜91年で2.7倍になるが、公定歩合の引き上げでバブルは崩壊した""バブル経済のもとで消費は多様化・高級志向となり、土地・金融商品への投資など家計のバブル化も発生した"（p.142〜143）。バブルの性格の一面的評価では、その矛盾や崩壊を見通し、組合員はじめ国民諸層の暮らしの実態にそくして生協事業の対応を考えようとの自己点検を希薄にさせる。このような状況認識では、94年の前年割れを機にマスメリット至上主義の低価格路線追求という単線型事業戦略への直行を予感させる。拙文ですら、バブル経済下で進む消費の二極化と勤労者世帯の支出に現れた家計の硬直化・劣化（生活様式維持のため急増した主婦パート他）はバブル崩壊の誘因であり事業再点検の必要性に一応言及している。家計調査でも、85〜90年のバブル期に急伸した費目は子どもの教育費、薬代、家事時間節約型電化製品、レトルト・加工食品、婦人用衣料や身の回り品、パック旅行など主婦の就労目的やそれにともなう時間節約的、外出関連型、ストレス解消型費目に限られていた。こういう局面では、単線的な低価格一本槍ではなく、ニーズの多様な質に立ち入った取り組み、それに向きあう各ステークホルダーとの協同組合らしい事業の進化が求められたのではないか。

　バブルの崩壊についても、"株や地価の下落によってバブルが崩壊したが、バブルのなかで贅沢志向に向かっていた国民生活は、バブル崩壊とともに大きな転換を迫られることになった。97年の消費税の3から5％への引き上げ、社会保障料や医療費引き上げで消費はさらに

冷え込んだ。組合員の暮らしぶりの変化が一気に生協の事業経営に反映され、94年の共同購入事業の前年割れ、総事業の前年比98.7%を招いた"(p.288)。「贅沢志向に向かっていた国民生活」(≒組合員の志向)はバブル崩壊とともに転換を迫られたという認識では、生協組合員を主体者にはほど遠い、不況下で低価格のみ求める「消費者」にしかねない。それどころか、生協の存在意義の自己否定だと問われかねない。こうした論理は、国民、組合員＝生活者由来のものではなく、むしろ、そういう認識をもつにいたった経営層にこそ発生源が求められるという自覚が必要ではなかろうか。また、グローバル化・アウトソーシング戦略もミートホープ事件やギョウザ事件などに行き着いたのではと懸念せざるをえない。

『運動史』6章4節「経営と信頼の危機」には「バブル崩壊と生協経営」として一項もうけられているが、グローバルな競争激化と「価格破壊」などの環境変化によって、近代化に後れを取った中小生協が倒産したこと、一部生協の経営危機や不祥事が「信頼の危機」を招いたとの指摘もある。信頼の危機にしても非近代性ゆえの経営危機の所産なのか、信頼の危機ゆえの経営危機なのか一考を要すると思われる。"バブル経済を背景に流通業界の相次ぐ出店につられて生協の出店もGMS、SCなど大型店が志向され、投資計画の甘さや業態にも問題があり、90年代後半に大きな課題となった"(p.292)との反省もみられるが、以後、「構造改革」として主に赤字店閉鎖、物件費・人件費の削減によるコスト対策等々が強調されその路線が推進されたが、国際協同組合年を迎えるに当たって、その自己点検も必要であろう。

大学生協におけるバブル認識

それでは大学生協の認識と対応はどうであったか。『現代日本生協運動史』で大学生協の項をみる限り、「就職氷河期」は散見されるもののバブルについての言及が少ないのは日生協と認識が共通なのであろうか。しかし大学生協の特性(毎年、卒業・入学で4分の1の入れ替わりのため量より質重視か)も手伝って少し違った展開がみられる

ように思う。『運働史』をみる限り、大学生協でもタイムラグの認識はあるが、バブル・バブル崩壊をことさら強調しない理由が何かありそうである。

「バブル景気の中で」（p.259）で、"バブルのことで学生は、学園から街へ関心が移り、アルバイトを追っかけていった。86年の男女雇用機会均等法もあって女子学生の参加が目立ち、キャンパス内ではそれぞれの興味があることに集中する活動スタイルが普及、「普通の学生」が生協活動に参加（短大生の参加増）"との指摘には興味深いものがある。折から、文部省の学生急増政策とキャンパスの郊外開設化の流れにのって大学生協は新キャンパスの厚生施設に関与するが、79年の「福武所感」を機に「学生の生協から全学各層の生協づくり」への戦略が奏功したことと無縁ではない。

ここには経済の動向・転換のみならず大学政策の転換、その背景にある少子化対策や大学の「ユニバーサル化」＊と生き残り競争という状況変化を見据えた複合的視点が必要だったと思われるが、そんな複雑な状況に対応し得たのは、それに至るまでの各種の取り組みがあったからだと思われる。80年代に始まる「知り、知らせ、考え、話し合う」という組合員や学園の声を聴き応えるという取り組みは組合員やステークホルダーとの関係を深め変えていく活動として画期をなすものであったが、これも70年前後の大学紛争—学内に学生の声を聴くシステムが欠如—の反省から、またその後の三無主義・しらけの状況を変えようとの問題意識から意識的に取り組まれたようである。また、

＊大学進学率の上昇は90年代初めまでは横ばいを示していたが、94〜95年から40％台に、00年前後からほぼ50％で推移するようになり（内訳をみると、短大入学者が減少し、大学入学者が増大して埋めあわせている）、「ユニバーサル化」を迎えるようになった。この問題は、社会的背景の分析も含めいろいろな角度から検討する必要があるが、新規高卒者（既卒者も）への求人数の推移との関係も要検討であろう。00年前後からの進学率の急上昇は高卒への求人数の激減（高卒就職率の低下も）との関連性を示している（「職業安定業務統計」）。

これまでの大量生産・大量消費のシステムから"押しつけられた消費"を脱して、自らの願いを生協への参加を通じて反映させ実現させる、同時に生協の運営の改善にもつなげる好循環を作り出したことも重要である。そのなかには、"友達のために使われて良かった"共済事業は生協本来の助け合い精神の発露であり、さらにこうした各種センサーを働かせて生活提案、住宅紹介など生活諸領域の事業を広げ、また新たなニーズを掘り起こしつつ対応してきたことが下表にみるように組合数、組合員数を増大させ、バブル崩壊からの衝撃を緩和したのではないかと考える。小規模な大学の学生・教職員が加入できるインターカレッジ制導入を可能にした大学生協独特の事業連合づくりも機能したのであろう。

大学生協の推移（5年前対比の伸び率　％）

	組合数	組合員数	供給高
1985年	9.8	7.7	38.6
90年	5.7	15.0	36.3
95年	18.7	25.8	22.4
2000年	13.2	13.1	−1.4

資料：『現代日本生協運動史』下、表5-6-3、表6-8-3より作成。

不況の底を示した92〜93年は18歳人口がピーク（200万人；00年は150万人）を迎え、文科省のカリキュラム改変、学内構成の再編に対応して自らの位置づけを「大学の補助機能」から「教育機能への貢献」に再編した大学生協は、95年に生協経営の評価を経営数値のみから生協に関係する人や組織、人と組織の関係で評価しようと大学生協評価委員会を設置するなど改革議論に踏み出したが、構想から内実化への正念場はこれからかもしれない。

2　学生生活の変化とその背景

（1） 1980～08年における「1カ月の収入と支出」の推移と特徴

　次に、学生の生活や意識はバブルやその崩壊、97年のアジア通貨危機や金融危機の時期、07～08年のリーマンショック期にどのような変化をみせたか。「学調」から主要指標に関する数字を拾って時系列的につないだデータ（表2-1～2-4、別表）と全国連提供の1980～08年における住居別（自宅生、下宿生）にみた１カ月の収入・支出のデータ（総括表）が基本である。
　まず1980～2008年での自宅生と下宿生の収支の推移、とくにバブルとその崩壊の時期の変化を中心に総括表で検討する。

自宅生の収支

　「収入合計」は、バブル崩壊直後の92年がピークで67,320円、以降これを上回る年はなく、08年には62,900円と名目でも89年水準にもどっている。物価指数で修正すれば（実質）バブル前の85～86年レベルである（消費者物価2010年＝100とすると85、86年は88、89、08年102.1）。92年はバブル崩壊の直後であるが、まだ景気が底をつく93年10月の前年でバブル景気の滑空状態であったから、結局１、２年のタイムラグをおいて94～95年に収入は６万２千円台に低下し、以降横ばいか低迷を続ける。95～96年と円高緊急対策でGDP実質成長率も92～94年の０％台から96年に3.2％へと回復をみせるが、97年４月消費税率アップ、アジア通貨危機・金融危機（97円11月に山一証券、北海道拓殖銀行など破綻）を機に収入も低迷を続ける。その後06～07年には対中国輸出での回復基調を反映し学生の収入も瞬間風速的に上がったものの08年リーマンショックでまた低下する。ことほどさように収入の方も、一定のタイムラグはあるにせよバブルやその崩壊、経済動向や制度改訂の影響をまともに受けている。
　収入の内訳（％）をみると、最大の比重を占める「アルバイト」は、80年の50％から徐々に上がり、バブル頂点の89年から92年にかけては

総括表　学生生活における収入・支出とその変化（全国）

(1) 1ヶ月の生活費（自宅生）

		1980年	81年	82年	83年	84年	85年	86年	87年	88年	89年	90年	91年	92年	93年
収入	仕送り	41.5	40.1	38.9	38.0	36.8	35.6	33.3	32.6	32.6	31.0	31.0	31.1	31.6	32.2
	奨学金	5.6	6.6	6.2	6.3	5.1	6.6	6.8	6.4	6.7	6.8	6.2	6.3	6.2	7.0
	アルバイト	50.2	50.0	52.6	53.0	55.3	55.0	56.7	58.1	57.8	60.2	60.6	60.5	60.1	58.5
	定職	0.0	0.8	0.7	0.7	0.6	0.7	1.0	0.6	0.7	0.5	0.6	0.6	0.8	0.6
	その他	2.6	2.4	1.7	2.0	2.2	2.2	2.2	2.3	2.2	1.5	1.6	1.5	1.4	1.7
	収入合計	41,520	43,560	46,980	49,050	51,140	53,720	55,370	56,630	58,340	61,960	64,510	65,390	67,320	63,960
支出	食費	21.1	21.1	21.5	21.7	22.1	22.0	21.9	22.0	21.0	20.7	21.3	21.6	21.7	21.4
	住居費	0.2	0.2	0.3	0.4	0.2	0.4	0.3	0.4	0.4	0.3	0.3	0.3	0.5	0.5
	交通費	11.8	12.9	14.0	14.1	15.2	14.3	14.7	14.5	14.9	14.9	15.1	15.2	14.6	15.4
	教養娯楽費	21.6	22.2	20.2	20.6	19.3	20.8	19.7	20.0	19.4	19.7	19.7	20.1	20.0	19.3
	書籍費	10.3	10.0	9.3	8.9	8.3	7.0	10.1	6.6	6.4	5.8	5.7	5.6	5.5	5.6
	勉学費	3.9	3.8	3.8	3.4	3.3	2.9	3.0	2.8	2.7	2.7	2.5	2.4	2.3	2.5
	日常費	10.7	11.4	11.8	12.5	13.6	13.3	13.3	13.1	13.1	13.0	12.2	12.0	11.4	11.9
	電話代	0.0	0.0	0.0	0.0	0.0	0.0	0.0	0.0	0.0	0.0	0.0	0.0	0.0	0.0
	その他	6.8	4.9	5.5	5.1	5.5	5.2	5.9	4.9	5.3	5.6	5.7	5.5	5.8	5.3
	貯金・繰越	13.5	13.7	13.6	13.4	12.5	14.1	14.5	15.7	16.9	17.3	17.6	17.3	18.2	18.1
	支出合計	41,140	42,860	45,930	48,060	49,230	52,670	53,270	55,000	57,010	59,880	62,850	63,510	65,060	61,570

(2) 1ヶ月の生活費（下宿生）

		1980年	81年	82年	83年	84年	85年	86年	87年	88年	89年	90年	91年	92年	93年
収入	仕送り	77.8	77.0	76.4	76.6	76.1	73.7	74.1	73.5	73.1	72.3	72.6	70.4	71.2	72.3
	奨学金	7.0	7.3	7.3	6.9	6.5	8.0	8.4	8.5	8.3	8.1	8.0	8.2	7.8	8.0
	アルバイト	13.4	14.3	15.1	15.3	16.0	16.9	16.4	16.6	17.7	18.7	18.6	20.7	20.2	18.8
	定職	0.5	0.4	0.4	0.3	0.4	0.5	0.4	0.3	0.2	0.2	0.3	0.2	0.3	0.3
	その他	1.1	1.0	0.9	0.9	0.9	0.9	0.7	1.0	0.7	0.6	0.5	0.5	0.5	0.5
	収入合計	82,330	86,650	90,860	94,240	97,530	101,280	105,580	108,060	111,730	116,380	120,620	128,390	132,900	132,750
支出	食費	35.1	34.2	34.7	32.5	32.0	31.1	29.5	28.7	28.1	26.7	26.5	26.0	25.8	25.9
	住居費	24.3	24.6	26.9	26.1	27.1	27.8	29.9	30.8	32.0	33.0	34.6	34.7	34.9	36.2
	交通費	3.5	3.6	3.8	3.4	3.7	3.8	3.4	3.4	3.3	3.2	3.3	3.1	3.0	3.1
	教養娯楽費	11.7	11.6	11.9	11.5	10.5	11.4	10.8	10.8	10.2	10.4	10.1	10.4	10.3	9.8
	書籍費	6.5	6.0	6.2	5.5	5.2	4.5	4.2	3.8	3.9	3.7	3.4	3.2	3.0	3.0
	勉学費	2.4	2.3	2.5	2.2	2.1	1.8	1.8	1.8	1.7	1.8	1.7	1.6	1.5	1.5
	日常費	8.3	8.9	9.1	8.9	9.2	8.9	8.7	8.2	7.5	7.4	6.8	6.7	6.5	6.5
	電話代	0.0	0.0	0.0	0.0	0.0	0.0	0.0	0.0	0.0	0.0	0.0	0.0	0.0	0.0
	その他	3.7	3.9	4.7	4.6	5.0	4.7	5.4	5.7	5.7	6.0	5.9	6.0	5.8	5.5
	貯金・繰越	4.5	4.9	4.8	5.3	5.2	6.1	6.3	6.7	7.7	7.7	7.7	8.5	9.3	8.7
	支出合計	82,020	86,170	86,170	93,200	96,200	100,020	104,070	106,600	109,890	114,520	119,000	125,790	130,600	129,460

注：「学生生活実態調査」各年より作成。「その他」は1999年まで電話代を含む。

第 2 章　バブルおよびポストバブル期における消費動向と学生生活の変化

(単位：％、円)

94年	95年	96年	97年	98年	99年	2000年	01年	02年	03年	04年	05年	06年	07年	08年	
34.5	30.7	32.2	31.3	33.8	32.1	31.1	34.6	30.8	28.9	28.3	25.6	27.2	24.6	16,150	25.7
7.1	8.1	7.1	8.7	8.0	10.0	10.8	10.8	12.7	14.9	15.1	17.3	16.6	16.9	11,460	18.2
55.7	58.5	58.1	57.9	55.6	55.6	54.7	51.4	53.6	52.5	51.6	52.0	52.0	53.6	32,840	52.2
0.7	1.0	0.9	0.5	0.8	0.5	1.8	1.6	1.1	1.9	1.0	0.9	0.8	0.7	400	0.6
2.0	1.8	1.7	1.7	2.2	1.8	1.6	1.6	1.7	1.7	3.8	4.2	3.3	4.2	2,040	3.2
62,990	62,220	66,900	64,470	65,810	63,440	65,770	64,520	62,650	63,110	62,720	61,590	64,550	63,330	62,900	62,900
21.3	19.4	20.2	18.5	19.2	17.5	17.2	18.6	17.6	17.7	18.3	19.7	20.3	19.1	11,490	19.2
0.5	1.0	0.9	0.7	0.7	1.1	0.9	0.8	0.8	0.4	1.7	2.0	0.3	0.7	240	0.4
15.7	16.8	16.4	16.9	15.7	17.2	15.8	17.6	15.8	17.3	17.5	16.8	17.1	16.8	9,460	15.8
18.8	17.4	17.8	15.0	14.5	13.0	12.7	13.4	13.5	13.6	14.3	14.0	14.3	13.4	7,670	12.8
5.5	5.0	5.1	4.7	4.8	4.3	3.8	3.9	3.7	3.7	3.9	4.0	3.9	3.6	2,220	3.7
2.5	2.1	2.2	3.0	2.7	3.0	2.6	2.7	2.8	2.9	2.5	2.4	2.7	2.4	1,270	2.1
12.5	12.9	12.7	13.4	12.8	13.2	13.4	12.9	13.7	12.8	12.2	12.2	13.4	12.3	6,600	11.0
0.0	0.0	0.0	0.0	0.0	0.0	0.0	11.6	11.2	8.5	8.0	7.4	7.1	7.0	6.5	3,440	5.7
5.4	5.6	6.3	8.8	11.1	12.5	4.3	4.3	4.2	4.6	5.3	5.3	4.7	4.9	3,010	5.0
17.9	19.9	18.4	18.9	18.4	18.1	17.7	14.6	19.3	18.9	16.9	16.4	16.2	20.1	14,580	24.3
61,350	59,590	63,920	61,640	63,370	60,180	62,470	60,640	58,740	58,840	56,540	57,900	58,790	58,990	59,980	59,980

94年	95年	96年	97年	98年	99年	2000年	01年	02年	03年	04年	05年	06年	07年	08年	
73.1	73.4	73.1	72.0	72.5	71.1	70.5	71.9	69.5	68.0	64.6	63.3	63.0	59.5	77,580	60.2
8.0	8.5	7.6	7.9	8.5	9.6	10.8	10.4	12.5	13.6	15.2	16.8	17.1	17.7	24,330	18.9
18.1	17.5	18.2	19.2	17.9	18.3	17.5	16.2	16.6	17.0	17.0	17.1	17.8	19.9	24,600	19.1
0.4	0.1	0.5	0.2	0.6	0.2	0.6	0.8	0.6	0.6	0.7	0.5	0.4	0.5	320	0.2
0.5	0.5	0.7	0.7	0.6	0.8	0.7	0.7	0.8	0.8	2.5	2.2	1.7	2.3	2,060	1.6
134,200	132,510	139,870	136,160	139,490	135,910	137,760	138,730	133,790	131,630	132,490	129,580	131,580	134,260	128,890	100.0
24.7	24.3	23.3	22.6	22.2	21.6	21.0	20.7	20.7	19.8	20.4	20.3	19.9	20.0	24,430	19.7
36.9	37.5	38.5	38.8	39.1	39.3	40.4	42.0	42.3	43.5	44.1	45.1	44.4	44.7	54,720	44.2
3.0	2.5	2.7	2.6	2.4	2.3	2.3	2.6	2.5	2.4	2.6	2.4	2.6	2.9	3,450	2.8
9.7	9.4	9.0	8.3	8.1	7.8	7.3	7.6	7.3	7.4	7.3	7.4	7.5	7.3	8,800	7.1
2.9	2.8	2.7	2.5	2.5	2.3	2.2	2.2	2.2	2.0	2.1	2.0	2.0	2.0	2,410	1.9
1.4	1.5	1.4	1.6	1.6	1.7	1.6	1.6	1.7	1.6	1.6	1.4	1.5	1.4	1,560	1.3
7.2	6.9	7.8	7.6	7.4	8.0	7.3	7.3	7.6	7.7	7.0	6.4	7.2	6.5	7,970	6.4
0.0	0.0	0.0	0.0	0.0	0.0	0.0	7.1	6.6	5.1	4.9	4.8	4.8	4.6	4.3	5,090	4.1
5.7	5.8	5.7	7.3	7.7	8.4	2.0	2.3	2.3	2.0	2.9	2.9	2.5	2.9	3,240	2.6
8.5	9.3	8.8	8.8	8.9	8.6	8.6	7.2	8.3	8.6	7.3	7.3	7.8	7.9	12,260	9.9
131,920	129,190	136,280	132,800	136,210	132,340	133,970	134,180	128,880	127,150	124,960	122,600	126,060	125,440	123,920	100.0

53

60％を上回り、10月が景気が底を打った93年から60％を切り徐々に下がり、01年以降は今日まで50％そこそこで推移している。第二の「仕送り」は、80〜81年40％、82〜85年が30％台後半、86〜02年は30％台前半で推移するが、03年以降は今日まで20％台後半になっている。

　「仕送り」と「アルバイト」の関係をみると、収入合計がピークであった92年以前の数年間（バブル絶頂期）は有利な条件で提供されたためアルバイトの比重が一段と高くなった半面、仕送りの低下が注目される。バブル期には30％そこそこに下がっていた仕送りは、バブル崩壊の直後には少し、一番厳しい94年に35％に上がっており、不況本格化のなか親元の遣り繰りが垣間見えるようである。また、アルバイトと仕送り両者の合計は、80年以降90％余で推移したが、97年から90％を割り込んで80％台に、05年から70％台に下がり、これを補う形で奨学金が17％へとその比重を高めている。

　「奨学金」は年々「厚く」なる一方であるが、そのほとんどが貸与であるから卒業と同時に返済を迫られるという代物である。本家のアメリカでは、奨学金の財源の多くがキャピタルゲインであるため、近年の株価下落でその基盤が脆弱化する一方、借金まみれの卒業生を待ち受ける就職難や賃金劣化は返済不能者を続出させている。大学学費の私費負担率が最高（OECD平均の2倍で67％）という日本のあり方が問われるところである。

　支出合計も92年65,060円でピークを打ち、96年に一旦回復し63,920円を示すものの02年以降は6万円台を割り込み、08年の59,980円は89年の水準、実質ではバブル前の84〜85年の水準である。内訳でみると、「食費」「教養娯楽費」「貯蓄・繰越」も92年がピーク。「食費」は92年14,120円からずっと下がり続け、とくに97年以降は11,000円内外で低迷している。一般に景気変動の影響を一番受けやすいのは選択的性格を持つ「教養・娯楽費」といわれるが、これも92年のピーク12,990円から97年には1万円を割って急落しはじめ、現在は7,670円と92年比40％以上も下がっている。これは経済変動の反映というより、一路縮

小する傾向からすると、学生の財布の硬直化に加えて生活文化の劣化によるものと思われる。その典型の「書籍費」は、80年代前半の4,000円台から下がり続け、08年には2,220円と半額になってしまった。これでは新刊書は買えない、生協の書籍部でも売れないはずである。書籍の場合は、経済動向を超えて長期的な変貌、情報化や社会意識の変化、大学のユニバーサル化（進学率50％超、「全入制」）など文教政策や社会・文化の構造変化が主要な要因と思われる。私の編集者時代の印象でも、オイルショック、とりわけ74—75年同時不況頃から急速に本離れが始まり、少なからぬ版元は迎合的で安易な本作りに傾斜したが、学生の読書傾向が73〜76年を境に思想・教養書から趣味・娯楽・漫画に移行したことと無縁ではない。

「貯蓄・繰越」も92年がピークで11,840円、以後横ばい状態であるが、リーマンショックの08年に一気に14,580円と高くなっている。就職難や若者のワーキングプア化を目の当たりにして、あるいはまた借金返済の用意で仕送りやアルバイトの収入を貯金に回す生活防衛の表れでもあろう。

下宿生の収支

下宿生の自宅生との著しい違いは収入における仕送り（08年60％）と支出における住居費（08年44％）の圧倒的な高さである。「収入合計」は96年がピークで139,810円、08年現在は128,890円とピークより1万円余減額し、名目で91年の、実質で89年の水準である。収入の内訳をみると、「仕送り」のピークは96年で102,240円、08年は77,580円だから4分の1も下がっている。これを比率でみると、80〜84年は70％台後半、85〜02年は70％台前半かすれすれ、03年からそれを割り込んで一気に60％台に移行、07〜08年は60％。「アルバイト」は92年がピークで26,850円を示すが、80年の1.1万から87年には1.8万円に上がって、バブル絶頂の88〜89年に2万円前後に乗り上げ、以降は2万5千円前後で推移し、97年や07〜08年という経済危機下では頑張って比重を前後に比べ1、2ポイント上げる奮闘ぶりがうかがえる。仕送りと

アルバイトの関係では、仕送りの減少をアルバイトで埋め合わせる傾向がみられるが、02、03年以降の仕送りやアルバイト収入の低減を「奨学金」が補完する形で比重を増している。奨学金の上昇が先か仕送り・アルバイト収入の低下が先か、要検討である。

支出合計は、収入と同じく96年の136,280円をピークに02年から12万円台に低位「安定」し、08年には123,920円とピークに比べ1万2千円あまりも低下、名目でも90〜91年の水準を示している。96年がピークを打ったのは住居費が前年に比べて一気に4,000円あまり跳ね上がったからと思われる。以後、住居費は5万2千円前後、00年からは5万5千円前後と高原状態で推移している。支出の内訳をみると、「食費」は92年がピークで33,660円、以降漸減し99年から3万円を割って08年には24,430円となりピーク比9千円も低下（マイナス27％）させている。食費の対支出合計比をみると、80〜86年35〜30％、87〜94年29〜25％、95〜99年24〜22％、00年以降は21〜20％で推移。下宿生のエンゲル係数が80年35％から08年20％に下がった分豊かさの証明であろうか。膨張する一方の住居費や貯蓄促迫の圧力で食費が抑さえ込まれたというのが実体であろう。

問題の「住居費」は、96年から5万円台を超え、これが生活悪化の要因だと大学生協の指摘もある。対支出合計比で80年24％がバブル本格化の86年には30％を超えて食費を上回る。90年から35％を超え、01年には40％台はおろか食費の2倍あまり、近年では44〜45％と支出の半ばを占めるまでになっている（全国地価公示価格は91年30万6千円から10年11万4千円へと低下しているのに家賃総計＜1畳当たり＞は83年1,643円、88年2,045円、93年2,637円、08年3,002円と一路上昇）。

下宿生の収支のピークは自宅生と違って96年にあるというタイムラグの問題であるが、それは96年の住居費が対前年比で一挙に4千円、8.5％も増大し5万2千円台に乗り上げたことで仕送り5.1％増、アルバイト9.6％増で対応したものと考えられる。つまり、他の主要な費目である食費や教養・娯楽費、貯蓄・繰越もやはりバブル崩壊直後の

92年がピークとなって以後は下がっているが、それをものともせず住居費の増大が96年をピークに押し上げたのである。これはバブル崩壊や景気の底といった経済情勢が親元の仕送りやアルバイトの頑張りを「強要」したと考えられる。

　教養・娯楽費もやはり92年が13,390円とピーク、以降は一路低下を辿り08年には9千円を割り込み、比率も80年12％から下がりっぱなし、88〜94年は10％、95年以降今日までは9〜7％へと逓減。「書籍費」「勉学費」はずっと下がりっぱなしで08年に3％へと30年近くでその3分の1に低下。

　「貯蓄・繰越」もこれまで92年、98年をピークに12,130円、12,150円を打った後、01年から1万円を下回っている。しかし、比率でみると80年4％からバブルの88年には8％と倍増し、今日まで8、9％を維持してきたが、08年にこれまでのピークを超えて前年比25％増、1.2万円に急伸している（自宅生も急伸）。総括表から除外したが、寮生では、08年の「貯金・繰越」は20,000円と際だっており、リーマンショックや就職難と仕送り減の中で必死の遣繰りが伺える。

　上にみてきたように、「学調」から読み取れることは、諸条件によって経済動向や施策によってタイムラグは起こるものの必ず実体は現象として発現し、一定の傾向を示すということである。90年に始まる株や地価の下落、供給統計の91年ピークと92年のボトム、つづく93年の景気底入れ、数次の総合経済対策による96〜97年回復の兆し、それを口実に導入された消費税率アップと景気の腰砕け、そして97年後半の金融危機、こうした節目に注目すれば「学調」の指標からも経済動向による学生生活の一定の変化が確認できると思われる。

（2）学生生活の重点と生協

　（1）の補足として、いくつかの指標を取り上げてその留意点や課題を検討してみるが、いずれもデータが歯抜け状態のため大雑把なレベルに止まる（以下、いずれも全国大学生協連合会編『CAMPUS

表2-1　家計支持者の職業

(単位：%)

	公務員	中小企業	大企業	自営・農業	無職・年金
1980年	26	19.4	18.1	19	1.7
84年	12.2	22.6	19.9	18.1	1.9
89年	16.5	25.4	24.3	14.1	2
94年	15.6	27.3	22.5	12.4	1.5
00年	13.9	21.1	13.9	11.4	1.9
＊	17.9	27.1	17.8	14.6	2.4

＊96年以降のNAは、それまでの7％前後から26〜7％に増大しており、それを勘案した00年の推計値。

表2-2　母親の就労状況

	無就労	就労	内　パート
1980年		23.5	
84年		20.8	
89年			
95年	21.6	77.1	25.4
00年	19.4	79.1	21.8

注：空欄は不詳。母親の就労率が84年と95年では飛躍がありすぎる。

LIFE DATE』各年版より)。

収入

　家計支持者の職業を見ると（表2-1）、いずれの職業もバブルやその崩壊直後の「滑空」期の89年、94年の指摘率が高く、以降は逓減傾向にあるが、職業別では「自営・農業」「公務員」関係が減少、「中小企業勤務」や「大企業勤務」が増えている。ここで、管理職かどうかなどが分かれば、仕送り、アルバイトとのかかわりももっと的確に読み取れるのではないかと思う。注意を要するのは、96年以降、無回答者が4倍と急増しており、これ自体格好の研究テーマと思われる。

　母親の就労状況に関しては（表2-2）、拾えたデータでは80年代と90年代の「就労」の指摘率の差が大きすぎて（82年の20％台と95年、00

第2章　バブルおよびポストバブル期における消費動向と学生生活の変化　59

表2-3　アルバイトの目的＊

	生活維持	生活のゆとり	サークル	レジャー	衣料・バッグ	海外旅行	貯金
1980年	7	25.1	8.7	16.5			
84年	8.4	27.5	9.7	14.8			
89年	23	29.6	24	33.5	20.8	4.3	18.2
94年	23.7	32.2	26.2	29.6	22.7	4.8	29.6
00年	25.8	31.1	18.7	26.1	36.3	6.4	14.3

＊アルバイトの目的の設問変更は下の別表参照。

別表　「アルバイトの目的」設問変更

1994年		1984年	
生活維持	23.7	生活維持	8.4
生活のゆとり	32.2	生活のゆとり	27.5
授業料	1.6		
サークル	26.2	クラブ活動	9.7
レジャー・旅行	29.6	レジャー大型商品	14.8
車・バイク	10.5		
衣料・バッグ	22.7		
貯金	29.6		
		資格取得	1.6
		条件良いから	5.9
		親の負担軽減	6.7
		バイトせず	15.1

年の70％台）、世間のデータとくらべて検討する必要がある（「労働力調査」による女性の年齢別就業率では、40〜54歳層の就業率は両期で60％台前半と後半、55〜64歳層でも40％半ばと後半なので、表2-2ほど両期の間でこんな大差はない）。バブル崩壊で仕送りのため以前の3倍もの母親が一挙に就業したとは思えない。

　アルバイトの目的を見ると（表2-3および別表）、2000年では衣料・バッグ購入、生活のゆとり、レジャー、生活維持、サークル、貯金の順となっているが、ここでも80年代のバブル以前と以降を比べると、「生活維持」「サークル」「レジャー」の指摘率は2倍となり、「生活の

ゆとり」は全期を通じて増大しているが4分の1～3分の1の指摘率を維持している。しかし、84年と94年のあいだに調査項目に変更があり、この間の2倍化も額面通り受けとめるわけにいかない。ところで、「なぜアルバイトをするのか」という質問のなかに「親の負担を軽減したい」という選択肢がなくなったようであるが、復活すべきではないかと思う。

支出

選択的支出の典型といわれる「教養・娯楽」と「書籍」をみると、既に述べたように、前者は経済動向の影響を受けながらも傾向的にその比重を逓減させ、書籍は一路低落軌道を描いている。『CAMPUS LIFE DATE』各年版で拾ってみると、「1日の読書時間」についての設問で、「ほとんどなし」（途中から0分）が80年14.2％、85年19.4、バブルの89年に31％へ急上昇し、94年も33.1％。「90分以上」も「60分以下」もともにこの間マイナス41％、マイナス15％を示している。この問題には構造的な根深い問題があり改めて検討を要する。私の認識では、70年代半ばから急速に本離れが始まっているが、これには版元の売らんかなの大量生産大量販売のツケがまわり数十％に及ぶ返品・破棄が当たり前になって、そのコストを織り込んだ実質値上げや内容の劣化がもたらされたといえる。竹内洋『教養主義の没落』（中公新書、03年刊）でも、学生の読書傾向が73～76年を境に思想・教養書から趣味・娯楽・漫画にシフトしたことが指摘されている。平均読書時間も71年108分、77年60分、97年30分、09年27分のデータもある

表2-4　大学生活の重点（％）

	豊な人間関係	勉強第一	クラブ第一	趣味第一	バイト貯金第一	何事もほどほどに
1980年	26	22	14.6	10.5	1.3	10.6
84年	23.4	21.2	14.9	13.2	1.8	―
89年	28.2	15.9	13.5	16.2	2.1	15.1
94年	22.5	18	15.4	14.5	3.2	15.8
00年	19.2	24	9.1	9.7	2	21.4
06年	16.9	28.3	16.9	8	2.5	19.6

ようである。

大学生活の重点

学生にとって大学生活の重点は何かを見ると（表2-4）、80年代、90年代半ばまで「豊かな人間関係」が王座に君臨してきたが、98年に「勉強第一」にその座を渡して以来遞減を続けて「クラブ第一」を下回る状況である（報告時には02年以降のデータがなく、小論のほとんどはそのままであるが、「生活の重点」のみその後のデータを入手し補足した）。「勉強第一」は80～94年、微減・横ばいを続けてきたが、不況本格化で95年から急増に転じ、98年には23.6％とトップに立ち、以降24～28％で推移している。「サークル第一」は80年、90年の十数％ラインから99年、00年には10％を割り込んだが、その後徐々に上向きになり、09年には15.4％に復活している。こうした変貌には、90年代以降に急展開した大学改革論議、それに付随する出席・成績評価の「厳格化」がその基礎にあって、それに折からの不況の深化、就職難激化がダブって成績重視＝「勉強第一」に転じたとみられる。「就活」対策の「勉強第一」といってもひとりぼっちではやりきれない。すぐには「人間関係」重視といかないまでも「サークル」「趣味」が恋しくなってくるのは自然の道理であろう。それにしても「ほどほどに」が2位を占めるまでになったことは要検討である。

「勉強第一」といえば、最近の学生は授業の出席に熱心である。しかし「授業で先生との会話が持てるか」どうかというと「持てる＋まあ持っている」は87年26.2％から00年19.2％へ低下している。学生本来の人間関係の中で育まれ・成長するという欲求実現の場、それも先生だけではなく学友や先輩後輩との学び・交流の機会の不足が浮かびあがってくる。当然、そこでは勉強や就職、読書やレジャーだけではなく、食や健康をふくむ学生生活の基本のところでの交流や場の形成が求められているように思われる。

生協への期待と課題

学生生活を取り巻く環境はますます厳しくなっている。就職難の中

の進路問題、マスプロ教育の中の孤独感、健康問題（食の安心・安全、入通院の経験者はこの間を通じて4分の1以上）など不安がいっぱい。そういうなかで大学生協はどのようなかかわりを持てるのか。たとえば、「食事をとったかどうか」の質問では、夕食とは別に「深夜食をとっている」が79年～2000年に一貫して25％～28％の高水準を維持しているが、その場合、健康な生活習慣からみてどうなのか等検討課題は少なくない。「1週間の生協食堂利用率」は同じく79～00年に93％から82％へ減少傾向を辿っているし、週平均利用回数は84年4.5回から00年3.4回へとこれまた減少している。しかも生協書籍部への月来店数も、7回以上は85年の50.4％から00年22.6％へと半減、「ゼロ回」は増えて4.2％から14.9％を示している。

　もちろん、生協食堂の早朝メニューなど様々な工夫や努力が行われて、「生協についての満足度」も概して高くなっている（「満足」＋「まあ満足」の計：84～00年にかけて58％から80％へ上昇。ただし、「満足」は10％内外で推移）、「生協総代会の認知」は年々下がって（同期間48％から30％へ）、「生協ニュースを読む」も42％から32％へ低下している。かつての「一言カード」が新しいうねりを作り出したように、今日の学生や大学を取り巻く複雑な環境のなかで、学園のあり方やよりよい学生生活、学園生活の実現のために、今一度組合員の真のニーズを深く理解し共に考え、学園の内外含めて協働の取り組みや協同の場を準備して行くことが国際協同組合年の今日求められている重要な課題ではなかろうか。

追記

　「学調」の全データは東大社研に移管されたが、それを活用して成果が発表されている。その貴重な先行研究に、リーディングス日本の高等教育③　橋本鉱市編『大学生　キャンパスの生態史』（玉川大学出版部、2010年）がある。

注

1 拙稿「『大型消費』時代の到来と消費の階層性（上・下）」『経済』新日本出版社、1991年8・9月号
2 拙稿「バブル、ポストバブル期における消費経済論」同志社大学経済学会『経済学論叢』第45巻第3号、1994年3月。
3 前川リポート、日米構造協議に基づく公共投資630兆円決定、アメリカ主導の「対日年次改革要望書」＝日本改造計画とアクションプログラム稼働、これに対応する民営化、規制緩和、労働者派遣法などの日本側の大転換の推進については、関岡英之『拒否できない日本』（文春新書）04年刊を参照。

第3章

京都、滋賀、奈良地域の学生生活

久保 建夫、名和 又介、三宅 智巳

はじめに

　本稿は、大学生協研究会（同志社大学人文科学研究所　第11研究「生活協同組合と地域事業連合の総合的研究―大学・地域・人物における"協同"」）の中で「学生生活実態調査をもとにした学生生活の実情」をテーマにした班を立ち上げ、数回にわたって調査データを検討し、とりまとめたものである。

　学生生活実態調査の項目は多岐にわたり、多様な角度から学生生活をとらえることができる貴重な調査データである。本稿では、その中から京都、滋賀、奈良地域の大学生協組合員の学生生活の経済的特徴とそれを支える保護者の負担の実情、そして学生の意識と行動を読み取り、その上で、学生生活の総合的支援の重要性について考察した。とくに断らない限り、京都・滋賀・奈良のデータについて記述している。

　利用しているデータは、1982年から2010年までのものである。また、この調査には、京都大学、同志社大学、立命館大学、龍谷大学の各生協はすべての年度に参加し、その他の大学生協は不定期の参加となっ

ている。各年の参加生協は付表（**P.82**）の通りである。

　なお、この研究班は久保健夫、名和又介、三宅智巳の3名で構成されており、2010年9月におこなった研究会合宿での三宅の報告をもとに数度のディスカッションを経てとりまとめたものである。

1　学生生活の現状と問題点

（1）学生の1カ月の収入の特徴

　学生生活の経済的基盤がどうなっているかについて、1カ月の収入と支出の内訳をもとに、その特徴を見てみる。

　現在の学生の1カ月の収入は、自宅生で60,830円、下宿生で125,950円（2010年度調査）で、1998年をピークに減少し続け（図3-1）、20年前と同じ水準になった。

　下宿生の収入の内訳では、親からの仕送りが減少し、奨学金への依存が増加している。奨学金は、下宿生で09年からアルバイト収入を上回る状況になった。

　また、奨学金の受給率は全体（平均）で36.9％（2010年）となり、そのほとんどが日本学生支援機構の貸与型奨学金である。奨学金を受給している学生の有額平均（奨学金を受給している学生だけをとった受給額の平均金額）を見ると、1カ月あたり60,270円であり、卒業までには300万円近い「奨学ローン」を抱えることになる（表3-1）。

　その一方で、親からの仕送り額は、98年をピークに減少を続け、2010年には73,990円となり、これは1986年の水準（73,330円）とほぼ同額である（図3-2）。

　こうした結果、下宿生の収入構成比の変化を見ると、仕送りが82年73.5％から2010年には58.7％に、奨学金は82年7.1％が2010年で19.7％となっている（図3-4）。

66　第Ⅰ部　研究編

図3-1　学生の収入（1カ月）

（1）自宅生

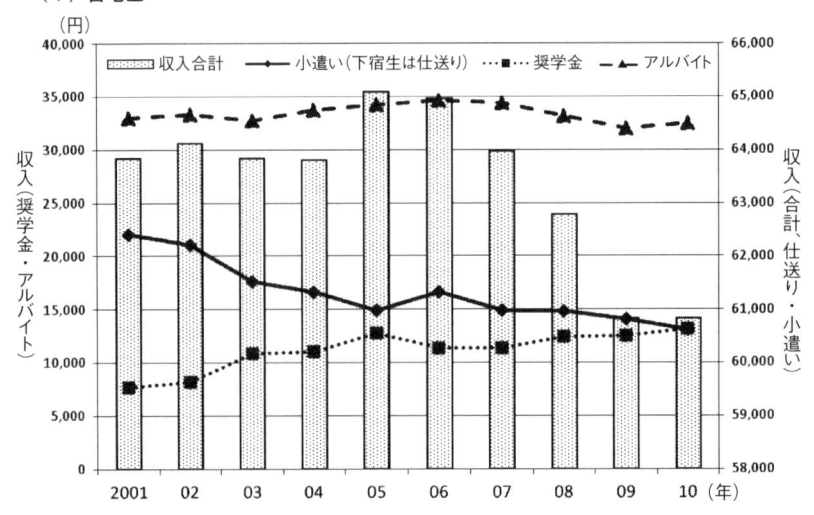

（2）下宿生

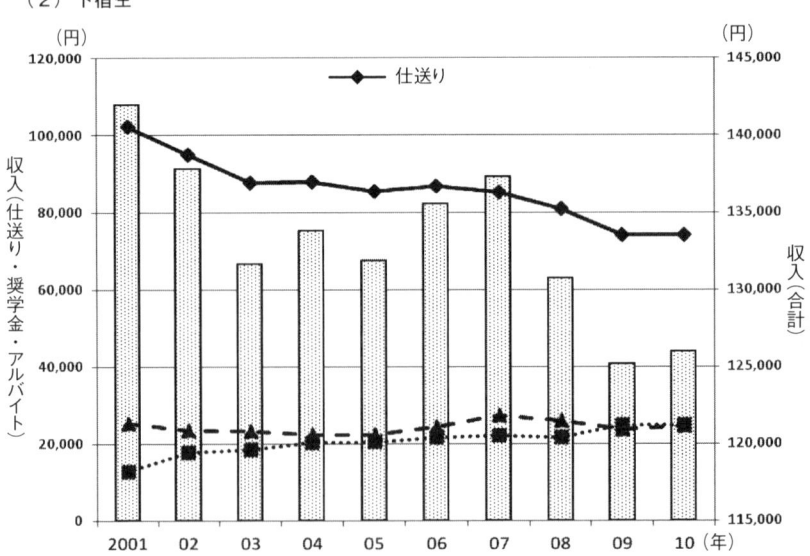

表3-1 奨学金の受給率と受給額（有額平均）

(%)

	全国10年	東京10年	2006年	07年	08年	09年	10年	自宅生	下宿生	寮生
日本学生支援機構の奨学金をもらっている	33.9	27.5	28.4	28.4	31.1	33.5	33.2	28.3	37.3	47.8
日本学生支援機構以外の奨学金をもらっている	4.6	4.3	4.5	5.2	4.1	4.0	3.7	2.4	4.9	6.5
奨学金を申請したがもらえなかった	3.7	4.6	2.9	2.7	3.5	3.6	3.6	3.9	3.4	3.6
奨学金をもらいたいが申請しなかった	13.0	15.0	18.3	17.3	16.2	13.0	13.5	14.7	12.3	11.6
奨学金をもらう必要性を感じなかった	40.1	43.7	42.6	42.2	40.7	41.0	40.6	44.6	37.1	30.4
以前はもらっていたが今はもらっていない	1.9	2.0		1.7	1.9	2.1	1.9	1.7	2.0	3.6
その他	0.5	0.4	2.1	1.4	0.8	0.6	0.6	0.8	0.6	
無回答	3.7	3.7	2.6	3.1	3.3	3.8	4.0	4.4	3.7	0.7
生活費の中の割合	21.8	19.1	16.8	16.8	18.0	20.3	20.7	21.7	19.7	30.0
奨学金有額平均（円／月）	59,670	60,280	60,900	59,640	60,140	60,270	60,420	56,770	63,340	53,490

注：2006〜10年は自宅生・下宿生・寮生の平均。

（2）下宿生の1カ月の支出の特徴

　1カ月の支出総額は、自宅生で59,500円、下宿生で120,640円（いずれも2010年調査）となっており、収入総額の推移に比例して支出総額も変動し、いずれも09年、10年は明らかに低下している。

　支出の内訳の動向を下宿生で見ると、住居費と食費で大きな特徴がある。住居費はデータのある82年から毎年大きく上昇を続け、88年には住居費と食費が逆転した。今日から見ると、住居費より食費の方が多かった時期であったということに感慨深いものがある。住居費は82年に20,870円（構成比23.1％）だったものが2010年には55,100円（同45.7％）に、食費は82年に31,020円（同34.3％）だったものが2010年

図3-2 下宿生の収入（1カ月）

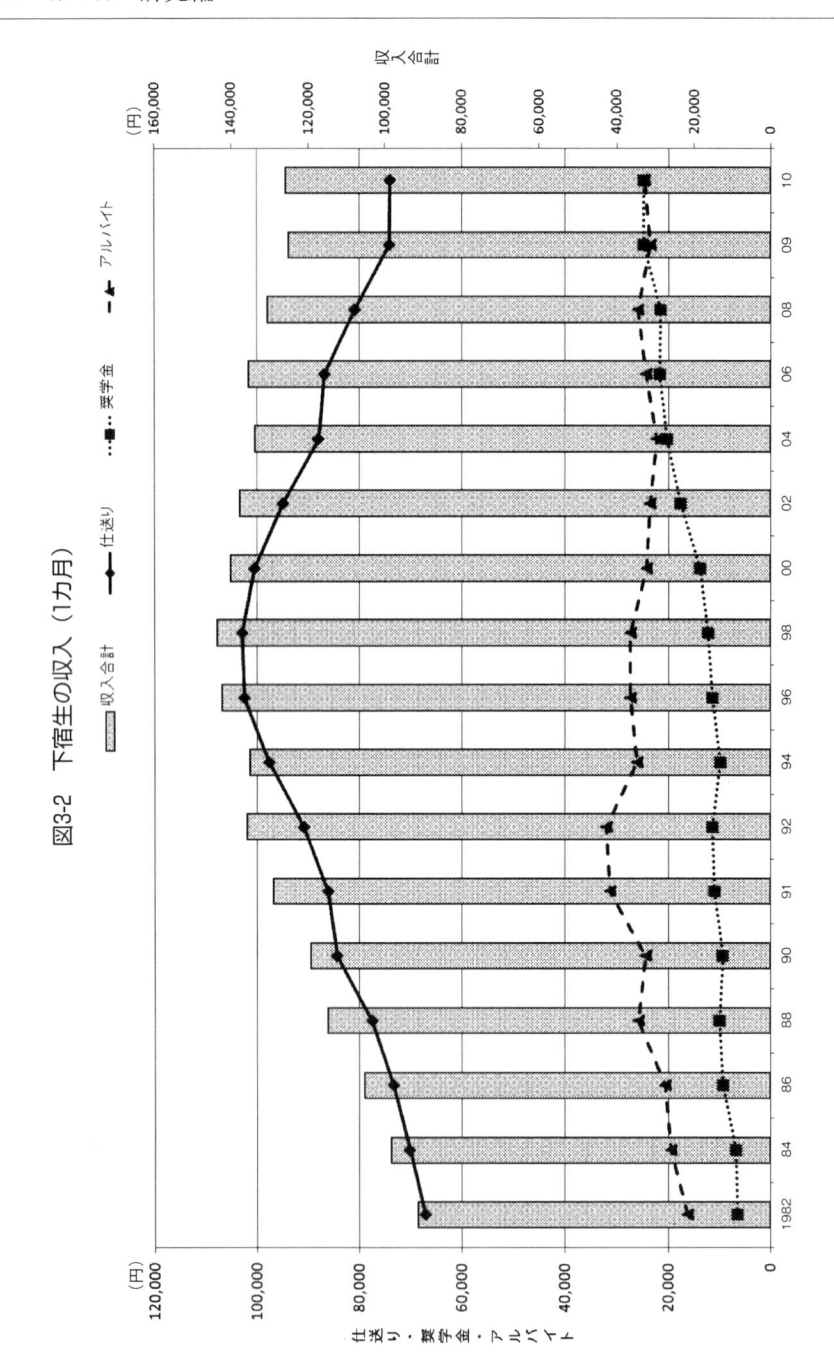

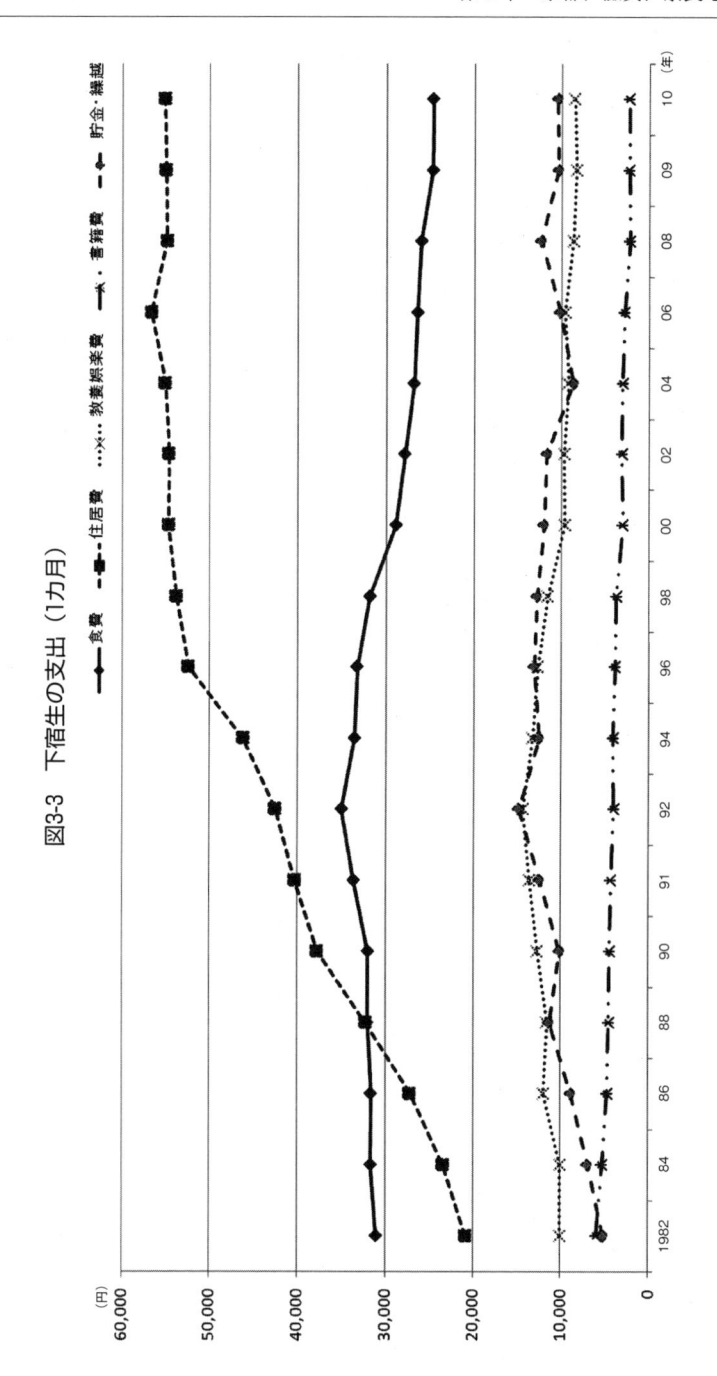

第 3 章　京都、滋賀、奈良地域の学生生活

図3-3　下宿生の支出（1カ月）

には24,700円（同20.5％）となっている（図3-3、図3-4）。

　住居費が急速に増えた要因としては、旧来型の下宿タイプから、バストイレ・キッチン付きのマンションタイプに移行したことがあげられる。それでも、収入総額が増加していた98年までは、食費は3万円台を維持していたが、収入総額が減少に転じてからは、食費にしわ寄せがきていることが分かる（図3-2、図3-3）。

　ここで、支出から「固定的費用」を除く「自由裁量可能な支出」の推移と食費の割合をみる。自由裁量可能な支出とは、学生の1カ月の支出総額から「住居費」と「貯蓄繰越額」を除いた、学生の意思で裁量できる消費支出額を指す。これは、可処分所得から契約的支出（民間保険料、ローン返済など）を差し引いた任意可処分所得（1985年版『国民生活白書』で使用）の考え方を参考にしている。

　食費を支出総額のなかの金額と構成比でみると上述の通り、82年の31,020円（構成比34.3％）が2010年には24,700円（構成比20.5％）と金額では20.4％減少し、構成比では13.8ポイント減少している。これを住居費や貯蓄繰越を除いた支出額（自由裁量可能支出）の中で見ると、状況が変わってくる。

　自由裁量可能支出の金額は97年が最も多く77,100円であるが、2010年は55,020円で28.6％も減少している。一方、これに対しての食費の占める割合は、97年が42.6％だったものが2010年は44.9％と増加している。大きく減少する自由裁量可能支出の中で食費を確保しようという傾向が読み取れる。もしくは、これ以上食費を削ることのできない限界にきているとも言える（図3-5、図3-6）。

　健康で充実した学生生活を送る上で、健全な食生活はその基本になるものであるが、現状はぎりぎりのところにきているのではないか。

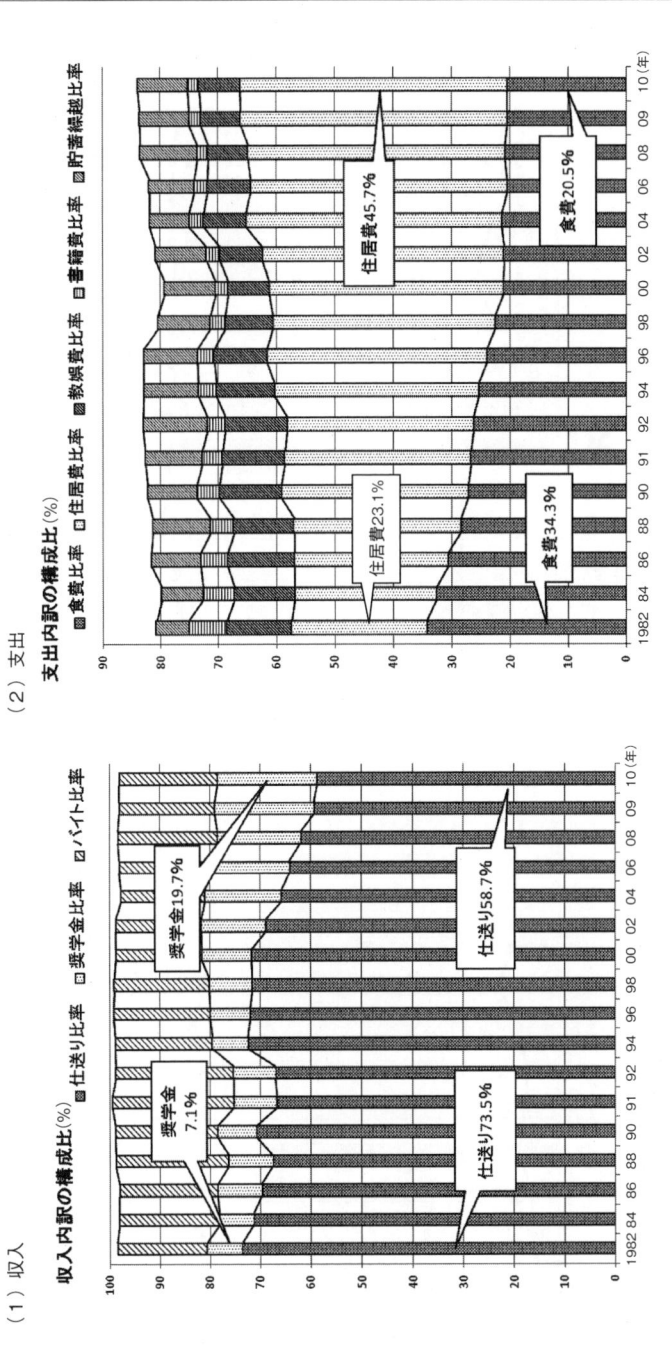

第3章　京都、滋賀、奈良地域の学生生活

図3-4　収入・支出の構成

(1) 収入

(2) 支出

72　第Ⅰ部　研究編

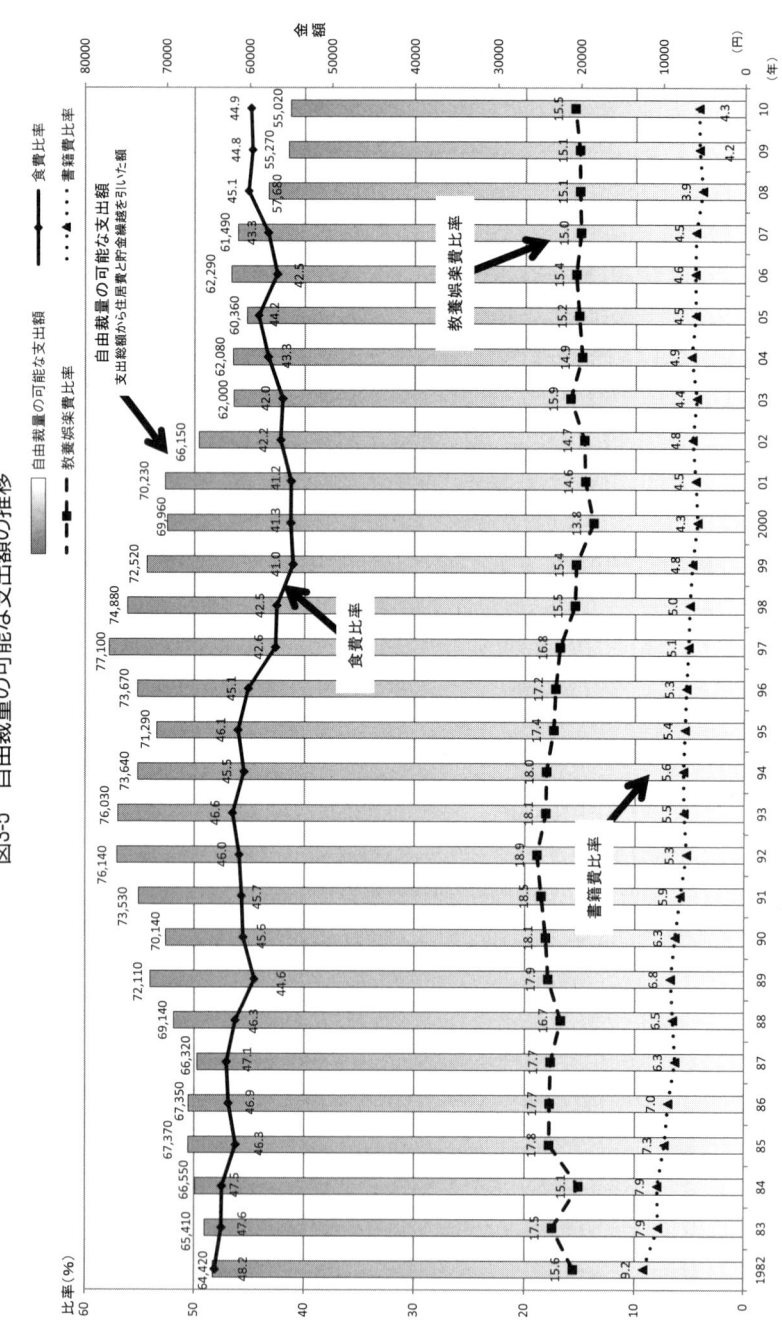

図3-5　自由裁量の可能な支出額の推移

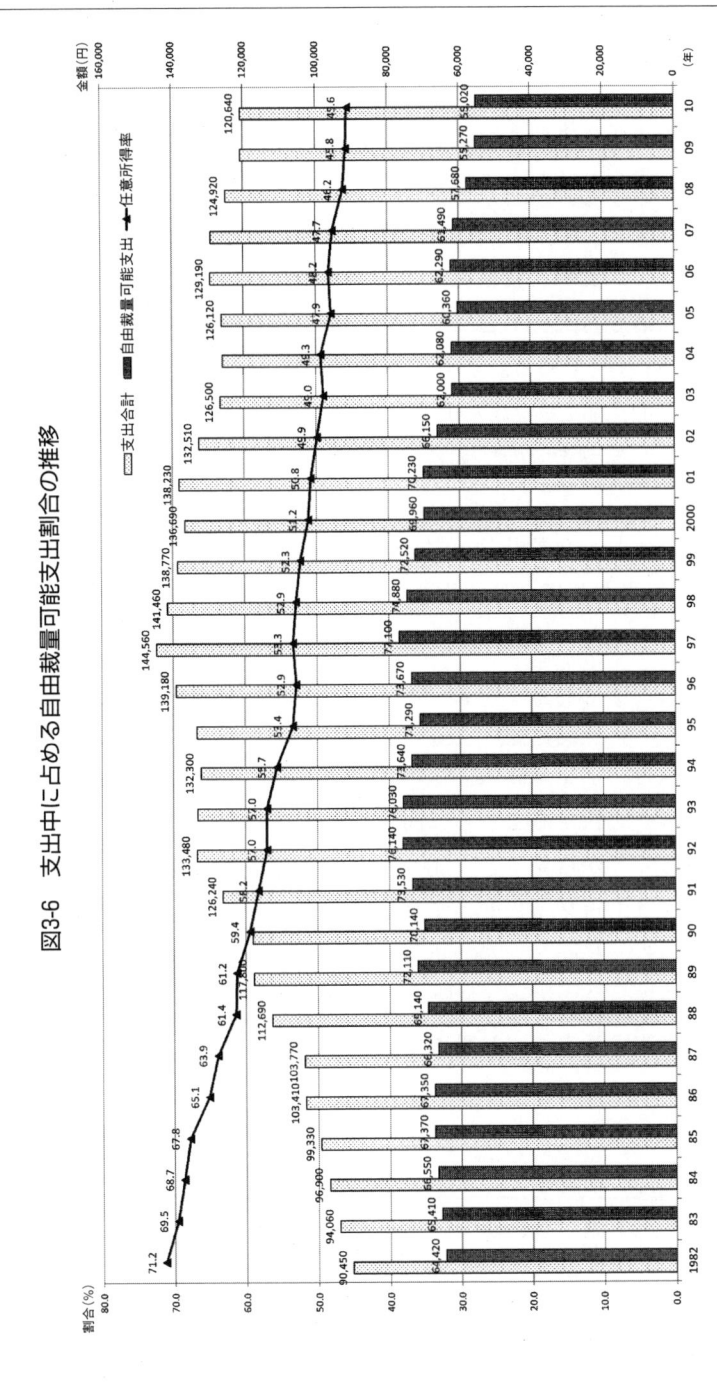

第3章 京都、滋賀、奈良地域の学生生活

図3-6 支出中に占める自由裁量可能支出割合の推移

2　下宿生の生活を支える保護者の負担

　次に、下宿生の生活を支える保護者の負担の状況を見てみる。

　大学生協では、毎年4月に大学新入生の保護者を対象に入学準備に関わる費用を調査している。2010年の調査では、大学の受験願書を取り寄せる段階から、受験、合格発表、入学手続き、入学式などをへて子どもが大学生活をスタートさせるまでにかかった全ての費用の合計は、平均で約171万円である。これに後期の授業料予定額と未入学大学への納付金を加えると約238万円になる。

　これに加えて、卒業までの授業料が、国公立大学であれば4年間で約220万円、私立大学であれば約400万円から600万円程度かかる。また、下宿生の1カ月の平均仕送り額が73,990円であるから、4年間で約300万円（1年当たり10カ月の仕送りとして）程度になる。

　これらを合計すると、受験から大学を卒業するまでに親が負担する総額は、国公立大学で約760万円、私立大学の理系で約1,200万円かかると考えられる。

　保護者の負担を、学生の収入伸び率と保護者の仕送りの伸び率、そして経済成長率と比較するとさらに問題が見えてくる（図3-7）。

　データのある83年から見ると、2000年までは、経済成長率と収入や仕送りの伸長率は1～2年程度のずれがあっても、おおむね連動した動きを示している。しかし、2002年からは経済成長率がプラスで推移しても収入と仕送りはマイナス基調となっている。また、リーマンショック後は、経済成長率と同じ動きを示しているものの、2008年のリーマンショック以前には回復していない。

　いわゆる「小泉構造改革」による新自由主義路線の推進の結果、企業業績と勤労所得が乖離（かいり）している中、学生生活を支える親の収入が増えていないことが予測でき、かつ、リーマンショックがさらに深刻な状況をもたらしたことがうかがえる。

　大学卒業後の「奨学金ローン」や入学から卒業までの親の負担額の

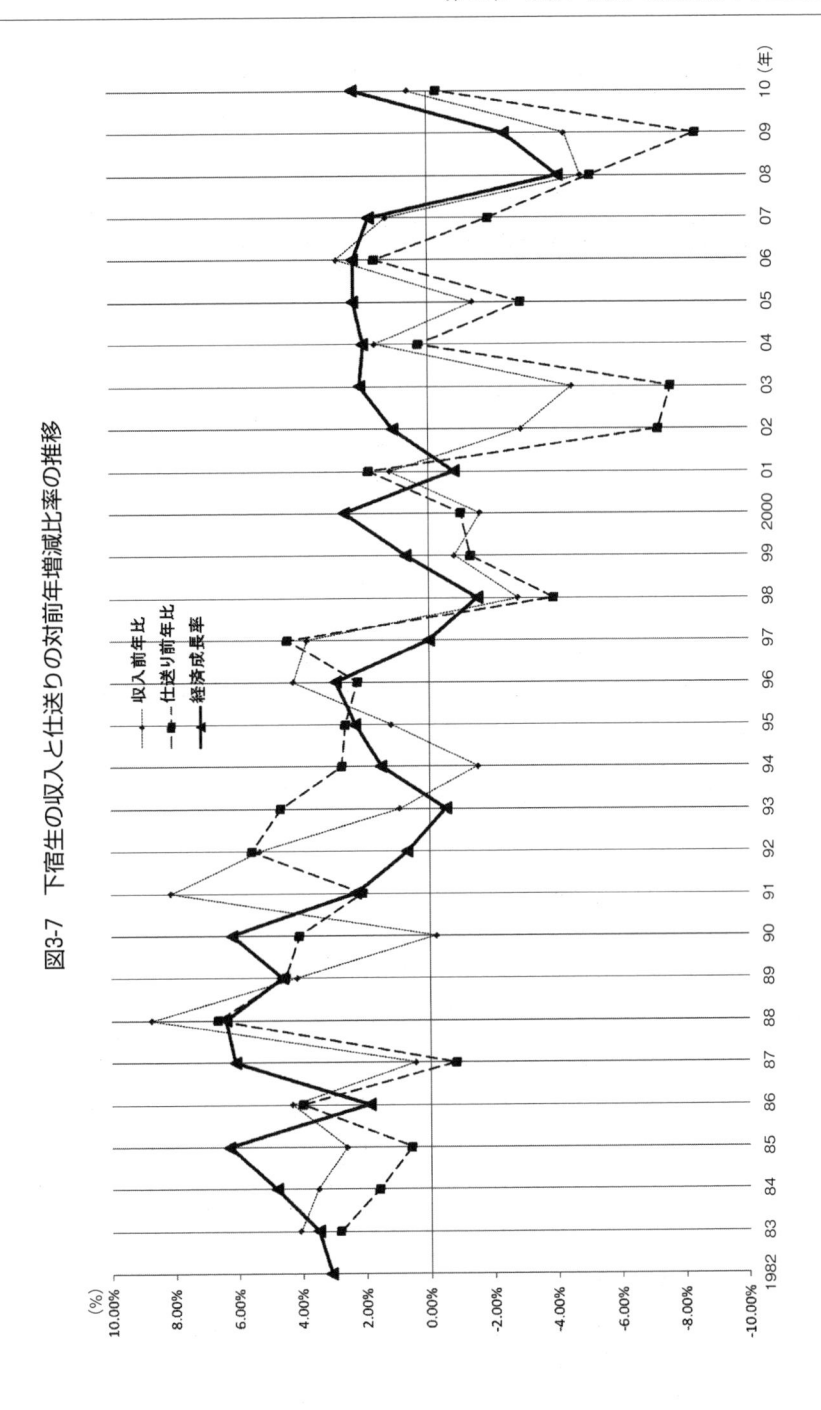

第3章　京都、滋賀、奈良地域の学生生活

図3-7　下宿生の収入と仕送りの対前年増減比率の推移

大きさなどとあわせて考えると、国民の階層格差に拍車がかかり、それが教育格差につながる事態となることが容易に想像できる。

3　学生の意識と行動

　以上みてきた経済的背景のうえにたって、学生の意識にはどのような特徴があるかを次に明らかにする。

　学生生活実態調査には、"学生生活の重点は何か"、という質問があり、主な項目として「勉強第一」「サークル第一」「豊かな人間関係づくり」「ほどほどに組み合わせ」がある。この調査結果を見ると、80年代は「豊かな人間関係づくり」が最も多く、つづいて「勉学第一」になっていた。それが、90年代に入ると「豊かな人間関係」は減少しはじめ、98年には「勉学第一」と逆転した。さらに99年には「ほどほどに組み合わせ」が「豊かな人間関係づくり」を上回った（図3-8）。

　この学生生活の重点の推移を大学進学率と重ねて見たとき、「勉学第一」の動きが大学進学率の動きに沿っているように見える。これには大学進学率の増加＝大学のユニバーサル段階への移行、2000年代からの18歳人口の減少＝大学全入時代に対応した大学改革、などの影響があると考えられる。

　2010年の学生生活実態調査では、卒業後の意欲、目標について質問している。回答方法は次の8項目それぞれについて、意欲が「ある」から「ない」までを5段階で答えてもらう方法をとっている。項目は「社会に貢献する働き方をすること」「仕事や生活に必要なことを学ぶこと」「資格取得や技術を磨くこと」「世界を舞台に活動すること」「政治に関心を持って行動すること」「結婚し家庭を持つこと」「地域社会に貢献すること」「貯蓄や財産を築くこと」の8項目である。

　調査の結果は、「貯蓄や財産を築くこと」「仕事や生活に必要なことを学ぶこと」「結婚し家庭を持つこと」などへの意欲が高く、「政治に

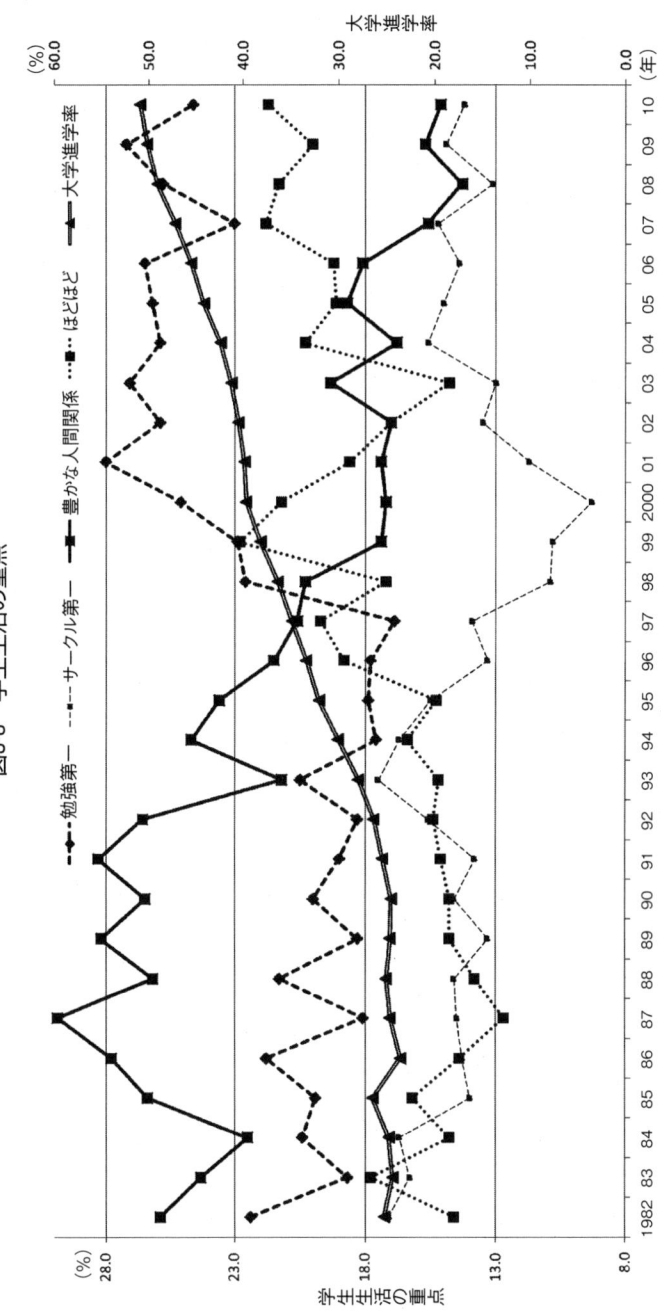

第3章　京都、滋賀、奈良地域の学生生活

図3-8　学生生活の重点

78　第Ⅰ部　研究編

図3-9　卒業後の目標（％）

凡例：文　―■― 理　――▲―― 医歯薬

- 資格取得や技術を磨く　83.1
- 世界を舞台に活動　40.2
- 政治に関心を持って行動　40.4
- 結婚し家庭を持つ　78.4
- 地域社会に貢献　61.1
- 貯蓄や財産を築く　85.1
- 社会に貢献する働き方　77.5
- 仕事や生活に必要なことを学ぶ　92.8

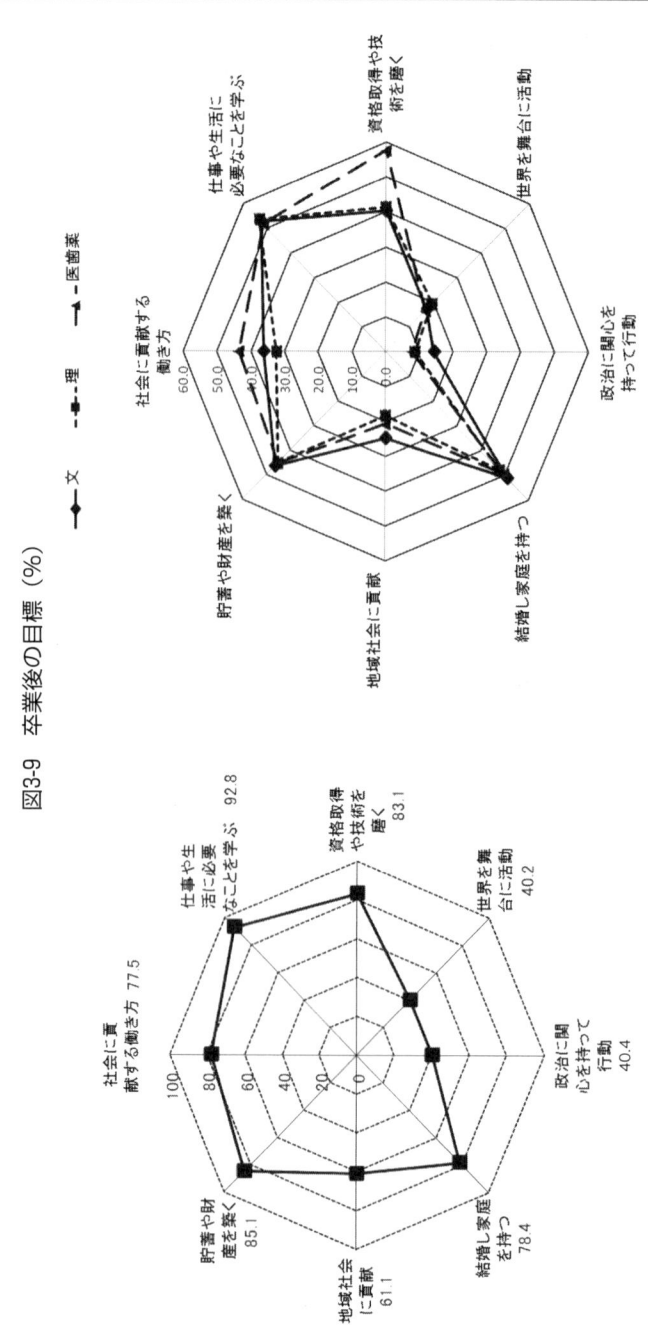

注：「ある」から「ない」までの5段階のうち、「ある」「まあある」を合わせた数値

関心を持って行動すること」「世界を舞台に活動すること」「地域社会に貢献すること」などの意欲が低くなっている。社会に広くかかわるよりも、個人の幸福を優先する意識が強い傾向があると言える。最近の選挙での投票率の低下や海外に出る日本人留学生の減少傾向なども、この調査結果と一致すると言える（図3-9）。

4 「学生生活総合支援」のあり方について──まとめにかえて

　以上みてきたように学調のデータから読み取れることは多々あるが、特徴的な傾向は学生収入に占める住居費の増大と反比例する食費の減少の問題である。最近、学生支援という言葉が多用されるようになったが、その中身の多くは学生支援機構の奨学金を意味している。世界の学生支援を見るとき、日本の縦割りの支援構造が明確に見えてくる。大学生活をおくる学生が負担する費用は、大学の授業料・住居費・食費・交通費・雑費など多項目にのぼる。しかし、学生支援機構がかかわるのは、学生の奨学金のみというのが実態である。

　例えば、高学費・高奨学金のアメリカ・イギリス型では、学生の個別事情に応じて学費や奨学金が設けられている。学費も高いが、それに見合う奨学金の額も大きく、学生の個別事情に応じて学費と奨学金がリンクして手当てされている。さらに奨学金の支給先も、政府・州・個別大学・教育ローンと多様である。

　ドイツ・フランス型では、独立した組織が政府の援助を受けつつ学生の住居・大学食堂・奨学金の支給に至るまで面倒をみる。さらに住居・寮の確保のため、政府は国有地を優先的にこれらの組織に提供し、住居費の低下につとめている。土地代の高騰は先進資本主義国では共通の問題となっているのである（ドイツの学生支援組織はDSWが略称であり、フランスはCROUSが略称である。日本の大学生協の連合

会はDSWと交流している)。また、学費が無償あるいは低学費であり学生支援が行き届いている北欧型は、学生の個人的負担が最も少なくなっている。

　以上の国々と比較したとき、日本の学生支援の抱えている問題が明確に見えてくる。

　世界の諸国と比較しても、日本の授業料の高さは異常である。とりわけ私学の新設学部になると150万円前後になる。世界の大学と比較しても日本の私立大学の教育費は高く、無償の北欧型もある中で、個人負担はアッパーリミットに近い状態である。国立大学の授業料の高さも異常と言えよう。せめてアメリカ・イギリス並みに授業料と奨学金がリンクするような政策が必要となっている。日本では上述のように住居費の負担も限度に達していて、学生の総収入の45パーセントが住居費として支出される。ドイツ・フランスのような学生支援機構が難しいのなら、せめて住居費の負担を減らすというような政策が求められるであろう。

　国立大学は法人化されるまで、学生支援という考えは希薄だったように思われる。学生の福利厚生施設は、ほとんど協同組合の大学生協が運営している。大学食堂は大学生協が受け持ち、学生住居の一部も大学生協が担当・斡旋している。日本は上述した縦割りの構造が学生支援のネックとなっているように思われる。授業料は大学が独自に決定し、住居費は民間業者と大学生協が、大学食堂は大学生協が、交通費などは公共・民間が分担して引き受けている現状である。日本の将来を担う大学生を養成するには多くの組織の協力が必要であり、とくに喫緊の課題として大学と大学生協の緊密な協力が求められる。両者の協力関係が今後の学生支援を決定する大きな鍵になると言える。

追記

　本論文のもととなっている「学生生活実態調査」については以下の通りである。

調査主催　　全国大学生活協同組合連合会（東京都杉並区）
調査方法　　会員の大学生協がそれぞれの組合員名簿よりランダム
　　　　　　サンプリングして調査票を発送し回収
調査時期　　毎年10月～11月

本論文で活用した調査
　2010年までで46回を数えるが、本稿では1982年第18回からのデータを使用し、かつ、京都・滋賀・奈良地区の大学生協の平均値を使用している。

付表　調査対象の大学生協

回実	施年	参加生協
18	1982	京大、同志社、立命、龍谷、京都府医大、京都教育、京都工織、
19	1983	京大、同志社、立命、龍谷、京都府医大、京都教育、京都工織、
20	1984	京大、同志社、立命、龍谷、京都府医大、京都教育、京都工織、
21	1985	京大、同志社、立命、龍谷、京都府医大、京都教育、京都工織、
22	1986	京大、同志社、立命、龍谷、京都府医大、京都教育、京都工織、
23	1987	京大、同志社、立命、龍谷、京都府医大、京都教育、京都工織、
24	1988	京大、同志社、立命、龍谷、京都府医大、京都教育、京都工織、
25	1989	京大、同志社、立命、龍谷、京都府医大、京都教育、京都工織、
26	1990	京大、同志社、立命、龍谷、京都府医大、京都教育、京都工織、京都橘女子大、奈良女子大、滋賀大彦根
27	1991	京大、同志社、立命、龍谷、京都府医大、京都教育、京都工織、奈良女子大、
28	1992	京大、同志社、立命、龍谷、京都府医大、京都教育、京都工織、奈良女子大、滋賀大彦根
29	1993	京大、同志社、立命、龍谷、京都教育大、京都工織、奈良女子大
30	1994	京大、同志社、立命、龍谷、京都府医大、京都教育、京都工織、京都橘女子大、奈良女子大、奈良教育大、滋賀大彦根
31	1995	京大、同志社、立命、龍谷、京都府医大、京都橘女子大、奈良女子大、滋賀大彦根
32	1996	京大、同志社、立命、龍谷、京都府医大、京都橘女子大、奈良女子大、滋賀大彦根
33	1997	京大、同志社、立命、龍谷、京都教育大、奈良女子大
34	1998	京大、同志社、立命、龍谷、京都橘女子大、奈良女子大、滋賀大彦根
35	1999	京大、同志社、立命、龍谷、京都橘女子大、滋賀大彦根
36	2000	京大、同志社、立命、龍谷、京都府医大、京都工織大、京都橘女子大、滋賀大彦根
37	2001	京大、同志社、立命、龍谷、京都府医大、京都橘女子大、滋賀大彦根
38	2002	京大、同志社、立命、龍谷、京都府医大、京都橘女子大、滋賀大彦根
39	2003	京大、同志社、立命、龍谷、京都工織大、京都橘女子大、滋賀大彦根、奈良女子大
40	2004	京大、同志社、立命、龍谷、京都府医大、京都工織大、京都橘女子大、滋賀大彦根
41	2005	京大、同志社、立命、龍谷、京都工織大、京都橘大学、奈良教育大、滋賀大彦根
42	2006	京大、同志社、立命、龍谷、京都府医大、京都工織大、京都橘大、奈良女子大、滋賀大彦根
43	2007	京大、同志社、立命、龍谷、京都工織大、京都教育大、京都橘大、滋賀大彦根
44	2008	京大、同志社、立命、龍谷、京都府医大、京都工織、京都橘大、奈良女子、滋賀大彦根、
45	2009	京大、同志社、立命、龍谷、京都教育、京都工織、橘、奈良教育、滋賀県立、滋賀大彦根、滋賀大大津
46	2010	京大、同志社、立命、龍谷、京都府医大、京都教育、京都工織、橘、奈良女子、奈良教育、奈良県立、大阪樟蔭、滋賀大彦根、滋賀大大津、滋賀医大

第4章

消費者運動から考える大学生協

原山 浩介

はじめに

　生協とは、複雑な組織体である。
　一面では、生活に根ざしたところで人びとが連帯するためのベースになるものであるとの性格がある。ただ、この「生活」ということの範囲をどう取るのかが非常に難しく、いわゆる消費生活から労働に至るまで、多様である。もちろん日本の場合、「消費生活協同組合法」により生協が位置づけられていることに鑑みれば、あくまでも組合員の消費生活こそが問題となるということになる。ただ、消費生活における利益を追求することが、他者の労働局面における利益と常に利害の一致をみるわけではなく、そう考えると、人びとの連帯をどのような水準で考えるのかということそのものが、非常に難しい問題として立ち現れることになる。
　ただ、その連帯ということをかき消すかのような別の一面を、生協は併せ持っている。今や組合員にとって生協とは、あたかも「会員制の店舗」であるかのように映ることがしばしばある。購買額の一部は、しばしば「割戻金」ではなく「ポイント」と呼ばれ、還元される。組

合員証も、生協によっては「ポイントカード」などと呼ばれることもある。もちろん、生協店舗と会員制スーパーのコストコ、生協の組合員証とドラッグストアのポイントカードの間では、その目的や性格が大きく異なるのだが、利用する側がそうした違いについてさほど理解がなくても、生協は便利に利用できる仕組みになっている。その結果、生協の組合員は、生協を通じて連帯したり運動を作っていくような主体性を有するよりもむしろ、実質的には孤立した狭義の、そして通俗的な意味での「消費者」に、そして生協を利用することになりがちである。

　本稿で考えてみたいのは、そうした生協の有するパラドックスである。これは、組織的にみれば、小売事業と生協運動という2つのベクトルの相克であると言い換えることもできる。ここでは主に1960年代に焦点を当て、戦後日本の消費者運動の歴史を補助線としつつ、京都の生協をめぐる出来事・議論を重ね合わせる形で、消費者の連帯と、消費者の個別化という、2つの力の緊張のなかに置かれた生協を見直してみたい。

　なお、本論は2008年5月22日の研究会で行った報告をベースにしている。ただ、そこでの報告内容は、その後に執筆した『消費者の戦後史──闇市から主婦の時代へ』（日本経済評論社、2011年）と重複するところがある。報告内容をまとめるというこのコーナーの性質上、大きく内容を変えることはできないものの、できるだけ冗長な重複を避けるべく、全体をリライトさせていただいたことをご了解願いたい。

1　「安くてよいもの」という発想

　長い間、消費者運動や生協運動において、物価というのは重要な論点だった。戦後の復興期からの経済活動の回復と、そして高度経済成長下における大量生産・大量消費の進展という条件の下で展開してき

た「安くてよいもの」を求めたいという要求は、戦後でいえば、終戦直後の闇市時代の物不足と物価の高騰を背景に、かなりの切実さを伴いながら訴えられ始めたものである。戦後の消費者運動を担ったいくつかの団体や、初期の生協のなかには、この状況を出発点にしたところが少なくない。

　「安くてよいもの」という要求は、その後、物価高騰や物不足が生死を分かつほどの緊張を持たなくなった後も、表現そのものは変わらないまま焦点になり続ける。あえて言葉遣いを分けるなら、生存のための「要求」と、よりよい生活をしたいという「欲求」が、少なくとも主張としては激しく混淆（こんこう）していくことになる。

　他方で産業界では、自動車や電気製品をはじめとするさまざまな商品を大衆化し、販路を拡大していくとともに、そこで培ったノウハウを以（もっ）て、ブレトン・ウッズ体制下の円安を背景に国際競争にも挑もうとする流れがあった。そのため、技術革新による品質の向上と価格の引き下げは、企業にとっても重要な課題であったわけで、こうした中で「安くてよいもの」を求めようとする消費者運動は、結果として時流にマッチしたものだったということになる。

　つまり、生協を含む消費者団体と産業界は、相互に全く別の方向を向いていたわけではなく、むしろ現代社会の同伴者に近かったということになる。もちろん両者はさまざまな課題をめぐって対立含みの関係を持っており、また経済成長が続くなかで急速な物価の高騰が起こることから、時として緊張感に満ちた対峙が生じたのは事実である。とはいえ、「安くてよいもの」という命題に限っていえば、長い目で見れば、いうなれば構造的な蜜月が続いたわけである。

　このことは、1965年の産業構造審議会消費経済部会による「消費者意向の活用の方策と消費者教育のあり方についての答申」と、翌年の国民生活審議会による「消費者保護組織および消費者教育に関する答申」における、記述の奇妙な一致にも表れている。前者は通商産業省、後者は経済企画庁に関わるものであり、産業政策と消費者行政という

立脚点の違いがあるにも関わらず、そこでは次の点が共通して示されている。
① 消費者が商品・サービスの知識を身につけるとともに、自らの意向を的確に企業などに伝えねばならない。
② 企業は消費者の意向を反映した商品を供給することで経済社会に貢献しなければならない。
　（この論点に関する詳細は拙著『消費者の戦後史　――闇市から主婦の時代へ』第3章を参照）

　この二つのポイントは、「消費者の権利」をベースにする場合と、「企業の国際競争力の増進」を目的とする場合とでは、文脈化のされ方が異なってくる。しかしながら重要なのは、主張されている事柄が、構造的に同じであり、そしていずれの答申も、最終的には消費者教育の重要性を説くというところに落ち着く点である。

　高成長がいつまでも続くものであるとすれば、こうした構造的な蜜月も当面は続くということになる。しかし、本来そのような保証はあるはずもなく、そうしたなかでは消費者運動として取り組まれていることが、産業の論理に絡め取られることへの警戒が必要になる。

2　運動と資本主義の狭間

　次に紹介するのは、1962年に、当時の同志社生協の専務理事であり、京都ブロック運営委員長をつとめていた横関武が機関誌に記した、「生協の歩み」のなかの一節である。

　　たんに組合員の価格面でのサービスならば、それこそ独占企業の今日的課題となっており、セルフサービス、スーパーマーケット、ディスカウントハウスなどで消費財部門に大量販売政策を打ちだしている。勿論、それは独占の浪費攻勢の中で日常品の切り

つめをやむなくされつつある消費者に対して、更に大量販売で消費を引きだすという点で、何らかの自主的な生活文化の高揚といったことは矛盾するし、「良くて安い」という点でも独占企業の利益計画に従属したものであろう。ここにどうしても、一面ではこのような厖大な広告量と結合した大量販売という流通過程の再編成に対応しつつも、他面ではこの独占消費社会に対する根本的な批判的視野をどうしても確立しなければならないことになる。
（『東と西と』1962年11月、vol6.no7、『同志社生協史料集Ⅰ「東と西と」第１期』p.347）

　ここで示されているのは、生協の使命のひとつでもある、組合員の生活防衛のための安価な生活物資の供給という取り組みが、着々と力を伸ばしつつあるスーパーマーケットなどの流通事業者と同じ土俵に上がってしまうことへの葛藤である。購買事業という具体性を持った運動体である生協は、組合員や購買額の増大を図ることで規模を拡大し、企業などへの対抗力をつけようとする一面がある。この手法が、敵としてきたはずの「独占資本」側の動きと、少なくとも利用者から見て、区別がつかなくなってくるという事態に見舞われる。
　こうした難しさのなかで、生協のやり方、スローガンの出し方の一つひとつが揺れざるを得ない。先の横関氏の一文が『東と西と』に掲載されたまさにその月に、同志社・京大・府立医大・立命館の４生協が合同で、「京都地区大学生協祭」を実施している。この催しは、電気製品や衣料などの販売会で、『東と西と　婦人版』1962年11月号では、「三日間の消費革命、生協スーパーセール」との見出しとともに予告されている。
　この催しは、京都洛北生協が1964年に設立される前段にあたるものでもある。大学生協が先行して活性化した京都において、これをベースにする形で地域生協を作っていく上での地ならしとしての意味が、この生協祭にあったものと考えられる。そうした背景をもったこの生

協祭の総括は、直後の『東と西と　婦人版』（1962年12月）でまとめられているが、そのなかに、先の横関の論説とほぼ同じ内容の、次のような一節がある。

> 唯単に、「安い」という点だけをみるならば、それこそ、独占企業の今日的課題と変わるところはない。独占企業は、彼ら自身の利益計画に基いて、セルフサービス、スーパーマーケット、ディスカウントハウス等々、又、厖大な広告量により、日常品の切りつめを止むなくされつつある消費に対して、更に大量販売で、消費を引き出そうとする。そこで、消費生活協同組合は、「安い商品の提供」にとどまることなく、一方では、資本主義の矛盾に対する批判的視野の確立を目指さねばならない。（『東と西と　婦人版』1962年12月、No14、『同志社生協史料集Ⅰ「東と西と」第１期』p.741）

ここでもまた、一般の流通事業者との間でどのような線を引いていくのかが自問される。ただ、生協としての自律性を保つための担保として、来るべき地域生協の設立が、ここでは述べられている。同じ文章の末尾は、次のように締めくくられている。

> 日本の労働組合が、企業別組合であり、労働者の自主的な福利施設がなく、労働者福祉運動が、何ら積極的な運動を、展開し得ない状態にある現在、京都における消費者運動の「前衛」という役割をになった大学生協運動は、その単一同盟化構想を、より着実に推し進めることにより、地域化を一日も早く実現して欲しいということを、消費活動に密接なつながりを持つ私達女性は、積極的な生協参加の中から、叫んでいこうではありませんか。

こうした真摯な問いや呼びかけと、しかしその一方で用いられた「消費革命」という言葉の間には、矛盾がある。たしかに、地域生協

の設立を通じた新たな連帯のあり方を求めるという点においては、消費というものを「革命」的に変えていこうという意気込みの表れとしてこの「消費革命」という言葉を見ることもできなくはない。しかしより重要なのは、この1962年には、林周二の『流通革命』(中央公論社)をはじめ、「流通革命」の名がつく書籍が少なくとも4冊刊行されており、同時に「消費革命」という言葉も少しずつ使われ始めていた点である。「流通革命」とは、流通の仕組みが刷新されていくことによって実現される新しい経済社会をイメージしたものであり、「消費革命」もまた同様のベクトルを持つ言葉である。

ここでの「消費革命」の両義性は、単に言葉尻の問題にとどまらず、生協が抱え込まざるを得なかった矛盾を、はからずも象徴している。しかも、当時の「流通革命」のイメージが、連帯と対抗を目指すための「革命」という解釈可能性を凌駕したことは、運動体と事業体という、ともするとアンビバレントですらある二つのベクトルのなかにあった生協の行く末を暗示していたともいえる。

3　生協とは何か、という問い

これまでのなかで、産業構造審議会と国民生活審議会の相似性、ならびに1962年の京都の生協をめぐる議論を取り上げてきた。両者は、全く異なる問題ではあるが、通底しているのは、資本主義の名の下に「消費者」が置かれている位置、すなわち自らの生活に根ざした形で抵抗しようとする、まさしくそのこと自体が、資本の動きの中に取り込まれていく、あるいは取り込もうとする力とのせめぎ合いのさなかに置かれていく、というパラドックスである。とりわけ生協という存在は、自らが行うべき経済活動、とりわけ購買事業によって、そうした作用に強くさらされることになる。

ただ、多くの生協が抱えざるを得なかったこうした問いは、消費経

済をめぐる本質的な部分に根ざしたものであったのもまた事実である。これは、生協が具体的な事業を有しており、そこが組織のレゾンデートルになり得たことの反映でもある。

　戦後の消費者運動一般でいえば、既に若干述べたとおり、その始まりを戦後闇市の時代にさかのぼることができる。このとき、日本政府とGHQの後押しを背景に、物価引き下げを求める運動が展開された。始まり自体が一定の政治性を有していたことと、例えば米価審議会などの委員会に「消費者代表」として消費者団体の関係者が送り込まれるようになったことは、無縁ではないだろう。つまり、政府が物価の抑制、ひいてはインフレ抑制のために、物価上昇を嫌う「消費者」の強い要求が政治的に必要とされたわけで、その必要性は、その後も形を変えて存在し続けていくことになる。

　その際に重要になるのは、そうした要求や主張の背後に想定される、「消費者」という「擬制の階級」である。これがどのような条件で成り立っていたのかということをめぐっては、さらなる検討が必要ではあるが、少なくとも現象面からいえば、「消費者」としての要求や主張が、社会的に一般性を有する妥当なものとして理解されていることが必要であった。もちろんそこには、例えば1970年のカラーテレビ不買運動の盛り上がりに象徴されるような、業界の値段設定に対する疑義という水準のものから、公共料金や米価など低所得者の生活に対してよりシビアな影響を与える問題まで、いくつかの水準がある。それら、さまざまな「消費者」の主張や要求が、妥当なものとして受けとめられ、しかもそれを追求することで、資本家や政府以外の他者の貧困や不利益を招来しないということが、「擬制の階級」を成り立たせる重要なポイントであった。

　生協のなかで葛藤を生むのは、この「擬制の階級」が、「組合員」ないし「利用者」と、時としてオーバーラップしつつも、次第につかみにくくなっていく。そうしたなかで先にみた横関の議論に内在するようなより「実態的」な意味での階級性を念頭に置いた論理が作られ

ようとする。そしてさらに話をややこしくしているのは、1970年代以降、消費者を「擬制の階級」として把握することが有効性を失っていくなかで、民間業者の動きは、少なくとも見かけの上ではますます店舗生協や生協の個別宅配のやり方に近づいていくことである。

　さらにいえば、今日的には、価格を下げることが、生協従業員を含む、商品の生産・流通・販売に携わる労働者の生活を圧迫しかねないところまで来てしまっている。明らかに高度経済成長期とは緊張感の異なる、消費者としての利害と労働者としての利害の激しい背反をめぐって、生協が購買者、生産者、そして生協労働者をも含む利害関係者を前にしてどのような態度をとるのかが問われてしまう事態に立ち至っている。

　こうした消費者をめぐる運動と議論の配置、そして時代の変容の中で、生協とは何かという問いは、ますます難しいものになってきている。具体的な生協の運営に即した議論をするなかでは、例えば1970年以前の生協に関わるものと、ここ20年くらいの実態に関わるものの間では、その性格や緊張感の所在が異なっている。こうしたことを自覚しつつ、生協の歴史と未来を統合的に議論することは、必要で有りつつもいまだ到達し得ないところでもある。

　そう考えたとき、これら諸点を含み込んだかたちの、日本の現状を踏まえたトータルな議論と理論の構築が急務であり、生協の辿ってきた歴史はまさしくそのための基礎作業として読み直されるべきだといえる。

第5章

1960年代の同志社生協
――機関誌『東と西と』を通して――

井上 史

はじめに

　本稿は、同志社生活協同組合（以下、同志社生協と略）が発行する機関誌『東と西と』の分析を通して、その足跡をどう刻んできたのか、また同志社生協をふくむ京都地域の大学生協運動とその事業はいかなる意味をもっていたのかを明らかにするために、その前提として同志社生協史の基礎的な概観を試みたものである。

　本稿で大学生協機関誌を基礎資料として取り上げることができたのは、このほど同志社生協が設立50周年・発祥110周年と、『東と西と』創刊50年を記念して、創刊号から1966年までの機関誌を復刻した『同志社生協史料集Ⅰ　「東と西と」第１期』（編集監修・同志社生協50年史編纂委員会、2008年２月初版〈Ａ４判〉、２版〈Ｂ５判〉2008年４月刊行）を刊行されたことによっている[1]。『東と西と』は、1957年11月に創刊され、2007年度で創刊50周年を迎え、東大生協の『生協ニュース』などと比肩する長寿の大学生協機関誌として有名である。現在も同生協の学生委員会によって編集され、１年に10回程度発行を続けている。いわば『東と西と』は、創刊当時から学生組合員によって編

集され、しかも名前を変えていない最長寿大学生協機関誌といえよう。このような大学生協機関誌を系統的に集大成し、刊行された事例は過去になく、復刻版の刊行によって、私たちははじめて大学生協を歴史的に検証・研究するスタート地点に立てたといえるし、検証によって浮き彫りにされる歴史像は、現在、未来の大学生協を考える上でも大きな意義があると確信する。編纂委員として編集に関与したとはいえ、同志社生協のこの決断に、まず敬意を表したい。

　機関誌の復刻は、同志社生協が創立50周年・発祥110周年を記念して年史編纂事業をすすめ、京都地域の他大学生協に共同研究を呼びかけて、2006年6月「京都の大学生協史編纂委員会」を発足させたことが契機となっている。2007年4月には、同志社大学人文科学研究所の第16期第4研究「京都地域の大学生協の総合的研究」として認められ、月例の共同研究会を開催し、編纂委員会と人文研第4研究グループの共同編集による『京都の大学生協史編纂委員会会報』を発行している。こうした共同研究会の討議、研究によって、『東と西と』は一大学生協機関誌の限界はあるものの、京都地域の他大学生協との連携・連帯の歴史を分析するにも価値があり、またさまざまな学問領域からのアプローチによって、大学生協の総合的研究への道を拓くであろうことも明らかになってきた。

　そもそも大学生協とは、大学または高等専門学校などをエリアにして、学生・教職員組合員の共同出資によって食堂・購買・書籍、共済など教育・研究サポートなどさまざまな事業・サービスを行う非営利の協同組合組織、その連合組織であり、現在、全国センターである全国大学生活協同組合連合会（全国大学生協連と略）に加盟する大学生協は228会員、会員生協の総事業高は約2000億円に達し、全国に10の事業連合・地域センター（2010年「ブロック」に移行）が活動している（全国大学生協連発行『大学生協ハンドブック』第6版、2006年）。これだけの規模をもちながら、その歩みを歴史的に検証しようという試みは意外に少ない。単協史の類書として、『東大生協25年運動史』

（1973年）、『北大生協創立25年史』（1975年）、『早大生協30年のあゆみ』（1981年）、『早稲田大学生協50年史』（2001年）などが代表的なもので、『東大生協創設期史料集』（2004年）のような史料集や、戦前期の活動を対象とした論集『慶応義塾消費組合史』（1990年）などがある。しかし東大、早稲田、慶応の出版は希有の事例であって、大方の大学生協・事業連合では組合員に配布する冊子かパンフレット形式の年表、記念回顧録、事業データがほとんであろう。全国大学生協連による全国大学生協連創立25周年記念誌『大学生協の歩み』（1975年）以後、まとまった公刊物については寡聞ながら聞かない[2]。全国大学生協連が加盟する日本生活協同組合連合会編集の『現代日本生協運動史 上・下』『同 資料集』（2001年）が現在のところ、唯一の当事者による歴史的総括である。70年代以後、歴史的総括がなされていなかった訳ではないはずだが、自己を歴史的に位置づけるような思想的伝統に向き合って来たのかどうか、第三者による客観的な分析がなされにくかった経緯も含めて、大学生協とは何か、総括時期にきているといっても良いだろう。

　本稿は、第2次世界大戦前の同志社生協史の概略を振り返ったのち、戦後の、『東と西と』が創刊されるまでの同志社大学協同組合時代の活動と、『東と西と』第1期、すなわち1957年11月創刊号から1966年12月12日号までを、2007年の時点で確認できた資料を参照しながら、その活動、実態を具体的に明らかにし、大学生協研究への糸口を開くことを目的としている。その際、同志社生協110年の歴史を検討する視点として、日本における最初の大学生協を実践した安部磯雄の系譜をどのようにとらえてきたか、ということを念頭に置きながら考察してゆきたい。

　なお、『東と西と』は50年の間に巻号が著しく混乱した時期もあり、2007年度でVol.51をカウントしているが、途中の巻号の信憑性ははなはだ疑問といわざるを得ない。ここでは巻号を用いずに、（○○年○○月号）と記述する。

1　同志社生協の歴史的概略——1945年まで

　同志社生協は、いまから110年前、日本における最初の大学生協、当時のとらえ方では「学生消費組合」を実践した栄誉を担っている。50年前の『東と西と』創刊とその意義を考えるためには、本題に入る前に110年前にさかのぼって概観しておく（表5-1）。

　第2次世界大戦前の同志社生協史は、次の四つの時期区分で整理される。

1　初期社会主義思想の学生消費組合
2　大正デモクラシー期の同志社購買組合
3　恐慌下の社会的キリスト教運動と階級的消費組合としての「学消」
4　戦時下の学生消費組合運動

（1）初期社会主義思想の学生消費組合

　日本で最初の「学生消費組合」[3]とは、同志社英学校出身で、欧米留学から帰国後、同志社に復帰し尋常中学校教頭[4]となっていた安部磯雄（1865～1949）が、1898（明治31）年、学生有志とともに協同組合方式の店舗組織をはじめたものである。この組合は、学用品などひと通りの品揃えをした店舗をもち、学生自身が店番をつとめて運営したが、現金制度を厳守したため、近隣の商店が掛売りと安売りで学生を獲得し、組合はその競争に破れて、約1年で解散してしまった[5]。

　安部はこの翌年に同志社を去り、1901年5月18日には片山潜、幸徳伝二郎、木下尚江、西川光二郎らとともに、日本で最初の社会主義政党・社会民主党を結成し、同月20日に禁止される。安部の起草といわれる「社会民主党の宣言」（『労働世界』第79号、1901年5月20日号）や、「宣言」と前後して出版された『社会問題解釈法』（早稲田叢書、東京専門学校出版部、初版1901年2月、同年12月訂正再版〈流布本〉）では、初期社会主義が当面の課題としていた貧困問題、経済問題に対

表5-1 同志社における消費組合の活動略年表（戦前篇）

年	年号	同志社における消費組合の活動	関連事項
1898	明治31年	安部磯雄による日本で最初の学生消費組合	片山潜、安部磯雄ら社会主義研究会結成
1900	明治33年		産業組合法・治安警察法
1904	明治37年	安部「消費組合の話」が『家庭之友』掲載	
1914	大正3年		
1920	大正9年		大学令により同志社大学開校
1921	大正10年	大学理事らによる同志社購買組合設立	
1923	大正12年		関東大震災
1926	15年/1年		賀川豊彦、安部磯雄ら東京学生消費組合（学消）創立
1927	昭和2年	「同志社労働者ミッション」設立	
1928	昭和3年	同志社労働者ミッションによる「同志社学生消費組合」結成。その後、同組合が同志社購買組合を引き受け、「同志社消費組合」と改称	初の普通選挙
1929	昭和4年	旧同志社労働者ミッション、同志社消費組合メンバーによる「京都家庭消費組合」設立	
1930	昭和5年	京都家庭消費組合から洛友消費組合が分裂	昭和恐慌
1931	昭和6年	京都家庭消費組合の同志社支部（同志社学消）が学内で活動。予科生らが「処分」	柳条湖事件（満州事変）
1932	昭和7年	京都家庭消費組合、京都無産者消費組合、京大学消、同志社学消など7つの消費組合が合同して「京都消費組合」結成	
1933	昭和8年	京都消費組合の同志社支部が大学正門前に店舗	
		安部磯雄が同志社校友会で講演	滝川事件
1936	昭和11年	京都（家庭）消費組合に解散命令	
1937	昭和12年		日中戦争勃発。『世界文化』『土曜日』メンバー検挙
1940	昭和15年		東京学消解散

資料：筆者作成。

する改良を説き、資本主義経済の「根本的改革」としての社会主義の方策が示された。同時期の安部の同志社での体験談が「消費組合の話」として『家庭之友』（1904年2月号、現『婦人之友』の前身雑誌）に、また同誌から『週刊平民新聞』に転載された。社会主義伝道行商の具として刊行された平民文庫には『消費組合之話』（著者は石川旭山だが、この企画のために安部から「有益なる参考書」を送られたことを記している）が含まれており、同志社での学生消費組合も、この

初期社会主義の思想系譜から考察されるべきことを示している。

(2) 大正デモクラシー期の同志社購買組合

第1次世界大戦(1914〜17年)、ロシア革命(1917年)、米騒動(1918年)以後、労働争議や社会運動が増加した大正デモクラシーの時代に、生協運動も新興消費組合運動勃興の時期を迎えた。

1920年、「大学令」によって同志社「大学昇格」[6]が実現した頃、「同志社購買組合」が設立された。この組合は、大学理事会から監査役を出し、資金融資を受けて設立されたもので、当初の理事には藤田萬右衛門（同志社主事）、和田琳熊（文学部教授）ら教職員が当たり、監事に足利武千代（同志社庶務部長、足利銀行総支配人）らが就任しているように（いずれも1928年現在）、学生による自主的な大学生協ではなかった。

この購買組合が安部磯雄による明治期の実践例をどのように認識または継承していたかは不明だが、1928年当時の組合長・寺田徳太郎は賀川豊彦（1888〜1960）の門下の一人で[7]、同志社購買組合も、賀川、安部磯雄らの協力のもと設立された「東京学生消費組合」（通称・東京学消と呼ばれる。1926年設立）と関係があったものと考えられる。

この組合に関する資料は、後述する同志社消費組合に改組されたときの「第8回事業報告書」（1929年2月12日開催の通常総会資料）が同志社大学人文科学研究所に所蔵されている。

(3) 恐慌下の社会的キリスト教運動と階級的消費組合としての「学消」

男子普通選挙法と治安維持法の成立した1925年以降、世界恐慌が日本へ波及し、社会運動陣営の闘争が先鋭化し、それに対する弾圧は激化し、労働運動、無産政党運動、その傘下の大衆団体も分裂と再編を繰り返した。消費組合運動においても、日本労働組合評議会系、総同盟系、賀川らキリスト教社会主義の組合を大結集した関東消費組合連盟（通称・関消連、1926年結成、のちに日消連）に混乱を与えた。消

費組合を「階級闘争の一機関」「労働争議時の兵站部」「錙重隊(しちょう)」とする階級的消費組合観は、大学生協運動にも現れた。

　この時期の消費組合運動を、さまざまな意味合いにおいて牽引し方向付けようとしたのはキリスト教社会主義者たちであった。キリスト教界においては、エルサレム宣教会議（1928年）を契機に、日本YMCAの学生キリスト者たちの間で、伝統的教会と神学を革新するために、信仰の社会化、宗教とマルキシズムのテーマが火急のものとなり、それまでのStudent Christian MovementからSocial Christian Movement「社会的キリスト教運動」[8]への方向付けが打ちだされた。その具体的実践方針のひとつが消費組合運動であった。

　同志社では、海老名弾正総長の指揮下で校内伝道に招かれた賀川豊彦の影響を受けて誕生した「雲の柱会」（1925年11月結成）や、社会的キリスト教運動を推進する「同志社労働者ミッション」（DCLM、1927年12月創立）[9]のメンバーによって「同志社学生消費組合」（1928年6月）が誕生した。

　同志社学生消費組合では、賀川や福井捨一（神戸消費組合長）、本位田祥男（東大経済学部教授）の講演会やロシアの協同組合ポスター展、賀川服の販売、また胚芽米を奨励するなど、学生だけでなく、教職員の家庭、婦人層を取り込んだ家庭経済の合理化、組織化を呼びかけた。この頃の組合の思想は機関誌『家庭と経済』のタイトルが示すとおり、「家庭（ホーム）の協同一致」[10]であった。また同志社労働者ミッションは、消費組合運動とともに、賀川や杉山元治郎（全国農民組合組合長）が指導する日本農民組合の有力地域へミッション派遣員を送り出し、伝道活動とともに農村協同組合育成を試みた。

　折しも負債を抱えて京都府から営業停止勧告をうけていた、前記の同志社購買組合の経営を同志社学生消費組合が引き受け、1928年8月「同志社消費組合」と改組して再出発することとなった。

　有終館での失火、海老名総長辞任問題、土地問題などから始まった「同志社騒動」の余波で、同志社消費組合の主要メンバーであった中

島 重（法学部教授）、能勢克男（同教授、『同志社新聞』顧問）、高橋信司（法学部助手）、高橋貞三（同助手）と組合の実質的運営を担っていた同志社労働者ミッションの学生たちが同志社から解職、追放されたために、組合は学園外の洛北地域に本拠地を移し、1929年8月「京都家庭消費組合」（最初の組合長は田原和郎）を創設した。設立後数ヶ月にして、組合経営方針に対する従業員のストライキや内紛から、京都YMCAと姉妹関係にある「洛友消費組合」（湯浅八郎理事長、田原和郎組合長）と「京都（家庭）消費組合」（能勢克男組合長）に分裂した。

　後者は、関消連傘下に入り、京都無産者消費組合、京都プロレタリア消費組合など無産系の組合と合同して「京都消費組合」と称し、「米よこせ運動」や農村との産直、家庭会（班会）、子供会（ピオニール）を実施したが、「左翼の貯水池」と見なされて専従者が次々と拘束され、1933年7月には京都府から解散命令を受けた[11]。

　京都大学では、京都消費組合の支援を受けて「京都大学学生消費組合」（1930年10月）が設立されたが、大学から非公認のまま活動1年で解散命令を受けた[12]。

　一方、キリスト教関係者や「友の会」メンバーらを組織した「洛友消費組合」の経営も厳しいものだった。負債責任を負って組合長を辞任した田原和郎（1889～1999）は、その後、東京の家庭購買組合に勤務し、戦後は生協運動とは無縁な半生を送った[13]。

　1930年代の消費組合運動の急進と分裂、合同の模索のなかで、安部磯雄が一連の同志社の消費組合運動の消長についてどう見ていたのかは、検証を要する問題である。キリスト教主義に基づく穏健な社会民主主義者の安部は、社会民衆党委員長として、社民党分裂後は社会大衆党委員長として、先の京都家庭消費組合の分裂、京都消費組合の合同に関して、一定の距離を保ったと思われる。創設にかかわった東京学生消費組合では学生の「左傾を不満」[14]として理事を辞任し（1930年）、羽仁もと子らの指導する婦人之友社消費組合や自由学園消費組

合の応援はしても、「左派」の路線を突き進んだ日消連や京都消費組合とは政治的には水と油の関係であった。左派も合法的社会民主主義勢力を敵対視し、安部ら初期社会主義者の消費組合運動を自らの運動の源流と見なすことはあり得なかったのではなかろうか。

　1898年の安部の実践を、同志社における生協運動の源流としてとらえ直し、位置づけるのは、戦時下、大学生協はもちろん、すべての生協運動が壊滅的弾圧を受け、敗戦後に復興して後のことになる。

（4）戦時下の学生消費組合運動

　同志社では、前述の京都消費組合の一支部として同志社支部が「大学正門前に店舗」を出したが、1930年7月、これに関わる予科生数名がストライキを主導したことによって「処分」[15]され、その後、終戦まで大学公認の購買部が存続したと思われる。

　1933年5月19日、同志社校友会は安部磯雄を招聘し、講演会を開催した。前年に自叙伝『社会主義者となるまで』（改造社、1932年2月）を刊行した安部は、自伝の概略と現下の経済恐慌を説き、留学中の明治26（1893）年にベラミーの小説によって社会主義への目が開かれて以来、経済組織の統制的改革なくして資本主義社会の是正はあり得ないという主張を一貫して持ってきたことを語った。その実行手段として革命を否定し、キリスト教的自由、博愛、平等を基底とした社会主義に立脚していることを強調した。そして、新島襄の肖像画の下で、「先生から『安部サン、よくやってくれました』」「此の一言を賜はる事が出来れば生涯の意義は完（ママ）い（欠けることがないの意味か）」[16]と語って声涙共に下り、礼拝堂を埋める聴衆も感泣したという。

　安部が声涙を涸らして、自分の思想は「明治26年から不変である」と強調した背景には、滝川幸辰（京都大学教授）の著作発禁処分に端を発する「滝川事件」の緊迫した情況があった。1931年9月の満州事変（柳条湖事件）以後、合法左翼社会運動への干渉、弾圧が強化され、とりわけ33年に入り、大塚金之助、河上肇の検挙、官憲による小林多

喜二の虐殺など、学問・思想弾圧、テロルがエスカレートしていた。安部の講演を聴いた聴衆たちも、現情勢を察し、彼の心中に共感したものとおもわれる。

この時の聴衆の中には神学生・嶋田啓一郎がいた。嶋田は「厳しい弾圧のもとで、悲愴感の渦巻く左翼陣営に社会大衆党の党首として嘗められた辛苦」[17]をわがものと刻みつけ、「私の生涯を托する決心」[18]を固めた。

嶋田啓一郎（1909～2003）は、賀川豊彦、中島重に師事し、同志社大学文学部神学科に入学した社会事業専攻の1期生である。在学中から「社会的基督教徒関西連盟」（同志社労働者ミッションの後身。同志社を辞め関西学院大学教授になっていた中島重が指導）に参加し、「キリスト教社会倫理学」の助手として教壇に立つが、肺結核のため7年余の療養生活を余儀なくされる。この間、賀川の激励によって、『中庸をゆくスウェーデン』（豊文書院、1938年）などを訳出し、社会福祉研究と協同組合運動の統合的研究をすすめ、神学科同窓の駒井四郎（1911～1998、後に同志社大学総務部長、同志社大学協同組合設立時は学生部厚生課長、協組の監事）や教え子の渡辺達也、里見寛、野村かつ子を賀川の江東消費組合へおくりだした[19]。

敗戦直後に結成された日本協同組合同盟（1951年に日本生活協同組合連合会に改組）には、嶋田も理事として参加した。江東消費組合が賀川の後継者間の内紛と経営不振で解散すると、嶋田は駒井を同志社職員に呼びよせ、嶋田、駒井ら1930年代の同志社労働者ミッション、社会的基督教徒関西連盟の系譜を受け継ぐ教職員の援助をうけて、同志社における戦後の生協運動が出発する。

2 同志社生協の歴史的概略——1945年以後

(1) 全京都学生協同組合と学生会館食堂問題

　1945年8月15日の日本の降伏とその後の民主化の昂揚、インフレ、食糧不足は大学生活を直撃した。「学ぶことは食べること」と言われたように、学生たちはまず食べることと生活擁護を目的に自主的厚生運動として協同組合づくりに立ち上がった（以下、表5-2を参照）。

　1946年2月、同志社で協同組合設立の発議が起こり、「全京都学生協同組合」（K・S・C）が結成された。参加各校の厚生部有志により協同組合の設立、助成、戦災学生援助などを当面課題として組織されたものである。K・S・Cは、当初、同志社大学厚生部に事務所を置き、京大総長の鳥養利三郎を理事長に、理事に嶋田啓一郎（同大教授）、滝川幸辰（京大教授）、湯浅八郎（同志社総長）、監事に末川博（立命館大学長）らが就任した[20]。京大・同大・立大のほか、府立医大、龍谷大学、大谷大や、府立女専、京都繊維専門学校などの専門学校、各大学予科など総勢39校が加盟した。各校を「班」として運営されたが、金融引き締めにより同年9月には解散し、各学校単位の協同組合に分離した。京大協同組合はこの時に発足し、49年に法人化された。

　同志社のK・S・Cは「D・S・C」（同志社学生協同組合か）と名乗り、学友会傘下の「厚生団」の下部組織として活動をつづけ、「伝統を誇る同大協組も、店舗の狭さに行悩んでゐる。…学生会館に食堂を持つべく昨年来闘ひ続けてゐるが、現在の請負人との問題で尚交渉中と云ふ報告はいささか寂しい。10月から喫茶部を設け相当賑わってゐる」[21]と学生理事が地道な活動を続けていた。1951年には同志社大学協同組合（竹林庄太郎理事長）[22]として『同志社大学学生新聞』に広告を掲載している[23]。

　1950年代初頭、朝鮮戦争勃発、対日平和条約・日米安全保障条約の発効、「血のメーデー事件」、破壊活動防止法反対闘争、同志社大学・立命館大学で開催された全学連大会、内灘闘争など、過激化する学生

表5-2　同志社における大学生協の活動略年表（1945〜1967）

年	年号	同志社における大学生協の活動	関連事項
1945	昭和20年		終戦。日本協同組合同盟創立
1946	昭和21年	全京都学生協同組合（全学協連、KSC）発足	
		学友会有志による「厚生団」「同志社大学学生協同組合（DSC）」活動。組合員300人	
1947	昭和22年		全学協創立
1948	昭和23年		消費生活協同組合法（生協法）施行
1949	昭和24年	学生会館内に協同組合の喫茶部営業	
1950	昭和25年		朝鮮戦争
1951	昭和26年	この頃協同組合（竹林庄太郎理事長）喫茶部・事業部活動	日本生活協同組合連合会創立
1952	昭和27年	竣工した明徳館地下にて外食食堂開始され、学友会を中心に学館食堂からの業者追い出し運動高まる（第1次学館闘争）	講和条約・日米安保条約発効。円山事件、京大天皇事件。破壊活動防止法
1953	昭和28年	同志社大学協同組合創立（安永武人理事長）	京都で全日本学園復興会議
1954	昭和29年	専務理事に竹本成徳（大学院学生）	内灘闘争
1955	昭和30年	第8回全学協全国大会が同志社・立命館で開催。協同組合の壁新聞「めし」発行	保守合同、社会党統一（55年体制）
1956	昭和31年	機関誌『平和と生活』発行。この頃、中桐大有理事長	
1957	昭和32年	11月18日同志社大学消費生活協同組合創立総会（嶋田啓一郎理事長、横関武専務理事）	
		11月機関紙『東と西と』（B5判冊子）創刊	
1958	昭和33年	6月第1回総代会開催。8月法人認可	大学生協連法人化総会（会長嶋田啓一郎）
		12月明徳館地下の丸物デパート閉店し、生協へ移管	
1959	昭和34年	9月組織部機関誌『生協研究』発行	大学生協連総会で「同盟化方針」提起
		12月サロンマルミ閉店し、生協へ移管	
1960	昭和35年	4月明徳館地下「エリカ」、5月新町校舎にパンショップ開設	日米安保条約改定
		10月『東と西と』婦人版創刊（1963年11月まで）	
1961	昭和36年	11月新町校舎臨光館地下に新町食堂開設	京都地区大学生協会館開館
1962	昭和37年	4月新町校舎に書籍部・購買部開設。同志社高校食堂・購買・生協移管。大成寮、生協移管により営業開始	
		6月第8回総代会、西村豁通理事長就任	
1963	昭和38年	4月『東と西と　高校版』創刊	
		4月戦前消費組合運動家と大学生協関係者との懇談会	第1回学生生活実態調査実施
		10月洛北生協設立準備会発足	
1964	昭和39年	4月『東と西と』が京都地区大学生協会館、京大、立命館、府立大・医科大生協の共同編集「統一版」となる。1965年7月まで	東京オリンピック
		10月「生協研究所」設立（西村豁通所長）	
		11月洛北生協（能勢克男理事長）同志社特販部としてスタート	
1965	昭和40年	6月生協研究所機関誌『生協研究　新版』発行	11月大学会館開館
		11月生協出版部から和田洋一編『同志社の思想家たち』出版	
		11月大学会館内に食堂、グリル喫茶「ケルン」、美容部「ヘレナ」、書籍部開業	
1966	昭和41年	5月教職員対策部設置	
1967	昭和42年	6月第18回総代会。『東と西と』タブロイド判になる	

資料：筆者作成。

運動の路線に大学生協も影響を受けた。全日本学生自治会総連合（全学連、1948年結成大会）が呼びかけた「全日本学園復興会議」（1953年11月、京都で開催、「荒神橋事件」はこのとき）、全国学校協同組合連合会（全学協または全協、1947年創立）第5回大会（1953年、東京）において「学生生活改善運動」の推進、「よりよき生活と平和のために」のスローガンが採択され再建が確認された。

1957年9月に開催された全学協第10回大会（比叡山大会）では、その後の大学生協の基本路線である「教育環境整備運動の推進」「消費者運動」「平和と民主主義を守る運動」が確認され、同時に共同仕入れ組織の発足、勘定科目の統一、人事交流など大学生協の組織強化方針が決められた。

その頃、同志社の協同組合は粗末なBOXの購買部と学生会館内の喫茶部を経営するにすぎず、学生会館[24]では、校友の磯田義治が1932年に学校の認可を受けて食堂を経営していた。磯田は戦後、学友会の学生運動にも監視、干渉をはじめ、これに対して学生たちから抗議の声が起こり、大学側も磯田に対し会館契約解除を申し入れた。1952年10月、大学と磯田の間の調停が進展しない様子に業を煮やした学友会有志は「イソダの荷物を運び出し、学館を解放しよう」[25]と実力行使に出て、食堂の器具、調理類を学長室に運び出し、それを阻止しようとする田畑忍学長との間でもみ合うという一幕があった。この「第1次学館闘争」を契機に食堂は学友会管理から協同組合に経営が任されることになり、翌53年1月27日、同志社大学協同組合の創立総会を開催し、理事長には安永武人（文学部教授）が選ばれた[26]。新たに竣工した明徳館地下（1952年第1期工事、54年第3期工事完了）に購買部、書籍部を開設し、従業員も増加して5月には労働組合（畑山武三執行委員長）が結成された[27]。

1954年6月、大学院法学研究科学生だった竹本成徳は協同組合の経営再建を託されて専務理事に就任した。57年に神戸生協（現コープこうべ）に入協し、以後生協一筋に歩み、コープこうべ理事長、日本生

活協同組合連合会会長などを歴任する[28]。竹本ら学生常任理事、監事たちは、学業のかたわらうどんの湯上げから会計まで実務経営に追われる。ベースアップと待遇改善を訴える従業員からは団体交渉で突き上げられ、総代会もまともに開催されない状態であった[29]。

1954年入学の友貞安太郎（1958年神戸生協入協。常勤理事、日本生協連常務理事、コープこうべ協同学苑事務局長などを歴任）は、『同志社学生新聞』新聞局員として協組の実情を取り上げたことがきっかけで学生常任理事として組織部書記局で働くことになった。壁新聞『めし』や機関誌『平和と生活』（創刊号は未確認）を発行、全学協関西地連常任委員長として、北陸から山陰、四国、九州の未組織校オルグを担当した[30]。1955年11月の全学協第8回大会は、同志社、立命館大で開催された。

1955年4月当時の同志社大学協同組合の実態は、以下のとおりである[31]。

総売上高（総供給高）／4220万円、学生委員／15（人）、同平均給与（活動手当）4500（円）、従業員／45（人）、同平均給与／9800（円）、出資金／100（円）、学生組合員数／5230（人）、組織率／40（％）、教職組組合員数／110（人）、同組織率／24（％）、総使用面積／210（坪）、大学からの援助＝光（水熱費）／無、施（設）／有、資本（創業時の資金協力）／無　（括弧内は筆者による補記）

1955年から1968年までの経営の推移を表5-3にまとめた。

（2）法人認可

学生理事たちの奮闘にもかかわらず、組合員・従業員の協組執行部への不満はおさまらず、学友会からは「外部業者を入れて、生協と競争させよう」[32]という意見さえ出された。また会計監査からは出資金の増額勧告が出され、専従体制を求める声が高まり、1956年には生協法による法人認可にむけて「定款改正小委員会」が組織された。翌57年7月、大学学生部厚生課の駒井四郎、協組、学友会関係者が神戸生

表5-3 同志社生協経営推移（1955年～1968年）

(単位：円)

年度	総供給高（千円）	当期剰余	組合員数	一人当り利用高	出資金
1955 (1)	59,760	1,704,826	5,340	11,192	847,100
1957	67,200 (2)				
1958 (3)	52,227	94,627	6,043		1,823,100
1959	184,880	252,037	9,316	19,845	2,559,000
1960	177,160	208,854	10,942	16,191	3,356,100
1961	219,000 (2)		12,858	17,032	5,389,500
1962	292,800 (2)		14,386	20,353	8,000,000
1963 (4)	368,130	515,136			10,338,200
1964 (5)	497,930	417,735			11,972,100
1965	510,520	190,609	17,280	29,543	
1966	654,310 (6)				18,534,300
1967	728,570	144,231			28,873,000
1968	776860 (7)		21,008	36,979	34,943,300

資料：『東と西と』、総代会議案書、『2万人組合員のための三大基本政策』(1970年) をもとに作成した。
注：1)(1) は1955年11月1日～1956年10月末日。
2)(2) は『2万人組合員のための三大基本政策』掲載の概算数。
3)(3) は1958年8月11日～1959年3月31日。
4)(4)、(5) はそれぞれ総会議案書に組合員数の明記なし。
5)(6)、(7) はそれぞれ総会議案書に当期剰余の明記なし。

協に就職していた横関武（神学部、のち社会福祉科学生）を訪問して、専務理事就任を委嘱した。10月の第4回総代会で「同志社大学消費生活協同組合」設立が決定、11月15日設立発起人会の第1回会合、11月18日創立総会を迎えた[33]。第1回理事会にて、理事長に嶋田啓一郎、専務理事・横関武、常務理事・増田誓治[34]、学生理事・黒沢良一、棚橋幸雄らが選出された。「設立発起人名簿」によれば、学生課長の駒井、太田雅夫（学生主事補）をはじめ、学生16名、大学教員5名、協組役員3名、職員6名が名前をつらね、学生会館洋食部コック長だった橋田保次郎（1959年～76年常務理事）の名もみえる。

　同志社生協の法人認可後の第1回総代会（1958年6月24日、報告は『東と西と』58年7月号）では、基本方針として「組織の拡大」「経営の合理化」「事業施設の質的向上」「生協運動の発展と平和のための闘

い強化」が確認され、明徳館地下で営業する業者の事業の生協移管をもとめて「厚生施設の生協一元化運動」をすすめること、また京都原水協、平民協に加盟することも決議された[35]。

嶋田は、全学協の法人化にともない創立した全国大学生活協同組合連合会の初代会長に就任し、1976年第19回総会で福武直に交替するまで、19年間会長職に献身した。

法人認可前後の大学発行『同志社大学要覧』や大学学生部発行『同志社 学生生活の案内』、また学友会の新入生向け発行冊子には、同志社生協に関する記事、広告を見いだすことができる。

嶋田啓一郎は同志社生協について、次のように紹介している。

「協同組合の歴史は非常に長いものです。しかし日本でホントウに消費者の生活を守り、『よい品を安く』買えるような実力をもって来たのは戦後のことです。同志社大学では明治三十年（ママ）に安部磯雄先生によってはじめて設立された歴史をもっています。（中略）戦後、日本は軍国主義（の）悲惨な敗北と荒廃した国土のために国民の経済生活は無茶苦茶に破壊され、栄養失調で無数の人々が死亡して逝きました。この様な食糧危機の中で、国民の経済生活は自分の手で守ろう、という運動が起こりました。枯草の中から若々しい緑の芽にも似た協同組合運動でした。（以下略）」（学友会発行『同志社大学 新入学生のために』1958年）[36]

3　第1期『東と西と』

（1）『東と西と』の誌名　能勢克男と羽仁五郎

2007年秋、かねてから未確認だった『東と西と』創刊号、題字の原版[37]、表紙に使われた伊谷賢蔵の原画3点が発見され、同志社生協に寄贈された。

『東と西と』第3号・1958年2月3日号掲載の「遠くからの声」は、

『東と西と』という誌名の命名意図を推測させるものである。

「遠くはるかな国の人々が、云いようなく、書きようもないような旅をつづけて、言葉もわからない、文字もわからない、ありとあらゆる風習、道徳法律、その他すべての生活条件の相違にもかかわらず、たがいに手を握りあうということは、いったいどういうことなのだろう。しかし、人間はじっさいにそれをやって来た。……（略）それらはすべて真実であって、嘘ではなかった。何が実証されたかといえば、東と西とはつねにたがいに引き合って、どんなムツカシイ条件までも乗りこえて、ついには必ず結びつく、結びつかないではおかぬつよい力ということを、である。(以下略)」

この記事を書いた能勢克男は、1933年に京都消費組合が解散命令を受けた後、雑誌『土曜日』[38]（1936年7月〜37年11月）を林要、中井正一とともに編集し、1938年治安維持法違反（「京都人民戦線事件」）で検挙され、有罪判決を受けた。46年にいったん同志社大学に復帰するが、間もなく法曹界に戻り、弁護士として松川事件や学生運動の救援・弁護を引き受けていた。表紙絵を担当した洋画家・伊谷（1902〜1970、同志社高等女学校教諭、のち京都精華大教員）も『土曜日』同人。

『東と西と』という誌名は、1945年4月、ヨーロッパ戦線で、東西からドイツに進撃したソ連軍とアメリカ軍が、エルベ川畔のトルガウで出会い、「青年は二度と戦場で相見えない」ことを誓い合った「エルベの誓い」に由来する。このときの写真や映像は全世界に流れ、戦後の世界史ブームでたびたび紹介された[39]。

さらに、戦前から能勢克男と親交のあった羽仁五郎（1901〜1983）[40]の著作『東と西と』の影響があったことを指摘しておきたい。

羽仁の『東と西と』（岩波書店、1954年）は、1952年にウィーンで開催された諸国民平和大会に参加した旅行記で、巻末部は次のような文章で終わっている。

「歴史はときにはほとんど動かないように見えるが、しかし、決し

て、うしろへ動くことはない。そして、歴史を動かそうとするわれわれが力がつきたようにおもわれるときに、歴史は、しずかに、しかし、確実に、前へむかって進んで行く。／西と東と、二つの世界というけれども、それも、世界は、どうながめて見ても、一つである。人間は、さまざまな面において、どのようにちがい、対立しようとも、人間であることを自覚するならば、互いに恐れ、殺しあうものではない、互いに手をとって、平和に生きるのである」

　戦前『世界文化』『土曜日』に関わり、同志社に復職した住谷悦治（1895～1987、第14代総長）のキャンパスの風景画が表紙を飾るのは、58年9月号から59年9月号まで。その後、鈴木泰正（女子中高教諭）が61年6月号まで担当する。

　『東と西と』は、能勢、伊谷、住谷ら元『土曜日』メンバーの協力のもとで船出し、大学生協の機関誌としては、やや異種独特のスタイル、薫りを残すことになった。

　創刊号「編集後記」の中の「戦前戦後を通じての歴史は長いがやっと何回かの失敗の中でゴールに近づきました」とは、戦前の「同志社消費組合」「京都家庭消費組合」のことを指すとすれば、この筆者「K」は能勢とみてよいだろう。

　能勢が『東と西と』の編集・執筆に関わったのは、創刊号の「非政治的性格の政治性　京都人の心意気」から、「アイマイなこと　日本人の精神構造」（60年5月号）あたりまでだろうか。60年代に入って、能勢が戦前京都での消費組合運動の「失敗」の教訓[41]をもって地域生協設立に深く関わるようになる経過については、『回想の能勢克男追悼文集』（同出版実行委員会、1981年）や『デルタからの出発』（京都生協編、1989年）が従来のおもだった典拠資料だった。今後、『東と西と』や同志社生協史料にもとづく能勢の活動分析が必須のものになるだろう。

(2) 安保問題と「単一同盟化」

1960年の安保闘争は、戦後最高の学生運動を惹起し、また安保後、池田内閣による「国民所得倍増計画」のもとですすんだ高度経済成長の流通情勢の変化・再編の一面からも、大学生協の運動の中にさまざまな問題提起を投げかけた。

全国大学生協連の25周年史である『大学生協の歩み　大学生協連創立25周年記念』（1975年）は、安保闘争について次のように総括している。「（全国大学生協連は）59年段階から安保改定反対の態度を打ち出していたが、まとまった行動方針は出しきれず、各大学生協の実情にあわせて個別的なとりくみが行われ、これを通じて意思統一がすすめられた。（略）一方、全学連は1959年3月に安保改定問題を反帝国主義運動の中心課題とすることを決定し、安保反対国民会議とはなれた行動をとることとなって、全学連第12回大会を契機に学生運動の分裂は決定的となった。学生運動の分裂はその是非にかかわらず生協内部にも持ち込まれ、ともすれば組合員の大衆的要求に依拠して闘う生協本来の組織活動のあり方を見失う危険性をもっていた。このことは大学生協の歴史的教訓をたえず確認することによっていましめられたが、運動上にあたえた影響は少なくなかった。」（pp.171-172）

『東と西と』では、「学問・生活・斗い　安全条約改定に反対しよう」（59年5月号）、「安保闘争の最終段階」（60年3月号）、特集「新安保粉砕のために」（60年6月号）、「樺美智子さんの死を悼み」（60年7月号）、「浅沼さん刺殺とその夜のテレビ」（60年10月号）などを精力的に伝え、職員を国会デモへ送り出した。

「現在、全国大学生協連が取り組んでいる『単一同盟化』の方向について、（略）12月9日の第5回総代会で承認された」（60年12月号）との記事で、「単一同盟化（体）」方針が初出する。

「同盟化」方針は、全国大学生協連第2回総会（1959年、於同志社大）において提起された。その背景は、（1）中央教育審議会（中教審）の1959年答申「育英奨学および援護に関する事業の振興策につい

て」のなかの厚生援護事業の"特殊法人化構想"に対する危機意識、（２）安保闘争後の高度成長期における物価高騰、チェーンストアの進出など独占資本による流通再編に対抗し、大学生協の枠を超えた「同盟的結合」によって商品共同仕入の整備と拡大、業務機能の一元的レベルアップ、生協運動の発展に人的・物的に貢献できる力量をもとめるため、とされている。具体的には、大学生協の力を結集すること、すなわち「同盟的結合」により、まず労働者福祉運動と提携して職域生協を設立し、さらにそれらを「組織合併」（単一化）して地域生協づくりを目指すという拡大戦略をもっていた。その基盤として「同盟体」すなわち「ブロック」が組織された。東京支所に先駆けて発足したのが「京都ブロック」（京大生協、同志社生協、府医・府立大生協と立命館大学生協[42]）であり、同盟的事業連帯の統一的かつ指導的拠点が「京都地区大学生協会館」（1961年6月完成、左京区田中関田町）である[43]。

「安保であけ、安保でくれた1960年も、数々の試練に耐えたわが生協は飛躍的発展をとげた。経営的には１億７千万円の供給高を達成し、今年度は二億円を目指して前身している。」「京都市における労働者福祉対策協議会をうちたてることと大学生協から地域生協への発展」、「その第一歩として四大学を中心とした京都ブロックの強化」、「同大、京大、府立医大、立命、四大学生協による年間２億円余の統一仕入れ」「生協会館の建設を中心に着々とすすんでいる。」（「（第６回）総代会一般報告　１年を振り返って」（61年６月号）は、単一同盟化構想の具体的な進展を伝えている。

同盟化構想のもとで、「学館問題基礎資料」（60年11月号）など学生会館の管理運営問題（開館は1965年）が大きくクローズアップされ、新町校舎への生協食堂設置（61年12月号）、「岩倉高校食堂購買部・大成寮食堂の生協経営」（62年４月号）など、学内における福利厚生施設の生協への一元化と、水光熱費の学校負担を求める運動が顕著になる。また単一化を目指す課題として、「統一仕入れ」「統一献立」「統

一加工場の設置」(63年5月号)「(職員) 統一採用」が計画された。

　同志社生協理事会（正確には組織部）では、59年頃より「生協研究会」または「教育講習会」をもち、発足時には、嶋田理事長、田中俊介（灘生協組合長）、大学生協連幹部による講習会が行われた。翌年には、レーニンの「協同組合について」や全国大学生協連合会機関誌『学協運動』をもちいて「生協固有の法則」「社会主義革命の具体的展望の中での生協の役割」などが議論されるようになった。その議論の整理・紹介の場が当初の『職員月報』[44]であり、59年9月に同月報を「発展的に解消」[45]し、『庶務月報』と『生協研究』[46]に分離発展した。「生協運動の位置づけ、防衛、育成が『理論』『空論』に終わるのではなく、その具体的現実的方向を検討する事が緊急課題である」[47]との考えにより『東と西と』『同　婦人版』『総代通信』[48]『壁新聞』[49]が発行された[50]。

(3) 婦人版の創刊

　『東と西と　婦人版』は、1960年10月、同志社生協婦人部の編集発行として創刊し、63年11月号までの20号を数える。本誌の『東と西と』(60年10月号) に小さく、婦人版創刊と「同志社婦人連絡協議会」発足の記事が紹介されている。

　婦人版は、女性加入率の増加と「(女性の) 経済的発言の機会を通して、社会的地位の向上への戦い」(嶋田啓一郎「婦人と生協運動」60年10月号) を目指して創刊された。

　当時専務理事だった横関武は、神戸生協から同志社生協への出向期限の切れる時に能勢克男から「戦前の京都家庭消費組合の志」をつぐようにいわれ、「日本は戦後すばらしい憲法をもったが、社会の実体は相変わらず男の縦社会のまま。婦人を中心に地域に民主的な横社会をつくることが必要だ。家庭でも社会でも婦人の参加がなければ民主主義は育たない。参加する民主主義が生協の原動力だ」[51]と地域生協づくりの意義を諭されたという。また、労働者福祉運動との提携を視

野に、大学生協京都ブロックの果たす役割を検討するために日鋼室蘭労働争議（1954年）の現地調査を行い、「地域生協作りを支援する場合、京都の労働運動とか学生運動のための兵站部思想だけでは根拠にならない。婦人を中心とした地域の暮らしを守る組織としての方向付けを確認した」[52]とのまとめをしている。戦前消費組合運動の中の女性の役割と戦後の婦人部活動、大学生協運動の単一同盟化構想との関係を考察する上で看過できない発言であろう。

　婦人版は「くらしの知恵」や料理提案など実生活上に役立つ記事からはじまり、同志社女子大学生への加入呼びかけ、女子利用懇談会、神戸生協見学会、母親大会報告（以上60年10月号）、全国消費者大会報告（60年12月号）、生協婦人組織担当者会議（61年4月号）など学園外とのネットワークにも力が注がれた。「進歩的思想の一部にも根深い『家庭』への過小評価、『家庭』の理解の浅さ」を指摘し、「主婦の根本生活が『家庭の主婦』であるかぎり、主婦たちの共同（？）は、その『生活の場』からつくり上げられねばならいない」と訴えている（「主婦（女性）の立場から見た生協運動」〔62年10月号〕）は、この間の婦人版の総括といえようか。

　料理講習会、生け花講習会（62年7月号）、「学内保育所案」（63年4月号）などさまざまな企画を試みる一方、京都ブロックの同盟化構想と地域化構想（地域生協設立）が具体化した。「京都における消費者運動の『前衛』という役割をになった大学生協運動は、その単一同盟化構想を、より着実に推し進めることにより、地域化を一日も早く実現してほしいということを、消費活動に密接なつながりを持つ私達女性は、積極的な生協参加の中から、叫んでいこうではありませんか。」（「大学生協祭を終えて」（62年12月号）。

　1963年4月26日、戦前の消費組合運動家と京都地区大学生協の現役役員らとの懇談会が開催され、その要旨が婦人版（63年6月号）に掲載された。このときの同志社生協理事長は前年の総代会で嶋田から西村豁通（経済学部教授）に替わっており[53]、懇談会の企画・呼びかけ

は、能勢克男が中心になったものと思われる[54]。

　63年6月号（通巻17号）をもって、婦人版は婦人部から組織部の編集発行となる。「文字通り主婦に支えられた生協　鶴岡生協研修日記」（63年10月号）、「反動的均衡状況の中で　同女大生協設立運動についての一私見」（63年11月号）を掲載した通巻20号以後の婦人版を私達は確認していない。『東と西と』には婦人版終刊を伝える記事が見当たらない。

（4）統一版機関誌と生協研究所、洛北生協の設立

　1963年10月号の「組織部・京ブロ　12月総会を前に」の記事中に「統一機関誌で組織強化を」の記述がある。

　「京都ブロック組織部では過去1年余り機関誌-『協同』（京大）、『はらから』（府立）、『生協ニュース』（立大）、『東と西と』（同大）の統合を目指して再三検討を重ねて来た。そして今年度の新入生向け生協案内号『それからのあなた』はその一環として一応の目的を達することが出来た。機関誌統合の方向はあくまでも、単一同盟化過程に於ける組織活動の拡大強化、そして付帯成果としては、各単協に於ける機関誌の主要な役割は統一機関誌の中で充分保障し（ローカル版-単協版の設定により）組織活動のスタイルを今一度再編整備し、多様化したい。」

　翌新年号は、「四単協統一編集」の14ページ立て、そのうち10ページが「統一記事」（64年1月号）。1964年5月号から65年7月1日号まで、四単協と京都地区大学生協会館の「共同編集」による『東と西と統一版』が発行された。「生協をとりまく情勢と、だが我々の圧倒的な今年度の運動方向」（64年4月号）や「特集　単一化をいかにすすめるか」（64年10月号）などの統一記事は、65年11月開館を控えた「学館闘争（第2次）」によって姿を消す。

　一方、前述の戦前消費組合運動家懇談会ののち、左京区を中心とする女性たちとの懇談を重ね、64年3月27日、京都洛北生活協同組合設

立発起人会（代表・能勢克男）が発足した（64年5月号）。第12回通常総代会（1964年6月27日）では、①「同盟化促進」②「同盟化を前提とし、またそれとの関連による労働者福祉運動との結合」③「生協運動ならびに労働者福祉運動と生協運動との関連に中心をおいての理論研究ならびに機関誌『生協研究』の編集-生協研究所の設立」④「そのための実践的第一歩として地域への進出-特販部の設置」⑤「独自の広報活動のための出版部の設立」の5項目が「特別決議」として承認された[55]。これをうけて同志社生協内に「特販部家庭係（御用聞係）」を設置し[56]、まず大学生協の教職員家庭に供給活動を開始（64年4月号）、11月27日には設立総会が開かれ（64年12月18日号・「特集　洛北生協設立を祝して」）、能勢克男が理事長に就任した。特販部は1965年4月、洛北生協の法人認可によってその業務を終了した[57]。

　組織部発行機関誌『生協研究』（Vol.4No.1・61年7月）には、能勢克男の特別寄稿「生協運動の思い出　その1」が掲載され、以後、同誌（Vol.5No.4・63年2月10日）に7回までがとびとびに連載された。しかし、単一同盟化構想が混乱、総括される1963年には同誌は発行されなくなった。洛北生協が設立され、同志社生協付属生協研究所が組織部から改組されて開設されると、能勢の論文は同研究所機関誌の『新版　生協研究』（新版第1号・65年6月19日、新版第2号・66年10月25日）に「まえがき」をつけて、あらためて再録・補筆されることとなった。「生協運動の思い出」は、京都生協創立25周年記念に『デルタからの出発　生協運動の先駆者　能勢克男』に再収録された。

（5）理事会の改選と誌面改革

　大学会館の開館（1965年11月）にともない生協と法人理事会との契約締結をめぐって、「学館闘争の総括から　新たな生協運動構築へ」（65年11月号）、「大学の自治と生協　学館闘争を反省し、今後の糧としよう」（同）、「大学権力への身売りか、反帝生協コミューンか」（同）など、以後の『東と西と』の誌面では、「水光熱費受益者負担反対」

「学内合理化政策反対」「アメリカのベトナム侵略反対」「佐藤内閣の侵略反対」「一切の物価値上げ反対」のスローガンが連呼される。66年6月の第16回総代会報告では京大生協の「統一機関誌拒否」(66年6月号)があり、同年8月の全国大学生協連第9回総会報告において、「従来の水光熱費撤廃闘争、単一同盟化に行きづまる等、現実の生協が要請されている課題を全て切捨てた」(66年9月号)とする論調は、『東と西と』第1期の終焉が間近いことを物語る。

同志社生協出版部発行の『同志社の思想家たち』[58]（1965年11月）と同『ある私学』（1966年11月）の書評を掲載した1966年12月号、通巻89号をもって、『東と西と』第1期の時代は終わった。

『東と西と』第1期には「単一同盟化」をめぐる諸問題とその総括についての記事を見いだすことができない。同志社生協創立15周年を祝う『東と西と』67年11月29日号（Vol. 11 No.5、この巻からタブロイド判になったか）は、第18回通常総代会（67年6月30日、7月1日）での旧学生理事・組織部員らの不信任・交替の「混乱」を伝え、68年6月号では「第18回総代会の総括作業」が進んでいることが示された。1973年発行の20周年誌『同志社生協の歩み』年表には、同総代会で「左右の運動の偏向を克服」とある[59]。

第18回総代会の後に発行された67年9月6日付『総代通信　特別号』[60]には次のような記事がみえる。

「いままでの『東と西と』は組合員にとって存在するのかしないのかわからないという状態であった。しかも内容は、生協を大衆的・民主的に発展させていくための機関誌とはとうていいえないものであった。今後、『東と西と』は、組合員の生協にたいする意見や要求を積極的に反映させるための保障となり、理事会業務などと組合員とを結ぶパイプラインとならなければなりません。今度、『東と西と』編集委員会を設置して、以前パンフレット形式のものもタブロイド版に改めて、月1回以上発行していく方針です。」

一方、全国大学生協連では、第8回総会（1965年）において、従来

の単一化方針について軌道修正し「民主的生協づくりの再建確立」の基本路線を確認し、さらに第9回総会（1966年）において、過去の同盟化方針に混乱があったことを自己批判的に総括し、「大学生協における大衆的な闘いをさらに発展させること」、「それをささえる大学生協の組織強化と経営力量の拡大、連帯強化」、「主体的な要求にもとづき民主勢力の一環として闘うこと」などの柱が確認された[61]。これらは、第12回総会（1969年）の「大学生協運動の到達点と当面する課題」に引き継がれ、70年代の大学生協の活動を基礎づけた。

同盟化構想の拠点であった京都ブロックの大学生協会館は、1971年4月、大学生協京都事業連合（京都市左京区高野玉岡町）設立にともない解散した。

おわりに──安部磯雄から嶋田啓一郎へ

初期社会主義時代の同志社消費組合、大正デモクラシー期、第2次世界大戦下、そして戦後、1960年代までの同志社生協史を概観してみて、本稿では具体的な数量的発展過程（組合員数や供給高推移など）や組織・機構推移（例えば食堂部の推移など）などについてはほとんど整理することができなかった。また、本題である1960年代の『東と西と』から抽出されたさまざまな問題について、たとえば「同盟単一化」や「地域化」・洛北生協設立をめぐるダイナミズムと課題が70年代以後の同志社生協にどのように受け継がれ、生かされたのかといった問題についても考察は不十分で、『東と西と』第2期の時代をさらに検証してゆきたいと考えている。個々取りこぼしたものは多いが、同志社生協史の源流に立つ安部磯雄から1960年代までを概観してきて、嶋田啓一郎というひとつの座標軸を提起しえたと考えている。最後に嶋田の文章を紹介して、この稿を終えたい。

1962年6月の同志社生協第8回総代会で理事長を辞した嶋田は、翌

年 8 月大学広報誌『同志社時報』に「同志社の個性　自由を愛する気風を伸ばせ」と題した一文を寄稿した。

「私は教室で、安部磯雄先生の名をいくたび語り続けたことであろうか。（略）無産政党の党首としての辛苦は、世人の凡庸の能く堪え得るところではない。にもかかわらず、安部先生はつねに村夫子の温容をもって、折から厳しい弾圧のもとに悲愴感うず巻く左翼陣営に、淡々として人格主義的社会思想の大道を説き明かして止まなかった。（略）古色蒼然たる赤煉瓦の同志社チャペルで、白髪童顔のこの老人は、新島先生の遺影を背にして『わたしは人生の長い道のりを『安部、お前は良くやった』と新島先生から一言いって貰いたいという只一念で戦ってきました』と涙に咽ばれたとき、並み居る学生、青年は均しく泣いた。その感激を児戯に類する感傷と評するひとがあるとするならば、それは、人生の荘厳さに正面から真向かってゆこうとする同志社人の真髄を知らぬ人である。」

嶋田は、「生協運動の内部では、いかなる理由があろうとも意見の相違を暴力で解決しようとすることは許されない」[62]との決意を機会あるごとに力説し、全国大学生協連の会長職を辞した1976年の第19回総会では、「生協運動は暴力を徹底して排除し、協同組合の本流として平和主義を固守すること」[63]の特別メッセージを寄せた。

先の安部磯雄についての回想を『福音と社会』（日本基督教団出版局、1971年）に収録し、同志社生協20周年には『同志社生協の歩み』（73年）に同主旨のことを記した。さらに『社会福祉の思想と理論』（ミネルヴァ書房、80年）の「はしがき」にも引用し、戦前から戦後へ、同志社生協史の系譜の基底に安部磯雄を位置づけようとした。

(付記)

本稿の初出は、編集監修・同志社生協50年史編纂委員会『同志社生協史料集Ⅰ「東と西と」第 1 期　創刊号〜89号（1957〜1966）』（初版・2008年 2 月、 2 版・

2008年4月）所収の拙稿「解題」であり、その後同志社大学人文科学研究所『社会科学』第81号、2008年7月に改稿掲載した。今回さらに注などを整理している。

注

1 『東と西と』の50年の歩みを、その誌面の版形から次の3期に分けている。
　　1957年11月創刊号〜1966年12月12日号（Vol.10 No.8）　B5判冊子
　　　発行者：同志社大学消費生活協同組合（理事会）
　　　編集責任者：組織部
　　　印刷：正文堂
　　1967年11月29日号（Vol表記ナシ）、1968年5月10日（Vol.12No.2）〜1986年1月20日号（Vol.30No.1）　タブロイド判
　　　発行者：同志社大学消費生活協同組合
　　　編集：組織部編集委員会（68年5月号〜69年5月号）、理事会組織部（69年6月号〜81年1月号）、組織部学生委員会（81年4月号〜85年10月号）、編集委員会（85年11月号〜85年1月号）
　　　印刷：日本機関誌協会京滋支部
　　1986年4月号（Vol.30No.2）〜現在　B5判冊子
　　　発行者：同志社大学消費生活協同組合（97年に同志社生活協同組合に名称変更）
　　　編集：『東と西と』編集委員会、学生委員会「東と西と」編集部
　　　印刷：日本機関誌協会京滋支部、ナニワ印刷（00年4月〜現在、現NPCコーポレーション）

2 2009年12月に、全国大学生協連合会『大学生協の歴史と未来　法人化50周年想い出集』が発行された。ただし、本書は「25周年記念誌」の年表（1945〜1971）をそのまま再録し、1971年以降の年表は作成されなかった。2010年6月には、大学生協東京事業連合40年の歩み編集委員会編『40年の歩み』が、2011年12月には『発祥50年・法人化40周年記念　大学生協京都事業連合の歩み』がまとめられた。後者には京都地域の大学生協運動の出来事と並べて全国連合会の動きが整理されている。本書第Ⅲ部資料「年表」はこれを参考にした。

3 第2次世界大戦前の大学生協の一般的通称として「学生消費組合」を用いる。安部の実践は、大戦前の協同組合の準拠法「産業組合法」（1900年3月）成立以前のことである。

4 同志社校友会『校友会報』第3号、1897年10月31日。

5 安部本人による記述「消費組合の話」『家庭之友』1904年2月。この記事は、「週刊平民新聞」（第14号、1904年2月14日）に抄録された。『明治社会主義史料集　別冊3-4　復刻版　週刊平民新聞』明治文献資料刊行会、1962年。また奥谷松治が安部本人に私信で確かめたことが、奥谷著『日本消費組合史』（1935年、高陽書院。後に『改訂・増補日本生活協同組合史』1973年、民衆社として再刊）に記載されている。

6 大学「昇格」運動には、理事の一人として安部磯雄も関与し、総長候補にも推されたが、辞退している。『同志社100年史　通史編1』同志社、1979年、p.885。

7 武邦保「社会的キリスト教運動　消費組合運動」『同志社100年史　通史編2』同志社、1979年、p.1079。

8 社会的キリスト教運動、SCMについては、中原賢次『基督者学生運動史―昭和初期のSCMの闘い』YMCA同盟出版部、1962年、同『SCMは何であったか－昭和初期の基督者学生運動史論考』SCM通信、1982年。コープこうべ生協研究機構の「涌井安太郎文庫」の中に、中原が涌井に託したSCM関係資料が所蔵されている。

9 「同志社労働者ミッション」については、前掲注7、および武邦保『神の国の社会学　原典から歴史的展開へ』京都・法政出版、1991年参照。

10 同志社消費組合、京都家庭消費組合が模範とした東京・家庭購買組合（吉野作造理事長）の家庭観については、拙稿「解説／家庭購買組合―設立から解体へ」『歴史資料集第6号　家庭購買組合―設立から解体へ』くらしと協同の研究所、2001年を参照。

11 井上英之「解説／田原和郎と洛友消費組合」『歴史資料集第5号　田原和郎と洛友消費組合』くらしと協同の研究所、2001年。拙稿「京都家庭消費組合をめぐる諸相と〈家庭／HOME〉　田原和郎資料を中心に」『歴史資料集第7号　能勢克男と京都（家庭）消費組合』同研究所、2003年。

12 西山功「解説」『歴史資料集第8号　京都の学生消費組合（京大学消を中心に）』くらしと協同の研究所、2003年。

13 田原は1972年、同志社労働者ミッション結成から京都家庭消費組合、同組合分裂までの資料「協同組合関係図書・資料」約250点を同志社大学人文科学研究所に寄贈し、また亡くなる数年前には、くらしと協同の研究所や雑誌の取材、所蔵資料の公開に応じた。没後に発見された遺品の中には、敵対していた家庭消費組合の「月報」や能勢克男が発行した「週報」「特報ビラ」など55点が含まれていた。

14 向山寛夫『東京学生消費組合史』中央経済研究所、1984年、p.204。

15 田中真人「京都学連事件と同志社」『同志社100年史　通史編1』同志社、

1979年、p.965。
16 安部「吾が愛する母校の諸君へ」『同志社校友同窓会報』第76号、1933年6月15日。
17 嶋田編著『社会福祉の思想と理論——その国際性と日本的展開』ミネルヴァ書房、1980年、嶋田「はしがき」p.3。
18 前掲注17。
19 嶋田『福音と社会』日本基督教団出版局、1971年。嶋田「回想の江東消費組合」『回想の江東消費組合』江東会、1979年。
20 立命館大学『学園新聞』1946年4月11日付。『立命館100年史 通史2』立命館百年史編纂委員会、1999年、p.642。
21 『全京都学協連会報』第1号、1948年12月20日、京大生協所蔵。
22 『東と西と』1967年12月29日号の記述による。
23 『同志社学生新聞』第60号、1951年5月1日付に「広告」が掲載されている。同志社学生新聞局友会発行『同志社学生新聞 創刊号（1946）～第569号』CD版、2005年。
24 現・至誠館あたりにあった木造二階建て、1927年学生の募金等によって建設。1931年火災に遭い、翌年再建。一階に学友会本部と協同組合、二階に各自治会部室、学術団・文連・体育会などの部室があった。
25 このときの同志社大学学友会常任委員会発行『学友会情報』（1952年10月）やガリ版ビラによる。第一次学館闘争の大会議長をつとめた太田雅夫氏寄贈資料。
26 1952年、嶋田啓一郎はシカゴ大学に留学中であった。
27 労組機関紙『団結』の創刊は1953年12月5日。故畑山武三氏追悼文集編集委員会編『生協の声・町の声 故畑山武三氏を悼む』文理閣、1987年。
28 竹本成徳『コープシンフォニー』コープ出版、1997年。竹本『人びとの絆の中で 半世紀の道のり』コープ出版、2003年。本書第Ⅱ部1参照。
29 『同志社学生新聞』第122号、1954年10月1日付。『白い道 白石道春とその追想』（遺稿著者・白石道春）1998年、非売品。
30 友貞安太郎「さとうとしお」『大学生協の歩み 大学生協連創立25周年記念』全国大学生協連、1975年。友貞「1950年代 いしずえの時代を語る」『京都の大学生協史編纂委員会会報』第2号、2007年1月。
31 「全国学校協同組合連合会・加盟校一覧」1955年4月1日。
32 元職員からの聞き取りによる。
33 蜷川虎三知事名の認可書は1958年8月1日付。
34 増田（1933～1987）は、同志社生協の後、京都府立医科大学・府立大学生協専務理事、京都地区大学生協会館事務局長、龍谷大学生協専務理事などを歴

任後、1975年に奈良市民生活協同組合創立に参加し常務理事に就任した。『誠実に生きる事が大切である　増田誓治追悼文集』増田誓治さんを偲ぶ会、1988年。

35 『同志社生協の歩み』(1973年) 年表による。

36 嶋田は1959年、60年の同志社生協発行『学生生活の栞　新入生のための生協案内』にも、巻頭言「大学生協は君のものである」を寄せている。

37 題字を書いた鎌田末治 (1905～1975) は能勢の弁護活動に協力していた、京都における公認会計士の草分け的存在で、能勢同様、戦中に治安維持法で拘束された経験があるという。ちなみに、このB5判冊子時代の題字と現在発行中のものとでは、ふたつの「と」の位置が逆転している。これは1968年にB5判からタブロイド判の縦文字にされた際に変更されたと思われる。

38 『土曜日』については、平林一「『美・批評』『世界文化』『土曜日』　知識人と庶民の抵抗」『戦時下抵抗の研究　Ⅰ』同志社大学人文科学研究所編、みすず書房、1968年を参照。2011年能勢所蔵『土曜日』一式が同志社大学人文科学研究所に寄贈された件については、拙稿「『土曜日』と能勢克男」『社会科学』第94号、2012年3月を参照されたい。

39 「エルベの誓い」が大学生に認知されるのは1970年代末ぐらいまでだろうか。この由来にもとづいた、同志社生協書籍委員会編集発行の書評紙『邂逅』の創刊は1978年。新町地下食堂を「エルベ」と命名するのは1979年。由来の説明文を『東と西と』裏表紙に毎号掲載するのは1994年6月号からである。

40 羽仁はマルクス主義歴史学者。『日本資本主義発達史講座』執筆者のひとり。1933年治安維持法で検束。敗戦を獄中で迎える。47年に参議院議員に当選し、国会図書館法（中井正一を副館長に招聘）に尽力。妻は婦人之友社の羽仁節子で、能勢夫人とは戦前から親交があった。主な著書に『抵抗の哲学　クローチェ』『都市の論理』『自伝的戦後史』など。羽仁と能勢の交友をしのばせる書簡が、能勢克男記念館に保存されていた。記念館は2007年3月に閉鎖、解体されて、「せいきょう会館」（京都市中京区烏丸通夷川）内に能勢コーナーが設けられている。

41 『デルタからの出発　生協運動の先駆者　能勢克男』京都生協編、かもがわ出版、1989年、p.46。

42 立命館大学生協の創立は1962年のことで、当初京都ブロックには同大学食堂管理委員会がオブザーバーとして参加した。『立命館百年史　通史二』同編纂委員会、1999年。

43 1979年に京都府生協連がまとめた『京都における連帯の発展をめざして　事業連合の改革のために』の要約。

44 『職員月報』はVol.2No.2（59年4月30日）～Vol.2No.8（59年11月7日）を確

認している。
45 『生協研究』Vol.2No.6（59年9月号）。
46 『生協研究』はVol.2No.6（59年9月）〜Vol.5No.4（63年2月10日）を確認している。
47 『生協研究』Vol.4No.1（61年7月号）。
48 『総代通信』第1号（61年4月）〜第5号（同年10月16日）を確認している。
49 『壁新聞』は未確認。
50 ほかに労組情宣機関誌『あゆみ』（61年創刊か）、同『むすび』（64年創刊）、同労組婦人部『めざめ』（60年創刊）を確認している。
51 生協総合研究所『シリーズ　市民生協の創設と発展：元リーダーに聞く』（生協総研レポート　NO.50）2006年。
52 「1950年代　いしずえの時代を語る」『京都の大学生協史編纂委員会会報』第2号、2007年1月の横関の発言。
53 1962年6月の第8回通常総代会で、嶋田理事長は「研究上の都合で辞職」、かわって西村ら新理事が選出された。
54 同志社生協資料には、能勢自筆の懇談会呼びかけ書簡が保存されている。
55 同志社生協『第12回通常総代会議案書』1964年6月27日。
56 最初の特販部事務所は、大学から無償で貸与された明徳館裏の塵芥処理所付近にあった空家であった。
57 横関武「生協運動の父」『回想の能勢克男　追悼文集』（編集代表・和田洋一、1981年）。『頼もしき隣人たらん　あたらしい、個性ゆたかな協同の時代へ　京都生活協同組合の30年』京都生活協同組合、1996年。
58 和田洋一編による本書には岡本清一による「安部磯雄・山川均」が収録されているが、大学生協史や同志社生協史のなかの安部については書かれていない。
59 同志社生協理事会『生協の大衆的、民主的発展のために』1967年7月25日参照。1960年代の学生層の動きについては、2009年6月の「京都地域における大学生協の総合的研究」会での川口清史の報告「大学生協関西地連の混乱と正常化—1964〜1968」『京都の大学生協史編纂委員会会報』第13号、2010年3月。また川口と庄司興吉（全国大学生協連会長）の対談「大学生協の過去・現在・未来」『大学生協の歴史と未来』コープ出版、2009年を参照。
60 『総代通信』は1964年4月、1965年5月、6月、7月、9月号、66年3月、67年9月、68年5月号を確認している。
61 全国大学生協連『大学生協のあゆみ（25周年史）』（1975年）、京都府生協連『京都における連帯の発展をめざして　事業連合の改革のために』（1979年）、日本生協連『現代日本生協運動史・資料集』「04-2-4-03　大学生協『同盟

化』の提起と同盟体活動の推進」(CD—ROM版、2001年) 参照。また生協総合研究所とくらしと協同の研究所の共同プロジェクト『シリーズ　市民生協の創設と発展：元リーダーに聞く』(生協総研レポート　NO.50、2006年)、『同　第2集』(NO.53、2007年) には、横関武、田中尚四 (1959〜6年大学生協連専務理事) らのインタビューが収録されている。

62　全国大学生協連第10回総会「宣言」1967年8月15日。『学協運動』1967年9月、39号。

63　1976年8月全国大学生協連第19回総会に寄せたメッセージ。この総会に嶋田は全米州協同組合機構会議出席のため欠席していた。

補注

　本論の初出稿の後、元全国大学生協連専務理事・高橋晴雄氏より、嶋田が常に「志操は高く、行いは低きより」と説いていたことをうかがった。高橋晴雄「大学生協28年、地域生協15年　体験から、出合いから、反省をこめて」『京都の大学生協史編纂委員会会報』第17号、2010年10月30日参照。嶋田の後任の福武が大学コミュニティ論を説き、いわゆる「福武所感」が今日に至る総路線の基底とされたのに対し、60年代70年代の大学生協運動は学生運動と政治的混乱の影響をもろにかぶり、ややもすれば要求・闘争型にならざるをえない一面があった。嶋田時代の末期にまとめられた全国大学生協連25周年記念誌 (1975年刊) はその後再検討されないまま絶版になり、法人化50周年の『歴史と未来』では75年以降の総括を「他日に期し」(「編集にあたって」) とした。25周年記念誌の前書きに唐突に挿入された嶋田の歌「逆潮も波も立ちつつ暖流はただ一すじに流れて止まず」はこうした歴史的情況を象徴している。嶋田個人とは区別しなければならないが、嶋田時代を要求・闘争型と決めつけるのは一面的皮相であるばかりか、70年代以降の消費・情報革命や社会変化が大学生協に何をもたらしたかという視点を欠落させたままでは不毛を抜け出せず、また歴史に学ぶ姿勢を放棄するものだという本論の主旨は変わっていない。

第6章

1960年代の同志社生協の可能性
――洛北生協設立の文脈――

及川 英二郎

はじめに

　同志社生協は、のちに京都生協となる京都洛北生協を設立した推進主体であり、大学生協が地域生協に乗り出す先駆的な事例とされる[1]。当時、同志社生協の専務理事であった横関武は、のちに、その間の経緯を次のように回想している。

　「京都では61年、京大、同志社大、府立大・府立医大、オブザーバーの立命館大の４者で共同仕入れと共同経理事務、つまり同盟化（今の事業連合）に踏み切り、あわせて生協府連を再建して、そのもとで地域生協づくりを目指そうという方針を決定しました。（中略）63年の京都府連の再建総会では、京都に６つの地域生協をつくろうという方針も決めました。（中略）京都府連が同盟化方針のなかに地域生協づくりを入れたので、大学生協連の理事会ではそれをめぐって論争がまきおこりました。（中略）とくに関

西ではみんなには"危ない冒険"と映っていたと思う。(中略)当時は大地域生協はモンロー主義だし、地区労関係の地域生協は衰退一途というなかで、私としては大学生協が核になって日本の生協運動の底上げをはからねばという思いが強かった。」[2]

こうして1964年3月、発起人23名が集まって洛北生協設立準備会が発足し、同志社生協内に特別販売部が設置された。同時に、御用聞き制度による配達が開始され、同年11月27日、洛北生協の創立総会を迎える。

この間、地域生協を設立するという試みについて、横関は当時、次のような方針を重視していたという。

「京都で地域生協をつくるときは、組合員は個人、それも横社会の構成員として婦人を中心に組織化をすすめました。"加入するかどうかは主人に相談してから"という人には必ず"台所をあずかっている人が組合員なんです。あなたの名前で加入してください"といってきた。」[3]

横関によれば、こうした方針の背景には、「男の縦社会」に対して、地域に「婦人を中心」とした「横社会」をつくることが、民主主義を育成する条件になるという、能勢克男の指摘があった[4]。

本稿は、この「台所をあずかっている人」として女性を組織化した洛北生協の意義を確認するため、その推進主体であった同志社生協の1960年代前半の活動に着目し、その可能性の一端を明らかにするものである。

ところで、「台所をあずかっている人」として女性を組織化する生協運動は、性別分業の上に築かれた女性運動というべきものにほかならない。「生協運動はフェミニズムではない」といった指摘がすでにあるように[5]、それはたしかに、性別分業を固定し追認する危険性を

有している。

　また、より根源的な問いとして、女性運動という設定自体が、女性の主体性を確立すると同時に、「女性」を固定し本質化する危険性を有している。近年、社会構成主義または構築主義的な視点から提起されてきたこうした問いに、私たちはどう対処すればよいだろうか。

　まず、後者の問いについては、さしあたり次のように答えておきたい。女性であるというただそれだけの理由で私領域に貶められ、無償労働を強いられる近代社会に固有の不条理をふまえれば、その不条理を放置しないためにも、「女性」としての権利は主張されなくてはならない。それは、朝鮮人であるというただそれだけの理由で差別される植民地主義の過去と現在を再審するのに、「朝鮮人」というカテゴリーが手放せないのと同様であるし、黒人であるというただそれだけの理由で、貧困や不衛生、低水準の教育が再生産されてきた悪循環を断ち切るために、「黒人」を対象とした積極的差別是正措置 affirmative actionが講じられなくてはならないのと同様である、と。

　それに対して、「女性」や「朝鮮人」「黒人」を強調することは、それだけで逆差別であるというあり勝ちな批判は、起点にある不条理を不問に付す転倒した論理というほかはない。そのような形で、現存する差別を放置し、人間一般やアイデンティティの自由選択へと飛躍することは、カテゴリーの設定そのものにともなう政治を隠蔽し、差別を温存することにしか寄与しないであろう[6]。

　このことをふまえれば、追求すべき課題はさしあたり、構成主義的な視点の乱用を防ぎつつ、同時に「女性」を本質化する陥穽をそのつど回避すること。そして、差別に抵抗する運動としての女性運動に、開放的な契機や連携的な兆候を読みとり、それを生産的な方向に構想しなおしていくことだといえるだろう。

　そのうえで、前者の問いについては、どう答えたら良いだろうか。この点では、生協運動に限らず、1950年代や60年代の女性運動を論ずる場合も、同様のアポリアに直面することがある。

元来、当該期の女性運動は、女性参政権に象徴されるように、戦後民主主義が開花するなか、民主化の進展が女性の主体性の確立を促したとして、素朴に賞賛される傾向にあった。しかし、性別分業を批判的に検討する視点からは、当該期はいわゆる「第二波フェミニズム」の前夜にあって、性別分業に無批判な空白期でしかない。素朴に賞賛するか、克服の対象と見なすか。当該期の女性運動は、ともすれば、こうした両様の解釈によって引き裂かれてきたように思われる。

　しかし、近年、ポストコロニアルの視点から、フェミニズムに内在する植民地主義的陥穽を批判する研究が指摘してきたように[7]、運動の当否を「第二波フェミニズム」の前後で機械的に判定する発展段階論的な設定は、人間存在の複合性をグローバルな基準で裁断する普遍主義的な乱暴さを有するものである。それは、歴史的でローカルな状況に対して、先進工業諸国に固有の状況を無媒介に適用する白人中心主義を内在させており、フェミニズムの名のもとに、女性解放の度合いに応じた序列化を再生産しかねない。

　このことをふまえれば、私たちは、分業の枠組みを受容したか否かといった"入り口"での選択にのみ視点を限定すべきではないと言わねばならない。さまざまな事情から、性別分業という枠組みを受容したとしても、分業の固定化を回避するチャンスは、それをもって終了するわけではないからである。むしろ、その後の具体的なプロセスにおいても、何が実現したのかをていねいに検証する視点を持たなければ、今日、性別分業を批判する試みも、歴史的でローカルな状況への想像力を欠いた、浮薄なものに陥らざるをえないだろう。可能性は、"入り口"でのみ決定づけられるわけではないし、"入り口"で仕損じたからといって"万事休す"になるわけではない。主体性の確立は、民主化の素朴な成果として二者択一的に論じるべきではないが、だからといってそれを、性別分業を克服したか否かといった二者択一で論じるのも首肯し得るものではない。いずれの二元論に陥るのでもなく、この時期、主体性を確立していく女性が、その過程でいかに行動した

のかを、多元的に論ずる視座を持たなくてはならないだろう。
　さて、私はこれまで、主に1950年代の横浜生協を事例に検討してきた[8]。横浜生協ではこの時期、多くの女性がたしかに主体的に行動しつつあった。そのなかで、まず、以下のように、性別分業を批判する視点が、潜在的に提起されていたことに注目したい。

> 「横浜生協鶴見第二支部から、（中略）日本大会にゆきたくても子供をおいてゆかれず結局だめだとの意見が出た。これに対し、（中略）若い婦人から『たまの一日だから、御主人に子守りをしてもらって出席したら』との意見が出たが『主人が丈夫で働いていてさえ、私達の内職が片時も手がはなせないのに、休ませたら食いはぐれてしまう』ということで結局、行けない現実こそが討論しなければならない問題を含んでいるのだ、だから皆でそのままの生活報告を書いて世界婦人大会に送るようにしよう。（中略）ということになり、各職場、各団体でも進めることになった。」

　1953年5月に開かれた「神奈川婦人こんだん会」の席上、「若い婦人」からなされた、この'子守は夫にまかせればよい'という素朴な提案は、世界婦人大会の日本大会に出席するか否かを討議しているなかで出されたものである。そして、重要なことはそれが、決して、保守的な性別分業観を前提に却下されるのではなく、「行けない現実こそが……問題を含んでいるのだ」といった形で、より上位の社会批判へと発展的に継承されている点であろう。ここで分岐点になっているのは、社会批判への回路が確保されているか否かである。
　このことはさらに、次のような可能性とも連動する。拙稿で論じたように、そうした社会批判はこの時期、神奈川婦人懇談会だけでなく、鶴見食堂や米の増配要請運動など、在日朝鮮人との連帯という具体的な実践とつながりを持っていた。性別分業を固定しないという、横浜生協において看取される可能性は、その可能性を保証する社会批判の

次元において、国民を越えた連帯、いわば国民主義とは異質な共同性を展望し得る射程を有していたのである。資本主義社会が、公私の分離を通じて家父長制と深く連動すると同時に、当初から植民地主義的力学と不可分であり、人種や民族に関するカテゴリー化を随伴してきたことを考えれば[9]、以上のような横浜生協の取り組みは、反資本主義的な運動として十分な広がりと深度を有していたと評することができよう。

　とりわけ、戦後日本社会が、随所に国民主義のワナを仕掛けた社会でもあることは、改めて想起されなくてはならない。このことは、女性参政権を実現した選挙法改正が、天皇制を護持する立場から、在日朝鮮人・台湾人男性の参政権を「停止」するものであったことや[10]、日本国憲法の条文が日本語に翻訳されるにあたって、「国民」という訳語が作為的に用いられ、明治憲法の「臣民」概念が温存されたことなどに象徴的に表れている[11]。反資本主義的な運動としての生協運動は、女性運動であるだけでなく、戦時期の反省をふまえた反戦運動でもあるはずであり、だとすればそこでは、戦争の論理に直結したかかる国民主義に対しても、相応の注意が喚起されてしかるべきである。それは、今日において、問われるべき「地域」の'質'ともいうべき問題領域を開示することにもなるだろう[12]。生協運動史において、そうした視点はどれだけふまえられてきたであろうか。

　本稿では、以上のような関心のもとに、洛北生協の母体となった同志社生協の活動を、1961年に生じた値上げ問題を軸に検討する。文中、同志社生活協同組合発行（同志社生協50年史編纂委員会監修）『同志社生協史料集Ⅰ　「東と西と」第1期　創刊号～89号（1957～1966）』からの引用については、ページ数のみ付して示した。また、同志社大学人文科学研究所所蔵の『総代通信』（同大生協組織部発行）については[13]号数とページ数で示した。今回使用した『総代通信』は第1号から第3号、発行年月日はそれぞれ1961年4月19日、5月19日、6月30日である。

1　値上げ問題の発生

　1957年に創設された同志社生協は、福利施設の生協一元化方針のもと、事業を次々に拡大していった。1959年には、他の業者が経営する喫茶部サロンマルミを生協に移管したのをはじめ、数年のうちに新町地下食堂や大成寮食堂、此春寮食堂などを開設し、1965年11月に竣工した大学会館には、食堂や喫茶部、購買部、書籍部、理容部などが設置された。また、前述した洛北生協を1964年に創設したのに加え、同年、生協附属の生協研究所を設立するなど、名実ともに充実した態勢が整備されていった[14]。庄司俊作が指摘するように、この時期は同志社生協の躍進期にあたるといってよい[15]。

　また、当該期は、全国的には、敗戦後、極度に疲弊した日本経済が、朝鮮特需を契機に高度経済成長へと離陸し始める過渡期でもある。生協史の文脈では、全国に叢生した組合が、草創期の混乱やドッジライン後の打撃を解消しつつ、経営体制の健全化を図っていく時期にほかならない[16]。

　例えば横浜生協では、ドッジライン下に危機に瀕した経営を、商店吸収政策によって打開し、1950年代には様々な社会運動を展開したが、新たな徴税攻勢によって経営困難に陥り、1956年には倒産するにいたる。再生をかけた横浜生協が重視したのは、出資金増額による自己資金の充実であり、1963年には１口100円から10口1,000円への増額が決定された。拙稿でも論じたように、この出資金増額は、新たに取り組まれた宅地造成事業とも連動しつつ、生協の組合員として、どこまで貧困層を対象にできるかといった問題と不可分な関係にあった。そして、自己資金を充実しようとする経営健全化要求のなか、出資金増額への抵抗を押し切り、"増額に応じられる組合員を対象にした活動こそが重要である"といった論理で推進されたのは、それまで、在日朝鮮人を含む広範な貧困層を対象に展開されていた運動をスリム化し、高度経済成長に適応した購買活動へと事業を特化することであった。

やがて横浜生協は、優良生協として知事表彰を受け、全国から見学者が訪れる有数の模範組合へと脱皮していったのである[17]。

他方、戦前来の伝統を有し、戦後、全国にさきがけて増口出資運動を推進した神戸生協では、1956年の10月には1口400円の積立運動に取り組んでいる。1957年10月には、200円未満の出資者が60％いるなか、数千円・数万円の出資者に支えられ、1人当たりの平均出資額が1200円余に達した[18]。潤沢な自己資金に支えられた神戸生協は、経営の健全化という文脈において、全国的にも模範的な位置にあったといってよい。

これに対して、1957年11月18日、1口300円の出資金をもって創設された同志社生協でも、1963年には3口加入を定式化するなど、自己資金の充実に取り組んでいる（『東と西と』p.358）。また、さきの横関の回想にもあるように、事業連合の前身となる京都ブロックを、京都大学・京都府立医科大・府立大学・立命館大学との連携で立ち上げ、共同仕入れや食堂部門の「統一献立」、職員の統一採用などに取り組んでいった[19]。洛北生協という地域生協への取り組みも、こうした歴史的文脈のなかで展開されたものにほかならない。洛北生協は1964年現在、1口100円、5口出資を目標に創設された（『東と西と』p.439）。

ところでこの間、日本経済が高度成長へと離陸するなか、物価騰貴の問題が切実なものとなっていった。統計によれば、1961年から70年にかけて、消費者物価指数は1.7倍に、米価にいたっては1.9倍に騰貴している[20]。また、先行する1950年代後半においても、60年代ほどの数値にはならないものの、階層格差を増幅する形で物価騰貴が進行しつつあったことが、同志社生協組織部より発行された『総代通信』で強調されている（『総代通信』第1号、p.2）。すなわち、1956年を基準にした1961年8月の物価指数は、月収64,000円〜72,000円の「高階層」では1.083倍であるのに対して、月収16,000円〜24,000円の「低階層」では1.163倍にまで上昇した。専務理事の横関は、こうした物価騰貴にともなう格差の進展を、次のように説明している。

「一昨年頃から消費者物価の値上げはインフレ的な要素を含んですすんできている。国鉄、郵便、電気、ガス、水道など公共料金の大巾な値上げ、家賃、地代、理髪パーマ、クリーニング、バター、牛乳、医療、はては火葬料にいたるまで。又ガソリン税、固定資産税などが行われている。このような値上がりは家庭に一〇～一五％の生活費高を強いている。(中略)この様な物価値上げは、数年来の好景気の中で、独占価格の引上げによっていることは明らかであるが、特に中小企業労働者のうける生活上の打撃は二重に大きくなってきた。」(『総代通信』第1号、p.2)

かくして、会誌『東と西と』においては、1959年の新聞値上げ反対運動や（p.98）、1962年のミルク代値上げ反対運動をはじめ（p.300）、「物価値上げ激化」（p.188）、「天井知らぬ物価の値上り」（p.226）、「経済成長と物価騰貴」（p.273）といった記事が頻繁に組まれていくことになる。また、消費者大会（p.206）・全国母親大会への出席など（p.650）、物価騰貴に反対する社会的な取り組みにも、同志社生協は積極的に連携している。

しかし、こうしたなかで、同志社生協自身においても、価格を値上げせざるを得ない状況が生まれていた。横関は、次のように述べている。

「人件費、物件費のコスト高は、特に加工、サービス面で小売物価の値上げとなってきているが、生協も、六年、八年間据えおきの価格については部分的な修正を行なはざるをえなくなった。」(『総代通信』第1号、pp.3-4）

そして、こうした生協の値上げが、生協自身の民主性の如何を問う問題として顕在化したのが、1961年4月初旬のカレーライスとカツライスの値上げであった。

それまで、肉の大きさを小さくするなど、量や質の調整で何とか価格を維持していたカレーライスとカツライスは、このとき、それぞれ5円ずつ値上げされた[21]。これに対して、生協組織部の調査によれば、ランチやうどんを含め、1日平均8,000食の利用があるなか、カレーライスとカツライスの利用食数は1,000食であり、5円の値上げとは組合員にとって、計5,000円の支出増しに相当するという（『総代通信』第2号、p.4）。それを8,000食で平均すれば60銭の支出増しであり、組織部では、「値上げの仕方としては、種々の欠陥はあるにしても、かなり組織的強みを発揮している」と評価し得るものであった。

　しかし、こうした同志社生協の値上げに対しては、「生協は民主的運営組織でありながらカレーライスやカツライスの値上げは非民主的なやり方だ」といった批判が、「めしが少ない、まずい」といった批判や（『東と西と』p.246）、「食堂の混雑ぶり」に対する批判とあわせて「ぽつぽつと聞かれ」る状態にあったという（『総代通信』第2号、p.4）。

　例えば、『東と西と——婦人版——』（1960・11・20）では、文学部教授の安永武人が、「『話しあい』の堕落」と題して、次のように論じている。

　　「せんだって協同組合は、食費の値あげについてアンケートを研究室にまわしてきた。たぶん物価上昇にともなって対策がかんがえられているのだろうし、問題をそのような角度からとらえるかぎり、とうぜんの措置としてとがめだてするにおよばないだろう。が、わたしは不満だ。あたまから値上げに反対だというのではない。問題のとらえかたがまちがっているとおもうからだ。物価騰貴の状況に対処する場合、値あげとしてだけかんがえようとする消極的な発想法に問題がある。組合には組合員の生活をまもらなければならないという鉄則があるのだから、現状変更の必要がおこったときは、現在の協組のあらゆる状況が組合員の利益を

擁護することになっているかどうか——それについての謙虚なきびしい総点検がなされねばならないだろう。そのなかのひとつの問題として、いまの食事の質と価格とが検討されねばなるまい。組合員には食費値あげ以前に、協組の基本的なありかたについての意見があるはずである。それに耳をかたむけることが先決問題だろう。アンケートが『話し合い』のあしき形式主義のあらわれでなければさいわいだ。組織がおおきくなるほど、かえってたえず組織設立の目的にたちもどって、本質的に問題が検討されないと、組織の動脈硬化現象はまぬがれないだろう。」(p.662)

このように、安永の主張は、値上げそのものに反対するわけではなく、値上げをする過程での話し合いの不在を批判するものであった。そして、安永によればそれは、「安保条約の成立経過」に見られた非民主的な政策決定と重複するものであり、さらには、大学の授業料値上げ問題とも連動していた。

　「おなじことが授業料問題についてもいえる。いまわたしたちがあきらかにしなければならないのは、同志社の教育と研究の現状はこれでよいか、それはどこに根本的な問題があるのかと、いうことであろう。授業料値あげの可否を問うまえに、当局が教職員・学生に公聴すべき問題は、まさにそれであるべきはずだ。事業計画はその『話し合い』にもとづいてたてられねばならない。同志社の研究や教育についての問題点が未確認のまま放置されているところに、わたしは同志社の真の危機をかんじる。目標がさだかでなければ、不要不急の案件と緊急不可欠の案件との混同がおこるのもとうぜんであろう。『同志社教育の公聴会』のかわりに『授業料値あげについての公聴会』がひらかれたことは、教育機関として悲しむべき本末顛倒といわねばならない。それは『話し合い』のかたちをとってはいても、大前提をぬきにしている点

で、堕落した『話し合い』というほかないからである。」(p.662)

　ここでは、値上げ問題という、組合員の生活に直結した問題が、生協の民主的運営という問題意識から、大学自治のあり方、そして日米安保の問題といった形で、いわば社会批判へと継承されるなかで提示されていることに注意したい。さきに、横浜生協では、'子守は夫にまかせればよい'という素朴な提案が、「行けない現実こそが……問題を含んでいるのだ」といった形で、より上位の社会批判へとつながっていたことを指摘したが、同志社生協を取り巻く環境のなかにも、この時期、そうした社会批判へとつながる回路が存在していたことは重要である。それはいわば、安保闘争や大学紛争に規定された1960年代の雰囲気ともいうべきものであり、そのもとで、地域生協の創設を含む、さまざまな事業展開が行われていったことは、その活動の内実や可能性を見るうえで軽視できない点である。

　ところで、値上げ問題が顕在化した1961年4月は、「新入生よりの二口増口」の問題が浮上した時でもあった。「生協の安定的発展と、予想される設備投資の必要性」のために、1960年5月の第4回総代会で採決され、12月の第5回総代会で、「自己資金蓄積の為に、新入生より増口加入を実施する」と決定されたこの「二口増資運動」は（『総代通信』第1号、p.4）、やはり「方法が民主的でなかった」と批判された（『東と西と』p.248）。なかには、「生協が学内の独占的地位に安住しているのではないか」といった観測まであったという（『総代通信』第1号、pp.4-5）。経営の健全化という、当時、全国的に見られた課題は、値上げ問題との対処とあわせて、民主的組織としての生協の存立基盤を問う問題であった。生協組織部では、この二口増資の決定過程について、次のように総括している。

　「今回の新入生よりの増口運動は半ば強制的に進められた面がある。完全な自主性に訴えた運動とは云えぬ。それは総代会での

討論の不足、この運動の必然性の不明確さ、生協専従者内部での討論不足、組織部のとりくみの弱さなどによるものである。」(『総代通信』第1号、pp.4-5)

　さて、以上のような同志社生協を取り巻く批判的環境の意味を確認するために、ここでは、同じ時期、神戸生協の専務理事である涌井安太郎が1959年1月1日、機関誌『新家庭』に掲載した「暗い日本・明るい日本――新年に思う――」と題する記事を検討しておきたい。
　この記事で涌井は、勤評問題や警職法、安保条約の改訂などのなかで、「明らかにみられることは、日本の政治の暗さである」と述べ、次のように論じている。

　「暗い日本の中にも、明るい日本がある。古さや、暗さの中にも、新しい、明るい日本の現実も育っている。
　私は皇太子の婚約にまつわる日本の動きの中に、それを深く感ずることが出来た。(中略)古い歴史を持った日本国の元首となるべき方が、永い間の伝統や因習を破って、人間としての愛情を最大の規準として、しかも自主的に一人の女性を庶民の中から選ぶことが出来た。これはまことにビッグニュースである。
　勤評、警職法、安保条約改訂等一連の政治の動きの中に見られる暗い日本は、おそらくは世界の国々にとっても、戦前の日本につらなる不気味なものの予感を与えていたことであろうが、その日本の中に、このように新しい日本が胚胎し、育っていたということは、どんなにか大きな衝撃を世界の人々の中に呼んだことであろう。
　日本の希望がここにある。表面を覆う暗さをつき破って明るい日本を築いてゆく力を、ここにみることが出来る。これはおそらくは日本の希望のみではなく、世界の希望でもあることだろう。」[22]

天皇制の近代化のうえに明るい民主主義を展望するという、こうした涌井の主張を、今日、どう評価したらよいだろうか。たしかに、こうしたいわゆるオールド・リベラリストの論調を、天皇制への賛否という基準でのみ裁断するのは、いかにも乱暴な設定といわねばならない。涌井の人物評やその事績については、よりていねいな検討が必要であることは確認しておきたい。

　しかし、そのうえで当時、安保闘争や勤評闘争が闘われるなかで、皇太子の結婚にともなういわゆる「ミッチーブーム」が、社会的問題の所在を隠蔽するのに効果的な役割を果たしたことを想起すれば、涌井の論説に、そうした悪意までは看取できないにしても、松川事件の裁判や勤評闘争、警職・安保・三池争議と、創立早々からさまざまな記事で批判的論陣をはってきた同志社生協の環境と比較したとき、そこにある温度差は、やはり否定できない。

　むろん、同志社生協と神戸生協とのこうした比較は、さまざまな短絡を含むものであり、涌井個人の問題を拡大解釈する危険を有してもいる。また、地域生協と大学生協とのちがいなど、考慮すべき要素は多々あり、一概に論ずることはむろんできない。その点は、今後、より精緻に分析していくほかはないが、前述したように、戦後の日本社会が国民主義のワナを随所に仕掛けていたこと、そのなかで、性別分業を固定しない可能性が、国民主義に閉じない社会批判との関係で保証されていたことを考えれば、同じ社会状況下にあって、組合員の日常的な問題が社会批判へと継承される回路をもつ1960年代の同志社生協の環境と、そうした回路が、少なくとも紙面上では閉ざされている神戸生協の環境とは、やはり区別しなくてはならないと思うのである。

　ともあれ、以上のような批判的環境のなかで、躍進期にある同志社生協が、値上げ問題に対してどう対処したのか。節を改めて検討したい。

2　値上げ問題への取り組みと地域生協

　値上げ問題の顕在化に対して、同志社生協では、1961年5月25日に開催された第6回総代会で、価格審議委員会の設置が決定された（『東と西と』p.292）。これを受けて、5月29日には、生協組織部の佐藤浩一を委員長に、船曳温子（文学部）、森安淳子（文学部）、佐野二三雄（経済学部）、福富健（法学部）、野口公（法学部）ら5名の委員によって第1回委員会が開催され、「四月にみられたような不意の値上げ」を防止し、「組合員の利益の立場になって値上げ等に対する意見を発表すること」が申し合わされた（『総代通信』第3号、p.4）。

　また、これに先だって生協組織部では、5月初旬に「町の食堂調査」を行っている（『総代通信』第2号、pp.2-6）。その報告は、「生協食堂ははたして安いか？」と題して、1961年7月5日発行の『東と西と』6月号に掲載された（p.246）。価格審議委員会が設置されて以後も調査は行われ、1962年1月には「周辺食堂調査報告」（p.292）、「市中三喫茶との比較」（p.295）などが実施されている。

　この間、1961年12月9日に開催された第7回総代会では、「三十六年度上半期一般経過報告」で次のように報告されている。

　　「値上げに対してただそれを経営内部でくいとめるということに主眼をおいて来たが、それでも良いのかどうかが価格審議委員会から提出され、学生組合員総代の『値上げはギリギリの所で』という意見とからみあった。その結果、嶋田理事長、横関専務の方から、価格審議委員の調査活動による報告にもとづき来年度価格政策にそれを生かす旨が発言され、それで収約された。」（『東と西と』p.276）

　こうして、1962年2月3日発行の『東と西と』1月号では、価格審議委員会による「四月からの値上げ必至か？」と題する記事が掲載さ

れ（p.285）、同月12日発行の2月号は「生協価格政策特集号」として、上記1月の調査報告と、新年度からの「五円〜十円（平均約三円）の値上げ」を必至とする理事会見解が掲載された（p.290）。

　他方、価格審議委員会が、1961年5月29日の第1回委員会を開催するにあたって重点的に取り組んだのが、クリーニング料金の値上げ問題であった。以下、クリーニング料金の値上げが決定されるまでの経緯を、『東と西と』、『東と西と――婦人版――』、および『総代通信』第3号を使って再構成してみたい。

　クリーニングの委託については、すでに1960年10月1日から、委託工場を白川クリーニングから白洋舎クリーニングに変更していたが（『東と西と――婦人版――』p.652）、1961年4月中旬になって、白洋舎からの値上げの申し入れがあったという。その背景には、「電気、水道、燃料及び諸材料等物価の上昇ととりわけ労務費の急上昇」と（『総代通信』第3号、p.4）、「ここ十年間値上げがなされなかった」こと（『東と西と――婦人版――』、p.707）、すなわち「京大との価格調整の為、市価との格差が大きくなっていた」ことなどの事情があった（『東と西と』p.266）。白洋舎と京大生協との交渉の結果、白洋舎より第2次案が出され、6月1日から値上げを実施するとの申し入れに対して（『総代通信』第3号、p.4）、同志社生協の第二業務部長・畑山武三は、価格審議委員会に提出した意見書で、次のように説明している。

　　「白洋舎にクリーニング加工を委託するようになってから、仕上げそのものについての不満は、従来に比較して非常に減った。但し、納期が、カッターはかつては四日であったものが六日以上となり、その不満は強く出ている。労働力不足のためと、白洋舎から聞いているが、今度の料金値上げの申入れについて逆に、納期の短縮を要請している。

　　又、白洋舎は、規模、経営内容が大きいだけに長所も多いが、

その反面部内の連絡不充分、各担当者の責任の持ち方等について、相当不便が生じる場合がある。

　しかし、いずれにしても、現段階では白洋舎との取引しか致し方なく、その中で解決策を講じている次第である。」(『総代通信』第3号、p.6)

　これを受けて、価格審議委員会では、「実際に委員会が白洋舎の工場を見学し、支店長に事情を聞くこと」と、「現在までの交渉で出た二次案が果して最終的なものになるかどうかをみること」とを決め、5月12日、委員長の佐藤ほか、委員の船曳・福富・野口、業務部長の畑山、組織部員の松尾ら6名が、白洋舎の本店と壬生工場・伏見工場とを調査した。そのさい「主として設備と労働者の状態に注意」し(『総代通信』第3号、p.7)、その結果、「労働者の状態」については、「一人当り工賃が一日三三〇円(残業手当て含めて月一万四千円)という低賃金の実態」と(『東と西と』p.266)、中小企業における若年労働者不足によって「年とった婦人労働者がめだった」こととを確認している(『総代通信』第3号、p.7)。また、設備についても「かなり機械化されているが、人員不足とあわせ一日の処理能力が少ない」ために、納期が遅くなっている現状が確認された(同上)。

　このような調査の結果、前述した5月29日の第1回委員会では、「値上げ全面阻止は困難である」が、「同大生協のクリーニング部は依然赤字である」ため、納期短縮の実現と、値上げ幅を短縮し漸次的にすることの二点が方針として確認され(同上)、値上げ幅の短縮については、9月6日より交渉を続け、「別表のごとき第四次案で妥結」することになったという(『東と西と』p.266)。ここでいう「別表」は、この10月10日発行の『東と西と』9月号には添付されていないが(p.266)、9月28日発行の『東と西と――婦人版――』第8号(9月号)に、第1次案から第3次案までの詳細と、第4次案の内容が掲載

されているので（p.707）、そのことを指していると思われる。そして、『東と西と――婦人版――』では、この間の経緯を次のように説明している。

> 「先日、京大、同大生協と白洋舎の各代表が集り、最終的な案として出されて来た、第三次案をめぐって交渉を続けた。そして値上げの全面阻止は、とても不可能であり、現段階では白洋舎との取引しか致し方なく、その中で解決策を講じるとすれば、お互いに歩み寄り、或る程度の値上げはやむを得ないという結論が出て、第三次案を更に割合い利用の多い白衣とスポーツシャツを考慮して、各々五円づつ引下げるという事を決め、不満が多かった納期の点を一日でも必らず短縮するという事を取交わし、第三次案を二点修正して、最終的に決まりました。」（p.707）

こうして、1961年10月1日より、クリーニング料金の値上げが実施されることになった。以上が、クリーニング料金の値上げにいたる、価格審議委員会の活動の概要である。総じて、組合員の要求を考慮した、民主的な決定の軌跡を確認することができるが、同時に、ここで重要なことは、そうした組合員の要求、言い換えれば「消費者」としての立場に対して、それにのみ閉じるわけではない別の視座が確保されていることである。すなわち、工場調査においては、さきに見たように、「低賃金の実態」や「年とった婦人労働者がめだった」ことが強調され、それが「値上げ全面阻止は困難である」といった認識につながっている（『総代通信』第3号、p.7）。

他の労働者への連帯を志向するこうした視点は、喫茶エリカの前身であるサロンマルミの生協移管が行われた1959年、マルミ従業員の「劣悪な労働条件と、それによる労働争議の発生」に対しても強調されているものである（『東と西と』p.276）。同年9月の『東と西と』には、「サロンマルミの労働者は徹底的に搾取された」と題して、「一

生協職員Z」が、「外部商人が同志社権力と結びつ」き、「逆に権力の支配が彼等の利益追求を擁護」するとして、次のように述べている。

> 「この両者の結合された意図がマルミの労働者への徹底的な搾取という形ではねかえってきていたのである。そこに経営者のいかなる口実が入ろうとも現実には搾取にかわりなかったし、無期限で職場放棄に入ったマルミ労組の人達が「マルミのオッサンさえいなければ」と云い残して去っていったことで言いつくされている。私達は「生協の従業員になりたい」と幾度ももらしたマルミ労組の仲間達のことをもう一度思い起したい。」(p.107)

むろん、こうした生協運動と労働組合運動との密接な関係については、多言を要しないであろう。戦前来の運動のなかで、両者の提携関係が蓄積され、戦後各地で強化されてきたことは周知のことであるし、さきの工場調査に見られた「年とった婦人労働者」への観点も（『総代通信』第3号、p.7）、生協職員の多くが女性職員であることを想起すれば首肯し得るものである。また、本稿の冒頭で横関が、「男の縦社会」に対して「婦人を中心」とした「横社会」を地域につくることが、民主主義を育成する条件になると回想しているのも、生協が労働運動の下請けになることへの反省と警戒であり、労働運動からの規定力の強さを物語るものでもある。

しかし、生協という場で形成される連帯意識には、こうした労働運動との関係にのみ収まりきらない側面があったことも重要である。例えば、1962年4月21日発行の『東と西と』には、スーパーからの出向をうち切られ、行き場を失った万年筆部の経営者について、次のような記事が載せられている[23]。

> 「現M館地下の生協購買部門にある万年筆部も今年四月から、生協経営になりました。そして今迄、この万年筆部の経営者であ

った布富氏は自動的に生協職員になられ、今迄以上に、サービスに問合せに一層の努力を重ねて行くと新たな気持ではり切っておられます。」(p.303)

　むろん、生協と小売業者との関係は単純ではない。この時期、同志社生協をはじめ、各地で独占資本に対する共通利害が強調されていたとはいえ、直接的な競合関係にある小売業者との連帯は、当時からきわめて困難な課題であった。このことについては、各地の民主商工会との関係や地域社会の特質など、今後詳細に検討していかなくてはならないが、ここで見た「布富氏」のケースに見られるのは、"商売敵"でもある小売業者が、「自動的に生協職員」になるという、職員の生々しい現実である。そして、当時同志社生協が、こうした対面関係のなかで、いわば"顔"の見える現実感をもって、他の労働者だけでなく、小売業者とのつながりをも実感し得る環境にあったことは重要である。それは、「消費者」の立場と労働運動との関係を二項対立的にとらえるわけにはいかない、いわば多元的なリアリティの一環を示しているといえるだろう。他方で、そうした多元的なリアリティは、クリーニング調査に見られたように、「年とった婦人労働者」への視点につながり、その「婦人労働者」は同時に、台所をあずかる「消費者」でもあるような社会状況下にあって、組合員の要求に発する「消費者」の立場は、多元的なリアリティの一部でしかない。

　そして、こうした「消費者」に閉じない多元的なリアリティを裏付けていたのが、生協で働く職員の存在であった。同じく生協の民主性を問うという批判的な文脈のなかで、組合員の要求とは逆方向のベクトルとして、この時期、職員の待遇問題が強調されていたことに注意したい。当時、学生委員5年目になる浅川清が、「値上げ絶対反対」を主張した1年生の頃を振り返りながら、「"値上げ絶対反対"と"ベースアップ"ひいては"生協の経営"とは、解決しがたい矛盾である」と述べているのも（『総代通信』第2号、p.1）、安価であること

を望む組合員の立場と、賃金の増額を要求する職員の立場との矛盾という、いわば古典的な問題構造を指摘したものにほかならない。そして、それがこの時期、値上げ問題を背景に先鋭化しつつあったということができるだろう。

この点、すでに『東と西と』（1960・5・28）では、牧田浩が「生協に働く者として」と題する記事を寄せている。牧田は、「独占資本と対決」するため「組合員即ち教職員、学生と労働者組合員とが同志的に限りなく斗い続けてゆくこと」が当面の課題であると述べて、次のように論じている。

　「生協運動は勿論、消費者の為のもの以外のものではないが、常に日常の諸条件を整理する中で少くとも利用者中心主義――利用者の利己主義に――偏重してはならない。」(p.176)

そして牧田は、「生協に働く者が過度に自己犠牲を強いられる」現状を、次のように説明する。

　「都市の平均的な生活水準を一人平均七千円とすれば我々生協に於ては四千円前後の保障であり、労働分配率は極めて低下している。今から三年前迄は年昇給四十円という悲惨な現状で福利厚生も低く、専ら生協の安定生成という方針が貫かれていた。全く賃金水準を規制する基本的な法則もなく拡大再生費として考えられ得ぬ賃金が支払われていたのである。将に現在を含めて人間として肉体的社会的に必要不可欠とする生活費は無視されていた。従って子を持つ親は内職に奔走し、残業、宿直とあらゆる方法で生活費の補給の策を案出している。これは肉体的精神的に疲労度を増大させ再生産の為のエネルギーを他へ消耗させているし、日夜の絶えまない労働は疾病の原因の一つともなっている。更にこのことは学業にいそしもうとする子供を断念させ、出産を制限し、

家庭不和に迄連っている。」(p.176)

　こうして、この記事が載った直後の第4回総代会（1960・5・30）では、「従業員の生活について」話し合われ（p.186）、「第四回総代会の席上、従業員の生活水準が予想以上に低いと言うことに対して多くの総代から真剣な意見が出された」という（p.190）。
　これに対して専務理事の横関は、『総代通信』の紙上で、「我々の生協は、事業規模としては中小企業であり、而も主としてサービス部門に限られている点から、経済構造の位置としても低賃金を強制されている」と述べ、職員の賃上げ要求に応ずる限界を説明しながらも、総代会決議をふまえ、「給与水準の引上げ」・「職能給のワクの拡大」・「定員の確保」の3点を目標にすることとし、1961年度の「初任給」を、中卒では1960年度の5,600円から7,300円に、高卒では7,600円から9,700円に、大卒では10,600円から12,900円に増額することを「協議中である」と述べている（『総代通信』第1号、pp.3-4）。
　そして、前述した1961年12月の第7回総代会「三十六年度上半期一般経過報告」では、「第二の論点は物価値上げの問題である」として、次のように報告されている。

　　「これに対して生協は、①値上げ傾向に対しては京都ブロック統一仕入部の創設や、現場仕入部の努力で極力抵抗すること、②例え値上げのある場合も単純スライドシステムによるのでなく、総代会選出の価格審議委員会のもとで、最低の影響に抑える工夫がなされたこと。（例えば食堂の場合は本年四月の一食平均六〇銭値上の形、購買部ノートの場合は、値上げにより上る小売マージンをゼロにする。即ち利益率を落し、経費額のみを獲得する。クリーニングは第四次改正案までもっていく）
　　ここから大きな問題がでて来た。即ち組合員の価上げストップ案はとられて来たが、生協職員の生活防衛、生活水準改善への歩

みはどうかということである。本給の平均一三〇〇〇円今年三月の大巾賃上げ（平均二五〇〇円）を含んだ額である。
　理事会はこれに対し統一仕入部及び仕給高の増大での自然増で解決するというオーソドックスな方法に突破口を見通そうとした。しかし当初予算よりも実績があがっても結局は自己資本としての価格変動準備金約八〇万円をくずしてボーナス二・七ヶ月をやっと支給できた現状である。」（『東と西と』p.276）

　この報告からは、第一に価格と賃金の矛盾が、値上げ問題が浮上するなかで先鋭化しつつあること、そして第二に、それらを解決する鍵となるのが、1961年に創設された京都ブロック統一仕入部であることが確認できよう。この後者の方策は、「突破口」としては「オーソドックスな方法」でしかなく、結局1961年度段階では、「価格変動準備金」をくずしてボーナス支給にあてるなど、真価を発揮することはできなかったとのことであるが、翌年11月に掲載された企画調査室「京都ブロック同盟化のための三ヶ年計画について」では、「組合員の京都ブロック単一同盟化に対する期待」を「正当に受けとめなければならない」と改めて強調され、「①組合員の利益をどの様に計画し実現するか。②従業員の労働条件をどれほど改善するか」の２点をふまえた「経営計画」がたてられている（p.347）。
　このように、値上げ問題のなかで先鋭化する価格と賃金の矛盾、あるいは組合員と職員の関係といった構造的問題に対して、それを１つステージアップした形で解決策を模索したものが、京都ブロック構想であった。
　そして、その延長に位置づけられたのが地域生協づくりである。1963年９月号に掲載された「同盟化への道」（1963・９）と題する記事では、「組合員により安い品を」・「従業員により高い給与を」との副題のもと、「同盟化は単に大学の枠内だけではなく地域へ職域への発展を同時的に志向されねばその真価は発揮出来ない」と強調されて

「プラン段階ではあるが左京区に本拠を置いた御用聞き制度を一年間、その実績に立って店舗をという形で考えている。勿論対象は左京在住教職員・学生の家庭で、それを拠点に周辺市民を結集していくのである。京都では今迄で市民生協は殆んどなく、これが本格的市民生協への取り組みになる。同大生協としては、この市民生協への準備会に法人参加という形体をとるだろう。組合員諸氏とくに左京在住者に積極的な参加を呼びかけたい。」(p.392)

こうして、同志社生協特販部によって設立準備が進められた洛北生協では、創立大会に先立つ1964年8月現在、1口100円をもって2,450口、1,090世帯の参加を実現し、そのうち「四大学教職員」530世帯に対して、「地域市民」560世帯を加入させている。また、供給高では同年5月、450世帯で342万円だったものが、9月には769万円にまで上昇した（『東と西と』p.474）。11月27日の創立総会には、次のような人々が集まったという。

「十一月二十七日、創立総会に集まった人達は、今迄見ず知らずの他人であった。そのほとんどは、大学に勤める人達、市役所や府庁に努める人達、カネボウ、島津、染色工場等民間に働く人達の主婦であり、共に勤労者であり乍ら、向の横のつながりももたず、消費者としての統一行動など思いもよらぬ人達であった。」(p.495)

ところで、大学の連合にとどまらず、地域にまで乗り出してその組織力を拡大しようとする方針は、いかなる論理に基づいてたてられたものであろうか。例えば横関は、「量的に結集し——利用度を高め——各大学、及び地域、職域の協同組合が力を併せて共同仕入による流通機構での中間経費を節減する」(『総代通信』第1号、p.3) と説

明する。しかし、地域化の論理はむろん、コストを引き下げるという経営上の論理だけからは、自動的に導き出されるものではない。前掲した1962年11月「京都ブロック同盟化のための三ヶ年計画について」でも、「経済的な面における合理的、能率的な経営」は「組合員の生活防衛」にとって重要ではあっても、「それ自体としては何ら革新的なものではな」いと述べられている。「独占消費社会に対する根本的な批判的視点をどうしても確立しなければならない」(『東と西と』p.347)。

その点、1964年3月、編集部による「職場生協と地域生協」と題する記事では、「大量浪費攻勢と物価上昇に対する消費面での危機感」、および1960年以降の「総評民同の大巾賃上げ方式の労働運動の停滞」という状況をふまえ、「新しい運動の波」は、「勤労者職域生協が地域勤労者生協に発展しようとする方向でなければならない」と強調されている。その意図するところは第一に、かつて「第一次大戦後の好況期」にあって、「物価騰貴と小売商の暴利に対する憤激」と「戦後恐慌に対する危機意識」から、「灘神戸生協の前身——神戸生協」(神戸消費組合のこと……及川)が設立された経緯に学ぶものであったが、第二に、それにもかかわらず「日本の協同組合」は結局、「窮乏化の極限における大衆的廉売機関」となって「階級斗争の敗北と運命を共にする」か、さもなければ、「比較的生活安定度の高い俸給生活者地域購買機関」となるかの「分極化をたどった」という、戦時期の教訓をふまえたものでもあった(『東と西と』p.421)。

この時期、高度経済成長が始動するなか、物価上昇が階級格差を増幅する形で進行していたことは前述した通りであるが、そのことは、「六〇年以降総評民同の大巾賃上げ方式の労働運動の停滞」と相まって、再び、窮乏化にあえぐ勤労者階級と、「比較的生活安定度の高い俸給生活者」との「分極化」に帰結する危険性を予感させるものだったといえるだろう。さきの回想で横関が、「男の縦社会」に対して「婦人を中心」とした「横社会」を強調するのも、地域の「横」のつ

ながりを重視するものではあっても、職域の「縦」のつながりを軽視するものではない。前掲した1963年9月「同盟化への道」でも、「市民生協を地域勤労者生協として、日本の労働運動の職域中心より地域重視の問題と関連させながら考えてみたい」と述べられており（p.392）、そこには、「職域中心」を「地域重視」にするという問題意識とあわせて、「市民生協」を「勤労者生協」にするという問題意識、言い換えれば、＜職域を地域化＞すると同時に＜地域を職域化する＞という両様の必要性が含意されているのである。

　ここに見られるのは、反資本主義運動としての生協運動が、独占資本に対する統一戦線を呼びかけるという、それ自体は馴染み深い志向であるが、地域と職域とを両サイドからつなぐという発想には、家庭にある女性の「横」のつながりを重視するだけでなく、職域を拠点にした「縦」のつながりが不可欠であるとみなす発想があり、そこから職員の存在を媒介にして出てくる他の労働者とのつながりは、前述したように「年とった婦人労働者」や小売業者にまでおよんでいたことを銘記したい。以下、ここでは最後に、そうしたが統一戦線志向がもつ多元的な意義を、さらに二点確認しておきたい。

　以下に引用するのは、いずれも、創立総会に先立って、1964年9月1日、「京都洛北生活協同組合設立発起人、同志社大学消費生活協同組合特販部」によって発行された洛北生協の機関誌『洛北』第2号の記事である。実は、その創刊号は同年7月10日、やはり「京都洛北生活協同組合設立発起人、同志社大学消費生活協同組合特販部」によって『生協だより』として発行されている。『生協だより』は、誌名が正式に決まらない段階の仮名であり、創立総会を控えたこの時期、誌名を公募して、第2号から『洛北』と命名されたという経緯がある[24]。つまり、『洛北』と題された機関誌としては、この第2号が事実上の創刊号にあたるといえるのである。

　まず第1に、その『洛北』第2号に寄せられた巻頭言を見ておきたい。引用したのは、「KN生」による「ついおく」と題する文章の全文

である。KN生は、巻頭言を寄せるべき立場からしても、洛北生協初代理事長である能勢克男と見て間違いないだろう。

　「平生は生きることの忙しさにかまけて、亡くなっていまはこの世にいない人のことを思い出すゆとりもありません。しかし、盆が来て、ささやかな送り火が燃えて消えるのを見ていると何ともいえない気がして来ます。
　さてわたしはことし、誰れと誰れのために盆燈籠を灯したらよいか。
　わたしはひどく歳をとったので、何と多くの人々と別れて生きて来たことでしょう。組合そのものをさえ、わたしは過ぎ去らしめました。多くの若い同志たち、殊に朝鮮の男女の青年たちは、あの戦争を凌いで戦後引揚げて行ったのに、またそこであの苛烈な内戦に遭い、その後李承晩に対する革命闘争で、元気だった経理の姜さんも李さんも仆れ、二人の金さんも、オートバイに乗っていたもう一人の李さんも亡くなってしまいました。
　先日、総連の金正明君に逢って、その消息をききました。『みんな殺されましたよ。李承晩に。』と金君は憤りをこめて云いましたがその髪には白いものがチラチラと見えわたしはわたしたちの生きて来た時代のすざましさをもう一度思い返しました。」[25]

　文中、「経理の姜さんも李さんも仆れ、二人の金さんも、オートバイに乗っていたもう一人の李さんも」とあるように、主に戦前期、能勢克男が関与した組合職員のなかには、複数の朝鮮人が含まれていたことがわかる。重要なことは、こうした能勢の戦前来の記憶を、地域生協に乗り出す同志社生協が、機関誌の巻頭言として掲げたことである。少なくともそこにはかつて、1959年の年頭に、天皇制の近代化を誇り高く掲げた神戸生協とは、異質な感性があることは間違いない。能勢自身、戦前は治安維持法で検挙され有罪判決を受け、戦後は弁護

士として、松川事件や学生運動の救援・弁護を引き受けるという経歴の持ち主であった[26]。そうした能勢の姿勢が、1964年の洛北生協創設時において、職員への思いとして伝えられているのであり、地域と職域とを両サイドからつなぐ多元的な統一戦線志向には、こうした職員像を基点に、国籍を越えたひろがりまでもが示唆されていることに注意しなくてはならない。はじめに述べたように、占領改革に規定された戦後日本社会が、随所に国民主義のワナを仕掛けた社会でもあることを想起すれば、それに抵抗しようとする洛北生協の存在意義が改めて確認されよう。

　そして第2に、この『洛北』第2号には、「組合員の声」欄の冒頭に、小原きよ子「生協さんへの置手紙」が掲載されている。以下、全文を引用しよう。

　　「数年前、電機冷蔵庫を買ったとき、私は、もう毎日買物に行かなくてもよいと、よろこんだ筈だった。けれども、何事にも計画性のない私は、相変らず毎日のように勤めからの帰途のあわただしい買物をしなければならなかったし、それでいて一方では、冷蔵庫を過信して食べ物をよく腐らせたりもした。
　　『婦人は家庭へ帰れ』というムードの中で、職場で女の仕事にむけられる目はますますきびしくなって来た。『女だから』ということばは、どうかすると、女がなにか権利を失うことでしかあり得ないのだ。
　　月・水・金のあさ、私は『生協さんへ』の置手紙をして家をとび出す。書くとなると、二・三日の間の生活ぐらいは一応考えてみることにもなる。おかげで買物の時間がはぶけ、その上、重い荷物を両手にぶらさげて我が家にたどりつく苦労が少くなった。たしかに、お手伝いさん半人分には相当すると思っている。
　　夕方、『生協でーす』という声が聞えると、まるで救援物資でもとどいたように、主人と子供が玄関へとび出す。

この上は、週一回でもよいからお掃除に来てくれる生協さんがあればなどと、全く虫のいいことを云いあいながら、主人は卵やバターを冷蔵庫に収め、子供は袋入りの粉ジュースを瓶につめかえたりする。
　生協さん、おかげで我が家はすこし平和です。」[27]

　ここから読みとれることは第1に、「数年前、電気冷蔵庫を買った」とあるように、この小原きよ子の家計が、それなりに高い水準にあるということである。例えば、1961年4月の『東と西と――婦人版――』では、「購買部の御案内」として「61年型冷蔵庫」の価格一覧が掲載されているが（p.680）、そこでは、安いもので4万円弱、高いもので20万円強の相場が提示されている。前記したように、同じ時期、生協職員の大卒初任給が10,600円から12,900円に増額されようとしていたことから考えれば（『総代通信』第1号、pp.3-4）、生協職員の賃金が他の職種より相対的に低かったことを考慮しても、当時、冷蔵庫が最低でも大卒初任給の3カ月分ほどの値打ちを有していたことが理解されよう。小原が当時、それなりの階層、さきの編集部「職場生協と地域生協」の言葉を借りれば、「比較的安定した俸給生活者」であったことが推定される。本稿のはじめに、1953年の横浜生協で、「御主人に子守りをしてもらって出席したら」との意見に対して、「主人が丈夫で働いていてさえ、私達の内職が片時も手がはなせないのに、休ませたら食いはぐれてしまう」といった意見があったことを指摘したが、高度成長下、「低階層」と「高階層」との「分極化」が見られるなか、小原きよ子の家計は、そうした種類の貧困から一歩脱け出た位置にあったと言えるだろう。
　そして第2に、この小原きよ子が、主婦ではなく働く女性であることがわかる。夫婦共働きであるか否かまでは文面からは確認できないが、家事は基本的に彼女が担当するという自覚をもっており、それゆえに仕事と家事とを両立させるために生協の存在が不可欠になってい

ることがわかる。そして、そうした女性に向けられる目が、非常に厳しくなってきているという感触を持っていることも重要であろう。他方、「主人は卵やバターを冷蔵庫に収め」るなど、家事の一部を夫婦で分担しているとも想定される。言い換えれば、性別分業を前提にした女性像は、小原のなかにたしかに内面化されているとはいえ、家族内ではそれが一部緩和されており、しかし同時に、「職場で女の仕事にむけられる目」は、そうした女性像を強化する方向に働いているのである。女性を主婦として純化し還元しようとする傾向と、それに抗い、いわば消費者としての主婦に還元されない女性像とが対峙した状態といえるだろう。ここには、「消費者」という形でのみ女性を意味付けようとする一般的な傾向に対して、そこから逸脱する側面、ノイズのようなものが顔をのぞかせており、それが、洛北生協の事実上の創刊号に、「組合員の声」の筆頭として掲載されているのである。それは、クリーニングの値上げに際して価格審議委員会が感知した「年とった婦人労働者」の、家庭における姿にも連なるものである。しかし、同時にまた両者は、上記したように、階層的には「分極化」しつつあるともいえるのである。

　他方、女性を主婦として純化し還元しようとする傾向は、『洛北』や『東と西と——婦人版——』のその後の紙面でも、次第に強化されてくるもののように思われる。「婦人版」という設定をはじめ、総じて女性を対象に呼びかけるという前提のもと、家庭会や料理講習、栄養分析、価格表の掲載や、あるいはさきに見たクリーニングの値上げ経過を示す「別表」の移動など、家事に関わる基本的な情報が女性に特化されて提供されるだけではなく、そこには消費の専門家を作り育てるという意気込みが感じられるようになる。

　たしかに、主婦を消費の専門家に育てることは、女性の地位向上や主体性の確立に寄与する面があることは否定できない。しかし、女性の属性のひとつでしかない消費者としての側面を通して女性を組織化することと、女性を消費の専門家にすることとは、同じことではない。

少なくとも、小原きよ子や「年とった婦人労働者」などにとっては、消費の専門家になるような時間も余力もないはずであり、そうした立場からすれば、かかる紙面構成は、「職場で女の仕事にむけられる目」と同様の疎外的な効果をもっていたにちがいない。女性運動は、女性の多様な属性に対応して、多元的な構造を持ってしかるべきであり、それを消費者運動として限定していくことは、性別分業を固定するだけでなく、女性の多様な属性を捨象し、女性を「女性」として本質化する作用をもつであろう。その点、『洛北』第2号から言えることは、草創期の洛北生協にはまだ、そうした多元的な女性像をキャッチする感性が看取できるということである。その可能性が、その後いかに推移していくかは、階層の「分極化」や国民主義のワナといった問題とあわせて、慎重に検討されなくてはならない課題であり、稿を改めて論じなくてはならない。

おわりに

　地域生協に乗り出す同志社生協の位相を、本稿では横浜生協や神戸生協を参照軸にしながら、値上げ問題への対応を中心に検討してきた。
　貧困層とのつながりから在日朝鮮人との連帯までをも射程に入れていた横浜生協では、労働組合の要請を受けて取り組まれた宅地造成事業が、その後経営を圧迫する"お荷物"となっていく経緯がある。同事業はやがて、横浜生協の後身である神奈川生協では、"正史"から抹消されていく[28]。
　他方、充実した自己資金をほこる神戸生協では、当初からの課題であった貧困地区への進出を実現していく。1957年8月には、懸案であった長田支部を再建しているが、1958年10月1日の『新家庭』には、「組合員の声」欄に「長田区一総代」から、「私の家計簿」欄に「月収四、五万円の家庭の家計簿が出ていますが、月収二、三万円の家庭を

対照にしたものが欲しいと思います」といった「声」が寄せられている[29]。かつて、専務理事の涌井が日協連の会合で発言したという「労働者と提携するのに色々努力し、労働者街にも組合員獲得のために進出しようとやってみたが、余り貧乏すぎて仲々むつかしい」といった状況は緩和され[30]、その組合員の意見をいかに反映していくか、新たなステージに立ったともいえるだろう。そして、周知のように長田区は、在日朝鮮人が多く住む町でもある。

こうしたなかで、地域生協への進出を果たした同志社生協は、その後どうなっていくのであろうか。最後に、さきの1964年9月1日『洛北』第2号から、「定款・組織、企画合同小委員会から」と題する斉藤栄治の一文を引用しておこう。

「定款組織委員長より、最近組合員が急増し、供給高も急増しているのに対し、従業員は手不足のためお気の毒なほど繁忙を極めている。そのため今後、日が短かくなるにつれて供給時間が遅いという非難はもちろん、脱退するものも出ないとは限らぬ。組合組織の拡大強化に努めている当委員会としては従業員の繁忙を緩和して頂くためにも従業員の増員を考えねばならぬことを述べ、同志社生協特販部の内原氏より来年度の増員計画の説明を聞き、当委員会としても同志社生協特販部の増員計画に協力することを決定した。」[31]

これをうけて、さきの「組合員の声」欄の左には、「今日は生協です」と題して、新しく採用された家庭係の顔がズラリと並ぶページが来る。その後も、『洛北』の紙面には、新規採用職員の顔写真が並んでいくことになるが、その背景には洛北生協を創設するなかで、物資配達にともなう人手不足の問題が顕在化するという事情があった。創刊号の『生協だより』には、「組合員の声」欄に、「私共の家が一番終りに廻られる場所に当っているためからか大変届くのがおそいのです」といった苦情が寄せられており[32]、『洛北』第2号にも、肉類は

腐りやすく、3段に分けて配達するさい、上下の氷から遠い中段の肉が腐りやすいから早く配達してほしいといった要望が寄せられている[33]。'早く来てくれ' という声は、この他にもずいぶんと寄せられていたようで、そうした意見を踏まえ、同志社生協特販部では増員計画が決定され、この後、人材を増員していくことになるわけである。庄司俊作が論じるように、躍進期にある同志社生協では、1958年から68年にかけて人員が3倍になり、それが、その後の経営の足枷の一つになっていくが[34]、その起点のひとつをここに見ることができるだろう。今後は、そうした増員計画がもった問題点を、経営の観点から批判的に検討すると同時に、本稿で論じてきた可能性が、その後いかに推移したのかといった観点を加味して検討していくことが求められよう。

注

1 日生協創立50周年記念歴史編纂委員会『現代日本生協運動史（上巻）』日本生活協同組合連合会、2002年、p.294。同志社生協の設立経緯については、井上史「1960年代の同志社生協──機関誌『東と西と』を通して──」『社会科学』第81号、2008年7月を参照されたい。
2 『生協総研レポート』第50号、2006年3月、p.17。
3 同上、p.18。
4 同上、p.17。能勢克男の経歴については、前掲、井上史「1960年代の同志社生協」、p.14参照。
5 例えば、佐藤慶幸『女性と協同組合の社会学──生活クラブからのメッセージ──』文眞堂、1996年、第5章参照。
6 グローバル・フェミニズムが陥る普遍主義の陥穽については、米山リサ「批判的フェミニズムの系譜からみる日本占領」『思想』955、2003年11月、同『暴力・戦争・リドレス』岩波書店、2003年参照。在日朝鮮人を民族主義的であると批判する日本人マジョリティの転倒した状況については、徐京植『半難民の位置から』影書房、2002年、同『秤にかけてはならない』影書房、2003年など参照。また、中野敏男「植民地主義概念の新たな定位に向けて」中野敏男・波平恒男・屋嘉比収・李孝徳編著『沖縄の占領と日本の復興』青

弓社、2006年は、植民地主義とカテゴリー化との不可分な関係性や家父長制の問題について示唆に富む整理を試みている。
7 　前掲、米山リサ「批判的フェミニズムの系譜からみる日本占領」。
8 　拙稿「戦後神奈川における生協運動の経験——「労働者」と「婦人」・「在日朝鮮人」をめぐって——」『歴史学研究』No.768、2002年10月、「高度経済成長と生活協同組合——横浜生協を事例に——」『同時代史学会News Letter』第 7 号、2005年10月。
9 　前掲、中野敏男「植民地主義概念の新たな定位に向けて」。
10 　水野直樹「在日朝鮮人台湾人参政権「停止」条項の成立」財団法人・世界人権問題研究センター『研究紀要』第 1 号、1996年 3 月。
11 　古関彰一『新憲法の誕生』中公文庫、1995年。また、金富子「日本の"戦後復興"を問い直す」（前掲『沖縄の占領と日本の復興』）も参照。
12 　グローバル化する現状分析との関係で、「生活圏」としての地域を新たに構想する試みに、久保健夫「地域の変貌と生協職員の新しい課題——グローバル化のなかの地域戦略——」戸木田嘉久・三好正巳編著『生協再生と職員の挑戦』かもがわ出版、2005年がある。
13 　同志社大学人文科学研究所『同志社生協資料目録』2009年 6 月、p.80。
14 　同志社生活協同組合設立50年発祥110年記念誌『きょうとからの出発』同志社生活協同組合、2009年、p.35。
15 　庄司俊作「大学生協の高度経済成長と学生生活——同志社生協経営諸資料の統計分析を通して——」『社会科学』第82号、2008年11月。
16 　前掲『現代日本生協運動史（上巻）』。
17 　前掲、拙稿「高度経済成長と生活協同組合——横浜生協を事例に——」。
18 　『新家庭』第87号、1957年10月 1 日。
19 　前掲『きょうとからの出発』。
20 　尾高煌之助「成長の軌跡（ 2 ）」安場保吉・猪木武徳編『日本経済史 8 　高度成長』岩波書店、1989年。
21 　値上げ前の値段は、『東と西と』（p.290）の記載から、カレーライスは45円、『総代通信』第 2 号（p.5）の記載から、カツライスは60円であったと推定される。
22 　『新家庭』第102号、1959年 1 月 1 日。
23 　「布富氏」が生協職員になる経緯については、2008年 9 月25日の同志社大学人文科学研究所第 4 研究会で報告したさい、横関武氏からご教示いただいた。
24 　『生協だより』創刊号、1964年 7 月10日、末尾（p.8）、「ひとこと」欄参照。
25 　『洛北』第 2 号、1964年 9 月 1 日、p.1。
26 　前掲、井上史「1960年代の同志社生協」、p.14。

27 『洛北』第 2 号、p. 6。
28 前掲、拙稿「高度経済成長と生活協同組合――横浜生協を事例に――」。
29 『新家庭』第99号、1958年10月 1 日、p. 8。
30 協同組合研究所（代表者山本秋）『協同組合研究』第 6 号、1952年 9 月 1 日発行、p.15。
31 『洛北』第 2 号、p. 5。
32 『生協だより』創刊号、p. 5。
33）『洛北』第 2 号、p. 6。
34 前掲、庄司俊作「大学生協の高度経済成長と学生生活」。

第7章

1970年代、80年代の同志社生協
——変化と模索の時代の大学生協運動——

井上 史

はじめに

　大学生協運動にとって、1970年代、80年代とはどのような時代だったのか。本稿は、先に発表した拙稿「1960年代の同志社生協——機関誌『東と西と』を通して」（『社会科学』第81号、2008年7月）に続いて、1960年代末から1980年代前半の同志社生活協同組合（以下、同志社生協と略）の足跡を整理し、大学生協運動史の一斑を考察しようというものである。

　用いる史料は、同志社生協機関誌『東と西と』の1967年11月号から1986年1月号を中心にしながら、2007年5月に同志社生協から同志社大学人文科学研究所に寄贈された「同志社生協資料」を適宜参照する。『東と西と』の1967年11月号から1986年1月号は、『同志社生協史料集Ⅱ「東と西と」第2期（1967～1985）』（同志社生活協同組合、編集監修・同志社生協50年史編纂委員会、2009年2月28日）に復刻されており、先の『同志社生協史料集Ⅰ「東と西と」第1期』（同編纂委員会、

2008年4月28日）とを合わせて28年分の『東と西と』が通読できるようになった。「同志社生協資料」は、2009年5月に資料目録が完成している。

　本稿では『東と西と』50年の歩みをその誌面の版形から次の3期に分け、1967年から85年までの第2期を対象にしている[1]。後述するように、誌面変更はそれぞれ理由があってのことであり、この区分は同志社生協の足跡を考察する場合にも有効である。

　　第1期＝1957年11月創刊号〜1966年12月12日号（Vol.10 No.8）
　　第2期＝1967年11月29日号（Vol.表記ナシ）、1968年5月10日
　　　　　（Vol.12No.2）〜1986年1月20日号（Vol.30No.1）
　　第3期＝1986年4月号（Vol.30No.2）〜現在

　前稿同様、本稿も同志社生協50年史編纂委員会ならびに「京都の大学生協史編纂委員会（2006年6月発足、2009年より事務局は大学生協京滋・奈良ブロック）と同志社大学人文科学研究所第16期第4研究「京都地域における大学生協の総合的研究」（2007年4月スタート）での定例共同研究の討議・成果の恩恵に浴している。特に2007年6月の今岡徹氏の報告「同志社生協食堂の歴史と京都事業連合及び大学生協連食堂政策の推移」[2]と、2008年4月の庄司俊作・同志社大学人文科学研究所教授の報告「大学生協の高度経済成長と学生生活—同志社生協経営諸資料の統計分析を通して」[3]に負うところが大きい。今岡報告が同志社生協の食堂政策の変遷を中心に考察しながら、大学生協京都事業連合（以下、事業連合と略）の食堂政策との共同事業を整理しているように、70年代以降の大学生協単協史を俯瞰するには、連合史との双方向の視点を抜きには語れなくなっている。本稿では、今岡報告をベースにしながら、事業連合のみならず、上部団体である全国大学生協連合会や全国大学生協連関西地連の方針や政策、さらに府下の生活協同組合を会員とする京都府生活協同組合連合会（以下、京都府連と略）の方針・政策との関連を探り、同志社生協史の構築を手掛か

りに大学生協運動の特徴を考察したい。

同志社生協の事業と活動の経営諸表を分析した庄司論文は、60年代の特徴を「運動の過剰」と「経営の過小」ととらえ、70年代から80年前半の特徴を、「学生の消費生活も格段に拡大したにもかかわらず、一人当たり生協利用高（実質）がほとんど伸びていない」という「構造的赤字体質」が今日にまで続くことになった「経営不安定な時代」と抽出している[4]。「協同組合の基本的性格」として「事業体と運動体の矛盾的統合」とする理解の上で、大学とその構成員に対して大学生協の活動と役割をアピールし、生協組織としての主体形成はどのようになされたのかを、経営分析と絡めて、具体的実践の中で検証されるべきだと結論づけている[5]。庄司論文では、この検証は今後の課題とされているが、本稿は「事業体と運動体の矛盾的統合」との観点を踏まえて、70年代、80年代の同志社生協の事業と運動の在り方を考察する。

以下、1967年から1985年までの同志社生協の足跡を整理する前に、この第2期の時代背景を概観しておくと、総代会で示せば、1967年6月30日、7月1日開催の第18回通常総代会から、1985年12月7日第54回通常総代会までの18年間は[6]、全国の注目を集めた1969年1月東大安田講堂が機動隊に封鎖解除され「大学紛争」が終息した時期からはじまる。同志社大学においては、69年6月から12月まで7カ月間学費値上げ反対封鎖休講、72年年頭の「バリケードストライキ」で卒業式中止、74年年末、さらに1980年の全学休講措置という断続的な不安定状態がつづき、生協はその度に深刻な経営苦難を強いられ、以後もその負債に苦しむことになった。

日本経済は、「高度経済成長期」後半、1971年のドル・ショック、1973年の石油ショック後のマイナス成長に転じ、「重厚長大から軽薄短小へ」「消費社会化」「経済大国化」「情報化」が進む一方、「狂乱物価」やインフレが続き、財政赤字と構造不況に見舞われた80年代前半を経て、87年10月の「ブラック・マンデー」以後一転してバブル経済

第 7 章　1970年代、80年代の同志社生協

表7-1　同志社生協の略年譜（1967～1986）

年	年号	同志社生協の歩み	関連事項
1967	昭和42年	6月第18回総代会。西村酘通理事長から天野宏理事長に交代	公害対策基本法
1968	昭和43年	『東と西と』タブロイド判になる。受験生向けに旅行斡旋業務開始。書籍の現金還元開始。生協ベトナム人民支援委員会カンパ活動	パリ5月革命
1969	昭和44年	5月『東と西と』学生集会特集号を発行。6月～12月200日の全学封鎖中で職員による教職員家庭訪問	東大安田講堂の封鎖解除。大学立法成立。大学生協連第12回総会「大学生協運動の到達点と当面する任務」
1970	昭和45年	会館購買部、新町にゼロックス設置。『2万人組合員のための3大基本政策』	大阪万博。日航よど号ハイジャック事件。大学生協九州地連暴力事件
1971	昭和46年	同志社中学食堂、生協による営業開始。市電を守る会同志社連絡会に参加。大学冬期休暇繰り上げにより明徳館・新町事業所の閉鎖（72年2月まで）	大学生協京都事業連合の法人取得、高野玉岡町へ。ドル・ショック。円為替変動制へ
1972	昭和47年	文化事業部（現プレイガイド、旅行カウンター）設置。創立20周年記念事業。島弘理事長に交代。洛南生協創立へ3名出向。京都消団連に加盟	札幌冬季オリンピック。浅間山荘事件。沖縄復帰。日中国交回復。『日本列島改造』。京都消団連結成。洛南生協創立
1973	昭和48年	20周年記念誌『同志社生協の歩み』完成。『同志社の思想家たち　下巻』出版	同志社大学図書館竣工。第1次石油ショック
1974	昭和49年	狂乱物価の影響で教育用ザラ紙を緊急放出。明徳館地下の理容部閉鎖、会館「ヘレナ」閉店し理容部に変更。「基本献立政策」発表	ウォーターゲート事件。蜷川虎三京都府知事選当選。京都洛北生協から京都生協へ名称変更。奈良市民生協結成
1975	昭和50年	明徳館地下にコピーセンター。栄養相談（現食生活相談）開始。	大学生協連『大学生協の歩み：25周年史』発行。国会「大学生協育成」決議。ベトナム戦争終結。戦後最大の不況。国際婦人年
1976	昭和51年	第33回通常総代会を5年ぶりに学内で開催。大学創立100周年記念生協祭（真下信一氏講演）を6年ぶりに学内で開催	同志社大学「田辺移転等教育研究条件改善基本方針」決定
		業務改善1000人アンケート実施。全国大学生協連提唱の「大学生協米」要求署名運動。基本献立政策の再確認と食堂・喫茶価格改訂	ロッキード事件発覚。全国大学生協連第19回総会で嶋倉啓一郎会長退任し福武直会長就任。関西地連編「施設闘争ハンドブック」
1977	昭和52年	第38回通常総代会が1週間延期開催。近藤公一理事長に交代。80年代を展望する「3ケ年中期計画案」決定	大学生協連第20回総会「学園に広く深く根ざした大学生協づくり」。京都府生協連「第2次中期計画」
1978	昭和53年	創立25周年企画（杉田二郎コンサート）。書籍10%割引実現。書籍委員会編集『書評誌　邂逅』創刊。コープ牛乳取扱い開始	「大学生協をめぐる諸問題（福武会長所感）」発表。京都生協と洛南生協合併。京都市電全面廃止
1979	昭和54年	新町地下食堂全面改装し「エルベ」と命名。『生協施設の現状と施設拡充運動の前進のために』	共通一次試験実施。京都府生協連「京都における連帯の発展をめざして」
1980	昭和55年	食堂基本政策に「選ぶ楽しさ、コミュニケーションを作る食堂、文化としての食堂」明示。食堂卓上講座「すばいす」登場	光州事件。モスクワオリンピックに日米中不参加。大学生協連第24回総会『大学生協の役割と当面の課題』
		明徳館購買部にレコードショップオープン。明徳館食堂大改装しエリカが現行位置に移設、レジのチケット制、配膳・下膳ベルトコンベヤーを設置	初の衆参同時選挙で自民圧勝
		第43、44回通常総代会を学外で開催	
1981	昭和56年	前年末からの全学休講措置により2万人組合員に葉書郵送。『同志社大学生協の"灯"を消すな』44氏連名アピール発表。教職員家庭訪問。学生会共済取扱い開始。オーディオ・ビッグ・フェスティバル（産業会館）。太田裕美コンサート	財政赤字で第2次臨調発足。京都市営地下鉄烏丸線（京都―北大路）開通
1982	昭和57年	明徳館地下購買部改装、POSシステムの導入。「一声大運動」に19000通。国連軍縮会議（SSDⅡ）のカンパ活動	SSDⅡ反核運動。コープイン渋谷オープン
1983	昭和58年	明徳館購買部の冷暖房設備実現。食堂禁煙に関する組合員アンケート実施（84年から禁煙）。「一言カード」本格化。「経営再建基本計画」策定	京都事業連合「第1次中期計画」。大学生協連「学協運動」を「UNIV. COOP」に改題。大韓航空機撃墜
1984	昭和59年	「田辺新キャンパス福利厚生事業施設提案」。食堂第1次選考で生協はB区分、500席。「生協運営一元化」組合員署名運動で9200筆。ユニセフ募金活動	グリコ・森永事件
1985	昭和60年	合格者名簿の借用が不可能に。新学期事業（受験宿泊、生活相談コーナー、応援手袋など）大運動。太田進理事長に交代。田辺事業計画「食・学・楽・寛　だから生協」発表。10円コピーを実現	日航ジャンボ機墜落。G5プラザ合意
		太田進理事長に交代、常勤役員の交代。第54回通常総代会で総代会を年1回とする定款変更	
		11月29日同志社創立記念日、1月23日新島襄命日の早天祈祷会でぜんざい、うどんの提供開始	
1986	昭和61年	田辺校地生協施設オープン。4月号から『東と西と』B5判冊子になる。旅行斡旋事業の取扱い。関西の大学初の全日空代理店登録	円高、ドル安（バブル景気）。男女雇用機会均等法施行。チェルノブイリ事故

資料：筆者作成。

に突入する前夜にあたる。

またこの時期の特徴として、同志社大学の「田辺校地移転計画」を含む教育研究条件整備計画(『東と西と』77年6月13日号)がある。86年4月の田辺キャンパス開校にいたるまでの道のりは、同志社生協の活動、事業、組織、対大学との関係などすべての面において多大の影響をもたらし、機関誌が第2期のタブロイドから第3期のB5判に変更されたのも、この環境変化に起因している。第2期の生協の活動及び間連事項の年表を表7-1に、経営推移を表7-2にまとめた。

なお、『東と西と』の引用には巻号を用いずに(00年00月号)と記述する。

表7-2 同志社生協の経営推移 (1967～1986)

年度	総供給高(百万円)	当期剰余(千円)	組合員数	一人当り利用高	出資金	備考
1967	729	144			28,873,000	明徳館地下改装
1968	777		21,008	36,985	34,943,300	大学紛争 『東と西と』タブロイド判
1969	711	▲3250	17,611	40,356	32,237,100	7ヶ月封鎖休講、水道料一律8円(t)
1970	697	1,193			37,866,800	
1971	691	▲1221	20,250	34,100	46,381,060	事業連合法人化
1972	871	543	20,487		48,714,000	洛南生協支援
1973	1,086	239			47,690,100	水トン当16円→8円負担
1974	1,180	▲14990			47,415,900	
1975	1,398	5,904			47,415,900	総代会5年ぶり学内開催
1976	1,540	1,581			51,138,000	
1977	1,737	39	21,388		57,033,900	中期3ヶ年計画
1978	1,740	▲20431	21,350	81,476	81,598,800	「福武所感」
1979	1,889	2,591				土地売却
1980	1,956	7,910	20,384	95,950	94,088,100	長期スト 明徳館食堂改装
1981	1,956	▲6770	20,821	93,947	105,383,700	共済開始
1982	2,067	▲36897	21,284	97,109	126,054,600	
1983	2,113	30,247	17,679	119,501	150,684,900	経営再建計画
1984	2,002	34,674	18,841	106,261	163,784,100	
1985	2,126	49,261	19,079	111,412	168,927,000	競合決定
1986	2,082	▲49345	20,546	101,326	202,656,100	田辺移転

資料:年次総代会議案書、『東と西と』、『2万人組合のための3大基本政策』(1970年)をもとに作成。空欄は不詳。

1　施設闘争と府連第2次中期計画の「総力戦」

　第1期の60年代から第2期の70年代へ、『東と西と』が誌面改革された背景は、同誌の編集方針が組合員の意見や要求に立脚したものとはいえず、「組合員にとって存在するのかしないのかわからないという状態」であり、「しかもその内容は生協を大衆的・民主的に発展させていくための機関誌とはとうていいえないもの」[7]との理事会の批判があった。1967年6月30日、7月1日の第18回通常総代会における理事交代や「左右の偏向の克服」[8]との総括は、60年代の運動偏重型・闘争型からの方針転換であった。第18回総代会の民主化は、法人化前の事業連合の前身的同盟組織である「京都ブロック」（京大生協、同志社生協、府立医科大・府立大生協、立命館生協）内にあった「単一・同盟化」構想（京都地域の大学生協の事業統一）を否定し、同構想と水光費撤廃闘争のもとに大学生協運動に「政治的ひきまわし」[9]を持ち込んだ一派を追放したものであった[10]。この総括は同志社生協では『東と西と』1968年6月3日号外で報じられ、また同構想の拠点とされた京都ブロックの大学生協会館を解散し、71年4月大学生協京都事業連合が結成された。ここでは、第18回総代会を境界に、『東と西と』第1期から第2期への転換は、それ以前の同志社生協理事会方針に対する新理事会の総括であったことを押さえておく。
　しかし、その後の理事会でも、生協が費やす電気・ガス・水道費は学生組合員からすれば授業料の二重搾取であるとして、大学が全額負担すべきだと要求する方針は踏襲された。1970年7月に発表された『2万人組合員のための三大基本政策』においても、建設計画中の新中央図書館内への生協施設要求と並んで、73年秋頃までの大きなテーマであった（同年10月17日号）。73年秋から74年の一年分の『東と西と』は現存しないため不明だが、1973年12月に図書館が竣工後は、水光費撤廃闘争に換わって既存の生協施設の拡充要求運動にシフトしてゆくことが『東と西と』の記事からうかがえる。特に1976年10月6日

号に見られるような、五政党に対してロッキード疑獄事件の徹底糾明や革新統一戦線の実現についての質問状[11]を出すという強い政治色は、政府・文部省の「中教審路線」「産学協同路線」を押し進めながら、文部省学生課基準にも満たない、貧困な厚生福祉施設が改善されないのは、憲法25条の定める生活権や教育基本法の教育権、教育の機会均等の保障を妨げ、大学生協運動に対する敵視・規制・攻撃であり、同時にそれは「革新統一戦線」への攻撃でもあり、大学の不安定状態による生協の組織・経営両面にわたる打撃も同根であるという認識に立ち、当然、大学当局とも学内自治組織とも深い緊張関係が生まれることになった。この認識は1978年〜80年を計画目標にした『同志社生協中期3カ年計画』(1977年決定)や『生協施設の現状と施設拡充運動の前進のために』(1979年12月)にうかがえ、運動のための指導書として、全国大学生協連合会発行・関西地連監修の『施設闘争ハンドブック』(1976年5月)が用いられた。

　こうした認識は社会運動や地域住民運動との連携へとすすんだ。1969年の全国大学生協連第12回総会採択「大学生協運動の到達点と当面する任務」[12]は、組合員の要求を実現するために、大学で働くすべての人々を組合員に組織し、大学の民主的諸組織との連帯や日本生活協同組合連合会に結集する多くの生協と連帯し、生協運動の民主的強化と組織拡大を呼びかけていた。

　すでに64年に京都洛北生協(74年に京都生協と改称)の設立支援の先駆的役割を発揮してきた同志社生協および京都ブロック(71年に大学生協京都事業連合として法人化)では、洛南生協(1972年創立、78年京都生協と合併)と奈良市民生協(1974年創立)の設立を支援し、地域住民の意思を主体としていくことを前提に日本生協連、京都府連[13]との政策的連動を確認し合い、府連『第2次中期計画』(1977年)では、「オール生協運動の"総力戦"」として、「地域、学園、職域での組織の充実・拡大」「革新自治体の発展」「府連組織の強化」「西日本における大学生協の民主的発展と組織・経営強化」をすすめていた[14]。

同志社生協が市電を守る運動（71年10月15日号。72年9月27日号）や国鉄運賃値上げ反対運動（72年6月5日号、73年4月5日号、77年11月24日号）、京都消費者団体連絡協議会への参加、一般消費税導入反対運動、府知事選への応援など地域消費者運動、住民運動との連携に取り組むことになったのは、「大学生協運動の到達点と当面する任務」や京都府連の方針に添ってのことである。この時期の通常総代会で採択される特別決議の内容を追ってみると、新施設要求、「学費値上げ反対」、「佐藤内閣打倒」（以上、1972年3月、第26回総代会）や「国鉄運賃値上げ反対」、「一般消費税導入反対」（以上、1978年7月、第39回総代会）と並んで、府連第2次中計の実現に力点が置かれていたことがわかる[15]。

2 「学園に広く深く根ざした大学生協づくり」と事業活動の転換

70年代後半、同志社生協では、新たな組合員活動が前進した。活動の後押しとなったのは、1977年の全国大学生協連第20回総会での「学園に広く深く根ざした大学生協づくり」の確認であり、79年の福武直会長理事の全国専務理事セミナーでの講演「大学生協をめぐる諸問題」[16]（のち「福武所感」と呼ばれる）である。福武は、大学は教育研究の場であると同時に、「生活の場」であり、大学生協はこの生活の場を守り豊かにするための「自主的民主的経済組織」であること、「研究教育とちがって生活では、学生教職員が対等の立場で、民主的に福利厚生事業を運営する、それが大学生協」であり、「生活のための組織であるが、自主的民主的な人間形成という教育的機能をもつ」ことを強調した。「うるさい厄介な存在から、頼りにされる大学生協になろう」とよびかけた「福武所感」は、学生委員層にはスムーズに受け止められたが、京都地域の指導者層・役職員層に浸透し、具体

な事業活動に反映するには時間差があった。福武所感が公にされたおなじ時期に発行された、前述の関西地連編集発行の『施設闘争ハンドブック』や府連による京都事業連合の方針『京都における連帯の発展をめざして――事業連合の改革のために』には、福武が指摘したような大学生協独自の教育的機能や特殊性に配慮した視点はまったく見受けられない。

　その一方で、同志社生協では学生委員による新たな組合員活動が興っていた。78年秋、書籍部全書籍の1割引実現にむけての「決意書」活動で1,100名の署名を集め、書籍委員会の書評誌『邂逅(めぐりあい)』を創刊して、今までにないスタイルの組合員活動が盛り上がった（78年6月26日号、同年9月21日号）。1977年11月24日号に誕生した4コママンガ「こおぷネコ」や「ひと口ポスト」設置、組合員の声を紹介する「東も西も」コーナー、「コープクイズ」などは従来にはなかった新しいタイプの学生委員会による、組合員のための誌面づくりの始まりであった。学生委員会主催のコープ・ティ・パーティー、今日の新入生歓迎イベントも、この頃から活発になる恒例行事である。81年4月号から『東と西と』は組織部学生委員会の編集であることが明記されるようになる。

　機関誌づくりや組合員活動において組合員の嗜好や流行の感性が尊重されることと、購買部で取扱う商品群のように、学生の消費動向に対する事業活動としての対応、考え方は、区別されるのが当然であろう。しかし、「学園に広く深く根ざした大学生協づくり」や「学生生協から大学生協へ」「大学生協が自力でやれることを（自立）」という福武所感の主張する路線が生協運動に貫徹されているかどうかは、前者、すなわち組合員活動と後者の事業活動とが総合的な脚力になっているかどうかを問う必要がある。

　80年4月、今出川キャンパスの明徳館地下購買部に同志社生協の最新のレコード・ショップが誕生した（80年4月5日号）。これが象徴するように、この頃より購買部ではオーディオ・電化製品の占める比

重が増し、京都事業連合主催のオーディオ・ビッグ・フェスティバル（産業会館）は学生の長蛇の列ができたという。1981年の『東と西と生協あんない』（新入生歓迎号）には下宿生の持ち物が図解され、冷蔵庫（普及率・78.9％）、テレビ（75.2％）、ステレオ（50.4％）、洋服ダンス（31.2％）、ベッド（33.0％）などが紹介されている。今日の『新生活応援カタログ』の前身である『新入学商品カタログ　とっておきのはあーと』が京都・滋賀・奈良の12大学生協（関西地連京滋ブロック）と京都事業連合企画でスタートするのは1985年[17]。豊かな大衆消費社会の申し子として命名された「新人類」という言葉が流行語になったのは80年代半ばのことである。折しも、いわゆる団塊ジュニア世代の大学進学はバブル景気の最中であった。

　京都事業連合は、1967年に左京区高野玉岡町に倉庫・事務棟を建設して以来、取り扱い商品の大型化、物流コストの増加に努力を重ねていたが、やがて限界に達して、78年9月、南区吉祥院に「京都事業センター」を建設した。総事業費5億円は京都生協と大学生協が折半で負担し、施設は京都府連第2次中期計画にそって、「京都における大学・地域・職域の各生協の全体の力を集めて、生協運動の飛躍的発展の実現に向けて諸計画が決定され」、「大学生協、地域生協、職域生協の共同の集配センターを前提にした倉庫を建設し、事業連合としては同時に数年来懸案であったコンピューターの導入問題も併せて解決する」[18]とされた。70年代後半から80年代初め頃に学生生活の消費動向が大きく様変わりしたとき、その対応に迫られた事業連合、各単協は、地域・職域生協との統一的業務連携、「オール生協運動の総力戦」で解決しようと考えた。同志社生協の書籍1割引実現運動など新しい組合員活動と、レコードショップ、オーディオ・フェスティバルなど時代の消費動向をふまえた事業連合ならではの活動は、大学・地域・職域の協同組合の総力戦というバックアップのもとで進展した。

　その後、80年代に入り社会全体の構造的な不況が顕著となり、大学生協でも事業の成長が鈍化しはじめ、事業連合の機能強化、経営組織

の抜本的改善が火急課題となったとき、「オール生協運動の総力戦」という考え方は大きく転換されることになる。1980年12月、全国大学生協連第24回総会は「大学生協の役割と当面の課題」として3つの「役割」と6つの「課題」を決定した[19]。同志社生協は『東と西と』1981年1月29日号で「役割と課題」の詳細を伝えている。「役割と課題」は、「生活の場」としての大学内での事業活動に力点が置かれ、「生きた民主主義の学校としての協同組合」としての大学生協の教育的観点が盛り込まれて、大学生協による地域生協支援や府県連レベルの連帯についての記述が消えた。1975年度、1983年度の京都府連の会員構成と事業高について、表7-3に整理した。70年代末から80年代初めに地域生協の事業規模が京都の大学生協の供給規模を超えて、府連内の大学生協の位置づけに転換があったことがうかがえる。

表7-3 京都府連の会員構成と事業高（1975、1983年）

	1975年		1983年	
	組合員数（人）	事業高（億円）	組合員数（人）	事業高（億円）
京都生協	42,490	59.3		
洛南生協（注1）	5,565	5.7		
地域生協　小計	48,055	65	152,886	269.7
京大生協		24	19,563	38.8
同志社大学生協		14.1	20,602	20.1
立命館大学生協		17.9	19,524	25.9
府立医大生協		4.1	4,092	6.7
龍谷大学生協		5.4	7,704	8.3
教育大生協		1.6	1,872	2.2
工繊大生協		1.9	3,164	3.3
大学生協　小計	83,589	69	76,521	105.3
総合計	131,644	134	229,407	375

資料：京都府連第2次中期計画（1977年）、京都事業連合第1次中期計画（1983年）、関西地連京滋ブロック第1次中期計画（1988年）、京都生協『頼もしき隣人たらん（京都生協の30年）』（1996年）記載データをもとに作成。
注：洛南生協は1972年創立、1978年に京都生協と合同。

京都事業連合は1983年『第１次中期計画』を策定した。第１次中計でもっとも強調されたのは、大学生協運動が他の社会活動一般、労働組合運動、政党運動、消費者運動と区別される事業活動の存在であり、事業活動の拠点としての生協店舗とその商品の強化ということであった。組合員の生活・要求・参加を活動の根幹にすえることを中計の基本とし、自ら店舗力・商品力を向上させるために大学生協独自の統一的オペレーション機能、すなわちコンピューター・システムによる経営資源（一般に「人・物・金、情報」といわれる）の"集中と再配分"の能力強化へと舵を切った。「学園に広く深く根ざした大学生協づくり」への本格化は、組合員の立場でのマーチャンダイジングやチェーンストア理論の導入、学生生活実態調査によるマーケットリサーチという表現で語られるようになった。

　あわせて、傘下の会員関係を再整備し、「会員は大学生協のみとし、地域・職域生協との独立法人間の協定による協同組合間協同に移行する」とした。事業連合の本部機能を高野玉岡町に再移転し、吉祥院の土地・建物を京都生協に賃貸することを決定している[20]。

3　食堂政策の転換

　「学園に広く深く根ざした大学生協づくり」への路線の浸透過程として着目されるのは、80年に入り進められた食堂政策及び食堂運営の基本システムの進展である。

　全国大学生協連では、1973年に食堂政策委員会で「基本献立政策の確立」を提起し、これを受けて同志社生協では、推薦基本献立として、朝昼夕の三食利用を追求し、一日の食費支出金額を600円と設定したセット食（定食）スタイル（別に一品、別菜、補食、麺類など）を提供して栄養バランスを確保し、価格的にも優位な基本献立によって組合員の生活と健康を守るとしてきた（76年12月13日号）。

「基本献立政策」とは、朝食、昼食、夕食の三食でバランスのとれた栄養と20歳前後の若者に必要なカロリー（3,000キログラムカロリー以上）を保証し、学生の消費生活の食費調査などのデータにより一日の食事にかける支出を割り出し、朝、昼、夕の三食の価格設定から生協食堂のメニューの内容・価格を決めてゆくというものである。これは、当時の外食産業やフードサービス業界が仕入れ価格を基準にした「原価積み上げ方式」であったのに対して、利用対象者の実態から価格設定、メニューを決定するという"逆転"の商品化手法（マーチャンダイジング手法）を先取りした画期的なものであった。しかし、組合員の嗜好やニーズの多様化、変化に対応しきれず利用食数の後退、労働集約型作業からの脱却がはかれず、1975年に一食当たり8円30銭の赤字が79年には24円に拡大していた[21]。

　経営的な必要性から「フードサービス」に対する新しい考え方が登場したのが70年代末から80年であった。77年、大学生協連食堂セミナーでの宮川宗明講演「給食事業の新しい理念と大学生協食堂の診断にもとづく評価と改善要点」[22]をきっかけに、それまでの「管理された食事」authorized mealから利用者のニーズを尊重した「選択性のある給食」customer oriented mealへの転換がはかられた。具体的には、従来の定食スタイルの給食から脱して、個性化した組合員ニーズに応え、「選ぶ楽しさ」や「文化としての食事」「コミュニケーションを創る食堂」という視点で、個性と豊かさを表現する新しい食堂像「カフェテリア」方式への改革が進んだ。80年には全国大学生協連の『大学食堂の充実についての要望と提案』が出された。基調には福武所感をふまえ、「生活の場」である大学における福利厚生と大学生協の意義を再確認し、課外における教育の場としても福利厚生施設の重要性が指摘され、とりわけ大学生協食堂の教育的意味合いが深められることとなった。

　同志社生協では80年に明徳館地下食堂が大改修され、各々が料理を取り選ぶトレイ・メイクアップ方式となり、それまでの予め盛り置

きされていた料理を提供するのではなく、保温・保冷されている食材を盛りつけながら提供するセントラル・キッチン・システムが導入された（80年9月15日号、同年11月13日号）。

食堂事業の刷新について、当時の飯村治専務理事が次のように書いている。

「私たちが利用対象とする組合員は『高度経済成長』の中で育ってきた世代であり、相対的な個人所得の高まりの中で生活の『豊かさ』を享受して、『中流意識』を持った世代です。また、生活そのものが社会化されてきている現在、自律的で自覚的な個人として成長する、その過程にいる人々です。私たちはこのような組合員のための食事施設として生協食堂を実現しなければなりません。それは管理されたおしきせの献立を提供する場所ではなく、組合員の人格とニーズを尊重して、個性あふれる豊かな気分や自由な交流の場として提供され、食事や生活主体として組合員が成長するための情報提供等を通じて、肉体的・精神的満足を促す、そのような場として生協食堂を位置づけなければなりません。」
（『学協運動』第110号、1980年11月25日）

食堂ではプライスメニューに栄養表示を掲げ、管理栄養士による栄養相談や『すぱいす』『卓上講座』といった食生活提案活動がいっそう重要となり、またパンフレット『自炊のすすめ』を発行するようになったのもこの時期である。定食型食堂からカフェテリア食堂への転換やチェーンストア理論による食堂経営の専門化・単純化・標準化は、食材の仕入れやメニュー開発、コストコントロールのコンピュータ・システム化を加速した。このことは、83年のPOS導入、87年の各単協を事業連合下におく統一的経営情報システム「UKシステム」開発につながる。

しかし経営面で70年80年代は、現代につながる問題を提起している。

60年代順調に伸びていた総供給高は一転して69年に落ち込み、73年に68年水準に戻したのちも60年代の到達水準を超えることなく、87年まで「長い停滞期[23]」にはいることになる。そして、78年度以来5年連続して赤字決算となり、79年の新町食堂の全面改装、80年の明徳館食堂改装など施設投資が続き、さらに80年年末の大学の長期休講で店舗経営は苦戦を強いられ、80年度末には6千万円の累積赤字を抱えると『東と西と』で報じることになった（81年4月号）。

1983年、同志社生協は『経営再建基本計画』を策定した。ここで、「70年代を通して克服しきれなかった費用構造の重さ、生協運動を原則的に進め、組合員を中心とした全ての活動が経済環境やライフスタイルの基本的転換の中でいつにも増して求められ」、「組織・事業・運営の全てを通して組合員の生活・要求・参加を据えた活動を進めることでの弱さを残している」と時代の変容を把握していた。そして、「構造的赤字体質の歴史性と現代性」として二点を指摘している。80％前後の労働分配率、店舗数の多さという経済的効率の悪さ、施設改善・システム変更など「物件費の負担増」など「歴史性としての費用構造問題」と、高度成長から低成長時代へ経営環境が大きく転換してきた中で店舗や事業のすすめ方、職員の仕事のあり方で、組合員との総合的諸関係を強めることと店の成長が「分離」している弱点があったとする「現代性としての体質問題」を総括することになった。「大学生協連の進めている『大学生協の役割と課題』を基本に置いた活動をすすめている積りが、日常的に広く組合員の議論や参加で運動をすすめることに不充分さがあることもあって、極めて跛行的な活動となる弱点を残した」との総括は、その後の具体的な実践のなかで検証されなければならない。経営構造の大転換にむけて、最大の課題は、3年後に迫った「田辺移転問題」であり、『東と西と』では84年5月17日号で田辺新キャンパスでの福利厚生事業施設の提案を提示した。「田辺での福利厚生事業は生協の運営で」署名活動では、9,200筆を集めたが（84年7月16日号）、第1次選考で生協食堂はB区分500席を担

当することになった。「田辺は生協の優位性を試す機会」と捉えた職員座談会（86年1月20日号）の決意をもって田辺キャンパス開校を前に『東と西と』は第2期の時代を終えて、新たな誌面改革を迎えることになるのである。『経営再建基本計画』の総括は田辺移転問題を含む第3期の取り組みのなかで生かされることになる。

おわりに

　1969年の「大学生協運動の到達点と当面する任務」から、そして1980年の「大学生協の役割と当面の課題」へと至る経過を同志社生協および京都事業連合の事業と組合員活動に即して俯瞰するためには、更に時系軸をすすめる必要がある。1985年、京都事業連合は「第2次中期計画」を発表し、新しい情報システムの開発を決定し、87年全国に先駆けて統一的経営情報システム「UKシステム」を開発導入し、翌年には食堂メニュー・システム、サービス事業システムが始動した。これらによって共通の定番商品管理が可能となり、会員共通システムにもとづく本部と店舗業務は「標準化」と「効率化」を飛躍させた。もちろん、86年から今出川、田辺校地の二拠点業務となった同志社生協にとっても、新システム導入とそのノウハウは高い組合員支持を得ることになったが、「歴史性としての費用構造問題」が根本的に解決されることはなかった。これらは第3期の同志社生協の経営動向と組合員活動の分析にゆだねざるをえない。あえて先読みすれば、90年代の京都事業連合の「第3次中期計画」（1991年〜1996年）ですすめられた情報化とチェーンストア理論は、77年の府連第2次中計や83年の事業連合第1次中期計画以来の連合／単協の機能の"集中と再配分"論の一定の完成形態として、「学園に広く深く根ざした大学生協づくり」を実現したといえるのかもしれない。しかし、その後第3次中計の路線が、事業連合の広域化（西日本連帯）や多様な新規事業の開発

をすすめる一方、連合を本部、会員店舗を支部とした運営によって組合員要求や大学固有の個性の実態との軋轢を招いて、98年総会において方針転換[24]されたことを考え合わせると、1970年代、80年代のさまざまな模索と転換は、けっして中間的な移行とだけ片付けられるものではなく、90年代末以降の今日の大学生協運動の趨向を定めていたことは見逃せない。

　本稿では、60年代末から80年代半ばまでの『東と西と』の分析や、同志社生協の組合員活動と事業活動、特に食堂政策の変遷をたどることによって、「学園に広く深く根ざした大学生協づくり」「学生生協から大学生協へ」の総路線スローガンが浸透、進展してゆく実相を明らかにした。それはオール生協運動による統一的業務提携模索の時期を経て、地域生協や職域生協とは質的に区別された大学生協固有の教育的特殊性が、とりわけ食堂政策の進化のなかで明確に打ち出されてゆく過程であった。生活協同組合運動全体からみれば、府連傘下の生協の連帯、提携の在り方と大学生協独自の自立を模索した足跡でもあった。同志社生協にとっては、新しい組合員活動としての機関誌づくりや書籍、食堂改革、購買事業の進展する一方で、経営不安定状態から抜け出せない模索のはじまりでもあり、さらに田辺移転後の事業と活動を見極めて行く課題が残る。

　事業活動は時代に応じて変化してゆくが、70年代にはじまり、現在にいたるまで変わらない組合員活動が継続していることを紹介してこの稿を終えたい。それは春、在校生による新入生を温かく迎える歓迎行事、新入生歓迎パーティーである。職員と学生委員がいっしょに、一人でも多くの仲間を増やして楽しい大学生活がスタートできるよう工夫を重ねてきた。一人ひとりの組合員との出会い、仲間づくりを大切にする同志社生協の学生委員会の活動が、「学園に広く深く根ざした大学生協づくり」の主人公を育ててきたのである。それは運動体の組合員活動としても、事業体としても、生活協同組合の主体性を育てる取り組みであり、同志社生協の模索の歩みから生まれた希望の活動

でもある。

(付記)

　本稿の初出は、『同志社生協史料集Ⅱ 「東と西と」第2期 (1967〜1985)』(編集監修・同志社生協50年史編纂委員会、2009年2月) 所収の拙稿「解題」であり、その後同志社大学人文科学研究所『社会科学』第84号、2009年7月に改稿掲載した。今回さらに注記などを整理している。

注

1　詳細は、拙稿「1960年代の同志社生協——機関誌『東と西と』を通して」本書第Ⅰ部第5章の注1を参照。
2　今岡徹報告は『京都の大学生協史編纂委員会　会報』第6号 (2008年4月24日) に掲載。報告のアウトラインは小見弘 (当時、全国大学生協連合会企画室) の「大学生協の食堂経営戦略」によるものである。本書第Ⅱ部16参照。
3　庄司俊作「大学生協の高度経済成長と学生生活-同志社生協経営諸資料の統計分析を通して」、同志社大学人文研『社会科学』第82号、2008年11月。本書第Ⅰ部第1章参照。
4　前掲注3、庄司論文。
5　前掲注3、庄司論文。
6　第2期の理事長、専務理事は以下の通りである。
　　理事長＝天野宏 (1967年6月〜1972年1月)、島　弘 (同〜1977年12月)、近藤公一 (同〜1985年6月)
　　専務理事＝黒澤良一 (1968年12月〜1973年12月)、伊藤博 (同〜1981年6月)、飯村治 (同〜1985年6月)
7　1967年9月6日付『総代通信　特別号』。
8　『同志社生協の歩み』年表 (1973年) の第18回総代会についての記述。
9　全国大学生協連合会『大学生協の歩み：大学生協連創立25周年記念』1975年、pp.224-233。
10　拙稿「1960年代の同志社生協」。
11　『東と西と』1976年10月6日号「35回総代会での特別決議にもとづく申入書の質問概要は以下の通り。①国民生活破壊につながる公共料金値上げについ

て。②京都消費者団体協議会の評価。③衆議院社労委員会で採択された「大学生協育成決議」について。④「ロッキード疑獄事件」に徹底糾明について。⑤（社会党・共産党のみに質問）革新統一戦線についてなど。政党からの回答は、民社党、社会党、共産党、公明党の各京都府委員会。

12 「大学生協運動の到達点と当面する任務」の4つの柱は以下の通り。①組合員の要求を実現するために、大学に働き学ぶすべての人々を組合員に組織し、大学の民主的諸組織との連帯を強め、大学生協相互の団結を強化する。②組合員の自主的運動と事業活動の充実をはかるため、組合員組織の民主的強化と経営の健全な発展をめざす。③日生協に結集する多くの生協と連帯し、日本の生協運動の民主的強化と組織拡大に努める。④組合員の要求を根本的に解決するために民主教育を守り、発展させ、日本の真の独立・平和・生活向上をめざす全国的な闘いの一翼を担う。

13 京都府生活協同組合連合会加盟の主な組合は以下の通り。京都生協、洛南生協（以上、地域生協）、京大生協、同志社大学生協、立命館大学生協、府立医科大学・府立大学生協、龍谷大学生協、京都教育大学生協、工芸繊維大学生協、大谷大学生協、平安女学院生協（以上、大学生協）、府庁生協ほか16単組。

14 京都府連第2次中期計画『京都府における生協運動の任務と目標』（1977年）においては、①「大学・地域・職域全生協の総力をあげて生協戦線の飛躍的発展を実現すること」、②「革新自治体のもとで、民主的消費者行政と流通機構の民主的整備のために運動を強めること」、③「府連の強化と各府県組織との連帯」、④「大学生協設立支援、大学生協の民主的発展と組織、経営の強化」が掲げられた。
府連『京都における連帯の発展をめざして──事業連合の改革のために』（1979年）によれば、大学生協京都事業連合第8回総会方針として「大学・地域・職域の統一的業務連帯は全国的にも初めてのとりくみであり、とくに日常業務と深くかかわることであるだけに、組織的、理論的な整備による意思統一と、具体化にむけての道筋を明確にしておくことが特に必要である。そして①京都生協との共同事業センターの建設、②コープ牛乳の導入、コープ冷菓の共同開発など京都生協との事業連帯の着手、③地域・職域をふくむ事業としての展望をもった「文化事業センター」（株）の設立などの実施、④京都生協との統一的運用を展望したコンピューター導入の準備など」、大学・地域・職域の連帯活動の積極的意義を述べている。

15 1972年3月、第26回総代会の「特別決議」＝「一方的で無責任な学費値上げを糾弾し白紙撤回をかちとろう」「新中央図書館に生協施設を実現しよう」「公共料金の大幅値上げに反対し、佐藤内閣打倒の闘いをおしすすめよう」

1975年7月、第33回総代会の「特別決議」＝「組合員出資金の増口、増強で生協をつよめよう」「自民・社会・民社三党による反動的反民主主義的な公職選挙法改悪の可決成立を糾弾し、言論・表現の自由と議会制民主主義を守り抜こう」「政府・自民党の公共料金値上げ、国民生活は会を辞めさせ国民生活本位の政治を実現しよう」「学園から暴力を一掃し、真に学びがいのある学園を築こう」

1978年7月、第39回総会の「特別決議」＝「地域・大学・職域の生協がちからをあわせ組合員の暮しを守る府連第2次中期計画を実現しましょう」「国鉄運賃値上げ、一般消費税導入に反対し、円高差益を国民に還元させ、組合員の生活を守る運動を一層強めよう」「生協によせられた多数の決意書に応えて、後期10月から書籍の全点1割引を実施しよう」

1980年12月、第44回総代会の「組織活動方針」＝「組合員の要求を集約し、組合員参加による事業活動の発展、多方面要求の実現を目指そう」「新入生の基礎クラスを中心にコーパーを選出し、総代・コーパーを中心とした基礎組織を確立しよう」「生協施設の抜本的拡充をめざして、組合員とともに施設改善運動を推し進めよう」「組合員の生活、平和と民主主義をおびやかす動きに機敏に対処し、組合員総ぐるみの運動をひろげよう」「大学生協連に結集し、同志社女子大学をはじめ生協設立運動を積極的に支援し、連帯活動を強めよう」「新入生歓迎行事を大きく成功させ、新入生を暖かく迎え入れよう」。「特別決議」＝「組合員出資金の増口で生協を強化し、生活防衛、利用条件改善の運動をさらに前進させよう」

16　福武直『大学生協をめぐる諸問題』のポイントを福武著『大学生協論』（東京大学出版会、1985）から整理すると以下の通り。
　　・大学における「生活」という面では、学生・教員が対等の立場で、民主的に福利厚生事業を運営する大学生協は、大学コミュニティーの重要な組織として、大学の中に広く、深く根ざす努力を重ねよう。
　　・大学生協は、大学と協力し合う存在であり、理事長、専務理事、役職員は大学の生協観を変えさせる努力を重ねなければならない。
　　・大学生協は自主的民主的な経済団体であり、自力でやれること、大学の援助が必要なことを区別して考えなければならない。
　　・大学生協は「生活」協同組合であるという原点にたち、大学における「生活」を健全で楽しいものにしてゆくような努力を強めよう。
　　・大学生協は政治活動においても経済団体という特殊性を充分に自覚しなければならない。
　　・より多くの大学に生協を。そして大学生協連の強化を。

17　新入学商品カタログの企画開発にかかわった井崎宏子氏（当時、同志社生協

購買部）のご教示による。
18　京都事業センター竣工記念祝賀会の経過報告書による。京都生協でも同センターを拠点に、1981年から中型家庭用品や電気器具、家具などの「カタログ供給」がスタートする。
19　1980年全国大学生協連合会第24回総会採択「大学生協の役割と当面の課題」の「役割」と「課題」は以下のとおり。
「3つの役割」
①「生活の場」としての大学に事業を軸とし、事業の充実を通して学生・教職員に貢献すること。
②真に豊かな生活文化を形成してゆく生活主体へと成長を育むこと。
③自治と民主主義をになう力を育み、生きた民主主義の学校としての協同組合の役割を発揮すること。
「6つの課題」
①組合員の生活と広く深く結びついた事業と健全な経営を確立する。
②全学全階層にねざし、組合員を主人公とする組織運営を実現する。
③生活機能の充実と生協の意義を全学の合意とし、豊かな生協施設を実現する。
④生活への圧迫に反対し、平和と民主主義を守る組合員の運動を発展させる。
⑤組合員の要求を実現し、大学生協の社会的地位を高める連帯活動を発展させる。
⑥生協設立への支援を強め、全国の学園に大学生協を広める。
20　事業連合理事会「事業連合のコスト構造の転換と効率化へ向けて」
21　前掲注2。
22　前掲注2。
23　前掲注3、庄司論文、p.99。
24　1998年5月、京都事業連合通常総会を前にしてトップマネジメント（最高経営責任者、最高執行役員）の交代、また80年代から90年代にかけての事業政策・機関運営を総括し、会員生協の主体的な活動を基本とした方針に転換された。詳細は、小池恒男「協同組合の連合組織におけるコーポレート・ガバナンス――大学生協・地域生協・農協」『協同組合のコーポレート・ガバナンス』所収、山本修・吉田忠・小池恒男編著、家の光協会、2000年、小池「京都事業連合98年方針の内容と背景」『京都の大学生協史編纂委員会　会報』第8号所収、2008年11月20日。本書第Ⅱ部15参照。

第8章

『邂逅』(同志社大学生協書評誌)と全国大学生協読書推進運動

名和 又介

はじめに

　本稿は、『邂逅』の紹介をとおして全国大学生協連合会(以下、大学生協連と略)と同志社大学生協[1]の果たした文化運動を評価することを目的としている。『邂逅』の発行された時期は、1978年から1987年までであり、この時期を中心に考察したい。『きょうとからの出発』(同志社生協設立50年発祥110年記念誌)の年表で見ると、78年は日米ガイドラインが決定し、翌年は共通一次試験が始まっている。大学進学率をみると、70年代から飛躍的に増加して、大学26パーセント、短大11パーセントになり、合計すると37パーセントに達する。同年齢層の3人に1人が高等教育を受けていて、進学率は80年代を通じて横ばいの状態が続く。日本の自動車生産台数が世界一になり繁栄を謳歌する半面、大韓航空機撃墜事件、森永・グリコ事件、日航ジャンボ機墜落事件と社会不安を反映する事件が続いた10年間でもあった。

全国の大学生協運動では、「福武所感」が発表され大学生協運動が見直されはじめた時期でもある。権利獲得闘争から協調路線に転換し、大学と協力関係を保ちながら、大学生活のレベルアップを計ろうとした時期といえよう。その典型的な活動が、大学生協連が中心になって展開した読書推進運動である。80年代の半ばまで、全国的な読書セミナーや3回にわたる全国読書推進活動交流会が開催されたのもこの活動の集約であった。東京大学協同組合出版部の『きけわだつみのこえ』や『自炊のすすめ』『地球の歩き方』などはそれ以前の助走期の試みであった。また同志社生協の出版で『同志社の思想家たち・上下』（65年と73年）があることも確認しておきたい。

　京都地域や同志社大学生協の動向は、「1970年代、80年代の同志社生協」[2]が詳しく、以下の記述がある。「80年4月、今出川キャンパスの明徳館地下購買部に同志社生協の最新のレコードショップが誕生した。これが象徴するように、この頃より購買部ではオーディオ・電化製品の占める比重が増し、京都事業連合主催のオーディオ・ビッグ・フェスティバル（産業会館）は学生の長蛇の列ができたという。」大学生のライフスタイルの変化が始まろうとしている。1960年代半ばから大学生協連は、学生生活実態調査（以下学調と称する）を実施して、学生生活をモニターしてきたが、この段階で憂慮すべき問題は大学生の読書離れであった。『邂逅』が誕生したのは、以上のような時代背景のなかであった。

1　『邂逅』の紹介

　『邂逅』は上に書いたように1978年から1987年まで発行された。1号は78年の10月31日であり、最終号の33号は87年12月4日である[3]。ほぼ10年間にわたって発行された。発行時期もさまざまで、不定期の発行である。邂逅という名前がつくのは、4号からで『邂逅（めぐり

あい）』と記され、組合員の応募で名前が決められた。邂逅（かいこう）と呼ぶより括弧の「めぐりあい」と呼ばれた可能性が大きい。題字は前総長の住谷悦治の手になる。1・2・3号は書評誌と題していた。創刊号は10ページ立てで始まり、次号は12ページ立て、さらに16ページ立てになり、しばらくこの体裁が続く。21号からページ数が増えて20ページになり、28号ではなんと28ページもある。

　毎号特集が組まれていて、そのタイトルは注にまとめておく[4]。いろいろな試みをしていて、最初の頃の学生の意気込みが伝わってくるようだ。創刊号は、「学長訪問」で松山義則氏のインタビュー。2号は和田洋一氏（新聞学専攻）の聞き取り。3号では教員の推薦図書が掲げられている。工学部の山田忠男氏が4号。嶋田啓一郎氏（同志社大学生協の初代理事長）も8号でインタビューに登場する。教員インタビューや教員の推薦図書の紹介から始まるのは、学生らしい発想であり、他大学の書評誌・読書誌もほぼ同じ傾向である。インタビューされた教員も推薦図書を依頼された教員も、懇切丁寧に回答している様子は微笑ましい。12号の「めぐりアイ」という記事は、まさに『邂逅』の書評誌らしい記事で、推薦図書の意味を紹介している。13号の特集は「就職」問題をテーマとし、20号は意欲的な取り組みで「埋もれたモダン」。これは、日本の1920年代の自由民権運動を取り上げた記事である。教員のサポートを受けて、よく調べられた習作と言えよう。22号は漫画特集。23、25、26、27、28、31号は、当時話題の人のインタビュー記事である。上野千鶴子の記事が生彩をはなって、フェミニズム運動の意味を非常に分かりやすくまとめている。鶴見俊輔のインタビュー記事も『限界芸術論』の著者らしい内容である。ただし、そのあたりから粗製濫造気味で、書評誌の意味が希薄になり、「100冊（コメントを）出しました」「何10冊出しました」と量で勝負をしている。30号は教員のインタビュー特集号であるが、教師の言葉を皮肉ったり、批判がましく書いたりで、応じた先生に失礼であろうという印象をもった。「新人類」と称された学生の一端がうかがえる箇所であ

る。

　掲載された書評の書籍名を注に挙げておく[5]。1号から8号までは数は少ないけれど、とりあげた本の内容を丁寧に紹介している。そのあとは「マイフェイバリットブック（お気に入りの本）」のコーナーを設けるようになった。とりあげられた書籍は新潮社の文庫本が多く、新潮文庫が大学生の愛読書としてよく読まれたことが分かる。最初は、書評誌としてスタートしたのだが、回を重ねるごとに、読書誌あるいは読書案内誌になっているのは、大学生中心の委員会では仕方のないことかもしれない。この時期に『邂逅』と同じような書評誌が全国の大学生協で誕生したが、やがて10年足らずで消えていった。東大生協の『ほん』、京大生協の『綴葉』は現在まで継続している。両誌はともに院生委員会の提供であり、学生か院生かで大きな違いが生じているようだ。京大生協の『綴葉』のはじまりに関しては、野村氏（元京大生協理事長）の談話が紹介されているので参照いただきたい[6]。

　誌面の内容に移ろう。創刊号1978年10月31日の表紙ページには、「君は何を読んでいる？　ここらで読書生活の見なおしを」として、創刊の言葉を堀口隆（書籍委員会の責任者、法学部3回生）が書いている。「多くの人々と、本に関するさまざまな問題を考えていきたいと思います」と意気込みがうかがえる。同じく創刊号に理事長であった近藤公一氏は「生産的な書評の広場を」と題して、「本をつくる側が、読者の金を巻き上げることだけ考えているのだとすれば、読者の側は団結をして自分たち自身を護らなければならない」と記している。学生の成長に役立つ書籍ではなく、売らんかなの書籍の氾濫に対する警鐘であり、氏の生協運動観の一端が垣間見られる文章でもある。「営利主義的な出版や、派手なサービスは無用であろうが、組合員自身の主体的な読書生活を守り、一層その要求に応えていくために、ここに我々自身の書評誌を発刊することになった。」マスコミの宣伝に踊らされるのではなく、主体的な読書生活を守ることは、今日でも大きな意味を持っていよう。

同志社大学生協機関誌の『東と西と』1978年5月18日号には、「書籍委員会ができました、書評誌を発行します」と報告している。「書籍部を真に大学社会に責任をもったものにするために、組合員を豊かな本の世界に導く、書籍部と読者である組合員との接点とするという位置づけだ」と書かれている。この段階で書評誌ができ、読書運動とその改善のため書籍委員会が発足したわけである。さらに「この書評誌を同志社の学問の発展に貢献する文化紙とするため、委員会は奮闘する」と書かれている。大学内に読書推進の核になる組織と体制が整えられたことになろう。もちろんゼミや読書サークルなども存在していて、一定の役割を果たしていたが、読書推進運動という意味では、大学生協の書評誌の誕生は大きな意味をもった。やがて「組合員のためになる本に関する情報の提供を目的としています」の実践として、『北京三十五年（上・下）』を紹介している。解放後の中国の現実が、著者の生活を通して描かれていて、お隣の国を紹介した好著であった[7]。

　1982年4月の『邂逅』特集記事のなかで、感心したのは和田洋一氏の記事である。北朝鮮の問題を取り上げて、「社会主義諸国、特にお隣の北朝鮮に対して、みんな甘やかしてばかりいる。これは隣国に対する真の愛情ではない」と啓発している。この時期以前から北朝鮮の拉致問題が起こっており、そういう事実を踏まえたかどうか別にして、氏の考えを学生に向けて発言している。問題意識を持ちながら、それを直接学生に投げかける教員であり、氏の真摯な姿勢が伝わるようだ。同じく「短大生に感想文を書かせてびっくりしたんです。それは、そんな昔話を聞いてもしょうがない。自分たちは自由で何を言ってもいい世界に住んでいる。それで古い話を聞いても『そんなひどい話があったのか』と思うけれど、そんな話を聞いても関係ない、聞かなくてもいい、治安維持法なんて関係ない」という学生の反応を伝えながら、正面から批判をしている。最後に「青年らしく敏感たれ」と教えていて、今読んでも励まされる内容である。

この和田氏インタビューの掲載された11号で、ひとつの体裁が完成している。「書評コーナー」では、3冊の本を紹介し、その次は、「ブックレビュー」ということで新刊を取り上げ、その次が「お気に入り」の本。「お気に入り」の本がいわゆる『邂逅』という書評誌の中心であることは、先ほど書いたとおりである。『邂逅』の創刊号に明記されたように、大学内の責任を果たし、コミュニケーションの手段になるという目的を遂行しているように思える。しかしながら、この目的は編集者が交代するにつれて忘れられ、サークル活動のミニコミ誌に変化していった。一挙に先走りして、29号になると1冊につき150字のコメントがずらっと並ぶだけ。粗製濫造と感じた部分で、もちろん面白い紹介はあるのだが、これは書評ではなくサークル仲間の感想文であろう。20号を過ぎると徐々に粗雑になり、書評誌の対象が不明確になっている。当時の専務に確かめると、書籍委員会が大学生協の手を離れ、学友会の一部局のような形になり、『邂逅』が「オタク」仲間の編集になったとのことであった。『邂逅』が大学生協の手をはなれ、学生サークル主体の編集に移行したのである。全国的な傾向では、80年代半ばは大学生協の読書推進運動がピークに達し、全国の読書推進交流活動が数回開催されている時期と重なる。しかし、『邂逅』にそのような関連記事や紹介がほとんど見えないのは、大学生協と関係のないサークル誌に変質していたからであった。前半と後半とで、『邂逅』編集の主体が変わったことになる。

　『邂逅』の最初の記事には、書籍部の店長らがよく登場している。店長自身がこういう本を読んだらいかがですか、ということを書いていて、書籍委員会と生協職員が非常に親密な関係にあることが分かる。あるいは教員も積極的に協力するといった雰囲気が感じられた。徐々にその傾向がなくなり、書評誌を担当する学生たちが、オタク化していく。時代の雰囲気もあるのだが、セックス題材の漫画家のことを、詳細に追いかけて掲載している。有名人であれば誰でも紹介しますという感じで、『邂逅』発行の意味が失われている。当初の学生や理事

長の宣言が忘れられていて、発行そのものが目的とかわっていく。後の専務になる学生が真下信一著作集の書評を書くなど、大学生協職員の記事も随分掲載されていて、組合員のためにという考えが大学生協らしいと評価できた。しかし学生は4年で卒業して交代し、最初の目的が風化していく。最後は運営することのみ考えて、ともかく本を紹介すること、有名人にインタビューすること、そして悪く言えば、自分たちの情報発信の場にしたいという態度が目に付いた。大学生協の書評誌などが継続される条件は、目的を明確に意識しながら、大学生協の職員と関わり、比較的高いレベルの読書経験が求められたように思われる。

2　大学生協の書籍政策

『東と西と』78年11月21日号には、書籍が全品1割引きになると同時に『邂逅』という書評誌が出たと、書かれている。書評誌『邂逅』のスタートである。と同時に同志社大学生協で書籍の1割引きが始まるわけである。しかし1割引き運動は思ったほどの経済的な効果はなかったようで、「もう一冊読みましょう」という運動が提唱されている。「利用率を拡大するために、『もう一冊を生協で』のスローガンとするためです」と呼びかけている。大学生協書籍部の1割引きは、今では当たり前に思われるが、これを勝ち取るための生協運動があったことはあまり知られていない。この機会に多少紹介する必要があると思われる。まず大学生協書籍部の歴史にふれることからはじめたい。基礎づくりの時代を4段階に位置付けている。以下、寺尾資料に基づいて紹介する[8]。

1．戦後書籍部作りの苦闘時代　　～1953年まで
2．書籍再販闘争の時期　　1953年～1957年まで

3．全国共同仕入れの発足と拡大　　1958年〜1963年
4．発展と充実の時期　　1964年〜1965年

　1953年までは、学生の教科書をより安く入手することを目的にしていたが、閉鎖的な業界のなかで、売り場を設けることが困難であり、設立当初から教科書販売が可能であった大学生協は少なかった。1953年に「再販制（再販売価格維持制度）」が成立し、割引販売が禁じられた。業界による大学生協に対する定価販売の強制が行われた時期でもある。1956年に「再販三原則」（「組合員以外に提供しない」、「供給は定価で行う」、「割戻し、利益還元は別途行う」）が業界との間で成立する。しかし、1958年以降全国的な連帯活動が対出版業界・取次店には不可欠との認識に立ち、共同仕入れがはじまり、鈴木書店との取引きが可能になった。全国的には、鈴木書店・鍬谷書店・西村書店などの取次店と取引きがはじまる（京都地域は、柳原書店・不退書店・鈴木書店など）。しかし、1961年には、2回目の再販問題が生じて、早稲田大学生協、山形大学生協に出荷が停止された。1964年には東販が取次店に参加し、取り扱い図書の範囲が拡大する。1967年には横浜国立大学生協に出荷が停止され、取次店との裁判闘争がはじまる。68年にこの裁判に勝利して決着がつき、大学生協は「再販三原則」の制限から外れたのだが、この問題は長く尾を引いた。再販制度との闘いは、割引問題であり、全国各地の大学生協で生じていた問題であった。同志社大学生協の『東と西と』（1967年11月29日）には、「なぜできぬ現金割引」の記事が掲載され、再販闘争の詳細な説明がある。この闘争は、大学生協の側からみれば再販闘争であるが、地方の小売販売店にとっては大学内の売り場を奪われ、販売の縮小を招いた事件でもあった。この事実は記憶にとどめておきたい。次に横浜国立大学生協の闘争を簡単に見てみる。
　『燃える群像―「広深」への20年』（横浜国立大学生活協同組合）の記載によれば、1967年神奈川県下の大手出版社の意向を受け、東販は

「再販三原則」違反を理由に、教科書の出荷停止を宣言してきた。大学生協では中小規模のレベルに圧力をかけたわけである。しかし横浜国立大学の組合員は全国の大学生協はもちろんマスコミなどにもアピールし、大学生協連合会は公正取引委員会に提訴した。その結果公正取引員会は「再販三原則」遵守の無理を認め、最終的な勝利をえた。『北大生協創立五十年史』(北海道大学生活協同組合) などの大学生協史や「書籍ハンドブック」などには、再販闘争が詳細に記載されている[9]。

以上の再販闘争には、国内の出版社・取次店・小売店の大きな変遷・寡占化政策があった。「大手取次の東販・日販は大手出版社が中心となって成立した経過もあって、大株主も(中略)大手出版社群である。そのためもあって、大手出版社はみずから指定配本(大手小売書店を対象とした出版社からの指定による配本)を取次会社に要求することによってマスセールの路線をおしすすめた[10]」。大手出版社の大学生協いじめに大手取次店は協力せざるをえない事情があり、しばらく大学生協と大手出版・取次店との綱引きが続いたのである。大学生協組合員以外に販売させないよう見張りをする小売販売店の監視やその監視をかいくぐってマイカーで書籍を持ちこむ事例など、今では笑い話になろうとしている。

70年代以降、大学生協書籍部の1割引きがはじまる。京都地域では、1972年に龍谷大学生協で1割引きがはじまり、75年に京都大学生協、78年に同志社大学生協と立命館大学生協が続いた。『東と西と』(1978年9月21日)には、「ついに実現！　書籍全点一割引き」の文字が躍っている。組合員の希望が集約され、総代会で決定するという手続きを踏んでいる。大学生協の「より安い書籍・教科書を」にかかわる運動の一定の到達点といえよう。大量の書籍を必要とした大学関係者への貢献は大きい。とりわけ図書館や研究室の書籍購入には間接的にではあれ、大きな意味を持っていた。先に再販闘争を紹介したが、草創期の大学生協書籍部のかかえる問題は、不良在庫・ロス・未収金の3

点セットであった。とりわけロスの問題は深刻であり、60年代京大書籍部職員の体験談では、売上高の3パーセントにも及んだという[11]。書籍部は赤字部門で、開店すればするだけ万引きが続いたという。このロス問題は何処(いずこ)の大学生協でも共通の悩みであった。大学生協の管理の甘さと大学生を信頼するという両側面の問題があるだろう。また大学教師の未収金の問題にもふれておく。管理の甘さにつけこみ代金を支払わない教師も大学には存在したのである。大学の負の側面もかかえた書籍部の運営であった。

3　読書推進運動

　70年代末から80年代にかけて、全国の大学生協で書評誌・読書誌が次々と誕生した。1970年に大学生協連から『読書のいずみ』が創刊され、71年に東大生協から『ほん』（本郷）『ひろば』（駒場）が創刊された。京大生協からは『綴葉』が1975年に発行されている。同志社生協から『邂逅』、立命館生協から『蒼空』が発行されたのは同じ1978年である。再販闘争が一段落し、大学生協で取り扱う書籍供給高が年々向上し、小売段階での大学生協の存在感が増大した時期である。数字で見ると、書籍部供給高は70年で38億円であり、76年で147億円、80年では201億円に達している。10年で5.4倍の伸長になる。上に書いた書評誌の誕生も、大学生協の書籍供給高の増大という背景があったことを確認しておきたい。

　80年代半ばは大学生協の読書推進運動が盛り上がった時期でもある。原因の一つは上に書いた書籍供給高の伸長である。大学のキャンパス内で書籍部を展開でき、しかも再販制度の枠外にあって、大学生協は独占的な営業が可能になった。また時代の要請でもあったが、戦前から存在した大学は拡張され、新設大学の設立も相次ぎ、大学生が急増した。それに伴う大学生協の拡大があった。二つ目は「福武所感」以

降大学との関係が好転して、大学教育の責任の一端を担うという意識が強くなり、そこでの役割発揮の可能性が見えてきたことである。大学教育の中で、読書の占める位置は大きく、その書籍を提供できる組織の役割も大きくなる。読書環境に大学生協は否応なく関わらざるをえなくなったのである。読書環境の改善と整備に関係することが当然のように思われ、また大学生協に関わった教職員・学生もその役割に期待したのである。このような条件下における主体的な活動が、書籍委員会の成立であり、書評誌の発行であったと思われる。三つ目の原因は、学調の活用とそのデータにあらわれた危機感の共有であろう。学調は1960年代半ばからはじまり現在でも続いている大学生協連のアンケート集計である。日本では唯一の長期間にわたる学生生活の調査になる。調査項目は年によって変化することもあり、統計調査としての不備はあるものの、長期間のスパンでの変化はよく分かる。大学生の読書時間や書籍費用のデータも調査項目の一部分である。今まで上昇していた書籍費用が個人レベルでは後退し、学生の本離れ現象が目立ちはじめた時期でもあった。読書離れの問題を社会に向けて発信するとともに、その対策を多数の学生・教職員と模索する必要も生じていた。

　書籍部の発展を視野に入れた再整備と学調の危機感の共有、さらに全国に雨後のタケノコのように生まれた書評誌・読書誌の展開・継続を横にらみにしながら、大学生協の読書推進運動がすすめられていった。1982年の11月に、教員理事のシンポジウムが東京で開催された。教員理事を中心に40名弱が参加している。教員理事は、北海道大学から鹿児島大学まで、全国の大学生協の教員理事が参加している。テーマは、3項目に分けられていて、その内容は以下のとおりである。

１．現在の学生の読書・書籍購入状況について
２．その状況の背景・要因について
３．①学生への読書推進活動のあり方について
　　②読書推進活動と大学生協のかかわり方について

このシンポジウムのパンフを一読した感想を簡単に記しておこう。テーマ１は、学生の読書離れの実態を学調などにもとづいて説明・紹介している。テーマ２はその原因などについて学生のライフスタイルの変化や進学率の上昇などに言及する教員も目に付いた。テーマ３は、このシンポジウムの目玉であるが、教員理事の考え方は多様であり、話題は広範囲に及んでいる。それぞれの教員理事のゼミ紹介であったり、学生の読書力の批判であったり、推薦図書の意味を考慮したりとまさに百家争鳴の感がある。最後に大学生協連の高橋専務が「先生方のご意見を聴く機会を作れた」と総括したことで、このシンポジウムの結果はうかがえよう。

　さらに翌年、「大学生協書籍事業の役割」が発行された。大学生協の連帯関係が一層強力に推し進められ、大学教育の分野で果たすべき役割を確認した内容になっている。いわば、83年段階の書籍事業の目的と役割を生協職員に認識してもらうことと、大学教育にかかわる教職員・学生にアッピールしたいという期待もあったと思われる。13ページ立てのパンフレットである。この表紙には以下のような言葉が記されている。「大学の中において勉学・教育・研究の基礎を支え生活文化の創造と一人ひとりの人間的成長のために大学生協事業の役割を提言する」。大学生協の自信と高揚がうかがえる提言である。「学生の成長」は大学生協の目的となり現在もなお実践されている。ここでは大学生協書籍事業の役割を、「３つの役割」「４つの機能」「店舗施設の充実と豊かな学園生活」「学生生活と読書」「社会と大学生協、書籍活動」に整理している。「３つの役割」は上述した提言を分かりやすく提示したものである。

第１の役割：学生・教職員の勉学・教育・研究の基礎を支え、学園生活をより豊かにする

第２の役割：豊かな生活文化を形成し、人間的成長をはぐくむ

第３の役割：学生・教職員の勉学・生活文化の交流の場となり大学機能の充実に貢献する

さらに「4つの機能」を列挙すると、書籍雑誌の品ぞろえ、多様な利用形態、情報提供、読書推進活動の4点を掲げている。教員理事のシンポジウムを経て、大学生協の書籍事業の役割を明確化するとともに、今後の方針を確認したことになる。役割の2・3項目や機能の読書推進活動は、今後の方針であり、すぐさま取り組まれた運動でもあった。

「学生生活と読書」の統計で、興味深いのは教師の読書指導・読書紹介にふれた部分である。教師の指導に関して、「よく受けた」と答えた学生は9パーセント。「多少受けた」と答えた学生は44パーセント、「ほとんど受けていない」と答えた学生は、46パーセントになる。その46パーセントの学生のうち、3分の1が「残念」と感じている。大学教師の読書指導・読書紹介が半分にとどまる結果は、意外と意味深長であると思われる。この時期はまだ教養部・教養学部が存在した時期であったことを考えれば、この数字の持つ意味は大きい。

この翌年に読書推進活動全国交流会が東京で開催された。今回は、学生・院生・教員・生協職員など幅広い階層の交流会になっていて、参加者総数は100名をこえた。名前のとおり、全国の大学生協から多数の組合員が、読書推進活動の交流をするために集まった。東京学芸大学の理事長・宮腰賢氏の講演にはじまり、活動事例報告があって、分散会の討論をへて、最後に京大生協専務のまとめに終わっている。この交流会の要約は、85年に開催された「大学生の読書生活『報告・シンポジウム』」とともに、112ページのパンフレットにまとめられている。前回のシンポジウムを経て、講演で読書の3段階の内容にふれるとともに、分散会の問題提起をして議論の集中を計っている。前回のシンポジウムの経験に学んだ運営といえよう。

宮腰賢氏は3回にわたる全国読書推進交流活動の中心にいた教員で、直接・間接に大学生協書籍部の役割・方針などの決定にかかわっていたと思われる。講演の内容も、読書の3分類を説明していて、読書推進活動の範囲をある程度限定する役割をはたしていた。その3分類と

は、「乳離れのための読書」「自分を発見するための読書」「学び・考えるための読書」である。宮腰氏は東京学芸大学の教員であり、中学・高校・大学の現場で生徒・学生を指導した経験をもち、それぞれの年齢にふさわしい読書が必要と考えていて、今回の講師としても適任であったと思われる。ここで３分類を説明しておこう。「乳離れのための読書」は、幼児期・少年期に受験勉強に追われて、読むべき時期の読書ができてなく、大学生になって追体験している読書の意味である。絵本やマンガなども含まれ、人生の節目・節目で体験すべき事柄があり、これは追体験によっても補えるし、また追体験によっても補うべしという考え方であろう。「自分を発見するための読書」は、教養のための読書に属すると思われる。「人生とは何か」「如何に生きるべきか」など人間の根幹にかかわる疑問と自分の生き方の模索である。後の時期に「自分探し」という言葉が流行したことはよくご存じだろう。「学び・考えるための読書」は、大学教育の目的とも言えるだろう。政治や経済の構造を学びつつ、現実の社会状況を総体的に把握しようとし、社会をよりよくするための改善策や方法を考え、主体的な自分の生き方を決める行為につながる読書である。読書を人生の段階に応じて考えた３分類であろう。

　今回の交流会は、学生が半数を占め、少数の教職員と書籍関係の生協職員が参加している。事例報告も数多く、全国の大学生協の取り組みが紹介されている。その中で幾つか後の大学生協の取り組みにつながる報告を紹介しよう。１点は、一橋大学生協の「専門書復刊事業の取り組み」である。貴重な専門書も販売高の問題から再出版されず、教員や学生が困難をかかえている状況を説明し、全国の連帯で克服したいという報告である。２点は、京都府立医科大学生協の『医学参考図書目録』の作成報告である。医学部の専門書は多数にのぼり、新入生が右往左往している問題を指摘し、そこから大学生協にかかわる医学生が教員や先輩を訪問して参考図書の目録を作成したという報告である。いずれも専門書の問題であるが、大学生協の書籍部なればこそ

の取り組みといえよう。

　小塚京大生協専務が「分散会と全体のまとめ」で述べたことは、学調の活用とその読み込みであった。そのまとめのとおり、3カ月後に「第1回大学生読書生活実態調査の読み込み」のシンポジウムが開催され、「読書調査の概要」報告と、それを受けた3人の大学教員の感想が続き、最後に宮腰氏をコメンテーター、『世界』編集長、東大新聞編集長、前大学生協連学生委員長の3人をパネラーとしてシンポジウムが開かれている。学調の読み込みが試みられたのである。「読書調査の概要」を多少紹介しなければならない。このアンケートは、全国の20大学を選んで調査した結果である。「読書が好きだ」と答えた学生が88パーセント、読みたい本があると答えた学生が88パーセントであるが、実際に「読書している」と答えた学生は57パーセントでしかない。1日の読書時間は、平均値で56分になり、30分から60分のレベルが一番多いという。「印象に残った本」は、赤川次郎が一番、渡辺淳一が二番であり、遠藤周作、司馬遼太郎が続いている。「感動した本を何時(いつ)読んだか」という質問には、ピークが17歳になっており、中学・高校生時代に読書習慣が形成されるようだと結論づけている。書籍の購入状況では、学生の書籍費は1カ月5.6冊で5,700円、雑誌は3.5冊で1,550円と紹介されている。

　アンケート結果の読み込みについて、3人の大学教員からは厳しい反論が述べられた。実際の大学教育にかかわる教員には、学生の願望が表明されただけとか、読書する学生は敬遠される事実だとか、現実とかけ離れた分析に批判が集中したように思われる。「印象に残った本」に関しても、娯楽・息抜きの読書である指摘がなされ、専門書あるいは教養書を考えていた教員と学生の間の読書観の違いが表面化したようにも受け取れた。これは『世界』の編集長・安江良介や出版・編集にかかわる関係者にも共通した受けとめ方であったように思われる。学生代表の学生としての評価と反論は新鮮な印象を受けた。読書・読書という発言だけでなく、読書の効果について具体的に教えて

ほしいという指摘は、現在でもどれだけの教員がこたえることができるのだろうか疑問である。やや詳しくシンポジウムの内容を紹介してきた。第２回全国読書推進活動交流会は、1985年、京都大学を会場にして開催されたが、この報告集は発行されていない。多数の活動事例が紹介されて、まとめきれなかった様子である。第３回全国読書推進活動交流会は翌年東北大学で開催された。こちらは『本を媒介とした人と人とのつながりを求めて』と題して83ページのパンフレットにまとめられている。

「開会あいさつ」で岡安専務は、大学生協の書籍事業の一定の到達点を説明している。

何点かの書籍事業の展開にふれると、『読書のいずみ』を教職員の協力をえながら、専門の読書誌として活用していくことが決定された。組合員の要望があった専門書の復刊は４期目になり、101点を出版したこと。非流通本の取り次ぎをはじめたこと。取次店で扱っている出版社は4,500社程度だが、この取り次ぎにのらない出版社が6,000社なお存在する。この6,000社のうち2,000社と取り次ぎできるように改善されたこと（新刊本５万点のうち、取次店が扱うのは３万5,000点）。大学生協の書籍事業は、供給高280億円に達して、大学生協事業1,200億円の23パーセント程度に相当すること、などである。出版界の寡占化がすすみ、利益率の少ない書籍は淘汰されていく。さらに出版社・取次店・小売店のルートから排除された出版社はますます零細化せざるをえない。日本社会で進んだ寡占化は、日本の学術文化の狭小化・偏向をまねく恐れもあった。このような状況下で、大学生協の復刊事業・非流通本の開拓は極めて重要な意味をもっていたと言えるだろう。この運動の取扱量が少なく、出版界に及ぼす影響が小さいと仮定しても、大学生協の果たした役割や意味は、あらためて検証され、再評価されるべきだろう。協同組合である大学生協の真価が発揮された事業である。

宮腰賢氏の基調報告は、これまでの読書推進活動を整理し、これま

でに積み重ねた議論をまとめるとともに、全国交流会の役割を終えて、現場の大学でこれらの課題を実践することを提唱している。「読書推進活動の実際」では、学生・院生・教員・生協職員という対象別にこれまでの活動事例を整理しながら、これらの活動を現場の大学で生かすことが課題だと提唱しているのである。以下に、「学生によるもの」を引用しておく。

ア．読書会・読書セミナー・読書交流会・著者を囲む会等、読む喜び、読む楽しさを学生自身が自分の言葉で「語る」活動。
イ．書評誌・読書誌・あなたへの一冊、先輩のすすめる一冊の本等読む喜び、読む楽しさを自分自身の言葉で仲間に「伝える」活動。
ウ．教科書・参考書など良書・必読図書・入門書を教員にたずねそのリストを仲間に「伝える」活動。
エ．共同購入、本の配列や品揃えに対する要望、フェア企画、書籍部店舗委員会への参加等、学生自身がお店に「参加する」活動。

　読書推進活動にかかわろうとする学生にとって分かりやすい整理であり、活動案内になっている。『邂逅』が書評誌・読書誌として果たしてきた役割も上に書いたア・イ・ウ・エすべての側面を満たしていよう。文化系大学では、ア・イの活動が中心になり、理科系大学ではウの活動が中心になっている傾向がある。同志社大学生協が1983年末に、「書籍サークル利用のてびき」を発行して、読書会・読書セミナーのサポートをしているのも読書推進活動の一端であろう。以上大学生協の読書推進活動の紹介とその果たした役割をみてきた。

おわりに

　同志社大学生協の書評誌『邂逅』を紹介し、その内容と関連して大学生協の書籍部の略史と読書推進運動をたどった。『邂逅』が発行された時期は、大学生協の書籍部が連帯をとおして飛躍的に発展し、東

販の大手の顧客となった時期でもある。発展するにつれて大学教育と不可分の関係になり、大学内で一定の役割を果たすことが求められた。この役割の認識が、「大学生協書籍事業の役割」であり、同志社大学における具体化が、『邂逅』の発行であったと言えよう。もちろんこの関係は上下関係ではなく、全国の書評誌・読書誌を視野に入れながら、大学生協が今後の方向を模索するなかで到達した役割でもある。１節にも記したように、『邂逅』は前半大学生協の関係も深く、全国の書評誌・読書誌と同じ傾向を持っていたが、途中からサークル誌に模様替えし、全国の読書推進運動とかかわることはなかった。これは『邂逅』にかかわる関係であるが、『東と西と』には、全国の読書推進運動の記事がたびたび掲載され、書籍部店長の談話や「大学生協らしい読書推進運動」の一環として、京田辺キャンパスの書籍部の充実が紹介されている。さらに1985年には、「理科系の読書と文化系の読書」「大学生とマンガ文化」「専門としての読書と娯楽としての読書」という読書こんだん会も開催されている。

　専門書の復刊や非流通本の紹介は協同組合としての大学生協らしい活動であった。出版・取次・小売の関係が再整理されて、売れない本の淘汰がはじまった段階で、大学生協は研究者・学生の要望にこたえて、当時の状況に反して書籍出版の意味を問うたことになる。比較的短期間の活動ではあったが、大学生協の果たした役割は評価したい。京都大学生協が発行した『京の出版と文化』（1978年）は、活動の一例である。出版は東京一極化が近代化とともに一挙にすすむが、江戸時代の出版元は京都・大阪・江戸の順に多かったと教えている[12]。京都の出版物を紹介し販売する活動であり、京都の大学生協の協力による成果であった。出版の東京一極集中は、日本の出版文化の狭小化であり、地方の出版文化の衰退と裏腹の関係にあった。現在大手の出版社がメディア文化の変化のなかで、衰退している状況を目にするとき、今一度検証する必要がある。

　大学生協が果たしたさらに大きい役割は、読書推進運動であった。

拡大し続けた書籍事業に影をさした個人書籍の購入減少が一因であったことは確かである。しかし読書衰退の問題に組織をあげて取り組んだこともまた事実である。連合会が中心になって全国の教員理事に参加を呼び掛け、シンポジウムを開催し、さらにその成果を踏まえて、読書推進活動全国交流会を開始し、学生・生協職員を含めて、問題の所在を探求しようとした。問題の探求に学調という資料を関係させ、読書推進活動を全国の大学や出版社に発信し、ともに議論する姿勢を明らかにした。全国的な読書推進運動の展開は、おそらく大学生協のみであったと思われるし、大学生協にしか展開できない運動でもあった。その理由は、大学生協が学生・院生・教職員・生協職員というさまざまな階層から構成されていて、大学教育の要でもある読書を共通の問題として協議できたからである。第1回の交流会では、読書の定義をしつつ、教員と学生間の相違が際立った。その相違は、学調の報告会とシンポジウムでも続き、編集者も教員と近い認識であることが分かった。第2回の交流会は読書減少傾向を活動事例とグループ討議で取り組んだが、成果の報告がないので紹介できない。第3回の交流会では、読書習慣のない学生を読書に誘う記念講演が開かれ、店舗活動に焦点があてられた。これまでのテーマを踏まえつつも、店舗活動の充実のための議論が目立っていたように思われる。これまでの3回の交流会の結果が、「読書推進活動の実際」における「学生によるもの」と整理されたのである。

　3回にわたる全国交流会は幕を閉じて、その成果を踏まえて読書推進活動を各大学生協で展開することが求められた。同志社大学生協は、独自の展開として、書評誌の方針変更を考えながら、実際には『邂逅』を整理し、書籍サークルの呼びかけや『同大生の読書生活』(1994年)を発行した。読書推進運動は80年代半ばにピークを迎えるが、徐々に熱がさめて衰退したように思われる。2003年に法政大学生協で「読書マラソン」の運動がはじまり、今日また改めて読書推進運動の高まりをみせている。この紹介と意味については、稿をあらためて取

り組みたい。大学生協の読書推進運動は依然として継続しているのである。

注

1　1957年に創立した同志社大学消費生活協同組合は、97年に同志社生協に名称変更した。本稿では、名称変更以前の時期を対象としているため、あえて同志社大学生協としている。
2　井上史「1970年代、80年代の同志社生協——変化と模索の時代の大学生協運動」『社会科学』第84号、2009年7月。本書第Ⅰ部第7章参照。
3　『邂逅』は故人文科学研究所教授田中真人先生所蔵を井上史が受け継いだものである。15号が欠号になっている。
4
　　1号：「学長さんこんにちわ」（松山義則先生にインタビュー）書籍委員会
　　2号：「独房の中の読書」和田洋一文学部名誉教授特別寄稿
　　3号：「この夏君はどうすごすか！」里井陸郎文学部教授、金丸法学部教授、那須頼雅商学部教授、吉武孝裕商学部教授、藤村幸雄経済学部教授、藤代泰三神学部教授、田坂明政工学部助教授
　　4号：「表芸と裏芸と脇芸と」山田忠男工学部名誉教授特別寄稿
　　5号：「グローバルな視野から」原猛雄商学部名誉教授、「半生を絵巻にして」中島和子法学部講師
　　6号：「自己を自治自立の人間にせよ」井上勝也文学部教授、「ジャンクリストフと純平君」橋本滋男神学部助教授、「知性と健康に溢れる生活を」今井俊一商学部教授、「濫読と一人の教師」大野節男経済学部助教授
　　7号：「読書とは、食欲を満たすのと同じか」島弘商学部教授
　　8号：「読書真髄」嶋田啓一郎文学部名誉教授
　　9号：「自由民権と現代」西田毅法学部教授
　　10号：「感性のアンテナ、360度」（僕たちの消費と生活意識について考える）
　　11号：「君たちどうかしていやしないかとそれは言いたいですね」（和田文学部名誉教授に聞く）生協学生委員会
　　12号：「めぐり☆アイ」（戦争になったら読書もできなくなるんだよね）
　　13号：「若者として、学生として四年間燃焼できるテーマに燃えてほしい」（就職を考えよう）編集委員会
　　14号：「めぐり☆アイ」（さよならグッバイ82！）
　　16号：「この夏の読書計画」（読書傾向の分析）

17号：「いまなぜ『雑誌ブーム』なのか」、「賢い読み手になりなさい」山本明文学部教授、「意欲的な読書で、精神的な成長を」八木鉄男法学部教授
18号：「コミュニュケーションの年のコミュニケーションは…。」書評誌サークル
19号：「本をめぐる不規則六面活用」書評誌サークル
20号：「ニューアカデミズムを探る」（浅田彰を中心に）書評誌サークル
21号：「埋もれたモダン——日本の1920年代を探る」
22号：「特集漫画」書評誌サークル
23号：「今では主婦見習いの生活」（鶴見俊輔インタビュー）
24号：「怒涛の100冊」書評誌サークル
25号：「特集ひさうちみちお」書評誌委員会
26号：「特集上野千鶴子」
27号：「特集森毅インタビュー」書評誌委員会
28号：「特集中島らもインタビュー」書評誌委員会
29号：「愛の100人大図鑑」書評誌委員会
30号：「特集　同志社と同女の先生インタビュー」竹内成明、小野修、植田三郎、吉田謙二、上野瞭、森川真規夫各先生のインタビュー記事
31号：「特集落合恵美子インタビュー」「邂逅」編集部
32号：「特集原子力発電」「邂逅」編集部
33号：「特集詩」「邂逅」編集部

5

1号：『皇帝のいない八月』（小林久三・講談社）、『現代の賃金理論』（黒川俊雄・労働旬報社）、『こんな大学を出てもムダになる』（筑波書林）、『民話の思想』（佐竹昭広、平凡社）
2号：『教育は死なず』（若林繁太・労働旬報社）、『中国レポート』（有吉佐和子・新潮社）、『社会科学をいかに学ぶか』（全国社研連・汐文社）、『権利のための闘争』（イェーリング・日本評論社）
3号：『薬害スモン』（亀山忠典・大月書店）、『絞首台からのレポート』（フーチク・青木文庫）、『真下信一著作集』（青木書店）、『虫ケラにも生命が…』（藤原英司・朝日新聞社）
4号：『女のからだ』（ボストン「女の健康の本」集団・合同出版）、『銃と十字架』（遠藤周作・中央公論社）、『知る権利』（奥平康弘・岩波書店）、『殺される側の論理』（本多勝一・朝日新聞社）
5号：『学問とは何か』（島田豊・大月書店）、『稚くて愛を知らず』（石川達三・角川書店）、『父よ母よ！』（斎藤茂男・太郎次郎社）、『ガン病棟の九十

九日』(児玉隆也・新潮社)
　6号：『ギリシャ神話小事典』(バーナード・エヴスリン・社会思想社)、『キリスト教図像学』(マルセル・パコ・白水社)、『成りあがり』(矢沢永吉・小学館)
　7号：『苦悶するデモクラシー』(美濃部亮吉・角川文庫)、『関ヶ原』(司馬遼太郎・新潮文庫)
　8号：『アポロンの島』(小川国夫・角川文庫)、『科学的精神の探求』(戸坂潤・新日本新書)、『ノンちゃんの冒険』(柴田翔・新潮文庫)、『神の目の小さな塵』(L・ニーブン・創元推理文庫)
マイ・フェイバリットブック
　9号：『深沢惇郎エッセイ集』(朝日新聞社)、『書斎の復活』(ダイヤモンド社)、『世界観の歴史』(高田求・学習の友社)、『フォーク俺たちのうた』(矢沢保・あゆみ出版)、『森有正全集』(筑摩書房)
10号：『男はつらいよの世界』(吉村英夫・シネフロント社)、『アラン人生論集』(串田孫一・白水社)、『隠された十字架』(梅原猛・新潮社)、『美しさと哀しみと』(川端康成・中央公論社)、『詩人と狂人達』(G.K.チェスタトン・創元推理文庫)
11号：『職業としての学問』(マックス・ウェーバー・岩波文庫)、『伊藤整詩集』(新潮文庫)、『ヒマラヤ診療所日記』(岩坪昤子・中公文庫)、『日常生活の冒険』(大江健三郎・文芸春秋)、『戦後日本史』(山田敬男・学習の友社)
12号：『泥にまみれて』(石川達三・新潮文庫)、『中国の旅』(本多勝一・朝日新聞社)、『ある微笑』(サガン・新潮文庫)、『軍靴の響き』(半村良・角川文庫)、『わしらは怪しい探検隊』(椎名誠・角川文庫)、『勇者に翼ありて』(草鹿宏・一光社)
13号：『女が職場を去る日』(沖藤典子・新潮文庫)、『太陽の子』(灰谷健次郎・理論社)、『漂泊の記』(萩原葉子・青春出版社)、『白鳥の歌なんか聞えない』(庄司薫・中公文庫)
14号：『漂流』(吉村昭・新潮文庫)、『恍惚の人』(有吉佐和子・新潮文庫)、『道ありき』(三浦綾子・新潮文庫)、『大地』(パール・バック・新潮文庫)
16号：『ビッグマン愚行録』(鈴木健二・新潮文庫)、『ヒロシマ・ノート』(大江健三郎・岩波新書)、『狼なんかこわくない』(庄司薫・中公文庫)、『旅のなかの旅』(山田稔・新潮社)、『星の王子さま』(サンテクジュペリ・岩波少年文庫)、『星への旅』(吉村昭・新潮文庫)、『ひめゆりの塔』(石野径一郎・講談社文庫)、『谷川俊太郎詩集』(思潮社)
17号：『わたしの出会った子どもたち』(灰谷健次郎・新潮社)、『野火』(大岡昇平・新潮文庫)

第8章 『邂逅』(同志社大学生協書評誌)と全国大学生協読書推進運動

18号：『クマのプーさん』（ミルン・マギー社）、『動物賛歌』（西山登志雄・新潮文庫）、『青春論』（亀井勝一郎・角川文庫）、『キューバ紀行』（堀田善衛・岩波新書）

19号：『かもめのジョナサン』（リチャード・バック・新潮文庫）、『太郎物語 大学篇』（曽野綾子・新潮文庫）

20号：『旅の絵本』（安野光雅・福音館書店）、『さぶ』（山本周五郎・新潮文庫）、『一千一秒物語』（稲垣足穂・新潮文庫）、『コンスタンティノープルの陥落』（塩野七生・新潮社）

21号：『木簡が語る日本の古代』（東野治之・岩波新書）、『パルチザン伝説』（桐山襲・作品社）、『星のカンタータ』（三木卓・角川文庫）、『正統と異端』（堀米庸三・中公新書）

22号：『銀河ヒッチハイクガイド』（ダグラス・アダムズ・新潮文庫）、『知と愛』（ヘルマン・ヘッセ・新潮文庫）、『自註鹿鳴集』（会津八一・新潮文庫）、『渚にて』（ネビル・シュート・創元社推理文庫）

23号：『霧のむこうのふしぎな町』（柏葉幸子・講談社文庫）、『巨いなる企て』（堺屋太一・文春文庫）、『越山会へ恐怖のプレゼント』（広瀬隆・広松書店）、『記号論ハンドブック』（南堂久史・勁草書房）

24号：『銀の陽』（ナンシー・スプリンガー・ハヤカワ文庫）、『憲法第九条』（小林直樹・岩波新書）、『沈黙』（遠藤周作・新潮文庫）、『赤頭巾ちゃん気をつけて』（庄司薫・中公文庫）

25号：『アラビア遊牧民』（本多勝一・講談社文庫）、『賢者の石』（コリン・ウィルソン・創元推理文庫）、『アクロイド殺人事件』（アガサ・クリティー・創元推理文庫）、『She's Rain』（平中悠一・河出書房新社）

26号：『女の一生』（遠藤周作・朝日新聞社）、『かっこいいスキヤキ』（泉昌之・青林堂）、『スイートホーム殺人事件』（クレイグ・ライス・ハヤカワ）『ブルー・ハイウェイ』（ウィリアム・リースト・ヒート・ムーン・ブリタニカ）

27号：『壜詰の恋』（阿刀田高・講談社文庫）、『キャバレー』（栗本薫・角川文庫）、『星を継ぐもの』（ホーガン・創元推理文庫）、『飛鳥へ、そしてまだ見ぬ子へ』（井村和清・祥伝社）、『日はまた昇る』（ヘミングウェイ・新潮文庫）

28号：『漱石の思い出』（夏目鏡子・角川文庫）、『大黄河第1巻』（井上靖・NHK）、『鏡の国のアリス』（ルイス・キャロル・角川文庫）

29号：『シンデレラボーイ・シンデレラガール』（橋本治・北栄社）、『コンタクト』（カール・セーガン・新潮社）、『化学と私』（福井謙一、山辺時雄・化学同人）、『つかこうへいの本全部』（出版社いろいろ）、『最後のユニコーン』

(ピーター・S.ビーグル・ハヤカワ文庫)、『ケインとアベル』(ジェフリーアーチャー・新潮文庫)

30号：『たとえば、愛』(エド・マクベイン・ハヤカワ文庫)、『渦状指紋』(末房長明・雁音館)、『罵論・ザ・犯罪』(栗本慎一郎他・アス出版)、『青春を山に賭けて』(植村直己・文春文庫)、『ピーターパン』(バリー・講談社文庫)、『自我の狂宴』(頼藤和寛・創元社)

31号：『運命の紡ぎ車』(ギレン・篠崎書林)、『就眠儀式』(須永朝彦・西澤書店)、『狼煙を見よ』(松下竜一・河出書房新社)、『アポカリプス殺人事件』(笠井潔・角川文庫)、『日本人の忘れもの』(会田雄次・角川文庫)、『原発ジプシー』(堀江邦夫・講談社文庫)、『埋もれた日本』(和辻哲郎・新潮文庫)

32号：ナシ

33号：ナシ

6　野村秀和「紛争に揺れた時期の京大の表と裏―京大生協のことも含めて」『京都の大学生協史編纂委員会会報』第13号、2010年3月25日、本書第Ⅱ部8参照。

7　山本市朗『北京三十五年』岩波書店、1980年。

8　第41回京都の大学生協史編纂委員会における寺尾正俊氏の提出資料。

9　「書籍ハンドブック」は1966年版と1979年版があり、再販闘争の記述があるのは後者である。

10　真田隆之助「出版」『経済』1976年8月号所収。

11　伊藤次栄「大学生協の本屋として―京大生協書籍部・龍大生協などの経験を中心に」『京都の大学生協史編纂委員会会報』第7号、2008年7月24日。

12　広庭基介「がんばれ京都の出版界」、寺尾正俊編『京の出版と文化』京都大学生協、1978年。

第9章

初期の同志社生協史に関する一考察
——購買部の動向に着目して——

小枝 弘和

はじめに

　同志社生活協同組合（以下、同志社生協と記す。）は、1958年8月1日「同志社大学消費生活協同組合」として法人認可を受け、以来2008年で満50周年を迎える。また2008年は、1898（明治31）年に当時同志社の教員であった安部磯雄らによって全国初の学生の消費組合が同志社に設立されてから満110周年を迎える年でもある。既に同志社生協のホームページでは歴史略年表が公開され、また井上史氏が同志社生協50年史編纂委員会編『同志社生協史料集Ⅰ『東と西と』第1期創刊号～89号（1957～1966）』（同志社生協、2008年2月）の「解題」で、安部磯雄から現代へと続く歴史を概説している。このような資料で同志社生協史のおよその流れをつかむことができる（図9-1）。
　図9-1の系譜から明らかなように、同志社生協関係の諸団体がすべて一連の系譜上に位置するわけではない。1898年に安部磯雄らによって設立された「消費組合」、次に1921年の「同志社購買組合」から

図9-1　同志社生協関連団体の系譜

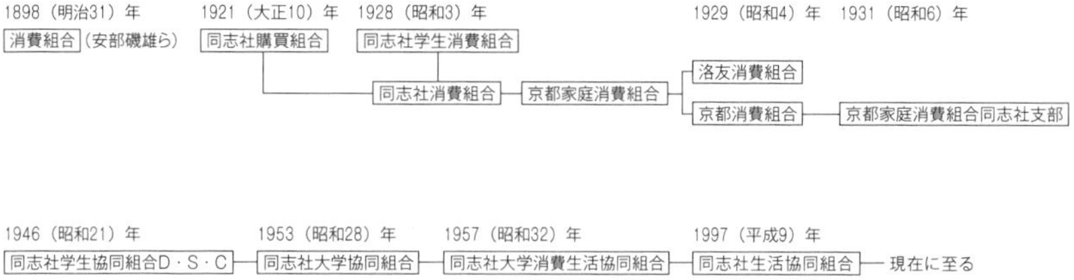

1898（明治31）年	1921（大正10）年	1928（昭和3）年		1929（昭和4）年	1931（昭和6）年
消費組合（安部磯雄ら）	同志社購買組合	同志社学生消費組合		洛友消費組合	
		同志社消費組合	京都家庭消費組合	京都消費組合	京都家庭消費組合同志社支部

1946（昭和21）年	1953（昭和28）年	1957（昭和32）年	1997（平成9）年	
同志社学生協同組合D・S・C	同志社大学協同組合	同志社大学消費生活協同組合	同志社生活協同組合	現在に至る

　「同志社消費組合」、そして「京都消費組合」へと至る流れ、さらに、終戦直後の1946年の「同志社学生協同組合」（D・S・C）から「同志社大学協同組合」、「同志社大学消費生活協同組合」、そして現在の「同志社生活協同組合」へといたる流れと、同志社生協史は現時点で大きく3つの系譜に分類される。それぞれの組織の歴史的関連性は、思想的には窺うことができるが、組織的には断絶している。なかでも、1921年に大学理事らによって発足した「同志社購買組合」は、1928年に同志社労働者ミッション[1]に引き継がれて「同志社消費組合」となるが、御大典時の昭和天皇の京都御所滞在時の有終館火災、それにともなう海老名弾正総長の辞任、さらに岩倉の土地問題などにはじまる、いわゆる「同志社騒動」の余波を受けて「同志社消費組合」の実質的運営を担っていた教員や学生が解職、追放され、1929年8月に同志社の外の組織「京都家庭消費組合」の発足に受け継がれることになる[2]。一方で、終戦後の1946年に発足する「同志社学生協同組合」は学友会傘下の厚生団の下部組織として出発する[3]。このように、同志社外の組織となった「京都家庭消費組合」と戦後の同志社内の「同志社協同組合」には組織的な連続性は窺われない。

　さらに、戦前と戦後では組織を率いるイニシアティブの所在が大きく異なっていた。戦前においては、「同志社購買組合」は同志社の理事らによって、さらにこれを引き継いだ「同志社消費組合」は、当時同志社法学部教授であった中島重が主導する同志社労働者ミッション

によって運営されていた。すなわち、こうした組織を発足させる際には学生以外の人物が組織結成の主導的役割を担っていた。

　一方で、戦後の「同志社学生協同組合」は戦前の組織とはその成り立ちに違いがあった。その違いを示す資料に、「同志社学生協同組合」の後身である「同志社大学協同組合」が発行した機関紙『平和と生活』第2号（1956年3月10日発行）に掲載された「生活を守る協組の歴史」と題する次のような記事がある[4]。

　　協組は「よりよき生活と平和のために」と言うスローガンを掲げて、学生と教職員の生活を守ること第一の目的として、昭和廿八年一月廿八日に発足した。すでにその前から学生有志の形で学生消費生活協同組合が昭和廿二年頃から存在していたが殆んど組合員組織と言うものがなかった。その頃はまだ明徳館が立つて居らず消費組合は現在の二部学生分室でうどん、パン、プリント、ノート等書籍をささやかながら扱つていた。学生会館食堂は外部商人が委託経営していた。当時、学館食堂は学内の唯一の食堂で非常に高くて、学生の間から外商の暴利について鋭い批判が出て廿七年の秋に種々な問題をきつかけに、学生の不満が爆発し、いわゆる学館斗争と呼ばれる運動が起り、ついに外商を追い出すことに成功した。しかしその頃、学生自身の手で食堂を経営する力と体制がなかったために、学生部と学友会との共同管理で再び別な外商に委託することになった。
　　その后しばらく新しい外商の下で食堂が経営されていたが、不正事件が起こり、そのために当時の学生部長岡本清一教授は契約を解消した。
　　その年の冬休み中に具体的準備を推めて当時の学生消費組合と学友会とがタイアップして学館食堂の経営に当たる事になった。同時に消費組合を「学生生活協同組合」と改めた。翌る廿八年一月二十八日に正式に組合定カンを定め、学生と教職員より一口百

円の出資を求め共同組合は設立された。

　上記資料の「学生消費生活協同組合」は「同志社学生協同組合」を指すと考えられるが、その協同組合が、組合員組織が存在しない時期に学生有志により運営され、学生生活を支える活動をしていたことである。つまり、イニシアティブは学生にあり、戦前の組織とは別段の特色がある。

　本論ではこの特色に着目した。戦後の協同組合の端緒となる組織が学生主導であるとするならば、それ以前に既に学生らによって類似組織が同様の活動を実施していたと考えられるからである。その手がかりとして、本論では大正末期に形成された購買部を取り上げる。なぜならば、戦時下には既に学友会内には購買部が存在し、組織的には協同組合とは言えなくとも、その活動内容は協同組合に類似すると考えられるためである。そして、購買部を機軸としてその変遷を明らかにすることは、同志社生協史において組織的に断絶していた空白時期の補填(ほてん)に少なからず貢献すると考えられるからである。

　そこで本論では同志社生協前史のひとつの流れが購買部にあるのではないかとの仮説をもとに、現時点で資料がある程度存在する明治後期から昭和初期を中心に、購買部の設立とその同志社史における位置付けを考察し、ひとつの試論を構築することを目的とする。なお、本論は筆者が所属する同志社社史資料センターが主催したNeesima Room第32回企画展「大正デモクラシー期の同志社——原田助総長と海老名弾正総長の時代——」に関する資料調査の過程で明らかになったものであり、筆者と同様にこの調査を担当した当センターの田中昭彦氏と馬渕吉倫氏のご教示を得た。

1　安部磯雄の消費組合設立と同志社の状況

　同志社生協史の端緒は1898（明治31）年の安部磯雄らによる消費組合の設立[5]である。安部らはイギリスのロッチデールの消費組合を理想とし、当時の学生を取り巻いていた「学校側の二軒の商店が、学生相手に非常に暴利を貪っていました」という状況を改善するべく消費組合を設立した。この消費組合は教職員が１人当たり３円から４円の共同出資で運営され、実際の店舗の運営は学生３人を雇入れ、委託されていた。

　この消費組合は当初はうまく運営されていたと考えられるが、１年足らずで破綻したと考えられる。安部は、その理由を、消費組合は現金主義をとっており、金に苦心する学生は現金主義の消費組合よりも掛け売り可能な他の店舗へと流れがちで、安定した経営状態を保てなかったとしている。しかし、安部自身が1899年３月には同志社を退職し、５月には東京専門学校（現・早稲田大学）の講師に就いていることから考えれば、安部の同志社退職も少なからず消費組合の存亡に関係していたのではないかと考えられる。そして、安部の退職は当時の同志社が抱えていた大きな問題が影響していた。

　1898年という年は初期の同志社史において非常なる重大な問題が生じた年であった。世にいう「同志社綱領削除問題」である。1898年２月、同志社は学校運営を有利に働かせる徴兵猶予の特典を得るために綱領中の「本社ハ基督教ヲ以テ徳育ノ基本ト為ス」の条項を削除することを決定する。これを決定したのは当時の社員会（現在で言う理事会）であり、その代表は第３代同志社社長（第７代より総長と改称）横井時雄であり、安部磯雄も削除に賛成を示した一人であった。

　この社員会の決定は、宣教師や卒業生らに対して大きな波紋を呼ぶことになる。宣教師に関しては、既に1896年４月にアメリカン・ボード（海外伝道会社、ミッション）からの財政的独立をめぐる問題で交渉決裂していたが、宣教師にとって同志社はボードの学校であり、キ

リスト教主義の看板を取り外すことは考えられないことであった。また、卒業生の多くは同志社のキリスト教主義に共鳴し、同志社への寄付を行っていたこともあって、彼らにとって同志社からキリスト教主義が消え去ることは、ある種卒業生への裏切り行為でもあった。

特に宣教師の反応は過剰なもので、「綱領」削除を撤回しないのであれば、ボードが同志社に費やしてきた資金の返還を求めた訴訟も辞さないというものであった。この同志社とボードをめぐる争いは、同志社とミッションという枠内だけにとどまらず、日本政府の方針にまで飛び火するものであった。すなわち、ボード側が時の外務大臣である大隈重信に接し、仲介を頼んだからである。この時点で同志社とミッションの問題は、当時条約改正を模索していた日本政府とアメリカ政府との間に齟齬をきたす可能性があり、もはやいち学校の問題の枠には納まらないものとなっていた。

ボードと接触した大隈は、外国との間で問題が生じることを憂い、同志社に対して、「綱領」の削除箇所を復活させて徴兵猶予の特権をあきらめるか、もしくはボードにこれまでの寄付金すべてを返すかの2つの選択肢をせまることになる。結局1898年に横井をトップとする社員会は総辞職し、1899年2月に新社員会が組織されると「綱領」の削除箇所を復活することを決定した。一方で、この「綱領」削除問題が波及した問題が外交問題化することを恐れた明治政府から、徴兵猶予の特典を得ることになる。大きな問題であったが、結果としては同志社が徴兵猶予の特典を手に入れ、同時にキリスト教主義を維持するというかたちで問題は収束することになった。

安部の辞任は新社員会が発足した翌月であり、安部が徴兵猶予の特典を得るための「綱領」削除賛成側であったことから考えれば、彼は同志社を去らなければならない状況にあったと考えられる。つまり、消費組合が成立して早々に「綱領」削除問題が起こり、削除問題の賛成側として安部は卒業生との折衝に当たらざるを得なかった。消費組合に時間を多く割くことはできなかったのではないかと想像される。

つまり、同志社最初の消費組合を取り巻く環境は、実際的には他店舗との競争で、組織的には同志社内の紛擾の影響で解消せざるを得なくなったといえるのではないだろうか。

消費組合が解消したのち、組織的理念的にこれを受け継ぐ組織は、1921年に設立される「同志社購買組合」であり、20年の空白ができてしまう。同志社においても、「綱領」削除問題が解決するや否や文部省訓令12号に対する対応を迫られ、また1907年に原田助が第7代社長に就任するまでの8年間は、横井のあとを受けた西原清東、片岡健吉、下村孝太郎とめまぐるしく社長が交代する不安定な時期であった。

しかしながら、同志社が不安定な時期から、全国的には学生消費組合がさまざまな学校に設立されていく時期でもあった。奥谷松治著『日本生活協同組合史』によれば[6]、1903年慶応義塾、1905年日本女子専門学校（現・日本女子大学）、1906年静岡県立農学校（現・静岡県立磐田農業高等学校）、1907年東京高等農学校（現・東京農業大学）、1908年静岡県韮山中学校（現・静岡県立韮山高等学校）、大阪府立農学校（旧・大阪獣医畜産専門学校、現・大阪府立大学農学部獣医学科）、群馬第一師範学校（現・群馬大学）、1909年高知県師範学校（現・高知大学）、愛知県立農林学校（現・愛知県立安城農林高等学校）、東京高等商業学校（現・一橋大学）で学生消費組合が設立されている。

2　商事研究会の発足と購買部の設置

全国の学校にて学生消費組合が林立される一方で、同志社では1921年まで消費組合の設立を待たねばならなかったが、このときまでに注目すべき動きが学内にあった。同志社は1912年に専門学校令によって初めて「同志社大学」と「大学」を名乗ることができるようになった。ただし帝国大学とは質の異なる「大学」として認められたにすぎなか

った。このときに設置された学部は政治経済部と神学部である。これから4年後の1916年5月10日に政治経済部経済科にて商業実務研究会（時期は不明であるが、のちに商事実務研究会と改称）が設立される[7]。この研究会の発案者は大学政治経済部経済科の教授であった中川精吉と組谷定治郎で、中川は東京高等商業学校の出身者である。この研究会は「本會ハ講演、討論、報告及ビ視察ニヨリ、商業實務ヲ研究スルヲ目的ト」（商業實務研究會規約第二條）し、当時の図書館（現・有終館）に研究室を構えて月1回程度の活動を定めている。研究会役員は互選され選挙で選ばれた経済科の現役の学生が務め、経済科の在学生と卒業生を普通会員、教職員を特別会員とするなど、学生の自治運営のもとに成り立った研究会であった。

　しかし、実際のところ、商業実務研究会の活動はそれほど長続きしなかった。『同志社時報』第133号（1916年7月1日発行）と第136号（1916年11月1日発行）においてのみ、その活動内容を確認することができる。活動内容は、視察や講話、会議の内容、参考資料の寄贈などで、変化を挙げるとすれば『同志社時報』第136号にて、研究会発足から半年を経て会則を改定していることであろう。会則の変更点の中でも特徴的なものは「第二条第一項を『會員は本會必要費支辨の為め毎月金拾銭を本會に支拂ふ義務を有す』とし第二項に『入會せんとする者は入會金として金貳拾銭を納むべきものとする』を挿入せり」[8]とある点である。商業実務研究会が大学の中でどれほど注目された存在であったのか、またどの程度の会員規模を誇り、この会則改定までにどのようにして資金の運用を行っていたのかは資料が不足しているために詳らかではない。会員から運営資金を募り、研究会を運営していこうとしていたことだけは明確である。しかしながら、後に見るように、この研究会は実質的に休会することになり、研究会としての機能を果たすことはなかった。そうとはいえ、この研究会が設立され、運営されていたという事実が後の布石となる。

　商業実務研究会はその後商事実務研究会と改称され、活動が継続さ

れていたことが窺えるが、詳しいことは不明である。再び過去の記録に研究会が現れるのは同志社大学が大学令による同志社大学として開校してからのことになる。

　1920年、同志社大学は大学令による同志社大学として新たに出発し、従来の各種学校扱いの「大学」から、高等教育機関としての大学として法的にも明らかに位置付けられるようになった。一方の専門学校令によって開校した同志社大学は1922年に同志社専門学校として開校することになる。

　同志社大学の開校の翌年1921年には既に述べたように「同志社購買組合」が5月28日に設立する。そして、その3週間後の6月18日に商事実務研究会の後身組織である商事研究会（のちに商業研究会と改称）が発足した。『同志社時報』第188号によれば、この商事研究会は「一時中絶ノ姿デアツタ商事實務研究會ノ復活シタモノデ『商事』ニ趣味ヲ必要トヲ感ズル本大學々生中有志ノ者ノ集團デアル、ソノ目的ヲ述ブルニ會則第二條ヲ以テスル」[9]とある。ここから商事実務研究会が実質的に休会状態にあったこと、そして商事研究会は商事実務研究会の目的を受け継いでいたことがわかる。その目的は既に見てきたように、「本會ハ講演、討論、報告及ビ視察ニヨリ、商業實務ヲ研究スルヲ目的トス」ることであり、おそらくその後改定が加えられた入会金と毎月の会費も受け継がれたと考えられる。

　商事研究会は商事実務研究会の後身組織ではあるが、両者には幾分の違いがある。まず商事実務研究会は「同志社大学」政治経済部経済科の在学生と卒業生を会員の対象としていたが、商事研究会は「本大學々生中有志ノ者ノ集團」である。そして、ふたつの研究会のもうひとつの大きな違いは商事研究会が購買部を設けたことである。商事研究会では商事実務研究会の第2条を踏襲するとともに、その趣旨に沿う形で会員各自の研究報告及び討論会、会社工場の視察、実地商事に関する参考品の収集、遠足茶話会の実施、購買部を設けて実務の練習、タイプライターの練習を従事する事柄として列挙している。購買部に

ついては「購買部を設けて實務の練習をなす事」とあり、「同志社購買組合」のような共同出資の消費組合の要素はなく、あくまで購買部は商業実務の演習であった。この意味の限りでは、購買部はいわゆる産業組合法で規定される消費組合の要素はほぼないかのように見えるが、購買部が商事研究会の一組織であり、その研究会が共同出費で運営が成り立っていたことを考えると、学生生活に寄与する可能性という点では学生消費組合と類似する性格を持っていたとも考えられる。

いまひとつ興味深いことは、商事研究会はやはり学生による自治組織であったことは疑いないが、賛助会員として商事実務研究会の発案者である中川精吉の名があることである。中川は当時大学の法学部の教員で、やはり何らかのかたちで商事研究会にも影響力を与えていたと考えられる。つまり、これらの研究会は、中川を中心とした「大学」及び大学における商業実務研究の体制作りの一環に位置付けられ、実質的には中川が研究会を主導的に導いたことが窺われる。

商事研究会の活動報告は『同志社時報』を見る限りでは、1921年に3回（第189号1921年8月1日発行、第191号1921年12月1日発行、第193号1922年1月1日発行）、1922年に2回（第199号1922年7月1日発行、第202号1922年11月1日発行）があるのみで以降の報告はない。しかもその報告内容は工場見学や物品収集などに関する報告が大半で、購買部に関する報告はまったくなく、実態として購買部がどのように機能していたかは不明である。しかしながら、次に見るように、購買部は確かに存在し、活動が行われていたことが窺える。

さらに付け加えておくことがふたつある。先述のように、購買部の存在が史料上で明記されるのは商事研究会が設立された時であるが、過去の「同志社大学」のアルバムを見ると、「KOBAIBU」という写真が1919年のアルバムに掲載されている（図9-2）。写真中央には「商業実務研究室」の看板があり、この写真は、商事研究会の前身組織の商業実務研究会、もしくは商事実務研究会が組織されていた段階で既に購買部が設置され、営業していたことを窺わせる。

図9-2　購買部　同志社大学アルバム1919年（同志社社史資料センター所蔵）

もう1点は、同志社専門学校が開校した翌年に、専門学校の高等商業部においても購買部が設立された事実である。『同志社時報』第209号には「同志社専門學校高等商業部學友會々則」が掲載されており、その第3条には「本會ニ左ノ部門ヲ設ク」とあり、「一、學藝部、二、運動部、三、購買部」とある[10]。しかしながら、わずか1年後には学友会の会則が変更され、購買部の文字は無くなる[11]。高等商業部学友会の購買部の活動の実態は詳らかではないが、少なくとも同志社内各学校において購買部を設置する傾向が存在したことだけは窺われよう。

3　同志社大学学友会への購買部移管―学生会館と新島会館建設をめぐって

商事研究会の設置した購買部に関する詳細は詳らかではない。しかし、卒業アルバムなどの写真資料から確かにその存在を確認できるため、購買部は1921年の設置以降も確かに存在し、経営されていたこと

だけは疑いない。そもそもこの購買部は商業実務の研究のために設立されたものであり、実質的に大学の有志によって組織された商事研究会のメンバーの生活に寄与するものであったと考えられる。このような性格をもつ購買部に新たな転機が訪れる。それは1925年に大学の学友会が発案した学生会館建設であった。

　1925年3月の段階で、当時大学学友会の幹事長であった竹林熊彦が『同志社時報』に「學生會館に就て」と題する一文を寄せている[12]。竹林はこのなかで「其の〔学友会——以下、筆者注〕草案の起草中に學生の幹事から學生集會所の建設を同志社創立五十年記念事業としたいとの意見が出た」と、学生会館建設を学友会の同志社創立50周年記念事業と位置付ける案が学友会内での会合にて提起されたことを説明している。しかし、学生会館は学友会だけが独自に考案した計画ではなく、竹林も認めるように、大学野球部から学生集会所建設基金として50円が学友会に寄付されたことが今回の学生会館設立の大きな契機であった。

　学生会館建設の発議に対して、竹林も思うところがあった。彼はその理由を「學生會館に就て」で「學校にはクラス會、縣人會、出身学校の會合、いろいろなものがある。然しそれに適當な場所がない。私は一昨年の秋學校からの命によって西下して視察の旅の間に此等の學校に學生會館のあるのを羨しく思った。同志社は過去と現在と未來の學生のものであらねばならぬ。その學生の生活を享樂すべき設備の缺くることは一大缺點であらねばならぬ。私はこの時から是非學生會館の計畫を夢のうちに描いた。學生諸君の希望もここにあることを知った。私は幹事の一人にその具體的設計を囑した」と説明している。竹林は当時の同志社内における学生を取り巻く環境の不備を説明し、その不備を補填する学生会館の建設が学生の総意でもあるという観点から、学生会館建設の妥当性を認め、具体的な建設案の考案を幹事の一人に託すことになる。

　竹林は1925年の段階で、募金方法を学内の4,000人と卒業生4,000人

の計8,000人から80,000円を募ることを計画していたが、1926年の段階になって竹林が計画を委嘱した幹事と考えられる相沢清吾が具体的に学生会館の構想を明らかにした。相沢は『同志社時報』第242号に寄せた「學生の主力により學生會館を建設せよ」において、「吾人は茲に於て同志社創立五十年記念事業基金として得たる音樂會の純益一千餘金を基本とし學生各自毎学期五十銭づつ建設費として納付する他随時音樂會とか或は運動部の助力によつて世の一般の人々の同情求め二萬圓の金を據出して、二階建ての學生會館を建設し階下を食堂にし、階上を集會所、事務所等に充てたいと切に望むものである」と述べ、学生会館建設にまつわる具体的な方策と構想を明らかにした[13]。記事の中で建設資金の収集方針で竹林が述べていた卒業生に対する寄付の呼びかけがなされていない点が大きな違いである。また、ここではじめて学生会館内に食堂を設けることが明記された。相沢は特にこの食堂に関して重要性を認識しており、同じ記事の中で、「食堂を設ける事は學生の保健のためにも、經濟上から是を見ても必要缺くべからざる事たるや論を俟たぬ。同志社附近の食堂を見よ料金に於て一定したものなく、設備の點に於て、衛生の點に於て随分とひどいではないか。何人も食物には絶えず注意を佛わねばならぬが、殊にも頭腦を酷使する學生に取つては十二分の考慮を必要とするものである。今の同志社の学生は食堂屋から暴利を貪り取られてゐるに過ぎぬ。學生の血となり肉となるべきものが徒らに營利商人に搾取されて居るに過ぎぬのである。吾人は保健のためにも學生會館建築の必要を痛感するものである」と力説している。相沢が感じる食堂の必要性は、かつて安部磯雄が暴利を貪る学外の店舗に対して消費組合を設立した目的と類似する点が存在する。学生食堂の存在意義は学生活動の拠点という意味だけでなく、学生生活への貢献という意味で大きな意義のあるものとして相沢をはじめ学友会が考えていたことがわかる。

　相沢によって具体化された学生会館建設構想の実現には、既に学友会に寄付された1,000円に、学生から毎学期ごとに50銭を徴収するこ

とで、建設資金の20,000円を蓄えようとしていた。実質的にこの計算では当時の学生が4,000人であったとすれば、5年は必要とする計画である。しかし、学生会館は翌年1927年7月上旬には工事を着工し[14]、11月15日には落成式が挙行されている[15]。つまり、学生会館はその具体的構想が発表され、資金集めが始まってからわずか1年にして、資金収拾の目処が立ち建設されたわけである。そのように順調に、しかも早期に建設資金が集まった背景には2つの要因があった。

まず、ひとつめの要因としては同志社校友会のバックアップがあったことである。学生会館は同志社創立50周年記念事業の一環として位置付けられていたことは、先の竹林と相沢の言葉で見た通りであるが、校友会においても同志社創立50周年記念事業として新島会館の建設が決定していた。当時の校友会長であり、同志社の理事でもあった西村金三郎は『同志社時報』第228号にて「大正14年度同志社校友会事業報告」で新島会館の建設を記念事業として実施することを明記した[16]。おりしもこの発表は竹林による学生会館の発議とまったく同時であり、学生会館建設と新島会館建設は互いに競合する形になってしまっていた。相沢が卒業生に対しての資金の収集を明言しなかった背景には、このことがあったと考えられる。

しかし、実際には校友会が新島会館建設募金を手控えることになった。西村はこの件に関して『同志社校友同窓會報』第12号に「新島會館建設資金募集を學生會館建設資金募集に對して手控へたる事について」という記事を寄せて、同志社内で建設資金募集が併発したこと、手控えたことに対する正当性とその好影響を説明している[17]。西村の説明は手控えが校友会総会の決議であるという極めて説得力のある公的な意見であるという説明とともに、「校友会の總會は學生會館速成のために心持よく手控え兄分氣前を發揮した學生の喜ぶのは當然である學生はやがて校友となるのである」と今後を見据えた今回の手控えに関する理解を求めた。校友会が建設資金収拾を手控えたことは、学生会館建設資金の収集に有利に働いたことは容易に想像できる。また、

西村の記事の内容から、卒業生からの寄付金も学生館建設に幾分かが寄せられていたことが窺われる。

　もうひとつの早期建設着手の要因として考えられることが、商事研究会が設置した購買部が学友会に移管されたことである。この件は『同志社校友同窓会報』第9号にて「大學々友會購買部を讓受經營して純益を學生會館建設資金に充當す」として報じられた[18]。学友会における購買部の役目は、「凡て學生本位に市價よりも安く學用品其他を販賣し、純益は一部を高商學友會に寄附し、残餘は大學々友會の財源に充當する筈なるに當分は全部を學生會館建設資金に繰込み、以て學生の負擔を輕からしむる」と説明されている。あきらかに購買部の移譲は学生会館建設資金の収集を見定めたものであると同時に、学生会館完成後の食堂経営との兼ね合いも想定されていたと考えられる。購買部は1927年3月14日学友会に引き渡され、4月12日より営業を開始した。学生会館建設着手までは3カ月あまりであるが、幾分かの貢献を行ったと考えられる。

　このように学生だけでなく校友会の協力などもあり学生会館は早期に完成するに至った。その過程で少なからず購買部が貢献したことは疑いないであろう。学友会に移譲された購買部の性格は移譲された時点で研究的な性格よりも、学生の生活に資するという性格を強く意識されるものになった。ちょうど学生会館が完成し、落成式が行われる2日前の11月13日学生会館の2階にて同志社労働者ミッションの発会式が行われている[19]。同志社労働者ミッションは翌年6月に「同志社

大学学友会購買部の様子
(『同志社校友同窓会報』第9号1927年5月15日発行)

学生消費組合」を発足させ、その後有終館火災に端を発する同志社内の混乱で「同志社騒動」の余波を受けて学外へと拠点を移すことになることは既に述べた通りである。

4　その後の購買部と課題

　1927年に学生会館が設立されて以降の購買部の活動に関する資料は極めて少ない。昭和4年度の『同志社大學々友會便覧』では学友会が実施する事業として購買部の経営が確かに明記されており[20]、購買部は学友会に移管された時に課せられた役目を果たすように機能していたと考えられる。1935年に学生に配布されたチラシをみると「共済部賣店（購買部）」とあり[21]、学友会の重要な一事業として存続していたことが窺われる。しかしながら、戦時中の学友会資料は非常に乏しく、今後さらに広範な資料調査を行い、学友会や学生生活における購買部の位置付け、特に付せられた性格について明らかにする必要がある。とりわけ、1927年に学生会館は完成するが、わずか4年後の1931年5月3日には食堂からの出火で全焼してしまう。翌年の4月29日に再建を見るが、食堂の経営は外商の手に委ねられる。時期は不明であるが、理事会記録をひも解くと、1939年4月1日から学生会館食堂の経営は魚国商店から磯田義治へ移ったとある[22]。1927年に学生会館が完成した時には食堂と購買部の経営で学生生活を支えようとしていた学友会が、食堂経営を手放さざるを得ないなかで、購買部にどのような位置付けを与えていたのか考察する必要が残っている。

　他の課題としては、学生会館が焼失し再建するころから、同志社内で学生消費組合の設立が見受けられることである。現時点で判明していることは、同志社高等商業学校における消費組合の設立である。これは「同志社高等商業学校消費組合顛末報告」（同志社社史資料センター所蔵）に詳しくある。同志社高等商業学校における学生消費組合

設立の発議は同志社高等商業学校生徒関原逸三、菅根正治、浅尾寿兵衛らが学校当局に設立を申し出たことに始まるが、学校当局は教授会で設立の不許可を決定する。この不許可決定に対し、関原らはビラ配布などを実施し学生消費組合設立の運動を行うが、学校はこの運動の中心人物3名を退学処分とし、問題を収束させた。他にも1932年には同志社専門学校神学部学友会が共済部を設立したという記録がある[23]。この共済部がその後継続したかは不明であるが、少なくとも学生消費組合や共済部といった組織が学生らの手で設立されようとしていたことが窺(うかが)われる。こうした事実およびその背景を資料的に立証する作業がまだ残っている。従来の同志社生協史ではこうした事実は触れられてこなかったことであり、生協活動の「空白時期」を埋める事実でもある。今後は購買部を基軸とした同志社生協史へと続く流れとともに、昭和初期における同志社内での学生消費組合運動に関しての考察を進めていきたい。

注

1　同志社労働者ミッションとは、1927年に同志社法学部教授中島重を中心に結成された組織である。ミッションに所属した学生らは、都市、農村、漁村の労働者とともに時間を過ごしながら伝道を行った。
2　井上史「解題」同志社生協50年史編纂委員会編『同志社生協史料集Ⅰ『東と西と』第1期　創刊号～89号（1957～1966）』同志社生活協同組合、2008年、p.817。本書第Ⅰ部第5章参照。
3　同上
4　同上、p.4。
5　安部磯雄「消費組合の話」『家庭之友』第1巻第11号、明治37年2月3日号、pp.350-352。
6　奥谷松治『日本生活協同組合史』日本協同組合同盟、1943年、p.125。
7　『同志社時報』第132号、1916年6月1日発行。
8　『同志社時報』第136号、1916年11月1日発行。
9　『同志社時報』第188号、1921年7月1日発行。
10　『同志社時報』第209号、1923年6月1日発行。

11 『同志社時報』第221号、1924年6月1日発行。
12 『同志社時報』第228号、1925年3月1日発行。
13 『同志社時報』第242号、1926年6月27日発行。
14 『同志社校友同窓会報』第11号、1927年7月15日発行。
15 『同志社校友同窓会報』第15号、1927年12月15日発行。
16 『同志社時報』第228号。
17 『同志社校友同窓会報』第12号、1927年9月15日発行。
18 『同志社校友同窓会報』第9号、1927年5月15日発行。
19 『同志社校友同窓会報』第17号、1928年2月15日発行。
20 『同志社大学々友會便覧—昭和四年度用—』p.2。
21 チラシ「受験生諸君に告ぐ！！　共済部を利用せられよ！！」1936年4月10日印有（同志社社史資料センター所蔵）。
22 理事会記録「昭和14年5月常任理事会報告（昭和14年5月28日）」（同志社社史資料センター所蔵）。
23 「同志社神学部學友會共済部會則」（同志社社史資料センター所蔵）、「神学部共済會設立についての御願ひ」1932年6月（同志社社史資料センター所蔵）。

第10章

安部磯雄から学ぶ
――同志社生徒時代の日記を翻刻して――

大鉢　忠

はじめに

　本稿は第166回新島襄生誕記念会［2009年2月13日］の私の講演を加筆修正したものである。

　安部磯雄（1865-1949）は大学生協に関係する人々にとっては日本で初めての大学生協として同志社に学生消費組合を起こした「大学生協の父」として、早稲田大学や学生野球関係の人々にとっては「大学野球の父」として、同志社関係者にとっては同志社英学校に学んだ生徒であり、キリスト教に接し新島襄から洗礼を受け、卒業後助教となり、またアメリカとドイツの留学後同志社へ戻り中学校の教頭を勤め先の学生消費組合を起こした後、東京専門学校（現在の早稲田大学）へ移られた人として、さらに、安部自身は辞退したが同志社理事会が同志社総長就任を要請した人として知られている。

　そしてなによりも歴史的には、1901年日本最初の社会主義政党である社会民主党の「宣言書」を書き、初めての男子普通選挙が実施された1928年、64歳で早稲田大学を辞して社会民衆党から立候補して当選した無産派の政治家として知られている。

安部は生涯の自分の生き方を社会主義者の生き方ととらえ、『安部磯雄自叙伝　社会主義者となるまで』（改造社版　1932年、以下自叙伝と略記）でその考えを世に残そうとした。社会主義の考えを持つに至ったのは「第一は明治維新の改革により私が比較的安楽なる生活から急転直下貧乏生活に墜落したこと、第二は京都同志社在学中基督教的博愛主義の感化を受けたことである」と自叙伝の序に記し、その二つが原因であったと回顧している。さらに、同志社生徒のときに相国寺境内で「この世ながらの地獄を見せつけられたこと」［自叙伝101ページ］が「如何に貧乏をなくすか」という生涯を貫く問題意識を与え、その答えとキリスト教に対して抱いた疑問を解決するために力を注いだ。そして、その答えを求めて、アメリカ、イギリス、ドイツ留学に旅立った。

　安部のなかにこのような考えが創造された時期が14歳から19歳までの同志社英学校時代である。その時代の日記と留学に出て日本に帰着するまでの手帳が早稲田大学史資料センターに残されていたことから、これらを翻刻して、2009年２月に『新島研究』第100号別冊として『安部磯雄日記—青春編』を刊行することができた。この機会に私は第166回新島襄生誕記念会に招かれ、「安部磯雄から学ぶ—同志社生徒時代の日記を翻刻して」を講演した。本稿の基である。

　安部磯雄日記に私が引きつけられたと思われる要因についても言及しておきたい。

　まず、同志社英文学校時代の安部に影響を与えた人の中で最も重要な人物が新島襄校長であったということである。

　新島襄と私の縁は、私が第２次世界大戦終戦後、満州から家族と共に引き上げてきて京都に移り住んだ時に、新島邸東側の河原町丸太町角にある春日小学校へ通い、そこの校歌に新島が歌われていたことである。１番の歌詞には頼山陽が、２番に新島先生が使われていた。「秋の月てる御苑のあたり、新島先生学びしところ、これに近くこれを望み、ともに学びともに遊ぶ、あーあー、あ、我ら我らの学校、春

日校」と。この小学校は現在閉校となり、この歌も歌う生徒さんがなくなってしまった。新島が活動した地域に私が住んでいた縁である。

　第2の縁といえるのは、同志社大学工学部電気工学科へ入学し、同志社の教員になって新島の母校アーモスト大学で在外研究を行なった時に訪れた。いま考えてみると、新島の生き方に関心を抱いた要因は次のようなものではないかと思う。私がアーモスト大学に滞在した1977〜1978年ころ、新島先生の亡くなられた後、英文書簡を中心に編集して作られた*Life and Letters of Joseph Hardy Neesima*（1891）のコピーをアーモスト大学で在外研究中であった井上勝也先生に見せていただいたことである。そしてその本を新島青年が学んだ同じ環境のアーモスト大学で読み、他の新島資料にもふれることができた。この本の翻訳がその後北垣宗治先生によって完成し、『新島襄の生涯と手紙』と題して新島襄全集第10巻に収められている。新島自身の手紙を中心に書かれた伝記だったので、ニューイングランドで学んだ新島の若い日々の生活がよみがえってくるような感動をもってそれを読むことが出来た。日本語は明治時代のものは旧式漢字で私にはなかなか読めないが、英文書簡は古いものであってもそのまま読むことが出来た。私がそのとき新島を偉いと感じたのは、自筆のノート、特に数学と英文のノートが丁寧に整理されていたことと、自分の知らなかったアメリカの文化を初めて自分の目で確かめ体で体験して、いろいろな機会に両親はじめ友人に伝えようとしたこと、日本の文化、歴史をアメリカ人に英語で正しく伝えようとしたこと、新しい言葉、新しい文化、新しい宗教を受け入れていたことである。新島が日本にキリスト教主義の学校を設立するという考えを創造したバックグラウンドが示されていた。新島が狙いとした個人を大切にするという従来の日本になかった新しい考え方、生き方であると考えた。新島はキリスト教信者になることを生徒たちに薦めたと思うが、日本の仏教と神道文化の家庭の中で子供時代を過ごした私は同志社大学でキリスト教文化に触れたが、キリスト教信者になることの必要性は感じなかった。アーモ

ストでの経験は、本物オリジナルに接することが、そのこと（新島）に関心をもつために如何に大きな動機となるかということを確信した次第である。

　以上にも増して本題の安部磯雄と私の縁を感じるのは、1995年に同志社生協の理事長に就任したことにあり、今から110余年前の同志社生協の前身の消費組合こそ安部が起こした日本最初の大学生協といわれているためである。また安部が同志社英学校の初期の卒業生で生徒であり、私の先輩に当たる方であったことを知ってよりいっそう関心を抱くことになった。英学校時代の安部生徒は新島校長、宣教師のデイヴィス先生、ラーネッド先生、そしてそれらの先生に教えられた第1回同志社英学校卒業生の山崎爲徳、森田久万人、市原盛宏の若い3人の先生たちから教えを受け、その記録を克明に日記として残されており、その青春時代の日記が早稲田大学大学史資料センターの安部磯雄文庫にご遺族の寄贈で保存されていた。本物の日記を見たとき新島先生に感じたと同じように安部先生を偉いと感じた。

　安部日記4冊は衣装箱に入っており、最初の第1号は同志社入学以降書かれていたと思われるが、その第1号と3、4号が欠号で、残りの2、5、6、7の4冊が保存されている。現在の中学校と高等学校の14歳から19歳までの同志社英学校時代の日記であり、その内容が同志社初期の学校での様子を克明に記されていることに驚かされた。入学時にはキリスト教を知らなかった安部青年が教室ではじめて出会ったキリスト教を同志社でどのように学んだか。安部がキリスト教をどのように信じ、理解したか。当時の同志社でどのようなキリスト教教育がなされていたか。安部の在学中に起こったリバイバル運動をどう見たか。当時の生徒達の寮生活や食後の散歩、週末の郊外への遠足、授業はどのようであったか。これらが生徒の目から記されていることが面白いところであり、注目したところである。ちなみに、安部の名前は入学時「岡本磯雄」であり、途中「竹内磯雄」と名字を変え、さらに、卒後後「安部磯雄」と名前を変えているが、本稿ではすべて

「安部磯雄」で統一している。

　今回の翻刻作業は同志社社史資料センター第１部門研究で安部磯雄日記翻刻委員会を立ち上げ、日記以外に留学中の洋行日記を加えて翻刻した。折しも安部磯雄先生が亡くなって60年目の命日の2009年２月10日に『新島研究』第100号別冊として刊行することができた。付録として、日記以外に自叙伝『社会主義者となるまで』の続きの執筆準備として書かれた自叙伝続編梗概が残されているRecordという手帳、さらに新島襄の伝記を書く準備としての梗概、安部自筆の同志社入学から留学から帰ってくるまでの期間の年譜ノートを翻刻した。さらに、同志社での1933年と1935年の同志社創立60周年記念の安部講演２編もあわせて掲載した。

　先にのべたが、安部は自叙伝『社会主義者となるまで』を書き社会主義ということばを用いた。この社会主義ということばの持つイメージを我々がどう感じるかを考えている。昭和の初期には帝国主義による軍備拡大と戦争を推し進めた世論（？）から社会主義にたいして危険思想というラベルが貼られてしまったように思う。私たちの知らない間に、人々の考え方の中に社会主義が危険思想ということが入り込み、安部が唱えた社会主義とは異なるイメージで世間で受け取られているということに気づいた。今回の私たちが翻刻した日記から読み取れたことは、危険思想とは無縁のものであった。日記が安部磯雄が考えた社会主義がどのように生まれたかの根源にかかわるものを示してくれるであろう。

１　安部のキリスト教観

（１）キリスト教を学ぶ　２年級時代

　同志社では明治13年９月から京都市内に親戚がいるもの以外はすべての生徒は学内の寮で生活すべき事を決め、そのこともあり安部は２

年級の時から寮生活をはじめる。(DOSHISHA FACULTY RECORD DFR: May 14,1880、以下DFRと記す)
- ２年級の先生からキリスト教について多くの話を聞く。(翻刻日記３ページ)
- 自分のキリスト教に対する考え（翻刻日記５ページ）
- 日曜日には新島邸へ集まり聖書の研究を続けた。(翻刻日記７、13ページ)・・・
- 当時、仏教界をサポートした東京の福澤諭吉により明治13年に作られた交詢社員に対する同志社のキリスト教関係者の対応の場に同席していた。
- 耶蘇教（キリスト教）は文明の基礎（翻刻日記27ページ）　　女子教育の必要性の認識
- 耶蘇教の効能（翻刻日記29ページ）
- 耶蘇教の証拠（翻刻日記31ページ）
- 耶蘇教の効果（翻刻日記28ページ）
- 耶蘇教は良薬たる説（翻刻日記32ページ）
- 耶蘇教と真正の自由（翻刻日記33ページ）　　人権、　自由

（２）キリスト教教会活動に奉仕

　安部はほぼ毎週松原講義所へ通いそこで演説を行っている。何処にあったかということと、そこでの役割など詳しいことが記されていない。

（３）神学の研究と将来設計と宗教観　　　４年級
- アメリカ、ヨーロッパの外国事情やキリスト教に関する事をデイヴィス、ラーネッドの外国人教師から学ぶ。(翻刻日記44ページ)
- 日頃の考え　軽く罪を犯して軽く許容を願うべからず（翻刻日記49ページ）
- 金森氏の講演に反論　名誉に関して（翻刻日記50ページ）

- 心境の変化　新島の祈祷に対する意見　熱祷に関して　新島の誘いに応じなかった（翻刻日記50ページ）
- 心を悩ました問題　村井知至との会話と彼の考え（翻刻日記71ページ）
- 父親の財政難と将来の勉学　（翻刻日記75＆76ページ）学校への扶助申し込み。(DFR: May 8,1884)
- 神学校生徒の九月以降の授業料を免除する決定有り。(DFR: May 8,1884)
- 新島に対して批判的な考えを抱いていたと思われる記述：（翻刻日記82ページ）

　明治17（1884）年３月27日アメリカへ行く新島が全校生に朝の朝礼で講演をしたさい、その内容には何も触れていないで、「当朝、新島氏別れを告げらる。」とだけある。３年級から編入し卒業後家の土地を売ってアンドーヴァー神学校へ留学した友人の村井知至は自叙伝『蛙の一生』（警醒社書店、1927、49ページ）で以下のように書いているところと比較すると対照的であると思う。

　「先生が健康回復のため世界漫遊の途に上がられるとき、学生に向かってなされた告別演説はまだ私の耳の底に残っている。初め先生は日本語で語られていたが、それがいつの間にやら自然と英語になってしまい「私の一生は常にアンシーン、ハンド（見ざる御手）に導かれ来たっている、今又この御手に導かれて外遊の途につきますが、若し万一途中で病気で倒れるようなことがあった時、私が、神よ御心のままにと衷心から祈ることの出来得るよう、諸君私のために祈ってください。」といわるるに至って満堂粛然唯嗚咽の声を聞くのみであった。」

（4）退学から留学まで
- 神学校での講義が正統派のキリスト教で、生徒達に関心が持たれていた新しいキリスト教神学に関心を持ち、同志社を村井と二人

で退学した。(翻刻日記101ページ)
・再び同志社社へ助教として帰ってくる。(職業としての就職で、将来の留学に備えるためであった)同級生が神学科の生徒として在籍し、交流をする。月ヶ瀬奈良へ遠足(翻刻日記108ページ)
・岡山教会からの誘いで牧師となる決意をする。自叙伝『社会主義者となるまで』に新島先生から夏まで同志社で助教として教えてほしいと依頼されて、一時的ということで岡山へ行くも、反対に1月までの岡山滞在予定を4月まで延ばすことになり、かつより速く岡山へとの岡山教会の要請により、同志社に帰らず岡山教会へ赴く。岡山教会でのキリスト教伝道においてキリスト教の牧師として聖書に関する信者の疑問にこたえることに悩み、その答えを得るために留学で研究したいという考えに至った。

(5) 洋行日記

　アメリカ、ドイツ、イギリスの3年半の旅行日記である。アメリカハートフォード神学校時代に社会主義者としての考えに達し、級友のガタードとダヴイスと三人揃って赤色のネクタイを着けて教場や食堂に出たこともあった。(自叙伝　205ページ)

　その頃、友人として後に「三幅対」といわれた英学校の旧友である村井知至がアンドーヴァー神学校、岸本能武太がハーバード大学に留学中であり、級友の住むアンドーヴァーとハーバードのそばにあるハートフォード神学校で安部は正統派神学を学びつつ独学で新しい神学を学んだ。卒業後新しい神学に触れるためドイツへの留学を目指した。岸本は財産としてお金があり留学先を自分で決めることが出来た環境であり、新しい神学を学ぶことができた。岸本は留学先を安部と相談しており、校名までは日記には書かれていないが、日記には安部が岸本の留学に賛意を示していることが書かれている。村井の場合には安部と同様経済的には苦しく、アンドーヴァー神学校での奨学金を受けての留学であった。村井と安部は留学中に当地で説教と日本に関した

演説で講演料をもらうことにより学資を得たことが書かれている。
（自叙伝　197ページ）

2　安部磯雄の社会主義

（1）洋行後の心境の変化
・旧式信仰の脱却（翻刻日記146ページ）
・社会問題と社会主義の宣伝（翻刻日記147ページ）
・宗教運動として東京の惟一館でのユニタリアン運動に参画（翻刻日記149ページ）
・社会主義の運動　社会主義協会会長（翻刻日記150ページ）
・社会民主党の創立（翻刻日記151ページ）
・社会主義政党の準備運動（翻刻日記154ページ）
・日本フェビアン協会設立　安部会長（翻刻日記154ページ）

　フェビアン協会（Fabian Society）はイギリスの社会主義団体で19世紀後半1884年1月4日、バーナード・ショー、ウェッブ夫妻らによりロンドンで創設された、議会主義に基づく漸進的社会改革をめざしイギリス社会主義の主流となった。英国労働党の基盤の団体として、現在も存在している。フェビアン協会の名称の由来はカルタゴのハンニバルを持久戦で破った古代ローマの名将ファビウスにちなんで名づけられた（大辞苑より）。英国のフェビアン協会の活動の影響をうけて1924年安部たちは社会主義政党の準備のためフェビアン協会創立をおこない、合法的・漸進的社会改良を標榜し社会民衆党を結党し、最初の普通選挙に備えた。

　冒頭述べた社会主義という言葉がこの安部によって語られ始めた時代は国家が社会主義者への弾圧を加える前であり、安部の主張であった社会主義は高野善一によると「アベ社会主義」（高野善一編著『日本社会主義父　安部磯雄』「安部磯雄」刊行会、1979、90ページ）と

いわれており、一般にも他の社会主義と区別し、キリスト教的社会主義、初期社会主義などと言われているが、その考えが「社会民主党宣言書」の中に次のように記され、社会問題解決法が終生の行動原理になることを記している。

「如何にして貧富の懸隔(けんかく)を打破すべきかは実に二十世紀に於けるの大問題なりとす。……左に掲ぐる理想に向かって着々進まんことを期す。

（一）人種の差別政治の異同に拘わらず、人類は皆同朋なりとの主張を拡張すること。

（二）万国の平和を来す為には先づ軍備を全廃すること。

……

（八）人民をして平等に教育を受けしめる為に、国家は全く教育の費用を負担すべきこと。」

（『万朝報』1901年5月20日、片山哲『安部磯雄伝』112ページ及び付録238ページ）

（2）安部社会主義思想の起源

安部社会主義の起源は19歳の安部（竹内）磯雄が同志社英学校の卒業に際して、5年間学んだ総まとめとして、1884年6月26日に行った英学校の卒業演説「宗教と経済」（翻刻日記87ページ）に始まると思われるが、その内容は、本人も何を話したか記憶にないとのことである。さらにその10年後にハートフォード神学校での3年間の勉学の結果として、1894年6月7日に英語での卒業演説も「A Christian View of Economics（キリスト教徒の経済観）」（自叙伝210ページ、翻刻日記134ページ）であり、この2つの論文のテーマ等からも分かる如く、経済的な面からの取り組みなくして貧乏、差別は無くならないと気づいたことによると思われる。さらに1935年同志社創立60周年記念の栄光館での講演会において「将来の宗教生活と経済生活」の講演をし、貧乏を経済の問題として捉え、解決しようという主張を貫いたことを

紹介している。先にも述べたが同志社生徒のときにお隣の相国寺境内で「この世ながらの地獄を見せつけられたこと」（自叙伝101ページ）が安部に「貧乏をなくす」という生涯を貫く問題意識の解決のために留学をした事を注目したい。留学したハートフォード神学校時代（1894年）にエドワード・ベラミーの『ルッキングバックワード』というアメリカで超ベストセラーとなった小説を読んで、「私はハット驚いた。あたかも盲者の目が開いて、天日を仰いだ如く、私はハッキリと社会問題解決法を会得することが出来た。……現在の経済組織には貧乏が発生するという必然的素因が含まれている。これを社会主義に改造すれば貧乏問題も根本的に解決されることになる。」という信念を得たと自叙伝で述べている。（自叙伝202-204ページ）

同志社創立60周年の講演速記録を安部自身が校正したと思われる原稿が同志社社史資料センターに所蔵されており、付録として掲載した。（翻刻日記169ページ）当時の日本社会の世情を反映したと見えて、この原稿は当時印刷公表されることがなかったようである。早稲田大学において大隈重信との社会主義に対する考え方の意見交換（翻刻日記185-187ページ）や最近の日本社会の経済不況に対して話題にされる「ワークシェアリング」（翻刻日記185ページ）の考え方もこの講演で紹介されている。

3　安部磯雄の協同組合（消費組合）運動

安部が三度目の同志社生活時代に消費組合を創立したことは（翻刻日記147ページ）にありるが、直接の関係がないかもしれないが、大学生協運動のひとつの柱である「きちっと食べよう」という食の安全と安心をめざした取り組みを安部が考えていたことに関係があると私は思っている。以下に紹介しよう。

早稲田時代の大隈との議論のなかでの人間の欲望に関した考えにつ

いて、学校の食堂の食事を例に議論している。(翻刻日記187ページ)当時の学校は全寮制に近く食堂設備は学校の福利厚生施設であったことからの言及であるが、大学生協の立場からは、この学生に関した処遇は大いに参考にすべきことと考えている。さらに自叙伝においても

「とにかく、私どもの食事がその質において不満足であったことは学生が時々蕎麦屋、餅屋、牛肉屋、料理屋等に出入りしたことにより証明することができる。……後年、私が米国で寄宿舎生活を送っていた時の経験によれば、米国の学生はほとんど料理店に足をいれるということはなかったようである。その理由は極めて簡単である。米国の寄宿舎では明治35、6年頃における1ヶ月の食費が15ドルであった。すなわち我が貨幣では30円ということになる。三度の食事は実に贅沢であって、私どもの食欲がいかに旺盛であるにしても、決してこれ以上のものを要求しなかった。これに反して同志社の食費は一ヶ月2円50銭であった。これで私どもの食欲が満足されるはずがない。私は自分の経験から食欲を満足せしめることが青年教育に最も重要なるものではないかと思う。」(自叙伝52ページ)

と記し、生徒時代に感じた新島先生への信頼の根拠のひとつとして

「同志社の初代における体育の一つは山野を駆け巡るということで、これがため兎狩りが度々催された。先生も軽装してこれに参加されたのみでなく、もし獲物がなく、若しくは少なき場合には自ら鹿肉や牛肉を寄贈し、学校の食堂において私共と食をともにされたのであった。」(自叙伝83ページ)と記述している。

翻刻の「おわりに」にも記したように、初代同志社生協理事長であり、全国大学生協連合会の初代会長をつとめた嶋田啓一郎(同志社大学教授)は安部の同志社における第1回目の1933年の講演「吾が愛する母校の諸君へ」(翻刻日記161ページ)を聞き、卒業後生協運動を担うことになった。この時の様子が以下のように紹介されている。

当時神学科学生だった嶋田啓一郎はこの講演をきいていたひと

りです。日本社会は戦争への道を推し進め、思想弾圧を強めていった時期に、安部が受けた辛苦をわがものと刻みつけ、協同組合運動と社会福祉に生涯をたくする決心をした、と何度も語っています。(同志社生活協同組合『同志社生協設立50周年発祥110年記念誌　きょうとからの出発』15、30ページ、ワーズ　2009)

　嶋田を通して新島、安部の考えが同志社に継承されていると確信している。

おわりに

　「社会民主党宣言書」のなかに記されている安部の社会主義の考えはそこに出てくる「平和」という概念にも関係してくると思う。安部が非戦論の立場で政治活動を貫いたことは安部の著作と留学から帰国後のすべての行動に現れており、安部の多くの先行研究があるところである。安部磯雄から学ぶという表題で話させていただくことになったが、安部を調べて行くにつれて、知らないことが多すぎることに気付き、安部を殆ど学べていないのではと感じている。

　この「平和」という言葉も社会主義という言葉と同様、人によって感じ方が異なっていると思っている。平和という言葉はいつ頃から日本で意識され日本語に出てきたかに関心の有るところである。安部日記の最初にでてくる記述３月31日（翻刻日記４ページ）の「思考すべき件」というところで

　　「平和の必要」

と書かれてあり、すでに安部は生徒時代に森田先生から説明を受けている。また、同志社では新島校長が第１回の卒業式会場の第二寮の講堂で卒業生への式辞の最後に、熱涙をしぼって"Go, go, go, in Peace. Be strong. A Mysterious hand will guide you!"と叫ばれたと伝えられている。ここで新島先生は、Peace "平和"を叫ばれてお

り、『上毛カルタ』の「へ」は「平和の使徒（つかい）新島襄」として知られている。新島は平和を実現する青年を世の中に送り出したいと願いながら、志なかばにして旅先の神奈川県大磯で46歳11ヵ月、1890年1月23日この世を去りました。臨終近く「もはや我れ地に於て、はたらく力全くなし、ピース、ピース」と言われたそうで、「平和、喜び、天国」という言葉をつぶやきながら眠りについたと伝えられている。キリスト教の理想は「平和」であると思われるが、当時新島は生徒達に平和を説いたのであろうか。安部が「平和」という言葉を用いて人々に説いたのであろうか。生協運動も「平和」をめざしたもののひとつであるにかかわらず、なかなか中心話題として議論出来ていないように思う。

「平和」という言葉を掲げた色々のイベントが開かれている。その「平和」という言葉に、今の日本ではその言葉の意味と人々の抱く感情、認識の間にギャップがあり、安部先生や新島先生が抱いた意味と異なる次元の、特殊な意味で解釈されているような節があると思われるが、安部日記から更に安部が考えていたことを学ぶことを通して「平和」の本質を考えたいと思う。

安部磯雄の研究

泰芳江「安部磯雄の体育・スポーツ教育思想について」『同志社女子大学総合文化研究所紀要』第6巻、1989、pp.148-16.

本井康博「安部磯雄」の項『別冊歴史読本辞典シリーズ26　日本「キリスト教」総覧』新人物往来社、pp.192-193.

高野善一編著『日本社会主義の父　安部磯雄』「安部磯雄」刊行会、1979

佐藤能丸「初期の同志社人と早稲田大学」学校法人同志社編『新島襄　近代日本の先覚者』晃光書房、1993

佐藤能丸『安部磯雄　異彩の学者山脈　大学文化史学試論』芙蓉書房出版、1997

北垣宗治「早稲田で教えた初期の同志社出身者」『関西英学史研究』第2号、2006、pp.107-117

太田雅夫「安部磯雄の平和思想」桃山学院大学教育研究所『研究紀要』第2号、1993、pp.13-56

太田雅夫『初期社会主義史の研究　明治三十年代の人と組織と運動』新泉社、1991

太田雅夫『新島襄とその周辺』青山社、2007

太田雅夫「ハワイに於ける安部磯雄の講演―社会主義運動離脱の要因」『初期社会主義研究　第10号記念特大号特集堺利彦』不二出版、1997

権田保之助「解説」、安部磯雄著『地上之理想国　瑞西』、第一出版株式会社、1947

出原政雄「平和思想の暗転―十五年戦争期の安部磯雄―」、『同志社法学』第59巻第2号、2007、pp.851-881

山泉進「解題」　平民社コレクション第3巻『安部磯雄』論創社、2003、pp.389-405

井上史「解題」『同志社生協史料集Ⅰ「東と西と」第1期』同志社生活協同組合、2008年

第Ⅱ部　証言編

1　同志社大学協同組合の経営立て直しに参画する……………竹本成徳
2　同志社大学学生会館と生協設立……………………………………太田雅夫
3　私の在籍した頃の京都府立医科大学・府立大学生活協同組合
　　………………………………………………………………………………横関初恵
4　「同盟化」の時代………………………………………………………横関　武
5　大学生協における事業連合組織の形成とその特徴
　　―体験と観察を通して―……………………………………………小見　弘
6　京都地域の大学紛争と生協・京都地域大学生協の事業連帯活動について
　　………………………………………………………………………………稲川和夫
7　1960〜70年代の京大生協……………………………………………西山　功
8　紛争に揺れた時期の京大の表と裏―京大生協のことも含めて―
　　………………………………………………………………………………野村秀和
9　大学生協運動の転換期に身をおいて…………………………………原　強
10　1983年立命館生協：不祥事と再建のとりくみ……………………芦田文夫
11　京都の大学生協で経験したこと、考えていたこと…………………小塚和行
12　田辺移転・業者競合から工学部の統合移転・女子大店舗開設の頃
　　………………………………………………………………………………横山治生
13　34年の大学生協歴をふりかえって……………………………………平　信行
14　わたしと大学生協…………………………………………………………末廣恭雄
15　京都事業連合の歩みと「98年問題」を超えて………………………小池恒男
16　同志社生協食堂部門の歴史と京都事業連合及び大学生協連食堂政策の
　　推移…………………………………………………………………………今岡　徹
17　先輩方の頑張りの上に今大学生協の書籍事業があることを！
　　―大学生協書籍事業の歴史と到達点―……………………………寺尾正俊
18　70年代後半の大学生協の活動と事業について
　　―体験に基づく報告Ⅰ―……………………………………………三宅智巳
19　70年代後半の大学生協の活動と事業について
　　―体験に基づく報告Ⅱ―……………………………………………毛利雅彦

1950〜1960年代

1

同志社大学協同組合の経営立て直しに参画する

竹本 成徳

大学生活とのかかわりと学生時代

　今日は、発表の機会を与えていただいてうれしく思います。みなさん方が非常に精力的にご研究を進めておられるというのは、私自身、生協運動、生協事業がライフワークになりましたので、こういう研究成果が積まれていくことに非常に喜びを感じております。今回はその一員に加えていただきまして非常に嬉しく思います。

　初期の同志社生協が誕生するまでを太田雅夫さんが詳しくお話くださいました。私と太田さんとは入学年度も1950年で一緒。岡本清一先生のゼミでも一緒でした。私は体育会に入り、バレーボールばかりをやっていまして、いわゆる学生自治会活動には携わってはおりません

竹本　成徳（たけもと・しげのり）

1931年生まれ。元日本生活協同組合連合会会長・元コープこうべ理事長。同志社大学協同組合専務理事（54年）、神戸生協入協（57年）。著書『人びとの絆のなかで―半世紀の道のり』（コープ出版、2003年）。

でした。にもかかわらず、生協活動をやっていくことになるのですが、その辺りの話をしたいと思います。

いわゆる第1次学館闘争の最後の座り込みに私も参加していました。一晩夜を明かしていよいよ磯田さんに出て行ってもらおうと学館食堂の食器類や畳をめくって、学長室に運び込む実力行使に出ました。私自身はこのような学生運動に関わることはそれまでなく、学生生活の前半にはなかった。この実力行使にも単独で参加しました。その後、学生救援会のメンバーになり、救援会活動の一環として内灘軍事基地反対闘争にも参加しましたが、ここでももっぱら飯炊き担当でした。

そういう私がなぜ生協に関わるようになったかというと、生協の運営に何か不正が発覚して学生大会が開かれた、これに私は一人で参加しました。ここでいろいろ話を聞くうちに憤慨してきて、「けしからんぞ、現役職者は辞めろ」と壇上で発言したことを覚えています。当時の学館闘争は、校内で徹夜をして、ストーブを焚いて、みんなでロシア民謡を歌い明かしました。そのロシア民謡を聴くということが僕には非常にフレッシュに感じられました。この仲間たちの人間像に惹かれるものがあったわけです。

卒業を前に、私は一般的な企業サラリーマンになるのをよしとはしない考えでありましたから、できたら先生になりたいなと思っていました。親にずいぶん無理を言って大学院に行かせてもらいました。卒業と同時に大学院に入学しました。教職員の免許を取ろうと思っていたのですが、途中で大学院をやめます。それは、なぜかというと、院生になった年に大学生協に取り組むこととなった。事業経営を再建するから「手伝ってくれないか」というお話をいただきました。どなたがこのお話をしてくださったのか、どうしても思い出せないのですが、数年前に亡くなられた千林昌三郎さんを通じてだろうと思うのです。彼は学生新聞のOBであり、救援会責任者をつとめ、協同組合とも関係があったので、僕に生協を手伝ってくれんかという話をしたのだと思います。大学院に在籍しながら、生協の学生理事になったというの

が生協との最初のつながりです。

　全国生協史などを見ると、学協連（全国学校協同組合連合会）もすでにそのときには出来ていたし、意義ある、エポックな大会であった比叡山大会でも、同志社は中心的メンバーとして活躍していた。しかし、私自身は、大学生協がどうなっていたのか、それから京都がどうなっていくのか。これはほとんど記憶にないのです。ですから、いきなり手伝いにいき、すぐに事業に没頭したわけで、いわば明徳館地下が私の生活であり、そこに3年間いたということです。

専門性の要求と民主性の確保

　太田先生所蔵の資料をみせていただき、『大学生協』という学協連の機関誌が出ていたことを知りました。私が専務理事をしていた頃、1956年12月発行の第1号を今回、初めて目にして、感激いたしました。
　1ページには賀川豊彦さんの「学生協同組合に期待する」の言葉があり、裏の2ページには、「盛り上がる学生生協運動」「学生の生協運動　その歴史」などいろいろ書いておりますが、時代はこういう時代だったのだなぁということを本当に教えられます。大変参考になりました。
　これを読みますと、学生の手によって戦後つくられた大学生協が、東京および同志社などを含めて一定規模の大学においては、学生だけの手によって事業経営していくには無理が生じてきた、専従者が求められる時期にちょうど直面していたのだなということが記事から読み取れます。専門性が非常に要求される。しかし、生協の本来のあり方というのは大学はもちろんのこと、生協の運営における民主性の確保という問題がうたわれ、主体は組合員だということを最大限大事にしながら、事業的にも一定の専従的職員が要請される時代になってきたのだなということを、今更のごとくこの新聞が教えてくれています。

そういう時代背景の中で、私は明徳館地下で実務に没頭していた。
　つくづく何十年も人生歩いてきて思いますのは、民主的組織の中における労使の関係というのは非常に重要かつ難しい問題です。そういうことをこの時期に非常に感じました。小さい経営ではあるけれども、いわゆる生協というのは民主的組織であること。人間尊重なんだ。従業員を大事にしなければならないという問題と経営をしっかりさせていくという問題。大事なテーマに直面しました。のちのちこれは、私、非常に大きな教訓となりました。学ばされたなぁと。苦しんだだけにそう思っています。従業員が貧乏で生協の経営が厳しいんだということだけでなくて、なかにおける事業経営を通しての組織のあり方、労使の問題は非常に重要だなというふうに思いました。今日でも同じ問題があるでしょう。
　私たち学生理事は経営を担当する理事会の立場ですから、いろいろありましたよね。従業員のみんな、おばちゃんもおじちゃんもよく働いてくれて、お互いに悩み苦しむということがよくあったなと思います。特に私は商業学校を出ているわけではありませんから、簿記会計、税務というものについてはまったく経験はありません。ただしかし、事業をやっていくにつれて、経営の手法というのは小さい生協組織のなかで凝縮されていて、大変な勉強をさせていただきました。外販事業として大学の教職員、特に教員の先生へ昼飯を運んだこともありました。とにかく、明徳館地下で夜通し働き、そのまま寝てしまうということで、よく食堂のテーブルの上で寝たものです。明徳館地下が、私の生協人生の最初の試練の場だったのです。

（2008年4月24日報告）

1950〜1960年代

2

同志社大学学生会館と生協設立

太田 雅夫

自己紹介に代えて

　私は1950年（昭和25年）4月に同志社大学に入学以来、学生運動（法学部自治会委員長・学友会中央委員・常任委員・学友会副委員長等）に携わり、1954年3月に同志社大学法学部政治学科を卒業した。この間、現在の同志社生活協同組合設立の契機となった第1次学館闘争、同志社大学協同組合設立の前提となる学生大会の大会議長を務めた。卒業後、学長秘書・学生主事補・人文科学研究所専任研究員などを経験し、協同組合発足後、初めての第1回総代選挙の総代選挙管理委員長や同志社大学消費生活協同組合設立発起人に名を連ねているので、同志社生協史研究の一助になればと思い、当時の体験談を語ることとする。

> 太田　雅夫（おおた・まさお）
> 1931年生まれ。元桃山学院大学短期大学学長。同志社大学協同組合設立大会議長（54年）。著書『初期社会主義史の研究』（新泉社、1991年）他。

安保、京大天皇事件、破防法闘争

　私は朝鮮戦争（1950年）の年に同志社大学教養学部に入学し、2年生から法学部政治学科の学生で、学生運動ばかりやっていました。同志社大学では戦後初めて、1951年10月23日に法学部学生大会で講和・安保条約反対のデモとストを決議し、10月30日に若王子の校祖墓参デモを行いました。そういう最中の11月12日、京大天皇事件が起こりました。

　昭和天皇が京都大学を訪問し、各学部教授の進講を受けましたが、その際に京大同学会は天皇に対して質問状を出すため、大学当局に取りつぎを依頼しましたが拒否されました。そこで学生たちは公開質問状を掲示し、「平和の歌」で天皇を迎えました。このため学内に700名の警官が導入され、その後、京大同学会は解散させられ、中央委員8名は無期停学処分となりました。

　京大天皇事件は、同志社大学の教授、学生たちにも大きな影響を及ぼし、『同志社学生新聞』（第69号）では全国の大学の学生新聞の中でも一番先に天皇行幸の記事と論説を掲げ、「天皇はどこへゆく」という特集を組みました。また法学部自治会は京大同学会に500円のカンパをしました。京大同学会がこの事件で解散させられてからは、同志社大学と立命館大学が学生運動の中心的役割を担うことになり、1952年5月に同志社栄光館で全学生大会を開催し、全学連に加入しました。そして5月から教授団と学生が一体となって共闘組織をつくり、全国に先駆けて破防法反対闘争を展開することになりました。

　私は、1952年4月23日、講和条約が発効するという時も、デモ隊と一緒に東京大学校内にいました。そして5月1日には「血のメーデー事件」が起こっています。「同志社でもメーデーをやろう」と京都へ帰ってきて、破防法闘争でまた東京へ行き、6つの大学をオルグに巡りました。同志社からは学友会中央委員長と文学部自治委員長の3人で行ったのですが、実際に大学ストライキを成功させたのは私1人だ

けでした。東京のお茶の水女子大学でもストをアジったりしました。翌日、早稲田大学で開かれた東京都の破防法反対決起集会では、先陣を切って私が発言しましたが、集会は禁止され、マイクなしで叫び続けたことを覚えています。教員では同志社教職員組合委員長の安永武人先生が来られていました。そんな訳で学生運動ばかりしていて、1954年3月に何とか学部だけは卒業しました。

　卒業後、田畑忍学長の学長秘書をし、その後学生部に変わり、「君は学生運動をしていたから、学生の補導をやれ」といわれ学生主事補として学生たちと交わっておりました。学生時代ほとんど勉強をしておりませんでしたから、卒業したら勉強がしたくなり、二部の学生主事補へ替えていただき、勤めながら立命館大学大学院に通い、前芝確三先生の指導で「天皇制と国民感情」の論文でマスターを取った後、同志社大学人文研の専任研究員になったのです。

　生協との関係でいえば、講和・安保条約反対、京大天皇事件、破防法闘争と学生運動に明け暮れた1952年には、同志社大学生活協同組合の設立の契機となった「第1次学館闘争」がようやく解決し、新協同組合設立の前提となる5月の学生大会の大会議長を務めました。

第1次学館闘争

　2007年、同志社生協が生協史の研究会を立ち上げるということで、私が持っていた学館闘争や協同組合関係の資料を生協に一括寄贈させて頂きました。そのリストが資料①の「資料一覧」（全35点）です[1]。52年頃の「学友会情報」のビラや当時の共産党学生細胞が出したゲラ刷り。同年10月、学館闘争が解決した時に同志社学生新聞が出した「号外」。学生会館管理に関する内規や、「食堂経営に関する運営案」。当時の同志社大学協同組合の「定款」、「定款改正草案」。「1956年貸借対照表」。それと友貞安太郎さんが発行していた協同組合の機関誌

『平和と生活』3号も手元にありました。第1回総代会議案書もあります。私は総代選挙の選挙管理委員長をやっていたので、その規定や常任理事会の「運動方針案」。友愛会基金や「友愛箱の趣旨」、こういうものもあります。それから互助活動。運動をやっていた学生がよく捕まったので、救援会を組織して救援活動もしていました。全学連の内灘闘争のときの資料もありました。

　これらの資料の中でこれと思うものをコピーしました。

　まず資料②の「同志社大学学友会会則」を見てください。これは1951年、それまでの教養学部がなくなり、各学部の自治会を編成替えしなくてはならないということで改正された会則です。この第7章、32条の「学友団」という箇所を見ていただきますと「学友団に左の団を設ける。学術団。体育団、文化団体連盟」。その次に「生活協同組合」というのがあります。それから新聞局、宗教団、応援団。こういう団を学友会組織の中に組み込まれているということが分かる資料です。

　資料③の「学友会情報NO.4」。これは1952年（昭和27年）10月24日に学友会常任委員会が出したビラです。記事には「学生会館は昭和3年学生の募金によって建てられ、当時の学生達が土台を固めました」とあり、学館内の食堂経営者の磯田氏に立ち退きを要求し、学生自治で学館を運営しようという運動が1948、49年から展開されていました。「情報」の見出しを見てゆくと、「27日に学館立退最後通告を出し、全学共同運動に発展」。「27日の三講を休講にして全学大会を開く」。磯田氏側は「学生の要求を無視する」などとあります。ビラには「27日は最後の日だ。磯田氏は学館から出て行ってもらおう！」とあり、また学生たちが食堂職員をつるし上げをしたものですから、「レジは親切になった」や「地下食堂（明徳館地下食堂のこと）を更に改善しよう」ということもこのビラには入っています。

　資料④は、同じ時期の、学友会発行「学生会館問題に関して教職員の皆様に訴える」というビラです。「学生会館食堂を私達学生の手に

とりもどすことによって現在の地下食堂においての不備不満もすべて解消し、安価で衛生的な食堂が出来て学生生活は向上し、食生活の改善が出来る」と訴えています。

　資料⑤は日本共産党同志社細胞のビラです。当時、同志社の日本共産党は、『四つ葉』という機関紙を出していました。下のビラは「学館返還要求大会」として、10月27日に集会をした時のもの。当局と磯田側の交渉はなかなか進まず、その晩は、学生会館の食堂で、アコーディオンの上手な学生を中心に座って歌声をあげ、夜通し学館に泊り込み、28日に学館返還要求大会をした、そのときのチラシです。

　そして、最後の資料⑥が学館問題が解決したときの『同志社学生新聞』10月30日の号外です。「学館問題急転解決」「本明日中に明渡し」という見出しになっています。学館問題というのは、過去7年間にわたって、「返せ」「返さん」でもめ続けていました。記事には「最悪の事態を引き起こすことも考えられるが、29日午後5時に大塚総長の勧告を磯田氏が受けたことによってようやく解決を見た」。これにいたるまでの経過は、「29日午後1時半ごろ学生約数十人が、器具、家具類を本部理事会室へ運んだ。これに対して田畑学長がみずから器具類を返済しようとつとめ、学生と1時間にわたり競り合ったが、4時半ごろ決着した」。「一方、事態の硬化に驚いた大塚総長は自ら斡旋にのりだし磯田氏をアーモスト館に招き田畑学長、岡本学生部長、大沢理事、小林事務局長立会いの上で立ち退きを勧告。磯田氏はこれを受け入れて、10月31日限り、学館立退きを確約し、急転直下問題は解決し、残っていた学生は理事会室に搬入した荷物を学館へ戻した」と書かれています。

　大会議長の私の談として「とにかく、うれしい。こんなに早急に解決するとは思わなかった。学生の切実な要求を身近なところからとりあげ、全学一致して、この問題解決のために闘ったことがこの結果をもたらしたものと思う。今後の学生会館の食堂経営は運営委員に学生の多数の参加を求めてやっていきたい。なお今後とも貸与金授業料問

題など身近なところからの問題を解決してゆきたい」と語ったようです。

大塚総長は、「学館問題が紛糾したことについては、学園の責任者としてすまないと思うが、問題が解決したことは喜ばしいことである」と話しておられます。大塚先生はご自分の回想録に、特に今まで自分がやったことで褒めてもらったことはなかったけれど、学館闘争については皆さんからほめてもらって嬉しい、ということを書いておられます。

田畑学長ですが、実は学生たちが理事会室に皿とか器物を持ち込んだとき、学長自ら車を呼んでお皿類を学生会館に返そうとされた。そこで学生たちと言い合いになるのですが、当時学生部長の岡本清一先生もそこにおられ、田畑先生は「岡本くん、君も運べ〜」、私にも名指しで「太田くん」と呼ばれまして、「君なら俺の言うこと分かるだろう」とおっしゃって、そこでまた学長とやりやったという思い出があります。

こういうことで、7年ぶりに学館での食堂経営が学生の手に返り、その解決した時から、自分たちでうどんを作るなど食堂の仕事を始めました。「もっと拡充して学生の利益に供したい」ということでやってきたわけです。

『同志社学生新聞』に見る学館闘争史と協同組合の創立

学館闘争の概要は以上のようなことですが、では実際どのような闘争をしていたのか、『同志社学生新聞』に報じられた学館問題の記事にあたってみると、資料⑦に『同志社学生新聞』に見る学館闘争史として、記事のタイトルを表に列挙しました。

『同志社学生新聞』は、戦後の1946年（昭和21年）9月1日に岡本

清一先生を局長として第1号が発刊されました。第3号（1946年11月1日号）に、学生生活の明朗化を図る学生協同組合、学生作業部、学生共済会の三者をもって「同志社大学厚生団」を発足したと報じています。学友会の厚生団の下に学生協同組合があったということになります。そして、第10号（1947年5月8日）に、各科・各級24名の委員と新聞局・学術団・運動団・文化団・厚生団・応援団からなる新学友会が栄光館で大会を開き誕生した。

学友会は1945年11月に学生大会を開き、学館奪還を決議したが、同志社本部から却下されたと、同志社新聞では報じています。その後も、学友会は何度となく要求を続けていた結果、ついに同志社理事会は磯田氏に対して1950年9月に学生会館食堂飲食調達業を委嘱した契約の解除を申し入れた。ところが、解除を申し入れたのにも関わらず、磯田さんは同意をしたものの結局約束を果たさず、同志社理事会はついに1952年5月29日に「学生会館契約解除履行申込」を手渡した。それでも磯田さんは言を左右して解除履行を果たさなかったわけです。

協同組合に関しては、はやくも第4号（1946年12月1日）、「資金難が致命傷、協同組合批判」という形で出ていました。

第10号（1947年6月1日）に「新学友会誕生」。それまでの戦前の学友会というのは、総長が会長になるというような形になっていましたので、戦後は教職員を除いて学生だけの学友会となりました。

第22・23号（合併号1948年11月1日）には、「食生活の改善へ、学食連京都支部発足」という記事が載っております。第25号には「本部の英断待つ」「学協組、磯田氏両者の妥協は不可能」という表現をしていて、磯田さんが学生会館に居座ってなかなか主導権は渡さないだろうということを論じています。

昭和26年に入り、「学館問題5年越しに解決」という見出しになっていますが、実際は解決しておりません。第59号「学館問題は買取り額で交渉不成立」「外食食堂も当分お預け」、「学友会参加の学生協同組合」。第60号（1951年5月）には「学館経営に躍進」と同志社学生

協同組合の広告が出ています。第74号（1952年4月）では、「新学館（明徳館）地下、学生に解放」、そこに「食堂、喫茶、散髪を新設」。

第85号（10月15日）、「学館運営に論議集中。はやくも地下食堂に苦情」と、明徳館地下食堂の委託業者丸三に対して「不衛生、質が悪い」などの苦情が出ていることが報じられています。10月30日に先ほど紹介した学館問題急転解決した号外が出ています。

その後、「新協同組合が発足」第86号（1952年12月1日）しました。現協組の「横すべり」的な運営には不満の声もあり、新消費生活協同組合法にのっとって、各学部自治会代表などで第1回発起人大会を開いた。11月から組合員募集を始め、創立総会に必要な300人を目標としていると書いています。

第88号（1953年1月1日）では、不正行為のあった明徳館地下食堂の業者に対し、岡本学生部長から営業停止命令がだされ、学友会と協同組合が暫定的に運営をしていると報じています。

第89号（2月1日）では、学友会の新委員長に白石道春君が選ばれたことが報じられ、記事下広告に「同志社大学新協同組合」の創立総会が1月27日に開催された記事が掲載されています。

以上のように学館闘争と協同組合の設立問題は表裏のように進展し、この間、学生たちは、先にもお話したように講和・安保反対闘争や破防法闘争に没入しながらの学生生活だったということが、学生新聞の記事からも推測していただけると思います。

最後に資料⑧「学生会館契約解除履行申入」を見てください。法人がこういう申し入れをしていたことを私たちは全く知りませんでした。

資料の日付は1952年4月18日になっていますが、正式には5月29日です。この文章によると、いかに理事会が磯田さんの言い分に困っていたかということが分かります。「昭和25年9月に、貴殿と財団法人同志社との間に締結した学生会館食堂飲食品調達の委嘱契約書の第15条にもとづき解除を申しいれましたところ、その後、再三口頭をもって伝えたものの今日に至るまでご履行なく、法人経営に重大な影響を

及ぼす事情も併発し困惑している次第です。ついては第16条の手続きを完了相成るよう重ねて申入れます。」「なお左記条件を受諾いたします。一、貴殿を正社員にする。一、使用人全員を学生会館運営委員会において引き継ぐ」など、こんなことまで約束していた。しかし、この年10月の学生たちによる皿運び出しの実力行使によって、この条件は消えたんだと思います。

明徳館地下の業者食堂で不正事件があった件ですが、実はこれは学友会副委員長がその食堂のおやじさんの子どもの家庭教師をしていた、それでその業者に便宜を図っていたということが判明したものですから、副委員長を辞めさせ、業者に出て行ってもらい、学友会や自治会の役員がうどんの湯上げからやったということです。

それで学友会の厚生団から協同組合を外して、新協同組合を設立するということで、学生大会を栄光館で開催しました。その時の議長を私がつとめたわけです。実は流感にかかっていて高熱を出しながら議長をし、そのあくる日から寝込んでしまった次第です。当時、学友会中央委員長には「火炎瓶事件」で逮捕状が出ている有様で、表面には出られませんので、新中央委員長として白石道春君が選ばれました。そのときの中央委員会には寝込んでいて出席しませんでしたが、欠席裁判で法学部自治会委員長兼任のまま学友会副委員長に選ばれました。また石丸初恵さんも学友会の常任委員に入り、会計を担当されました。

こうして私は同志社大学協同組合の設立発起人に、石丸さんは初代監事に就任したのです。

(2008年4月24日報告)

注
1　寄贈資料はその後、同志社生協資料の一部として人文科学研究所に寄贈され、『同志社生協資料目録』(2009年)が完成している。
・資料①　太田雅夫寄贈資料一覧

・資料②　『同志社大学学友会会則』1951年
・資料③　『学友会情報』NO.4（1952年10月24日）
・資料④　同志社大学学友会中央委員会『学生会館問題に関して教職員の皆様に訴える』（1952年10月24日）
・資料⑤　日本共産党同志社細胞ビラ（1952年）、学館返還要求大会チラシ（1952年10月28日）
・資料⑥　『同志社学生新聞　号外』（1952年10月30日）
・資料⑦　同志社学生新聞にみる学館闘争史
・資料⑧　『学生会館契約解除履行申入』（1952年5月29日）、「新館地下室運営委員会規則」「新館地下室運営委員会氏名」

3

1950〜1960年代

私の在籍した頃の京都府立医科大学・府立大学生活協同組合

横関　初恵

女性の専務理事

　私が在職しました頃の京都府立医科大学・府立大学生協（以下、府医大府大生協と略）についてお話をさせていただきます。私が府医大府大生協に勤務しましたのは、1950年（昭和35年）7月から1974年（昭和49年）7月、ちょうど14年間です。退職してから33年の年月が経っており、生協時代のことは遥か彼方のような感じですが、心に強く残っていることを中心にお話させていただきます。

横関　初恵（よこぜき・はつえ）

1932年生まれ。1951年同志社大学文学部入学。卒業後、経理実務を学び、京都府立医科大学生協に入協（60年）。同専務理事（69年〜74年）。京都府保健事業協同組合勤務（77年〜92年）。

破防法闘争と火炎瓶事件

　前置きが少々長くなるかもしれませんが、私が生協運動に関わりをもつことになった経緯について述べたいと思います。
　私は1951年に同志社大学文学部心理学科に入学しました。主として主任教授の遠藤汪吉先生、助教授の松山義則先生にご指導いただきました。2回生になった時、先輩に勧められて学友会文学部自治委員になりました。
　当時の日本はアメリカ軍の占領下にあり、50年朝鮮戦争が勃発、東西の対立が激化する中、国内においても政治活動や労働運動、学生運動などに対する弾圧が強まっていました。
　52年、「血のメーデー事件」があり、「破壊活動防止法」が公布されるに及んで、全国的な反対運動が起こり、同志社大学においても学友会・学生自治、教職員組合あげてこの運動に立ち上がり、度重なるデモで多くの逮捕者がでる激しい闘争となりました。
　7月14日、京都府警本部警邏部長宅に火炎瓶が投げ込まれる事件が起こり、同志社大学その他の学生がいもづる式に逮捕されました。夏休みに入って、私は郷里に帰省していましたが、8月のお盆の頃、京都府警の刑事が2名やってきて両親の前で逮捕されたのです。「爆発物不法所持、放火未遂」の容疑でした。汽車で京都に護送され21日間留置されました。私は事件そのものについてはまったく関知しておらず、取り調べも事件にどう関わったかというよりも、目の前にたくさんの写真を並べられて「誰を知っているか」と問い詰められるような取調べでした。私は知っている人も知らない人も含め、友を売りたくない一心で黙秘しました。
　留置場は学生でいっぱいでした。大学の学生部から2人の弁護士が派遣され、私は能勢克男先生の接見を受けました。「君は何も関係がない、不当に逮捕されているのだから、なぜ逮捕されたのか拘留理由開示の裁判を請求できる」と勧められました。その裁判には同志社の

学生、先生方が傍聴席を埋めつくすほど来てくださって、ものすごい拍手で励ましていただきました。

　容疑事実なしということで21日目に釈放されました。留置所の裏口からでますと学生部の大江直吉先生が父と共に出迎えてくださっていました。あの時の驚きと感激は今でも忘れることはできません。後日、大江先生は私をご自宅に招いて奥様の手料理でもてなしてくださり、「本当にご苦労だった。こんなことに挫けずに頑張りなさい」と励ましていただきました。

　能勢先生も「よく頑張った」と何度もご自宅に招いてくださいました。能勢先生の下鴨のお宅は学者・文化人のサロンになっていて、多彩な顔ぶれの方が夜な夜な集まってはお酒を酌み交わしながらの談論風発の場となっていました。この事件がご縁となり、更にあとのことになりますが夫となる横関ともどもお邪魔するようになりました。能勢先生は、戦前京都家庭消費組合を作られましたが、弾圧によって潰された苦い経験があり、戦後も京都の地に再び地域生協を復活させたいという悲願をお持ちでした。サロンの議論のなかで先生が地域生協の必要性を熱く語られ、夫に一緒にやろうと再三誘われました。戦前の苦労を知る殆どの方は「京都は生協不毛の地だから、横関君、能勢先生の話に踊らされずやめておいた方がよい」と忠告されましたが、先生の持論である「人間が人間らしく生きるためには民主主義が保障されなければならない。日本は男性中心の縦社会だから、弱い立場の女性が台所から出て社会参加をしていくことによって対等・平等の横社会を築いていく必要がある。生協はその格好の場となり得る」と説かれました。この時の議論が後に下鴨の地に地域生協が誕生する出発点となったのです。

学友会副委員長、生協初代監事として

　話が前後してしまいましたが、夏休みが終わって大学に戻りますと、火炎瓶事件に関係した活動家は皆地下に潜ってしまっていて、学友会中央委員長の姿もありませんでした。体制立て直しのため白石道春さんが委員長に太田雅夫さんと私が副委員長に選ばれました。委員長のもと、太田さんが渉外担当、私が内局の会計部長を受け持つことになりました。

　9月に新たな学友会が発足したと同時に、学生部長岡本清一教授名の「学友会の会計は杜撰で信用できないので、支払いを停止する」旨の公示が貼りだされました。当時、学生は授業料と一緒に学友会会費も納入し、学友会からの連絡で現金が大学会計課から支出される仕組みになっていました。それをストップされると、たちまち学友会活動は麻痺(ま)してしまいます。委員長と相談して、大学の顧問をしておられた公認会計士の宮脇先生のご指導を仰ぎ、会計システムを刷新、統一帳票類を作成して、会計部長の承認印がある分について大学会計が支出する流れを大学側に了承していただきました。この経験が後に生協で仕事をする上で大いに役立ちました。

　52年、第一回目の学館闘争が起こりました。

　その頃、食料事情は未だ貧しく、私の場合は月の仕送り5,000円と奨学金で生活していましたが、毎日の食事は学館食堂のささやかな定食の一品とお味噌汁でした。仕送りがあった時にトンカツ定食を食べるのが少しばかりの贅沢(ぜいたく)でした。アルバイトをしている学生も多く、みんな飢えている時代ですので、食に対する学生の欲求は非常にシビアでした。

　学館食堂に対して、食事がまずい、その上高いという学生たちの不満が燻(くす)ぶっていましたので、学友会もこの問題を取り上げ経営者と掛け合いましたが、中々改善の兆しがみえません。遂に学友会は、学館食堂から田畑学長のおられる本部建物まで、食堂のお皿から最後は畳

まで剝いでリレー式に本部玄関前に積み上げるという非常手段にでました。田畑学長は「君たち、やめて返しにいきたまえ」と拳を振り上げて烈火のごとく怒られました。

後に学長と学友会常任委員会との話し合いが持たれましたが、私達は学長から今回の実力行使についてコテンパンにお説教されました。

このような経過をへて、交渉の結果、学生の自主的管理による食堂移管が実現しました。

学友会では生活協同組合による食堂運営を目指しましたが、直接食堂経営をやる力量がなかったため、業者委託にしました。ところがそこで学友会役員と業者との癒着が発覚、いよいよこれは直営にしなくてはいけないということになり、業者の従業員を生協に引き取って学生理事による運営が始まりました。私も学友会から派遣され、初代監事役となりました。学生部の駒井四郎先生と、たしか経済学部自治委員長の谷村さんがご一緒に監事役を勤めたと記憶しています。私達は食堂運営を軌道にのせるため、従業員と一緒になってお皿洗いをしたり、ボーナス交渉では夜遅くまで毛布に包(くる)まって話し合いました。

学友会には傘下に、学部自治会・学術団・文化団体連盟・体育会・応援団等多数の組織があり、年間予算もあの当時で700万〜800万円くらいあったでしょうか。学友会本部事務所には２名の職員が勤務していて、私は毎日事務所に詰めて会計処理にあたりました。特に体育会系の組織からは、試合・遠征・合宿等、年間予算をオーバーして前借りを求めてくるところが多く、その処理にはいつも頭を悩ませました。結局、一年半ほど教室に出るよりも事務所に顔を出す日が続き、一年留年して卒業しました。

郷里に帰って志望していた教員の採用試験を受けました。合格はしたものの、いつまで経っても採用通知がきません。それで、小学校時代の校長先生が県の教育委員長をしておられましたので、なぜ採用してもらえないのか訊ねにいきました。ところがけんもほろろに追い返されてしまいました。火炎瓶事件で逮捕された時、ラジオで放送され

たり、新聞に載ったりして「アカ」のレッテルを貼られたことが就職の妨げとなったわけです。

　これはもう日の当たる場所は歩けないなとお先真っ暗でした。当時は女子の大学進学はほんの僅かな時代で、そういうなかで大学に行かせてもらいましたので、卒業後は結婚して家庭に入る考えはまったくなく、何か社会に役立つ仕事がしたいという思いでいっぱいでした。戦後、新憲法になって、女性にも参政権が与えられ、一応男女平等と謳（うた）われていましたが、女性の社会進出は茨の道でした。私は前途多難な将来を覚悟せざるをえませんでした。

　1957年、夫となる横関が神戸生協から同志社生協の専務になったのを機に、私は実家を出て結婚しました。この結婚に両親は反対でしたが、能勢先生ご夫妻が媒酌の労をとってくださり、友人達が会費を持ち寄って祝ってくれました。

　その頃同志社生協は大幅赤字をかかえていて、夫は最初の専従専務として再建に当たることになったのですが、給料は微々たるもので私も働く必要に迫られました。思い余って友人のお父さんの公認会計士鎌田先生のところへご相談に伺いますと「今までのことは全部捨てろ」「つぶしの利く人間になれ」と言われ、先生の事務所で経理実務の勉強を勧められました。高校の商業簿記の教科書を手引きとして、初めて複式簿記を学び、実地指導を受け、半年後に洋紙代理店に派遣されて、そこで一年間経理実務に当たりました。

府立医大生協に就職

　府立医大生協に新しい生協ができて専務として赴任していた増田誓治さんから（彼は同志社時代の同級で、学友会委員長から全学連の中執に派遣されたことのある経歴の持ち主ですが）「一緒に手伝ってくれないか」とのお誘いを受け、1960年7月、医大生協に就職しました。

理事長の増田正典教授（第三内科）の面接を受けました。

医大生協は、発足時の「設立の経過」「設立趣意書」「創立総会での経過報告」にもありますように、最初教職員の要望により、府職員労働組合が中心になって学生にも呼びかけ、設立準備会が作られて誕生しました。

私が就職しました時は設立3年目でしたが、医科の単科大学ですので学生数は6学年あわせて600人、教職員の人数の方が圧倒的に多い組合員構成でした。発足時に業者から従業員をそのまま引き継ぎ、病院内売店、喫茶室、下足番、伏見分院の1坪足らずの売店と、新たに学生の要望で開設された図書館地下の学生食堂と、花園分校・教養課程の200人の学生対象の小さな食堂がありましたが、供給規模も全体で年間5,200万円ほどで、大学部門は採算が取れず、病院購買部の売り上げに依存している経営体質でした。

生協の運営の体制もまだ緒についたばかりで、私は1年間、院内購買部のレジ係りを務めて中の様子が分かったところで、総務部に移り、経理や内部管理・諸規定の整備に当たりました。東大生協が全国のなかでも群を抜いて管理体制が整っていましたので、何回も足を運んで多くのことを勉強させていただきました。

医大生協の一番の悩みは、トップ人事が安定しないことでした。創立当初は、府職労から山内幸一事務長が来られましたが、名古屋大学で生協設立運動が起こってその支援に赴かれ、後任の増田専務も程なく京都ブロック事務長に転出されました。代わりに同志社生協から畑山武三氏が出向してこられましたが、健康を害して同志社へ戻られ、後任の京大生協からこられた坂尾清氏もこれまた山内氏の後を受けて名大生協にいってしまわれました。一時は教員理事の門脇一郎先生、伊吹良太郎先生が非常勤で専務を兼任されましたが、誰か専従の専務をということで、1966年、私が専務に指名されることになりました。

その時、私は2番目の子供を出産して、保育園に子供を預けながら二人の子供を育てていましたので、専務理事ともなれば激務であり、

子供が熱を出したりして仕事に穴をあけるようなことになればその任を全うできない危険性があり、再三辞退しました。その頃は産前産後の休暇が6週間、育児休暇など無論なく、女性に対する社会的評価も低く、「女がトップ？」と対外的にも軽くみられた時代ですから、お引き受けするには覚悟がいりました。なにしろ大学生協のトップセミナーに出ましても女は私一人でした。京都に身内がいませんでしたので、出張のときは子供を三重県の実家に預けにいき、終わったらまた迎えにいくというような綱渡りをくり返しました。

府立医科大・府立大生協の組織統一と大学紛争

　14年間の在任期間中で印象に残っている出来事を中心にお話させていただきます。
　一つ目は、府立大学生協の設立を支援し、医大・府大の生協を一つにして誕生させたことです。二つ目は大学紛争によって経営危機に直面したこと、三つ目は京都府庁生協の設立に貢献できたことです。
　府大生協の設立経過は「設立運動総括」に詳細にまとめられていますが、昭和20年代には、府大は西京大学と称され、下鴨の農学部と桂の旧桂女専跡の文・家政学部とに分かれていました。府医大の教養課程は西京大学の第3コースに置かれ、それを終えて医大の3回生に進級する仕組みになっていました。桂学舎には食堂などの施設はなく、学生有志がお昼休みにパンと牛乳を販売をしているのみでした。1962年、下鴨と桂の学舎が下鴨に統合され府立大学として新らしく発足するのを機に、学生大会で生協設立の機運が生まれ、学友会と教職員が一体となって大学交渉をおこない、生協施設のメドが立ち、ここに府大生協が誕生することになります。この過程で府医大生協は全面的にバックアップし、大学交渉・事業計画の立案などに協力しました。そしてこの年、全国でも珍しい二つの大学にまたがる生協が誕生しまし

た。大学はそれぞれ独立していますので、理事会の構成は双方から対等に役員を選び、理事長は2年任期を1年ずつ交代で受け持つという基本的な形もできました。

　私が専務に就任して間もなくの1962年、いきなり大学紛争のパンチをくらいました。そもそも大学紛争の発端は、医学部の研修医制度に対する学生の不満が発火点であり、府医大では、2月に学生自治会が無期限ストに突入しました。

　60年安保闘争以降、学生運動は2派に分裂して、府医大学生自治会の主流である全共闘が大学本部を封鎖し、それは花園分校に及びました。府大学生自治会は少し遅れて5月に全共闘が大学を封鎖しました。

　蜷川知事は3月に機動隊を医大に導入し大学を封鎖しました。いわゆるロックアウトです。生協は必然的に開店休業状態に追い込まれました。これは大変なことだ、明日からどうして食べていけばよいのか、ショックでした。職員のなかにはお粥を啜ってでも何とか持ちこたえようという考えと、妻子を抱えている者は死活問題で、もっとほかの道を探そうという意見もあって、深刻な議論を繰り返しました。

　大学は封鎖中でも、病院は診療を続けており、院内の営業は可能でしたので、こちらから病棟に出向いてパンや牛乳を売り歩くとか、先生方のお弁当の予約注文を取るなど、あらゆる可能な手立てを考えて実行に移していきました。労働組合と交渉して他単協へ一時出向してもらい、定昇停止、ボーナスの大幅ダウンも了承してもらいました。生協内部の自助努力だけでは限りがあるので、私はなりふり構わずアンテナを張ってどこかで会合があると聞けばお弁当の注文をお願いしてまわり、府大グラウンドで催しがあると聞けば夜店を出させてほしいと頼みにいき、生協ぐるみの出稼ぎ・アルバイトに精をだしました。職員は時間外をいとわず積極的に仕事にあたってくれて、たいへんなご苦労をかけました。

　学生自治会は、蜷川知事が大学封鎖をした学生を「野良犬」呼ばわりをしたことに怒り、「府職労は蜷川の子分だ」といって、府職労書

記局を取り巻いて激しいデモをかけたりしました。生協にもいつ何時どのような事態が起こるか分かりませんので、宿直体制をとり昼夜見張りをつけました。京大・同志社・立命生協では、学生の放火・放水などの暴力沙汰で施設や商品の被害がでましたが、医大・府大では幸い生協に対する暴力行為はありませんでした。ただ府大では、学生同士の小競り合いをよく目撃しました。生協理事会は学生理事が全共闘派と民青派と真っ二つに分かれ、民青派は少数で、理事会の運営には非常に苦心いたしましたが、教職員理事の良識で麻痺する事態は避けることができました。

　学内では学生との摩擦は一度もありませんでしたが、生協の上部組織の関西地連の総会では、両派が入り乱れて乱闘騒ぎとなり負傷者がでる非常事態がよく起こりました。当時地連の学生理事には武闘派のメンバーがいましたので、学生理事を会議に送り出す時は怪我をして帰ってこないかといつも心配しました。このような騒然とした日々でしたので、緊急事態に対処するため当時の理事長宮崎正夫先生にはご相談することが多く、たいへんなご苦労をお掛けしました。

　やがて大学紛争は収拾されましたが、生協経営は非常に大きなダメージを受けました。生協理事会は、このような事態を招いた大学・府当局の責任を重視し、教職員・学生理事一丸となって対大学、対府交渉を重ね、特に他大学生協に比べて取り組みの遅れていた、土地建物使用料の撤廃・水道光熱費の大学負担を要求しました。この間の粘り強い努力が実を結び、72年度にようやく土地建物使用料の撤廃、翌年には水道光熱費の大学負担を全国水準並みにすることができました。

　けれどもこの間に生じた赤字は大きく、その克服が急務となりました。

赤字経営再建の悲願

　府立医大・府立大生協は、京都のなかでも京大・同志社・立命、後に発足する龍谷大生協に比べて規模が小さく、従って生協間の経営規模の格差は歴然としていました。

　60年以降、京都の各単協の間で同盟化の気運がうまれ、事業の統合が進みだしていましたが、その一環として職員募集も統一しておこなっていました。その頃は若年労働力の確保が非常に困難な時期で、京都ブロックの担当者が窓口となって九州の高校回りをし、何とか高卒者の採用に漕ぎつけていました。採用されると各単協に配属され、共同の寮で生活することになるので、お互いの給料を見せ合い、職場の状況を話し合うと、府立の場合、賃金は安い、労働条件は悪い、府立に来たばかりになんでこんなひどい目に会わなくてはならないのかという不満が噴出するわけです。労組との団体交渉でも絶えずこの問題が提起され、追及されました。大学紛争で経営がしんどくなっている上にこの問題が重なって、専務として経営再建と単協間の格差是正は大きな重い課題でした。

　私は日常業務においては、先ず総代会で決められた方針と予算に基づいて予算達成・利益率の確保に努める、即ち徹底した目標管理に徹すること、どうすれば組合員の要求に応えられる仕事ができるかそのような視点で自分の仕事を見直し、改善していく、そういう努力の中からしか予算以上の財源は生み出せないし、格差是正もできないんだと、職場会議・労組との団体交渉でも強調しました。いくら要求ばかり突きつけられても、ない袖は振れない、これ以上出そうと思ったら新たな財源を生み出すしかないんだと、包み隠さず経営実態を明らかにして、いつも自分の仕事を見直す視点を持ってもらうよう努めました。

　組合員から苦情の多かった職員の接客マナーについて、職員の業務能力を高めるため、内部で力及ばないところは専門の業者に協力をお

願いして研修に送りだしました。例えば院内レストランのウエイトレスに一年間「ルレ岡崎」へ給与こちら持ちで研修に行ってもらうとか、院内売店が日用品のほか生鮮食品を取り扱っていましたので、担当者に八百屋さんへ研修に出したり、毎朝中央市場へ出向き商品を吟味して仕入れてくる努力をしました。食堂主任と相談しながら新しいメニューを考え、味を吟味し、作り置きでなく出来たてのものを出す、購買部では普段店頭に置けない商品は定期的に展示即売会を開いて提供するなど、それぞれの持ち場で知恵を絞って取り組みました。たとえ小さな単協であっても、「山椒は小粒でもピリリと辛い」という気概の持てる職場にしたいと、主任会議や職場会議では常に予算の遂行状況を点検して対策を協議しました。職員からは「鬼」と呼ばれるほど厳しいことを求めていたと思います。

　73年、府大図書館が新しく建てられて蔵書の購入計画があった時、職員理事の側面からのお力添えで、図書館長寿岳章子教授にお願いして丸善と競合入札が実現し、結果半々で3,200冊の図書を受注することになりました。これほど膨大な図書を扱った実績がなく、実力以上の仕事でしたが、府大理事長の田中貞雄先生のご縁で東京出版と掛け合い、丸善と対抗できるだけの品揃えをすることができました。1,200万円の供給は赤字に苦しんでいた私達にとって大きな救いとなりました。図書館の決められた仕様に従って納入作業をしなければなりませんでしたが、未だ書籍業務に不慣れな若い女子職員が、一人で臨時アルバイトを督励しながらこの仕事をやりとげてくれました。後で分かったのですが、余りの重圧に胃潰瘍になったと聞いて、本当に過酷なことを強いたと胸が痛みました。あの頃の職員の奮闘ぶりを思い出しますと、未熟で至らなかった私と共に、苦しくても我慢してよくぞ頑張ってくださったと、今でも感謝の気持ちでいっぱいです。

　大学生協は学生が主人公です。理事会では総代会で新しく学生理事が選出されますと組織部員を兼ねてもらって、毎年泊り込みの合宿をやりました。ロッチデールの原則・生協の歴史・大学生協の基本政

策・府立生協の現状と課題等々、夜を徹して喧々諤々(けんけんがくがく)の論議をかわす学習会をやり、これには理事長先生や教職員理事もよく参加してくださいました。

　医大と府大の学生気質には明瞭に違いがあり、府大の学生はどちらかというと運動論、医大の学生は事業経営に興味がありました。医大では組織部が中心となってクラスに働きかけ、聴診器や医学書のテキスト・教材の共同購入を活発に進め、医大に書籍部を作るときも推進役となりました。森永砒(ひ)素ミルク中毒事件が起こった時は、大阪大学衛生学教室に赴いて資料を準備し、学内で写真展を企画するなど機敏に活動しました。組織部の熱心な活躍は生協再建への大きな原動力となりました。

　70年、第4期工事にともなって長年の懸案であった院内購買部・喫茶室がガタガタの木造施設から新しい鉄筋の建物に移れることになりました。組合員に組合債300万円の協力をお願いし、その資金を活用して71年完成とともに新装オープンすることができました。また、府大・花園分校の食堂施設、医大地下学生ホール食堂の設備改善も進み、書籍部他の新規事業にも着手しました。経営再建にあたっては、毎年何か新機軸を打ち出していくことを心がけ、これら理事会・職員一丸となった努力が実を結んで、73年度にようやく単年度の黒字を出せるところまで業績を回復させることができました。

府庁生協、地域生協設立支援

　1971年の府庁生協誕生に府立生協として支援できたことは、今でも本当によかったと思っています。府庁生協が誕生したことにより、京都府全体の生協の裾野が広がり、京都の生協運動にとって大きな力となりました。府立生協は府職労の要請を受けて、府職員互助会が業者に委託していた食堂を、生協設立に先駆けて1年間食堂主任を派遣し

て運営しました。この準備段階の時、私はちょうど３番目の子供を妊娠していましたが、大きなお腹を抱えながら府庁に夜遅くまで出向き、食堂・喫茶の設計を一緒に検討したり、相談を受けたりしました。いろいろ苦い失敗もありましたが、府立生協の水道光熱費の大学負担への糸口をつくることに繋がりました。

京都生協の前身である洛北生協が64年に設立されました時、当初、府立生協も参加している京都ブロックの運営委員会が全面的にバックアップしました。69年、洛北生協が桂へ出店した時、その計画が落下傘方式であったために失敗し、資金繰りがショートしたことがありました。京都ブロック傘下の生協からは洛北生協に対して厳しい批判が出され、会議の席上で洛北生協専務であった私の夫に対する追及は激しいものでした。私の苦渋の姿を見て、当時理事長の伊吹良太郎先生が、府の関係部局へこの窮状について相談に赴かれ、知恵を貸してくださいました。このことは忘れられない有り難い思い出です。

ちなみに洛北生協とタイアップして大山乳業の「コープ牛乳」を開発したのも、この頃のことです。

不変の生協理念

私は父が不慮の交通事故に遭い植物人間となってしまいましたので、母の窮状を助けるために父母と病気の弟を京都に引き取り介護することにし、74年の総代会で専務の職を辞することを了承していただきました。経営再建の道半ばで退任したことは申し訳なく、残念におもっております。

14年間を振りかえりますと、苦闘の連続でした。けれども立派な歴代の理事長先生に恵まれ、熱意ある教職員理事、若さ溢れる学生理事、職務に積極的に取り組んでくれた職員と共に、困難な状況を乗り越えてこられたことは、私にとってこの上ない大きな喜びであり、貴重な

人生経験でもありました。

　医大では、臨床・基礎、教養から初代理事長の河村謙二教授はじめ、増田正典教授、弓削経一教授、額田粲教授、宮崎正夫教授、永田久紀教授、山本尤教授が出られ、いずれの先生方も優れた見識と、教育・研究に対する情熱、とりわけ学生への温かい愛情をお持ちでした。研究室にお伺いするたびに、いつも頭の下る思いをしていました。

　府大からは、農学部・文家政学部・短期大学部から伊吹良太郎教授、坂田一教授、田中貞雄教授、正子朔教授が理事長となられましたが、積極的に意見を述べられ熱心に指導してくださいました。特に伊吹先生はよく現場にも顔を出され、気づいたことを指摘されました。坂田先生は大学紛争の最中、学生部が学生に封鎖され団交を要求された時に、その矢面に立ち学生の暴力には毅然とした態度でのぞまれ一歩も引かれませんでした。

　当時一緒に働いた職員は「あの時の苦労を思えば、どんなことでも耐えてやっていける自信がついた」と今もって言っています。苦しかった時期を共に闘った職員の絆は今でも生きています。

　先日、今日の資料を作るために何年かぶりに医大生協を訪ねました。吹田専務（当時）に久しぶりにお会いして、医大・府大生協の本年度議案書を見せていただきました。

　なんと立派に活躍しておられることでしょう！　この間、引き継いでくださった理事会・専務・職員の方たちは、さぞご苦労なさったに違いありません。優れた業績をあげておられる議案書を見まして涙が出るほど嬉しく思いました。

　今や大きく変貌する社会情勢の中で、大学生協の活動も昔と異なる多くの困難に直面しています。しかし、生協が誕生した時の相互扶助の基本精神は、脈々と受け継がれていかなければならないと思います。能勢克男先生は、洛北生協の創立に当たり、「頼もしき隣人たらん」とおっしゃいました。生協のモットーである「よりよき生活と平和のために」もいつまでも変わらないでしょう。そういう生協の理念を大

切にしながら、若い方々が今の時代に即応した活動を進めていってくださることを心からお願いして、私の報告を終わらせていただきます。

(2007年10月25日報告)

1950～1960年代

4 「同盟化」の時代

横関 武

同志社生協の再建と「同盟化」

　1957年同志社生協の再建のため京都に帰ったわたしは、増田誓治君（常務）、田中福三君（経理担当常務）と経営再建3カ年計画を立て、①狭隘な厚生施設を拡大すること、②労務体制の整備と理事長交代（中桐大有先生→嶋田啓一郎先生）、③仕入れ、支払い体制の強化（京都大学生協との共同）を実行した。

　同志社生協、京大生協（常勤運営委員―菅野、山本、坂尾、時武、安藤）とともに中央市場や共通の仕入先への共同仕入れとその支払いの一本化を実施し、これを「同盟化」と名付けた。翌年京大生協春の総代会では、坂尾、時武以外の専従役員は不信任、和田正之専務が選出され、同年設立された府立医大・府立大学では山内幸一君が初代専

横関　武（よこぜき・たけし）

1929年生まれ。同志社生協専務理事（57年～67年）。京都地区大学生協会館運営委員長・同事業連合理事（61年～89年）。京都洛北生協専務理事（64年）。京都生協理事長（74年～96年）。日本生協連理事・副会長（65年～95年）。共著『ところで　どうしたはんの？京都生協30年目のスタート』（清風堂書店、1995年）。

務となり、立命館の竹内食堂運営委員とともに、「同盟化」に加入し、京都工芸繊維大学生協の仕入れを京大生協が引き受けた。これを機にブロックでは事務局長制をひき、増田君を選出し、各単協の学生理事（組織部長）を加えて、京都地区大学生協同盟体運営委員会を構成し、日常運営は事務局長のもとに仕入れ部、経理部、組織部を置いて運営した。61年には、左京区田中関田町に会館を建設した。全国大学生協連合会では、57年に専従専務制をとり、杉本氏を初代専務理事に選任し、補佐役として経営指導委員会をもうけ、塚崎氏（東日本）・横関（西日本担当）が担当した。

　最初、京都における「同盟化」活動は、「単一同盟化」と言っていたが、その内容を十分に論議していた訳ではなく、漠然と同盟化から組織合同を含む「単一化」くらいのイメージだった。大学生協を労働運動、婦人運動、学生運動などとの"統一戦線的社会運動"ととらえていたわたしは、同志社生協内では西村豁通先生（嶋田啓一郎先生の後の同志社生協理事長）を中心に学生組織部の諸君とともに生協理論研究に力を注ぎ、女子大学生や大学職員の組織化をすすめるために機関誌『東と西と』『東と西と　婦人版』を労組婦人部とともに発行した。「単一同盟化」の議論は、60年安保闘争をめぐる全国的な政治闘争とあいまって学生運動は分裂し、大学生協も大きな影響を被った。

忘れがたき指導者たち

　1959年、同志社生協の再建任務に目途をつけた私は、出向期限が終わり、もとの職場である神戸生協へ帰るつもりで、お世話になった能勢克男先生のご自宅に挨拶にいった。先生は、「戦後日本は素晴らしい憲法をもてたが、日本の社会は相変わらず男の縦社会のままで、婦人を中心に地域に民主的な横の社会をつくることが重要だ。家庭でも社会でも婦人の参加がないと民主主義は育たない。参加する民主主義

が生協の原動力である。女性と若者、特に君たち大学生協の若い力で京都に生協のあるコミュニティを創ってほしい。」と懇請された。そこで私は、地域生協設立支援を大学生協連合会の常勤理事会で了承をとり、「同盟化」方針の目的に加え、京都府生協連の再建にも奔走した。人権と民主主義を最も大切にされていた能勢先生は、戦前生協運動が分裂した苦い経験を語られ、生協こそ「頼もしき隣人たらん」という信条と、民主性と合理性を重んじなければならないとも強調された。京都の民主運動のサロンでもあった能勢先生のご自宅は、先生亡き後「能勢記念館」として京都生協が管理した（2007年閉鎖）。

　能勢先生の熱意に共鳴した私は、京都に生協が根づかなかった理由は何か、地域生協の未来への道筋を探るために、西村豁通先生とともに、日鋼室蘭労働争議[1]とその労働組合がつくった生協の調査に赴いた。そして、日本の労働組合は生協を労働組合運動の兵站部として位置付けているが、これは組合員の生活を守る組織としては正しくないということ。また、当時、労働組合系生協への参加は、団体一括加盟が常識だったが、個人の自覚に基づいた自主的な個人加盟でなければ、運営も事業も民主的で合理的なものにならない、というふたつの教訓を持ち帰ったのである。そして「同盟化」方針の「地域化」にとりくみ、同志社生協と京都同盟体陣営の強力な支援、能勢先生、西村先生らの尽力によって、京都洛北生協（能勢理事長）が創立された（1964年）。専従職員として私のパートナーとなって「同盟化」と「地域化」に奮闘してくれたのは、前述の増田君と熊原嘉昭君（鹿児島大学生協学生理事から同志社大学法学部大学院院生に在籍のまま同志社生協職員）だった。わたしは「生協不毛の地」といわれてきた京都の地に「この芽を枯らすな」（『洛北』2号、1964年9月）と強調した。

同盟化運動の総括と発展

　一方、大学生協の学生組織部内では新左翼思想の影響をうけて、「単一同盟化」運動を政治的に利用しようとする偏向が強まり、急進的な学生運動家が路線転換を求めて暴力的破壊行為に及ぶようになった。生協運動の大原則として「民主性と合理性の追求」を常に念頭においていた私には、彼らの急進的な主張と暴力行為は許しがたいものであった。路線上の相違によって、いままで一緒に歩んできた組織部学生たちの何人かと袂を分かつことになったのは、いまも断腸の思いである。生協労働組合や教職員組合の力によって各単協理事会から彼らが一掃され、京大生協の経営再建のために、全国連合会から稲川さん、伊藤さん、池田さん、上条さんら5人に赴任・支援していただき、本格的な事業連帯組織の再編強化が進められた。

　私は京都ブロック運営委員長の職を退き（1966年）、京都洛北生協の専務理事、そして京都府生協連の専務理事として仕事にまい進することができた。京都ブロックでは「同盟化運動の総括と当面の基本方針」によって「単一化」論は総括され、組織合併方針が同盟化運動の障害となったことを確認し、組合員の生活と権利を守る大衆的運動の組織発展を主軸に、さらなる同盟化運動を進めてゆくことが明確にされた。

1　1954年、日本製鋼所の人員整理案に対する同室蘭労連の197日に及ぶ大争議。デフレ下の企業整備に伴う大量解雇争議の典型とされ、家族ぐるみ闘争として知られる。労働争議の結果、労働組合は第1、第2と分裂し、生協もふたつに分裂した。

1950～1960年代

5

大学生協における事業連合組織の形成とその特徴
——体験と観察を通して——

小見 弘

大学生協運動と事業連合

　経済的要求をはじめとして社会的・文化的要求をみたすために、出資金をつのり一人一票を原理とするひとの組織をつくり事業活動をおこなう、これが協同組合（生協）の特徴です。一人ひとりの組合員はこの活動に参画し、活動結果を享受します。事業連合（以降、連合と省略）は、組合員があつまってつくる生協＝単位生協がつくる連合会組織です。しかも連合は単位生協の多様な活動のうち経営の合理化をもっぱら活動対象とします。連合は大学生協運動の長い歴史がつくりだした独創的な組織です。

小見　弘（おみ・ひろし）

1947年生まれ。元全国大学生協連専務理事スタッフ、史料編纂室担当。同志社生協入協（75年）、京都事業連合企画室、全国連合会、東京事業連合を歴任。

60年代、恒常的な事業連帯組織（連合）をつくる運動は同盟化活動と呼びその組織を同盟体といっていました。同盟化活動は、50年代に全国学校協同組合連合会（全国大学生活協同組合連合会の前身。以降、全学協と略称）を軸とした全国共同仕入事業活動の蓄積のうえにありました。同盟体は、この運動のなかで経験を整理・蓄積し、理論化し、そしてまたおこなうという反復運動の過程でできあがってきました。この組織の骨格は60年代に形成されますが、運動過程の組織という特徴は現在でもそうであります。

連合の活動は単位生協のように直接組合員が活動に関与するわけでなく、なおかつ生協の多様な活動のうち会員経営の合理化を目的として経済活動をもっぱらとします。このため資本主義社会にあって「ひとの組織」を危うくする本質的な可能性を内包しています。本稿では、このような事業連合組織がどのように歴史的に形成されてきたのか、そしてこの組織がどのような論理的特性をもっているのかを対象として論じます。

歴史的形成

（1）連合（同盟体）組織の設立意思形成とその具体化

同盟体の設立意思は、1959年同志社大学で開催された全国大学生活協同組合連合会（以降、連合会と略称）第2回全国総会を起点とします。総会決議案は「単協相互の同盟的結合を強化」し、「統一仕入れ部を充実させる」として提起しました。設立発想は「大学生協組合員の横断的結合と経営機構の合理化」にありました。59年連合会より提起された同盟化方針は、全国的な論議となりましたが、実際に同盟体がつくられたわけではありません。連合会を中心としたこれまでの全国共同仕入れと区分し、「単協のセクトを廃止する意識的努力と科学的かつ緻密な現状分析にたった政策の下に、販売、仕入れ、管理機構

の統一が検討されねばならない」［総会　60年、以下［　］内は総会年次資料］とあり、同盟的結合問題は単協セクトの克服、統一仕入部は販売・仕入れ・管理機構の統一というようにその構想をより具体化させています。注意すべきは、「同盟化による統一仕入部は卸売機関ではなく、単協の仕入機能を統一した機関」［総会　61年］であるとしていたことです。単位生協の経済活動における基本機能は、仕入れと販売の二つにあります。この二つの機能のうち一つを統一した機能として同盟体を当初から構想していました。

　同盟化方針が採用された背景に二つの要因が考えられます。一つは、59年文部省中教審答申による特殊法人化構想への対応がありました。この法人の事業内容は、学内厚生事業の受託経営、一時貸付基金の運用、学生下宿、学生医療保険施設の経営などがあり大学生協の事業内容の多くとバッテングします。二つは、50年代の大学生協運動の到達点がありました。敗戦直後、大学や旧専門学校にたくさんの生協が設立されましたが、1950年直後多くの生協が解散し全学協総会をも開催できませんでした。その後、再建の努力がなされ60年の連合会会員は60をかぞえるまでになりました。当時の連合会専務は「やっと復活してきた状況の中で、どうしても二度と単協をつぶすわけにはいかない、それだけの仕組みはどうするかということを必死になって考えた」と証言しています。

　同盟化活動がスローガン段階から具体的なとりくみにはいったのは、61年関西地方連合会（以降、地連と略称）京都ブロックによる統一事務所を建設し仕入の統合を開始したことからです。64年には東京地連による大学生協東京支所として活動を開始しました。以降、60年代には東京地域の西部同盟体、三多摩同盟体、東部支所、神戸同盟体、札幌地区同盟体などが発足しています。61年からの同盟体の活動は実践段階にはいり具体的事例をうみだしました。同盟化で最初の課題は、各生協の業務部門の体質改善を「一定の方向で統一的」におこなうことでした。このことがない場合は各生協の業務は「煩雑化をまねき、

合理化の実を上げられない」と指摘し、さらに「単協の業務諸機能を一元的に統一するものであるだけに、単協の体質改善とその統一化をあわせてすすめない限り、同盟化は正しく果たし得ない」[総会 61年]と展開しています。同盟体をつくるにあたり二つのことを指摘しました。一つは各会員業務の体質改善のために業務の標準化であり、二つは同時並行的に会員のマネジメント構造の標準化です。

　同盟体の活動の具体化は、当初構想していた段階から新しい展望をもたらしました。同盟体の事業活動のなかでうまれた「調査企画室」[総会 62年]です。各会員の大学特性、商品構成と価格調査、仕入れ判断に必要な価格競争力判断のための市場調査などの必要が、同盟体の基本機能である仕入や経理・決算機能とは別のゼネラル・スタッフ機能の設置につながりました。この部局を軸に人材の育成と集積そして地域生協との連携あるいは地域生協づくり、労働者福祉運動の一環として地区労・労金の連携などはばひろい活動が展開されました。これらは60年代の地域生協運動草創期に大学生協運動が大きな役割を担うことになりました。

（2）同盟化から単一化への構想

　同盟化から単一化へという組織戦略がいつから形成されたかは定かではありません。単位生協が仕入れ・経理決算業務を共同化し同盟体をつくります。そして、最終的には同盟体をつくった単位生協を解散し、同盟体を基盤にして各大学を横断する単一の生協をつくる、これが単一化構想です。全国レベルではじめ単一化ということばが出るのは61年総会からですが、しばらく現れずふたたび出るのは64年総会からです。ただ、68年に京都地区大学生協会館運営委員会（京都同盟体）がだした「京都地区大学生協会館運営改善に関する討議資料」によると「生協会館定款」の「単一同盟化」条項の削除を提起しています。この資料では生協会館定款は「61年6月設定」とあり、京都同盟体は出発当初から単一化を構想していました。

単一化という組織構想は、連合会総会など公式文書にはでてきませんが周辺で論議されていたことが推測されます。たとえば、連合会から発行された『15年の歩み』の末尾にある論文では「同盟体は……将来においては、単一化、大規模単協の結成への第一歩」として論じています[1]。同様に東京支所で発行された『同盟化ニュースNo１』には、「①連帯活動とは、主権がすべて単協にあること。②同盟化とは、主権の一部が同盟体に委譲されること。契約によって単協は拘束されること。単一化を目指すものであること。③単一化とは、すべての権限が一元化すること。等の意志統一をする。」［「東京地区第15回推進委員会」63年１月］として確認されていることから論議されていたことをうかがわせます。このような論議状況のなかに京都ブロックから「意見書」が63年総会に提起されたことを契機に単一化という組織戦略が64年以降公然化します。

　単一化は、64年から67年まで４年間全国レベルで集中的に論議検討がおこなわれました。概括的にいうならば、単一化概念の整理・明確化、現実化の条件、実現にむけた段階などの提起がされ［総会　64年］、各地域の意見のちがいと否定的見解の表明［総会　65年］、同盟化と組合員活動関係、個別大学内での組合員活動重視と単一化方針の限界がだされ［66年］、実践的な方針としての単一化が総括されました［総会　67年］。また、これらの単一化問題が提起された時期には各大学生協、大学生協連に極左的な学生運動に影響をうけたものたちがいました。彼らは「政治目的・政治戦略に都合のよいように」単一化構想を歪曲・利用しようとしていた、と後に展開しています[2]。

　すでに引用文書のように単一化構想は、単に極左的な学生運動の組織論だとするわけにはゆきません。そのような要素が同盟化活動にあったことを否定しませんが副次的なことがらにすぎません。「大学生協組合員の横断的結合と経営機構の合理化」［総会　59年］という考え方は同盟化構想の出発点からありました。組合員の横断的結合の前提には、生協は組合員の主体的な自由意思でつくったものという発想

があります。主体的意思でつくった生協が、互いに共同して同盟体組織をつくり現に活動を開始しています。であるとするならば一定の条件がととのえば単一化は可能であるという論理です。

「単一化の課題が組織的に発展させられ得るか否かは、まさに生協の組合員が、本質的に、生協の組織理念である「人と人の自主的結合」を実践する立場になって、この政策方向を支持することができるかどうかにかかって」おり、このことがなければ「大学生協を各大学の枠内における学内福祉」としての枠を突破し得ません［64年　総会］。だが、単一化以前の段階として同盟化において、会員セクトを克服し業務の標準化、さらには会員と同盟体との経営の標準化、そしてこれらを保障する組合員・従業員意識の向上が必要であるとくり返し指摘しています。

単一化で中心的な課題となったのは「大学行政とわれわれの力関係を変革し得る横断的な組合員組織力量」を形成するための組織活動にありました。だが、「連合会・地連の方針がストレートに個別単協に組織化され」横断的な組合員の意思形成ができませんでした。そして、東京と京都から単一化に否定的意見がではじめました［総会　65年］。だが両者のその内容は違います。東京は、「……同盟的結集に対置する単協主権を継続する課題が……同盟体が単協によって最も干渉されやすい体質と、単協を強力に統括してゆく体質の強化という両側面を追求する」[3]とあるように会員主権と同盟体との関係に論点があり、単一化志向は当初から希薄でした。「横断的結合」とは別の観点から、大規模化することに疑問がだされ単一化が反対されています[4]。この点では最初から「単一同盟化」をかかげていた京都とまったく違います。京都は63年から参加する3つの会員が赤字となりました。原因は会員の業務とマネジメントの標準化の失敗にありました。このため63年から同盟化活動の「調整期間」とした停滞からの否定的意見でした［総会　64年］。

66年には、同盟化活動と会員の組合員活動との関係が中心的に論議

されました。組合員活動を前提にしないで経営面でのみ共同すれば生活がまもれると考えることは誤りであるとしました［総会　66年］。組合員が存在する会員での組合員活動と要求を重視して、その力を同盟体にいかに結集するかという論議です。あらためて組合員が存在する大学・会員に視点が移りました。この視点から、組合員が存在する場＝各大学に「基本的な対決」と「力関係の打開」を抜きにして単一化は抽象的に正しくとも現実の力関係を踏まえない傾向がありました［総会　66年］。単一化構想は各大学にある生協を解体する危険があり当面の目標としては不適切である、と総括をしました。同時に同盟体を地域ごとの「単協間の業務の統合化」として位置づけました［総会67年］。

　大学生協は職域生協です。単一化の提起は、この職域を超える生協づくりでした。しかし、職域を超える組合員の横断的結合は実現できませんでした。職域は生活空間の単位でありこの単位のなかに組合員が存在します。当該大学という生活空間の単位は他の単位に置き換え不可能です。単一化が不可能だったことは、大学もまた「ひとの組織」＝大学コミュニティ［総会　86年］であることしめしました。そして同盟化によって生協のもつ経済的機能だけは職域を超えうることをしめしたのです。

（3）大学生協総体における同盟体の位置づけと発展

　組織戦略をめぐって長期的な論議はありましたが、仕入れの統合からはじまった同盟体は着実に経済的成果をうみだしていました。68年には東京はコンピュータの導入による経理・決算の電算化を展開し、京都では事務所・倉庫の移転・拡大をやっていました。地域的な共同仕入れの量的な拡大がそのまま同盟化につながったのではなく［総会68年］、独自の機能とマネジメント構造をもつ同盟体の発展です。会員の組合員活動を重視してその力を「単協間の業務の統合化」としての同盟体にいかに結集するかという視点は、生協運動総体のなかにこ

の独自の機能とマネジメントをもつ同盟体をいかに位置づけるかという問題となりました。指導連としての連合会、参加する会員の同盟体に対する「民主的管理」に関する具体化です［総会　77年］。

　同盟体は、連合会の基本組織である地連・ブロックのなかにおき、連合会の指導をうけることは確認されていました［総会　66年］が、その具体化が実践的な課題となりました。同盟体の経営責任と財産所属にかかわる法人化、連合会・地連の指導にかかわる制度的保障、同盟体の経済的成果の全国的活用などが論議検討されました［総会　68年］。会員と同盟体との業務上の関係を、「業務執行上の範囲と責任関係を契約として成文化」する段階にきているとしました［総会　69年］。注意すべきは、委託にかかわって同盟体の業務執行上の「範囲」をきめる会員の政策判断がある、ということです。同盟体は業務の統合組織であり「組合員に対する直接的責任は単協理事会」にありますが、同盟体が大きくなり１つの経済体として自己目的化の傾向や会員の側も同盟体への依存傾向について、連合会・地連の指導問題は格段に大きくなる［総会　69年］ことが指摘されています。

　ほぼ以上で連合にかかわる基本的で実践的な諸問題の解決をみています。70年の総会では、東京事業連合が発足したことが報告されています。総会では連合と会員との関わりで「人事問題」と会員意思の連合への「反映問題」が集中的に論議されています。この論議は2010年代のいまでも続いているきわめて現代的な課題でもあります。総会は、前者について「一般論」は存在せず「発展段階で検討され、解決されるべき」だとしました。後者は会員の「……利益代表者的形態で組織のすべての側面にわたって存在しなければ、組合員の意思・利益が同盟体に反映」できないとすれば、「事実上同盟体をラフな結合体」にしてしまうとしています。本質的には事業環境とかかわる連合理事会の統治能力の問題であり、一般論はここでも存在しません。

　もう一度、82年に連合が集中的に論議されました。大学生協運動の総路線が確立されて以降、会員の総合力をいかに発揮するかというこ

とが焦点となりました。会員の総合力とは、事業と運動（組合員参加）の相互作用と高次化のことです。だが、会員は総合力の一方である事業の多くを連合に委託しており、連合組織は個別参加会員より巨大で大きな経済をもっています。この連合を総路線のなかで、会員－連合会・地連という基本組織関係のなかにある組織＝「組織内組織」として位置づけました。つまり組織として存在しますが、基本的な組織ではないとして位置づけました。背景としてあったのは、連合機能の肥大化と会員の依存関係が深刻化するなかで、組合員の存在する会員と指導連組織である連合会・地連の再確認でした。

連合組織をつらぬく論理の特徴

（1）生協組織について

　生協が「ひとの組織」であり、このひとの組織が事業活動をおこなうことについてはすでに述べました。事業活動を行うとは生協が経済組織[5]でもあることを意味します。資本主義社会にあってもっとも高度に発達した経済組織である株式会社と比較すると生協組織の特徴がきわだちます。株式会社は一株一票を原理とする組織であり、資本制が貫徹する一元的組織です。

　生協のひとの組織という側面は互恵性を基本原理とします。［参考文献、ポランニー　p.63］。大学生協が組合員活動でよくいうことばで「学びあい・励ましあい」などはこの互恵性を端的に示します。互恵性の内実を列挙すると、組合員の参加と協力活動、民主的な選挙による機関の選出と各組織諸階層の民主性などが展開され、これらの形態と運営の延長線には公共性といった社会的活動をも展望し得ます。一方で事業活動には経済性が大前提であり資本主義社会にあって競争はさけてとおれません。商品やサービスが組合員に役立つという効果性だけでなく、より安く提供しうる効率性がもとめられます。

生協は営利を追求しないNPO組織に属します。しかし、生協は自らの組織を運営するにあたり、一般のNPO組織とことなり外部資金をあてにせず自ら事業活動をおこないます。この事業活動の形態は株式会社と本質的に異なるものではありません。出資金をあつめて資本となし、市場に投下して再度資本として回収し、組合員と生協職員の生活を安堵します。この循環ができなければ生協の永続性は保障されません。問題はこの利潤を追求しない生協の事業活動は、組合員と生協職員の生活の安堵の仕方に特徴をもちます。それは互恵性の促進であり、経済活動から社会活動への転化です。そして社会活動の促進はさらなる経済活動への促進として転化します。二つの要素の相互作用であり、大学生協のことばでいうなら「総合力の発揮」です。

（２）連合組織について

　組合員の横断的結合と経営機構の合理化を目的としてつくった組織が連合でした。歴史的な経過のなかで全面的な組合員の横断的結合はなく、部分にとどまりました。この結果、もともと単位生協のなかでおこなわれていた経済活動と社会活動の相互作用は、連合組織の出現によってdecoupling（分割）されることになりました。生協は組合員の存在によって法人（corporation）よりも（association）結社にちかく、組合員である人びととの集団から離れて存在しえない［レイドロー p.85 1980］のですが、連合には組合員は存在しません。連合の危険性はここに内在します。

　連合には組合員は存在せず、会員に存在します。したがって全体性（相互作用）は、組合員の存在する会員にあります。しかし、連合は会員のおこなう事業活動にかかわる仕入と供給の２大機能のうち仕入機能や関連する重要機能をにないます。連合がつくりだす経済性は会員においてのみ生協的な全体性を獲得します。会員と連合の関係においておこるさまざまな活動現象は、すべてdecouplingとその回復から現れます。

（3）動揺する存在としての連合組織

　会員生協と連合との関係は、独立した法人主体間どうしとして契約を結び双務関係にはいります。この段階で会員がもっていた主権の一部は制限されます。そして契約はすべて個別会員ごとに交わされます。ひとの組織である生協は連帯活動をおこない、必要によって恒常的な組織をもつくります。しかし、ここでは連帯活動ではなく明確な経済行為としての契約です。

　個別会員は大学コミュニティという職域に成立している共通性はありますが、それぞれの職域という生活空間に代替性はありません。大学コミュニティの構成員のニーズは地域社会と比較して共通性はおおく存在するものの、そのニーズを満たし活動する地理的・時間的空間はことなります。

　個別の大学コミュニティにおける生協組合員は、自らの地理的・時間的空間にふさわしいニーズを当該生協組織にもとめ活動します。このような状況は、連合に加盟するすべての会員にあります。経済活動をもっぱらとする連合はさまざまな会員要求のうち、経済的効果性と効率性をもとめて共通な量的・質的側面を追求し拡大しようとする意思が常にはたらきます。会員と連合それぞれは本質的には逆方向にちからがはたらきます。「同盟的結集に対置する単協主権を継続……同盟体が単協によって最も干渉されやすい体質と、単協を強力に統括してゆく体質の強化という両側面を追求する」［森定進　63年］という指摘は現存しつづけます。会員と連合の関係は、歴史的にはその時々の経済的・社会的環境のなかで、ちょうど振り子のふりのようにゆれ現在でもそうです。

（4）資本運動の非完結性

　多数の会員はそれぞれ法人として独立した経営単位であり、経済活動はこの単位で完結します。連合は多数の会員と契約関係にはいります。契約によってそれぞれ独立して完結していた経営単位は連合にお

いて共同化されます。会員は連合にたいして商品・サービスの仕入や開発を委託し、連合機能を活用することで商品・サービスを組合員に提供します。

　財や資金の流れからみるならば、連合という共同所有を経過して利益の所有はそれぞれの経営単位のものとなります。連合段階では「資金・在庫という形で一体的に」運用されるものであり「一時点をとってみればA単協の財産がB単協のものとして運用される」ことになります。「ここで利益・不利益を云々する限りにおいては、同盟化は不可能」[「大学生協の同盟化活動の到達点と当面する課題」70年]となります。

　単一の経営単位でなされる事業活動とことなり資本運動は完結しません。資本運動という側面からみるなら、連合とそれぞれの経営単位である会員による分割です。「A単協の財産がB単協のものとして運用」される矛盾が事業活動に顕著にあらわれるのは3月から4月における新学期のリビング供給活動です。連合段階において在庫不足により供給すべき商品がなくなったり、また反対に過剰在庫が発生します。

(5) 業務と経営構造の統一化・標準化

　連合組織の基本的な活動動機は効果性と効率性にあります。効果と効率をもとめて会員業務の標準化やマネジメント構造の統一化と標準化を志向します。例えば事業活動で情報処理システムを導入するには、会員と連合の機能分業の明確化と業務の作業・動作への分解と概念定義が必要不可欠です。前者は連合と会員のマネジメント構造の標準化を、後者は業務の標準化を促します。近代経営には、単純化、標準化、専門化という3つの中枢概念が存在します。生協経営も経済活動をおこなうかぎりこの中枢概念からのがれられません。

　これらの概念は連合を中心として同一商品や同一メニューが各会員の店舗や食堂にならぶことになります。この現象を称してチェーン運営といいます。正確にいうならばチェーン化現象であってチェーン運

営ではありません。業務の連合委託の前提にはどの範囲まで事業執行を共同化するのかという政策判断があります。この政策判断が独立の会員法人の理事会でしっかり論議され、連合理事会で論議されなければなりません。この政策判断の曖昧さがチェーン運営などという現象的な論議をよびます。会員と連合双方は独立した法人関係にあり、チェーン運営などは存在しようがありません。

　問題はチェーン化現象でなく組合員不利益の発生です。組合員の要求を正確に聴くこと、そしてその声に忠実であることです。当該会員の理事会で徹底して論議検討し、連合の理事会に反映すべき問題です。問題の焦点は、会員と連合のマネジメント構造と結節にあり、連合統治の形態です。

（6）連合組織の統治形態

　会員は経営活動の高次化と合理化のために自らの事業機能を分割し集中化させることでつくった連合組織が、高度にヒト・モノ・カネ・情報を集中し複雑で大きな組織体となります。連合なしにはげしい競争関係のなかで会員経営は成立しません。会員にとってこの複雑で大きな組織体を自らの意のとおり制御し得ること、会員の連合組織の統治し得ることが問題となります。

　「経営が、効率の増大と節約のために集中化されなければならない場合でも、政策決定は、民主的管理を保持するために、分権化」［レイドロー　p.92］する統治的仕組みが会員・連合総体の関係において重要となります。会員と連合がひとつの事業体のごとく経営活動を展開しながら、会員にとって連合をとくべつ意識せず日常活動できることが重要となります。

　分権化は「強力な政治の集権なくして国家が生存しうるとは思えないし、まして繁栄できるとは考えられない。だが行政の集権は、これに服する国民を無気力にする」［トクヴィル　p.138］と展開した連邦制と同じ論理構造をもちます。連合がうみだしたdecouplingした経済

的成果をひとの組織としての全体性（相互作用）回復し獲得するのは会員にあります。いいかえるなら連合における経済的成果をうみだすための「統一」と会員おいてその成果を自らのものとする「分権」です。

　ひとの組織である会員間には、会員と連合間にあるような契約関係はありません。あるのは連帯活動があるのみです。それは会員間における「学びあい・励ましあい」であり「知る・知らせ・考え・話し合う」ことです。会員と連合の事業的・日常的結節点は、連合の商品・サービス（経済的成果）をひきつぐ事業担当者（店長）にあります。契約関係にある連合がおこなう場でなく、会員間の自主的な連帯活動の場において、事業担当者たちどうしが連合のつくりだした経済的成果を評価・検討することがきわめて重要です。

　このような場における評価・検討が、事業担当者（店長）に気づきを促し、経済的成果がひとの組織において全体性の回復を容易とします。ひとの組織である生協の事業組織運営には会社経営一般のように指示・命令のみではむずかしく、事業活動の根底に事業担当者の内発的な気づきをうながすことが決定的に重要となります。

（2009年3月26日報告）

注

1　田中尚四「強力な同盟体を組織しよう」全国大学生活協同組合連合会『15年の歩み』、1963年8月。
2　全国大学生活協同組合連合会『大学生協運動の到達点と課題　協連・重要政策解説』1971年8月。
3　森定進「同盟化の推進過程を総括する」大学生協東京支所『同盟化ニュース』5号、1963年9月。
4　高橋晴雄「同盟化推進への発言」大学生協東京支所『同盟化ニュース』13号、1964年7月。
5　1978年、全国大学生協連経営研修セミナーで発表された福武直「大学生協をめぐる諸問題」。その後「会長所感」とよびなわされた。福武『大学生協論』

東京大学出版会、1985年所収。

参考文献

カール・ポランニー（吉沢英成［他］訳）『大転換 – 市場社会の形成と崩壊』東洋経済新報社、1975年。
A.F.レイドロー・日本協同組合学会『西暦2000年における協同組合　レイドロー報告』日本経済評論社、1989年。
アレクシス・ド・トクヴィル（松本礼二訳）『アメリカのデモクラシー第1巻（上）』岩波書店、2005年（Tocqueville, *De la démocratie en Amérique*, 1835）。

1970年代

6

京都地域の大学紛争と生協・京都地域大学生協の事業連帯活動について

稲川 和夫

関西の大学生協とのかかわり

　私が大学生協関西地連と京都の大学生協とに直接かかわり合いを持ったのは1964〜74年、おおよそ10カ年くらいだったと思います。今から46、47年前の事でした。大学紛争などありましたので、当時の資料が極めて少なく困っていましたが、事務局の方々が資料を集めてくれましたので大変助かりました。

　私が関西の大学生協に関係した、この10年間の主な社会の流れや背

稲川　和夫（いながわ・かずお）

1928年生まれ。東大生協、早大生協、法政大生協を経て、大学生協連常務理事（62年）。関西地連事務局長、京大生協常務理事、大学生協会館事務局長を経て、京都事業連合専務理事（71年〜74年）。奈良市民生協（現ならコープ）専務理事（74年〜81年）。81年大学生協連常務理事。現在、ならコープ相談役。

景を申し上げますと、安保闘争が激しく闘われた60年代、それは日本の社会運動の中で最大の運動と言われたもので、その運動が終結して、社会的、政治的安定をめざすという役割をかかげて池田内閣が高度経済成長、所得倍増をかかげて登場し、国家予算を重工業、重化学工業に集中投資して日本経済を輸出産業基調に切り換えるといわれた時代でした。

そのために労働生産性向上、国際競争力強化という課題が大きな問題として浮かび上がってきました。また経済の高度成長によって農漁村が過疎化して、人口が大都会に流出し、公害も激発するという時代背景がありました。

大学関係では、経済成長政策と輸出重点に切りかえ政策によって、大学の機能、学問研究が産学共同路線に組みかえられ、そのために大学の研究、技術開発の自由が危機に瀕した時代で、教員、職員、学生たちが大学自治に対して強い危機感を持って行動した時代でした。

またこの時代は経済の高度成長にからんで、学生の定員増、大学設置が大幅に増加、大学のマスプロ化、そして教職員、学生の教育研究施設や厚生施設が貧弱化し、これらに対して施設要求が重視された時代でもありました。インフレ、物価値上げで学生生活にとっても大きな負担を強いられ、米穀、牛乳、精肉など重要な食品や通学のための交通費など高率でアップされた時代であり、大学生協はこのような時代背景のなかで大学、文部省に対し研究施設、厚生施設の拡充、生協へ厚生施設の一元化、食堂などの水光熱費の大学負担、学バス値上げ阻止などの課題をかかげて教職員と連帯し大学生協が活躍した時代でした。

このような情況のなかで大学の民主化運動が起こって、この運動に過激派と言われた学生集団が暴力的に介入して、大学の民主化運動は混乱し、この煽りを受けて生協の事業、経営、組織は危機的な情況に落ち込み、これを正常に再建するために大学生協は大きな犠牲と努力を払わねばならなかった。私が関西地連や京都の大学生協で仕事をさ

せていただいた10年間はこういう時代ではなかったかと思っております。

関西地連に赴任した背景

　関西地連の主要な役員だった当時の同大生協専務の横関さんが、関西の大学生協が事業、経営が大変な時代になりつつあるので、支援してもらいたいと大学生協連の本部にお見えになりました。当時地連の学生で代表理事だった京大の学生と大阪市大生協の学生で副代表理事だった人が同行していた。当時大学生協連は全国6地連に分かれて活動していたが、その中心となっていたのは東京地連と関西地連でした。この両地連は事業分量、組合員数、加盟単協数ともに他地連に比して圧倒的に多く、連合会の東西の中心でありました。

　連合会は支援しましょうと約束したが、誰をいつ、ということになるとなかなか決まらず時が過ぎた。当時はまだ全国的に人事について交流や支援派遣という事例は極めて少なく、敬遠される傾向が強かった時代でしたから、結局、私は連合会の常勤役員であり、本部役員と兼任できるということで、事務局長として赴任することが決まり、関西地連に連絡し、同意を得て京都に移住しました。

　関西地連がなぜ連合会本部に人事などの支援を要請したのかということでありますが、関西地連の中心は京都の大学生協などです。その中心となるのは、京都大学と同志社大です。京大生協は当時内部に大きな問題を抱えていて、地連の事業や運動の全面にわたって積極的な役割発揮が出来ない状態が長く続いておりました。そのために同大生協が一身に集中して引き受けねばならないが限度もあり、どうしても京大生協を強化して関西地連を大きく発展させたいということが焦点でありました。

　私の個人的な見解ですけれど、東京地連の中心単協は東大生協と早

大生協です。東大生協の例をとってみますと、1940年代の後半から50年代にかけて学生理事をやった学生らが生協運動に興味を持って卒業後生協職員になる、大学中退者やレッドパージ組など、当時だけでも数十名おりました。

　1950年前後、大きな社会問題となった連合軍総司令官によるレッドパージで、主要官庁、労組の若い幹部が街頭に追放され、これらの一部の方々が大学生協の臨時職員として採用され、生協運動の理念、事業、仕事に魅力を感じて、そのまま正規職員として残り、事業、経営、組織などの専門分野で学習を続け、後に秀れた幹部になった人たちがかなりおりました。そして、このような幹部を他の大学生協へ人事支援を強め、東大生協の中心的な役割を果たしておりました。早大生協も同じような仕事を果たし、重要な役割を担っておりました。

　このような視点から京大生協を考えますと、中心的な役割を残念ながら発揮できなかったのはなぜかと思います。綿密な調査と分析をして考えなければなりませんが、当時の関西地連や京都ブロック（同盟体）の事務局長だった同大生協出身の増田誓治さんが『月刊消費者運動』30号（1965年11月10日号）で論評しておりますが、京大は創立から昭和25〜26年ごろまでが学生が中心に運営してきたが、事業規模が大きくなるに従って専従役員が事業の部分を継承して学生は組織、専従役員は事業と分担で運営をすすめてきた。だが専従の役員の水準が生協運動の感覚、理念的運動的、実践的な側面が弱く無関心で、絶えず学生との間で意見の相違をきたして、閉じこもってしまう傾向が強かったと。私も京都に赴任して京大生協に何回も訪問して、対話を致しましたが、確かにそういう傾向が強くて、生協というよりは単なる学生の売店組織といわれるような色彩が強いように思いました。常勤役員となった方々の多くは自分が以前事業を行っていた自営業のその延長線上として生協に入ったという幹部のようでした。当時の京大生協の事業運営の問題が大学生協運動の路線の中で取り残され、十分役割をはっきできない状態が強く残っていて、その負担を同大生協や他

の生協がカバーするという事態が強くあったようでありました。

当時の大学生協は全体として事業と運動が発展した時代であったわけで、京大生協をはじめ京都の大学生協を急速に強化しなければならない方向で連合会を中心にして、さらなる人事支援を法政大生協より京大生協へ上条さん、東京支所より京都同盟体へ伊藤さん、法政大より立命館大へ坂本さんを支援人事として行いましたが、京大生協が上条さんの受け入れに内部で調整出来ず同志社へ移り着任しました。

大学紛争と大学生協をめぐって

京大生協の人事支援は軌道にのらないままで数カ月が経過しました。このようななかで大学生協の関西地連において大学紛争に関連して生協の騒動が起こり、東京地連内でも過激派といわれる学生集団が生協の施設店舗などを破壊したり、組織を攻撃したりしましたが、関西地連内の大学生協の場合は他と異なり、大学生協内の学生理事グループが自分の組織である生協を攻撃した特殊なものでした。京都では、京大の学生理事グループが生協の店舗商品伝票諸資料を持ち出し放火したり、これに反対する学生教職員や生協職員に暴行を加えたりする蛮行が永く続けられました。過激派の学生グループは京大以外の大学生協の同調者を連日京大に動員して校門をバリケードで固め、大学の機能を停止させ、大学解体を連呼し武装していた。同志社大も立命館生協も激しい攻撃を受けました。

前述したように京都の大学生協の紛争は生協の学生理事とその同調者、そしてこれらに好意を持っていた一部の生協幹部、職員などが動き、しかも自己主張を暴力で服従させようとする言動に恐れていたが、長く支持する学生は少なく、次第に孤立を早めて大学も機能を回復し、生協も京大生協、同志社生協、立命館生協、そして大学生協関西地連の総会で地連の正常化も達成されました。これらの大学生協の正常化

闘争で過激派グループと対決して奮闘した教職員、学生と生協職員の勇気ある行動は歴史に残ることでしょう。

京都の大学生協と事業連帯活動をめぐって

　関西地連が全体として正常に戻り、これからの中心的な活動は、単協の経営事業活動の再構築でした。その基礎の上に構築する事業連帯活動の強化でした。京都における「同盟化」活動は1961年に始まり、左京区田中大堰町に倉庫を建立、同志社、京大、府大で発足しました。次年、立命館生協が加入しました。1963年ごろから活動の幅を拡げ、横関武運営委員長、増田事務局長の体制でした。

　京都の「同盟体」は全国で初めて発足した組織で、当時の流通情勢や学生の生活向上をめざすもの、事業連帯を強めるために同盟化運動がすすめられたものです。

　しかしこの路線を巡って意見が対立しました。京都同盟体は将来組織も合併するという単一同盟化論と事業活動分野に限定した連帯活動論の対立でありました。当時の単協理事会内では単一組織合併論を主張したのは過激派と呼ばれた学生理事集団で、これに対して専務理事層は事業連帯限定といった立場でしたが、方向性は単一化を否定しなかったと言われていました。

　大学紛争、生協の紛争が正常化され、1967年後半ごろから大学生協連の決議によって単一組織合併論は否定されたことを受けて、新しい方針で軌道修正が行われました。

　私は京大生協の紛争によって事業経営組織の再建に京大生協に入ったが、2年後に京大を辞任して増田さんの後任として同盟体の事務局長に赴任しました。当時、事務局には単一化を支持推進した幹部職員もおりましたが、自主的に退職して新体制で発足しました。京大生協も学生理事、専従役員も交代して、新しい正常な運営を取り戻したた

め、事業連帯活動でも積極的に役割を果たすようになりました。

　大学生協の事業連帯活動の創生期は1957年代で、大学生協連がまだ全学協連と呼ばれた時代です。旧制大学時代で、高等学校、専門学校、大学予科などの影響が残っていた頃で、生協の名称も学校協同組合連合会で全学協連と言われていたのです。1957年に京都の比叡山で大会を開き、連合会の方針として、（1）大学の教育環境を整備する運動で、生協の活動は大学の教育、特に学生と教職員の教育を充実、向上させるための環境をつくり、厚生施設の拡充を求める活動強化。（2）は消費者運動の強化。当時、消費者物価は激しい勢いで上昇し続けて市民生活、学生生活を悪化させており、他団体と協同して日本の消費者運動を前進させること。（3）は事業連帯活動の強化、特に単協間の共同事業の推進でした。

　1959年に同志社大学で大学生協連の総会が開かれ、単協間の同盟的な事業結合を推進すること、流通業界がスーパーチェーンを急速に拡大しており、これに対抗して学生教職員の生活向上と生協の事業経営を強めるためには、同盟的な結合を強めながら生協の取扱い物量を増加させ、質を高める事業を行わねば発展は望めないだろうということで、この同盟的な結合強化を採決しました。

　1960年になりますと、更にこの活動の幅と質を高めて、地域に新しい型の地域生協をつくるために支援活動を行う方針を構築しました。

　同志社大学で開かれた大学生協連総会で採択された同盟化活動を強力にすすめようという方針で各地で盛んに討論が行われました。京都地区の大学生協は1961年に京都同盟体（別称・京都ブロック）を発展させました。加盟生協の商品の仕入れの統合化をはじめ、事業力の結集を開始したわけです。これらの運動の中核としての役割を果たしたのは同志社生協でありました。

京都地区の事業連合創立をめぐって

　京都大生協は1965年の総代会で正常化が達成され、旧理事は総退任して新しい理事が選出されて、その活動が開始され、再建の一歩を踏み出しました。

　同志社生協、立命館生協も次々と正常化され、活動が始まりましたが、京都地区の中心となる京都大生協は紛争による被害甚大で、事業経営は危機的な状況に置かれており、京都大生協の再建が京都地区にとっても、関西地連にとっても極めて重要な位置を占めており、直ちに再建支援に取り組みました。関西地連から私が赴任し、京都同盟体から伊藤さん、同志社から黒沢さんとと東京大生協から池田さんらが支援に入りました。食堂分野では、それぞれの食堂の立地、施設条件、収容力、組合員の要望などを検討討議し、食堂別の方針と組合員の食生活を守るために生協職員集団の役割、経営改善など討議を行い、また書籍部では長年のロスによる経営悪化を改善するため在庫管理、万引き対策、教科書の生協一元化、書評誌の発行や書籍仕入れの正常化、品揃え、連合会などの共同仕入れの拡充、学内の事務所、研究室への商品提供、共同購入の運用など、印刷部・プレイガイドの充実や生協の財産管理、職員教育、職務分掌による業務分担と経営責任内容などが進められました。生協の職員集団の一部には、外からの新しい風を受け入れて自己革新を好まず、傍観視する層も存在し、これらを克服するのに苦労し、時間もかかりました。

　1968年ごろには京大生協は事業経営を安定した水準にもどりはじめ、また新しい、若い幹部も生まれてきたので、支援人事も一部を残して引き揚げ原職にもどりました。

　大学紛争と生協の内部騒動によって長期にわたって事業経営と運営が混乱し、機能が半ば喪失しかかった大学生協の再建支援と、大学に生協の存在しない空白校に生協活動を拡げ、大学生協の事業を一層強化するため事業連帯組織の発展が欠くことが出来ない課題となりまし

た。私は1968年に京大生協を退任して京都同盟体の増田さんの後任として事務局長に赴任いたしました。

京都同盟体、別称・京都ブロックは当時主要大学生協の正常化によって新体制が確立し、人事などの異動があり、同盟体内の幹部職員も退職する動きがあり、人事が空席となっていた。また、この期間は前後して龍谷大生協、教育大生協、工繊大生協、府庁生協などの加盟が行われ、単一同盟化＝組織合併という路線から転換が行われ、事業連帯活動の質と量を急速に高め、加盟生協の事業活動に大きく貢献することが要求されていました。空席になっていた同盟体の幹部に京大、同志社、立命館から転出してもらい、新しい執行体制で出発しました。

事業連帯活動は食堂分野、食品分野、文具家電分野、衣料品日雑品分野、サービス分野に拡大充実させる取組みをすすめました。

事業連合の創立をめぐって

京都同盟体への業務集中に伴い、取扱い商品の増大とその代表機能、決済および加盟生協との経営的な諸関係などの問題が重要になってきました。取引業界や金融機関との社会的責任が問われる規模となったわけです。無法人の任意団体ではこれ以上の活動は限界でありました。法人格を取得して社会的にも責任が持てる組織に整備することが課題となりました。

すでに東京地区では東大、早大、法政大などを中心にした事業連合が発足し、加盟生協との関係でその位置づけ、業務契約のあり方、運営組織などが議論されて発足していました。新しい組織の創立をめぐって単協内での討議が急速に行われました。

主として議論の中心になったものは、

（1）新しい組織への業務委託する内容とその手続き、（2）新しい組織と単協の経営をめぐる責任、（3）組織と委託業務の統一組合員

の声をどう処理するか、（4）新しい組織の運営のあり方などなどでありました。

　これらの問題の討議を深めるために分野ごとに単協代表を委員とした委員会を設置し、また専務理事、学生委員で構成した会議で包括的な議論を重ねてすすめました。そして事業連合の会員規約、連合基本契約、業務委託規定、定款や理事会規定などを一致して決定しました。

　1971年3月に教文センターで京都事業連合の創立総会を開き議案を承認して、初代の理事長に竹内欣氏、初代の専務理事に私が選任されました。法人格は4月30日。京都府庁から認可されたが、大学生協京都事業連合は総合的な指導機関ではなく、あくまでも京都府生活協同組合連合会（以下、府連と略）傘下の一員として活動することとし、府連との関係を明確化するように助言を受けました。そのために府連と覚書を結びました。大学生協関西地連とも同様なことを確認しました。

> 1970年代

7

1960〜70年代の京大生協

西山 功

京大生協30年史の取り組み

　自己紹介からはじめます。1962年に学生委員、63年学生理事、66年の卒業後京大生協職員となり組織部、これは短かったですが、書籍部と総務部を経て73年に専務理事になりました。その前一年ほど同志社生協の書籍部で研修させていただいた。同大生協では専務理事の黒沢さん、伊藤博さん、常務理事山田さんの頃です。

　83年の9月まで大学生協、10月から京都生協職員となりましたので、報告の内容は、前半は学生として、後半は経営管理などに責任を持つようになってからという二つの段落で報告します。

　京大生協の歴史については、50周年にはお手元に配布の裏表のリーフ『京大生協のあゆみ　1949-2006』がつくられました。まもなく60周年を目の前にしていますし、生駒さんも手も空く可能性もあるとい

西山　功（にしやま・いさお）
1941年生まれ。京大生協入協（66年）、京都事業連合常任理事・理事長（73年〜83年）。京都生協入協（83年〜02年）。共著『生協　再生と職員の挑戦』（かもがわ出版、2005年）

うことなので、どこかで本格的なものに取り組んでいただけたら嬉しいなと考えます。山科の倉庫整理のお手伝いぐらいはできると思います。

ところで、35周年の1985年、当時の小塚和行専務の時に『京大生協のあゆみ』というパンフレットがつくられています。じつはその前段に、79年ですが京大生協が30周年を迎えたということで、たまたまその時はわたしが専務理事をしていましたが、京大生協の30年の歴史をまとめようではないかということで、小塚さんを担当に戦前のこともふくめてやろうということになりました。その結果「学生消費組合」（略して「学消」）も三段階ぐらいになるのだなとわかる資料があつまった。「学消」のチラシ、「京都家庭消費組合」の機関紙の蒐集やその当時ご存命であった中心メンバーからの聞き取り、戦後の第一次文章のできたものもあります[1]。

また、戦後草創期の先輩たちの懇談会を東京の銀座まで出かけていってやったこともありました[2]。結果的には担当者の交代などもあって、まとめることができませんでした。

ただ、整理はその時点でかなりすすみましたし、資料も残っていると思います。時期区分も次の五つぐらいに考えました。

第1期は荒廃の中から立ち上がる（1949～1953年）。大学の厚生会と職組の厚生部と学生協組の三者が協同してはじめたところからはじまります。

京都では、それ以前から京都段階の動きがあって、資料に入れてある『全京都学生協同組合連合会会報　第1号』が参考になります。

第2期は生協組織の基礎を確立した（1954～1959年）。ところが第3期は学生運動、とくに安保闘争の影響を受けて路線上の混乱と模索の〈60～64年〉時期。第4期は当時「民主化」といいましたが、再建から発展へとした（1965～1972年）。第5期は厳密にいうともう少し遅く大学生協連に福武直会長が登場してからですが、学園に広く深く根ざした（1973年～）としました。

私の体験報告は、この第3期と第5期です。第4期は生協の職員として、本屋さんとしてやっていましたので、生協全体を視野にいれて考えることはあまりありませんでしたから。

路線上の混乱と経営管理上の未熟

　各論的にいうと第3期の特徴は、路線上の混乱と経営管理上の未熟さ等の解決の方法を模索した時期です。
　この時期60年の安保闘争のなかで、学生運動で極左的な流れ、後に赤軍派になる「社学同」が発生し、生協の学生委員会・理事も彼らの影響下にありました。私の同期に塩見孝也君がいて「第三期生協論」をとなえ、生協も反帝国主義の闘いにかかわっていくべきだとして、そのための戦術として「水道光熱費不払い」の一点突破の方針を65年の2月総代会に出し否決され、6月の総代会で新しい理事会が発足しました。かれらの生協運動は、個別の経済要求には冷淡で、事業活動も軽視ないし専従がやればいいという分離の思想でした。また62〜63年に行われた、書籍部の"商品ロス"を口実とする書籍部閉鎖にみられる、政治的利用でした。
　新理事会の方針は、大衆的民主的生協の建設の大枠の下に要求に基づく民主的な運営、組織と経営の統一的強化、学内外での連帯協同の強化を理事会として指導性を強めることであったと思います。
　新理事会では、今度立命館大学の総長になられた川口清史さんが切れ味するどい1回生として学生理事の中心で活躍しました。
　どんなところに努力をしたかというと、これまでは学生運動の流れの一つでしたが、大きな構成部分である大学の教職員に対する働きかけを強める組織的・事業的対応をすすめました。内部的には職員組織対策部をもうけ、従来職員組合に入ったら生協組合員である団体加盟制でしたが、それを個人加盟に切り替える努力を何年か積み重ねまし

た。また続いて書籍の共同購入などをはじめました。

　ここでふれておかなければいけないことは、これらをすすめた連合会からの人事支援の問題です。戦前も京都消費組合は日消聯から人事支援を受けて、京大の協組などは最後にはその人たちに守られたのですが、今回も連合会の支援をうけました。

　京大の民主化は生協の労働組合のメンバーがリーダーシップをとり、理事会が変わったときは、一時学生理事のわたしだけが残ることになって直前の夏季一時金もとりあえず１カ月分だけですます状況でした。したがって現有人材だけでは足りないと言う判断で、連合会に永良巳十次専務理事を支える人事支援がされました。その時の連合会の専務理事が田中尚四さんで、塩見君とチャンチャンバラバラをやりあっていた学生委員長が藤岡武義さんです。後に関西地連の事務局にも来ます。

　京大には稲川和夫さん（専務補佐、業務全般）、池田順次さん（総務・組織）、伊藤次栄さん（書籍部）の３名の方が東京からみえて、改革の中心になられました。不採算部門の整理や「商店・職人連合」の打破、キャンパスごとの懇談会組織、大学の長期計画に対応して施設計画・統一厨房構想などもその中ですすみました。

　もうひとつこの時期には、関西地連の民主化とその過程でおこった暴力事件があります。これが私の記憶では、塩見君らの生協内最初の暴力ではなかったかと思います。

経営改善と学生の変化

　第５期、1973年にわたしが専務理事になってからは、今の厳しい時期や創立期の大変な時代とは違って、それまでの学生増と大学民主化闘争を背景とする施設の拡大整備によって、経営的にも改善されてきました。

印象に残っているのは、「物不足」狂乱物価（73年）の時に生協としてどのようにあるべきか、問われたこと。特に三省堂辞書のシール張り替え問題などです。

　二つは学生の変化です。生協に参加する・「自己実現」の場とするひとが増えてきたことです。学生委員が今年は20人、次は30人というように。多いときは50人近くになりました。同時にそのように増えてきた学生さんたちは、わたしたちが当たり前だとしてきた「五者共闘」（同学会、院生協議会、職組、生協労組、生協理事会）の行事参加も「わたしたちはその決定に参加していない。ましてや多くの組合員は……」ということで生協の理事会としては参加を取りやめることもありました。

　しかし、同時に職員の方から話を聞くなど繰り返し学習話し合いをし、自分たちが納得すると大きな力をだしました。「市電会の鷹」などと漫画のタイトルをもじった取り組みをした市電撤去反対の活動などはそのひとつでした。

　三つ目は、福武所感と「権利としての厚生論」のことです。京大はそれまでの施設運動の経験などふまえて、施設整備は大学に勉学し、働くものの権利であると考えてきました。それを理事長の野村秀和先生を中心に「権利としての厚生」論としてまとめてきました。

　1976年東大生協理事長をされた福武直さんが全国大学生協連合会の理事長になられました（同時に専務理事は田中さんから高橋晴雄さんに）。そしていわゆる「会長所感」が発表されました。その内容は「大学との建設的協調関係」ということでしたが、京大は理事会での議論を重ね、内容的には東大の経験を固定化し、正当な要求も引き下げるものであるとして、連合会の会合では、反対の態度を表明しました。

　それ以前に文部省の学生部次長会議で「体験的生協論」が報告され、自力建設をすすめてきた北大生協は優等生、対極にあるのが、何でも運動で要求をしてくる京大生協、その中間にいるのが東大生協だ、と

いう評価もされていました。

　わたしの大学生協の最後は、立命館大学生協で起こった「三億円事件」でした。専務理事の下にいた経営管理者がかなり長期に渡って不正を働いていたのです。大学生協の経営管理のレベルやあり方、大学生協におけるリーダー層の経営管理のあり方、組織などについて反省をせまられました。また、事業経営の位置づけの違いが反映していると思いました。

　その時までに、わたしも専務理事として10年ぐらいたっていましたし、大学生協の組合員は学生です。組織としても変わる必要があると考えて、京大生協を退職し、京都生協に就職させてもらいました。

(2007年1月25日報告)

注

1　この時に集めた資料は、くらしと協同の研究所発行『歴史資料集第7号　能勢克男と京都（家庭）消費組合——戦前京都の消費組合①』2003年1月、『同第8号　京都の学生消費組合（京大生協を中心に）——戦前京都の消費組合③』2003年6月にまとめ、それぞれに西山功「解説」を付している。
2　30年史編集委員会編『京大生協30周年記念　草創の頃　京大生協史編纂協力懇談会』京都大学生活協同組合、1982年。

1970年代

8

紛争に揺れた時期の京大の表と裏
——京大生協のことも含めて——

野村　秀和

生協とのかかわり

　このような機会を与えていただきましてありがとうございます。今、私は76歳です。京大に入ってから五十数年たっているわけです。私の専門の市場会計分析講座の話は横に置いておいて、協同組合とのかかわりでは定年後も、福祉大に行ってから全国調査をやって面白い経験をしております。私が経験をしたことを中心に、非常に主観的になるかと思いますが、お話してみたい。こちらの思いがなかなか協同組合に通じないということもありまして、そのへんも含めていろいろ申し上げてみたいと思います。大学生協時代の話は前座に過ぎない。その

野村　秀和（のむら・ひでかず）

1932年生まれ。京都大学名誉教授、元京大生協理事長（70年〜80年）。元大学生協全国理事。著書『現代の企業分析』（青木書店、1977年）。編著『転換期の生活協同組合』（大月書店、1986年）など。

後の日本生協連や生協魂が若干残っているのは医療生協かなと思っています。JAも農村地域のなかでがんばっているな、と思っています。

京大学生時代

　学生時代の話から始まります。1952年、昭和27年に大学に入るのですが、その少し前、50年は朝鮮戦争が始まった年、レッドパージが荒れ狂い、物騒な情況でした。私は当時、西京高校の高校生。高校前に島津製作所がありました。当時島津製作所は米軍キャンプになっていて、当時、朝鮮戦争の前後にはその米軍キャンプから、アメリカの黒人兵たちがトラックに乗ってどんどんと戦地へ向かう。それを当時「パンパン」と呼ばれていた夜の女たちが手を振って見送るという光景を目の当たりにした覚えがあります。翌51年に京大では天皇事件が起こります。天皇が京大に行幸したときに、「平和を守る」という歌で迎えて、それが'不敬罪'にあたるとして同学会は解散されました。50年から51年にかけて、火炎瓶闘争の影響で京大の自治会ボックスなどがガサ入れをされていました。吉田キャンパスには学生たちが集まることさえないというような大変な状況だったと思います。その翌年、52年に私は入学し、宇治分校と呼ばれる黄檗に行ったわけです。1,300人くらいでした。私は京都の西京高校出身、山崎正和は鴨沂高校、荒木和夫は山城高校から京大へ入ってまいりました。この３人は高校時代、親しく知っていたわけではないのですが、山城、鴨沂、西京というのは、メーデーのとき、高校生の集団としてそれぞれ50〜60人旗を立てて参加するような状況があって、各々そのときの幹部ですからある程度は知っていました。宇治にいって２カ月ほどで1,300人のうちの、400〜500人くらいの組織を作るのはいとも簡単でした。破防法闘争が６月に始まり、京都駅前のデモに宇治から京阪電車に乗って500人の学生をつれていった思い出があります。その当時、京大に入

ってくる学生はそれなりにそれぞれの出身校では1、2位を争う自信過剰なものばかりでしたが、大学に入ってくると自分よりも上手なやつがたくさんいるものだから、なかなかどうしようもない、ということもあったのですが、かなり自主的で積極的でした。そういう背景のなかで、約3分の1以上の学生を、入学して2カ月で連れ出すことができたという覚えがあります。その背景には山崎は自治会担当、私はサークル担当ということで、最終的には60～70人くらいのサークルになったのでしょうか。全学部の学生を集めた、それが中心になっておりました。

　2回生、53年に、荒神橋事件が起こりました。当時、全学連の委員長、同学会の委員長、府学連の委員長、経済同好会の委員長の全てが京大経済学部であったという覚えがあり、米田豊昭がリーダー。私は、当時2回生の下っ端でしたが、現場の先頭を歩くリーダーとしてやっていたわけです。全学連は、学園復興会議を提案していて京大でそれをやろうということで、全国から学生たちが集まったわけです。京大当局は会場を貸さないといい、連日「貸せ」「貸さない」というやりとりをしていました。大体、教養部の2回生、200～300人が絶えず吉田キャンパスをデモっていました。デモのリーダーが私でした。11月11日は、ちょうど立命館大学にわだつみ像が到着するということで、ついでに立命館のあった広小路にいって、わだつみ像の歓迎会に参加しようと京大の時計台から医学部を通って近衛通りから荒神橋を渡るというルートで行ったわけです。荒神橋の真ん中までは川端署、真ん中から向こうは中立売署の管轄。「このデモは違法なデモである、直ちに解散しなさい」と呼びかけながらパトカーが横でゆっくりとついてくるという対応でした。昭和28年、岩波が出した『日本資本主義講座』の年表の中に、28年11月11日に、京都で学生運動で学生が川に落とされてけがをするということが書かれています。それまでこんな岩波の年表に学生運動が載ることはまずなかった。私は、この事件の際に橋から落とされて危篤になり、急性脳膜炎になり体調が危ぶまれた

3、4人の中の一人となりました。先輩たちは火炎瓶闘争や天皇事件で覇気がない状況でした。そういうなかで権力によっていっぺん殺されそうになった学生運動のリーダーだとして一定のポジションを得ることになるのは、若かりしころの学生運動の状況からすれば、ごく自然のことでありました。そういう状況の中で私は6回生までいって、2回留年しました。2回留年した者が京大に残るというのは、経済学部においてもおよそありえない。同級生だった池上惇はそのままストレートにあがって助手に残るということになるんですが、私は2年のんびりしていまして、事件や何かあるとあちらこちらと出かけて、悪名をとどろかせておりました。当時の学部長だった岡部さんが会計学の教授で、私を残すということを決意されて、それで私は残ることができました。

先ほど申し上げましたように、60～70人のサークルを作りました。これがうまいこといったのは、当時1回生の女子学生は二十数人。そのうちの6人ほどをそのサークルの中にうまいこと私がオルグしていれて、あっという間に、50～60人の男の子が増えた。そういったことが後々いろいろなところで、国立大学の生協設立運動なんかで実はプラスに響いてくるという面白いことになるのでした。

院生・教官時代

1960年の60年安保のとき私はすでに院生で、ドクター1回生でありました。この当時ようやく経済の院生協議会だけでなく、全学の京院協が設立され、双方の設立総会でも私が議長役をやっていましたが、60年安保の前後の中で、学者、宗教者、文化人デモというのをよくやっていました。市役所前から円山公園までフランス式デモで、歩道から歩道まで手を広げて、デモをやった覚えがあります。その相談相手が谷口善太郎、当時、国会議員を落選中で暇だったものですから、京

大に入り浸ってわれわれ院生協議会としゃべっていたわけです。そういう意味では共産党とのかかわりも谷口さんを通じて持っていて、院生組織がちょっと集まりますと、400〜500集められるわけですから、学者、宗教人、清水寺の坊さんや大学の先生などを集めて、結構なデモになったわけです。私はデモの指揮をやっていたので、先頭に先生方がおいでになる。河原町通りでデモをやっていますと沿道のバーのおかみさんたちに「帰り寄って〜」と声をかけられました。

当時、すでに学生運動の中には分裂が見られていて、一番、印象に残っているのは中核派のリーダー、白ヘルのトップの北小路くん、2年下だったと思いますが、おやじは共産党の市会議員か府会議員だった。そういう連中が出てくるなかで学生運動が分裂していく。

62年に私は助手になり、講師、助教授を経ていくわけですが、66年の段階では、立命の戸木田先生をチーフとして、雑誌経済の求めによって独占分析研究会を京都でつくり、関東では関東会計研の連中がやっていて、毎号、関西、関東と交代で分析を出していました。武田薬品の分析で分析方法論を確立したと思います。財務分析は、基本的に私が全部担当をした。東京の人の話によると武田薬品は横に置いておいて、製薬資本の腐敗を追う分析であったから、武田の分析じゃないと批判を受けたのですが、われわれはあれが本当の独占分析であるというような意思統一をやっていたという意味では関東と関西でライバル意識をもって研究活動をやっていたという思いがあります。

学内の民主化―組織・生協理事会

講師から助教授になるころですけれど、1967年から何年間か紛争時代があるわけですが、京大職組の副委員長という職に就きました。それまで、書記長役は教員がやっていましたが、私は従来の教官書記長と同じ役割を担う形で副委員長となり、病院の職員である小山くんと

いう事務職員が専従組合活動家として専従書記長になり、それを支えるということになりました。組合では神戸からやってこられた川口是さんと専従書記長の小山と私の3人が3人組をつくりました。委員長は工学部の川野先生で、ストライキをやると「俺がクビになったら困る」と絶えず動揺されていて、その委員長を横に置いておいて、私たち3人でいろいろとやっていた。懐かしい思い出です。その中でいくつか経験をいたしました。まず、第一に、われわれが組合執行部をとった段階でやったのは組合費の値上げでした。ストライキができる組合にしよう、2割組合だったからこれができたのだと思います。100％組合であった人文研究所支部なんかは実力行使の参加が弱かった。2割のところは確実に、ストに入っているということであります。29分ストライキ、これは勤務時間調整というぎりぎりの時間帯でありまして、29分になるとみんなさーっと職場に戻る。こういうことを何回か繰り返しました。もうひとつは、当時の学長の奥田東が勤勉手当差別支給を強行しようとしたわけです。これをどう阻止するか。3人で相談をして、私は組合の支部長会議で提起しました。それぞれの支部で部局長交渉をやれと。部局長に対して、差別支給はやむを得ないが、部長がそれをおやりになることを実力で阻止することはしない。ただし、最初に差別支給の名簿を出すことだけはやめてくれと。他の部局が出たら仕方がない。出なかったら、一番最初に持っていくことだけはやめてくれ、そういうことで交渉しろ、といって、これは見事に当たったわけですよ。どこもよそのところが出したか出していないか調べあいますが、どこも一番に出す部長はいなかった。そのために、奥田は差別支給をあきらめざるを得なかった。当時、組合員に与えた影響は絶大なものがありました。当時の活動家が集まるとこの当時の話が出てきます。

　69年、紛争が全国に広がるなかで、京大でも教養部が封鎖される。2月11日、建国記念日の集会を法経1でやった。その記録は『京大闘争の記録〜スクラムの海から』という冊子で出ていますし、すでにこ

の研究会で伊藤次栄さんがこのことを報告なさっているわけですが、「暴力分子の階級的本質を暴露する。ドイツ型ファシズムの芽をつみとれ」、と文章が作られているのですが、少しばかり内幕を話します。11日の午前中か前日かは定かではないですが、経済学部の若手教官である尾崎芳治、池上惇、私の3人が集まり、相談しました。ファシズム規定をといてきたのが尾崎でした。彼は『民主主義と全共闘運動』という本をだした京大現代思想研究会の中心的メンバーです。全共闘思想やその理論に対する批判が行われているわけで、これを基礎に紀元節の反対集会で報告する内容のレジュメを尾崎が書いていました。その文章に少し手を入れたものが『スクラムの海から』に入っています。最初、池上が法経1で報告するはずだったんですが、その時間がくると腰が抜けちゃって、当時、吉田キャンパスにはヘルメットの連中が400人でデモっていました。いつ、法経1になだれ込んでくるか分からない。休日ではありましたけれど、院生協議会、職員組合、教官一部ら600〜700人くらい集まっていました。池上は腰が抜けたものですから、私が話すということで、法経1の壇上に上がりました。私はアラゴンの詩を引用して「神を信じたものも、神を信じなかったものも、それから社会党員も共産党員も民主主義を信じるものも今、立て」と、こういう演説をやりました。全共闘に対するドイツ型ファシズム規定というのは少し理論的に問題があるのではないかとか、共産党まで先頭に立て、というのは共産党を指導することになるからけしからんとか後からいろいろ言われましたけれど、その場に集まっていた職員組合や院生協議会のメンバーはそこでヘルメット軍団に対する思想的武装ができたわけで、いささかの貢献をすることができたという思いを今も持っています。そのことが、それ以後の全国から来る全共闘集団を向こうに回して、京大の自主的な、京大だけで受けてたつという力を作り上げる出発点になりました。一時期、ヘルメットを職員や院生に大学側が配布するということもありました。

奥田東は国会で糾弾をされ、それ以後姿勢が変わるわけです。当時、

経済学部長の堀江英一と私との間でいろいろとひそかな会議がありました。部局長会議や総長との連絡は、全部、学部長がやってくれる。全学集会というのが時計台の2階ホールで行われて、私が発言をすると奥田は寝ているところから目をあけて話を聞く。これを当時、工学部の建築の広原くん、後で府立大の学長になりますけれど、彼が「なんで野村さんのときだけ、総長は目を覚まして話を聞くんだ。俺のときはなんぼ言っても話を聞いてくれない」といっていました。実は、その背後には、学部長を通じて奥田との連絡があり、私がしゃべればそれを受けてたつ、ということがあったわけです。京都に来る連中に対応する対策や大学の受け入れはそういう背景のなかでできていった。ただし、国会での総長追及では奥田も後はがたがたになるというわけです。そしてその状況のなかで、1970年から10年間、私は京大生協の理事長をやるわけであります。

京大生協理事長時代

　五者共闘は、率直に申し上げてその事務局は私の大学院ゼミだったのです。大学院ゼミの院生たちは、全院協の議長でもあるし、経院協の議長でもある。当時、教官研究集会が60年安保以後、法学部の宮内先生を中心として、労働法の片岡さん、あと中山先生ら3人。私は院生、助手のころに法学部のあの3人の先生はすばらしいと議論していました。自分ですぐにガリ版を切って原稿にする。経済の先生方でそういう先生は誰もいないじゃないか、えらそうなことを言って、ふんぞりかえって何も言いやしないじゃないか、ああいう先生にはなりたくない、法学部の先生みたいになりたいと、よく尾崎や池上としゃべっていたものですけれども、そういう時代に、経済では、助教授から教授になる人事のなかで、木原先生と吉村達次先生との仲がよくなかった。それに対し、法学部3人の先生が教官研究集会の事務局として

見事な活動をされていました。宮内さんが早くに亡くなられまして、教官研究集会の事務局がつぶれて、五者共闘運動は実は教官研究集会事務局、院生協議会、職員組合、生協理事会、そして学生自治会、そういった形で出来ていたわけです。教官研究集会がなくなってしょうがないから生協労組を入れて五者というのはあれは偽者であります。そういうふうに思っております。

　そういう状況のなかで、大学生協のことも少しはやったわけです。当時は学生の生協でした。5つほど食堂がありましたけれど、昼間の食堂なんて近寄れたものではない。職員向けには配達弁当を何とかしろ、職場に弁当を配達させ、かなり内容的にいいものをきちんと作らせました。

　院生に対しては、これまでも書評誌は出していたわけですが、院生協議会に編集の権利を与え、金は出すがあとは自分たちでやりなさい、ということで、院生は自分たちの研究の広報機関紙という形でそれを作りました。理系の、特に工学部の院生にとってはそういう発表の機会がほとんどなかったわけです。

　教官層には出版活動をどういう風にサポートするか、私は全学部長を回りました。当時、京大生協の職員で、後に専務になる小塚くんを東大出版会に出向させるようなこともしました。出版事業で教官層にもなんらかの形で貢献したい、ということを申し上げてきました。学内での足がかりをつくる努力をやっていたわけです。

　そういうなかでどういったことが出てきたかといいますと、1973年、岡本が京大総長になる。その前は学生部長であったわけですが、岡本が出てきて、ブンド系の赤ヘルを泳がせる。赤ヘルをいかに使うか、総長自ら動き始めました。この状況のなかでどうするか、ということが問題でありました。「福武所感」が出されて、大学との協調関係が言われていたわけです。岡本総長になるまでの段階では、総長は文科省へ行くと食堂総長だといわれるほど、食堂の建て替え問題に取り組んでいました。岡本総長の時期にはそんなことも出来ない状況になっ

てきた。そういうなかで出版事業、京大出版会をどのようにして立ち上げるか。岡本は赤ヘルのOB軍団にそれを任せるという姿勢を示しました。生協が教官層に働きかけて出版事業をやろうとしていたわけですが、大学側からそれを完全に抑えられるような事態が出てきて、これくらい政治的な大学当局もまずないと思います。その状況のなかで大学との関係を、具体的に京大の事情を踏まえた上で対応しないといけない。福武路線のままに大学との協調関係を素直に受け止めることができない、というのが私の結論であったわけです。だから、岡本総長時代が終わった後では、京大生協も福武路線に変わっていくわけですが、この段階ではそのような状況ではなかったと思います。

　学内のなかで一番、戦術的に焦点になっていたのが保育所問題でありました。杉本くんという私の友人が経済研究所におったわけですが、彼が組合の委員長をやったときに、保育所をつくりました。認可の共同保育所を2つと無認可を1つ作ったわけです。大学側も病院の看護婦の定着のために一応、協力するということでした。したがって、そういう状況のなかで部局長会議や財政分析をやってそれでもって保育所づくりをどうするかということで、看護婦の定着を促すためには乳児保育を充実させなければだめだ。幼児保育では看護婦の定着ははかれない、という要求を時計台との間でやりあいました。基本的にそれを受け入れさせて、厚生労働省の定員にプラスアルファで、当時の定員外職員を大学の公費から人件費を出させるということで、多いときには20人近くの定員外職員を保母として確保しました。そのときに経理部長や総長との交渉のなかで私が使った手は、全共闘が吉田寮、熊野寮を押さえていて、吉田寮は100円の寮費、熊野寮は500円の寮費、これをかれらが不払い運動をしていたわけです。そのくせ、水光熱費はただで使うやりかたをやっていました。これは部局長会議の情報ですべて分かっていたわけですから、それを使って脅しをかけて、20人ほどの定員外職員を保育所につけさせたわけであります。こういう状況では「権利としての厚生論」など、えらそうなことを言っていまし

たけれど、具体的には共闘系の寮問題の管理以前の状況を踏まえて、学内バランスから考えて、看護婦の定着をはかることからいって、定員外職員を保育所に置け、ということが通ったわけです。生協は一定の地位を獲得していて、ちゃんとやれる状況があったものですから、情報は提供をしていたわけですけれど、むしろ保育所の経営を確立させることで、大学側との交渉をやって、そのところで財政分析のノウハウが若干は生きてきたわけです。それが実は五者の力という形で、総長交渉や学内運動でバックアップさせて、一点突破としては、保育所をきちんと発足させるということでありました。

大学生協設立支援

　西日本地域では国立大学で生協が出来ていない大学がいくつかありました。愛媛大学、徳島大学、岡山大学、山口大学などであります。そこへ私は生協の常務の山村君を連れてあっちこっちオルグに入りました。先ほど申し上げましたとおり、1回生からずっと大学院のころまでやっていた仲間たちが薬学や医学部の、いろいろな部局におったわけですが、こういう大学に全部集まっているわけです。国立大学で生協をつくろうとしたら、学生が飛んだりはねたりしたってそんなに簡単にできるわけではない。学長と直談判できて、生協があったほうがいろいろな意味でいいよ、という話ができる教員をどう確保できるか、というのが決定的に重要であった。私はこれらの大学を回って、かつての院生仲間を呼び出して、話をします。みんな協力をしてくれて、学生たちに連絡をしてくれて、学生たちの暴挙を抑えながら教員たちをうまく使え、という話をして、それで徐々に大学生協ができあがっていく、そういう役割を少しばかり果たすことができたかと思っています。

　ひとつ思い出すのは、東大生協が中心になって、大学生協の全国理

事会で東京に地域生協を落下傘でつくろうという話がありました。私は全国大学生協の理事でもありましたからいろいろと表と裏から攻め込んでつぶしてしまったのです。そのあと日本生協連は福島総会で、落下傘方式を自己批判して決着をつけました。

(2009年6月18日報告)

| 1970年代

9

大学生協運動の転換期に身をおいて

原 強

大学生協とのかかわりと学生時代

　私は68年に大学に入りました。田舎から出てきて京都で暮らしはじめたわけですが、大学生協があることも知りませんでした。新学期になって大学生協の仮総代を選ぼうと先輩がクラス入りにやってきました。「君、どうかね」「やらなければいけないなら、やります」と引き受けたのです。仮総代になると正式の総代になってしまう。最初の総代会に行った時の記憶ははっきりしないんですが、2回目の総代会で、ライスカレーの価格改定問題がありました。当時55円のカレーを70円に値上げするという提案でした。僕の仕送りの範囲では、1日300円

原　強（はら・つよし）
1949年生まれ。NPO法人コンシューマーズ京都理事長（03年〜）。京大生協入協（72年）。大学生協関西地連事務局長、京都府立医大生協専務理事、京都府生協連専務理事など歴任、京都消費者団体連絡協議会のNPO法人化にともない現職。

でご飯を食べないといけないというのが当時の状況でした。15円の値上げは大変重い、ということで反対の意見を述べたんです。70円にしたら肉が増えるというのですが、当時、タマゴが5円でした。「タマゴをつけたらいいので、肉はなくてもいいから55円に据え置いてほしい」と頑張った。「そういうことを言うなら、君も生協のことを主体的にやってもらいたい」といわれたりしました。といった具合で、それなりに真面目な学生総代としてやっていました。

1回生の1月に学園紛争が始まりました。問題から逃げないようにしようということで、いろいろな経験をしました。10月になり、紛争も一段落し、学生運動にも、ちょっとクールに自分を見つめる余裕ができたころ、学生組織部の仕事をやりなさいといわれて何となく仲間に入れてもらったことが今日に至っているきっかけだと思います。

70年に学生理事になり、71年、4回生になって学生組織部長になりました。8月の全国総会で発言もさせてもらいました。全国総会での発言の内容は、「7・1総長確認書」に関わり、大学民主化運動の一翼として大学生協運動が大きな地平を切り開いた、ということだったと思います。

中間総代会の議案書執筆も担当し、12月4日、総代会が終わり、それからクリスマスには卒論を書き上げ、1月に提出。そのまま生協の仕事に入ったということです。

3年くらい京大生協で仕事をしたあと、75年5月に関西地連事務局に行きました。今日の話は、この関西地連時代が焦点になってきます。関西地連では山村武男さんが事務局長でした。そのもとで5年半ほど仕事をし、山村さんのあとをうけて事務局長になりました。

83年にベルリンで反核平和の集会があり、それに出かけました。その最中に立命生協の「3億円事件」が起きた。ロンドンの空港で日本の大学生協でおかしなことがあったらしいと聞いたんです。それも京都だ、というわけで、国際電話で聞いてみると、立命生協だ、億単位の金だというのです。えらいこっちゃなぁと帰ってきたところ、「明

日から京都府立医大生協に行ってください」と言われたようなわけです。

大学生協の転換期

　きょうのテーマを「大学生協運動の転換期」としましたが、厳密に転換期とは何かとなると定義はバラバラだと思います。大学生協の転換期とは、学生運動の一部としての大学生協の運動から事業活動を軸にした生協活動へと、皆の認識ができ始めた時期だったと思います。77年に「学園に広く深く根ざした生協」という大命題が出てきます。「学園に広く深く」というのは、いざ反対しようとしても反対しにくい言葉です。これはもっともな、中立的なスローガンです。皆、賛成だ、といいながら、受け止め方はめいめいだったのではないかと思うんですね。そうこうするうちに徐々に大学生協連合会の路線が定着したというか、変わっていったのだと思うんです。決定的に変わっていくのが、大学生協連会長に福武直先生が就任されたことがきっかけになったように思います。これに対して関西の生協の対応は少し時間差があったと思います。

　関西地連では、中国、四国地域の国立大学に生協のない大学が多かったので、生協設立支援が関西地連事務局の大事な仕事でした。当時、焦点になったのが徳島大学と愛媛大学の生協設立でした。徳島の場合は、全国から動員して力づくでも生協をつくる。「大学民主化闘争と大学生協設立運動は一体のものである」と学生大会で決議をあげデモをやる。愛媛大学生協の設立運動も、関西地連事務局からすると大学の民主化闘争の一翼として考えていました。これに対して福武先生のやり方は違っていました。福武先生には設立運動の現場に足を運んでいただいて、大学当局と話をしていただきました。鞄持ちでついていって、こういうふうにお話をされるのかと、刺激的に感じました。

大学当局と話しあい「皆で大学をよくしよう。そのために福利厚生の領域をしっかりしよう。大学生協はすてがたいものだよ」という話をされるわけです。道後の郵便貯金会館に泊まって、部屋で遅くまで話を聞かせていただきました。そういうものの考え方があるものかと学ぶことができました。大学生協運動というのは、こういうふうな考え方でいくべきなのか、それがかねがねいう「学園に広く深く」ということなのかと、頭をつくりかえていく機会になったと思います。

　京大で経験した生協運動は京大のなかではそれでよかったと思います。全学の構成員がスクラムを組んで大学を民主化していく。大学生協もその一翼を占める。全学的運動の高揚のなかで大学生協の地位をしっかりしたものにしていく。いま考えたら、とんでもないことですが、学生理事が時計台の経理部長の部屋に「これからいきますが、よろしいか」と電話して、経理部長と面談して、「いまこんなことで困っている、何とかならんでしょうか」と陳情、苦情を述べると、すぐにいくつか改善する。たとえば食堂の給茶器がほしい。学生理事が行ってお願いすると実現する。よその大学ではありえないと思います。今の京大でも、できないのではないか。そういうことができたなかで生協を覚えていったわけです。

　ところが、大学生協運動の全国的な路線となると話は違うわけで、それぞれの大学生協のおかれている状況との関係で見た場合、どう考えるべきか、個々の大学に適応していった場合、どう考えるべきか、「学園に広く根ざした生協」とはいかなるものか、が問われるわけです。福武先生は「大学との建設的な協力関係をしっかり作りあげなさい。たとえば、大学生協の専務は毎日、大学の事務所に行きなさい。世間話をするなかで人間関係をつくっていきなさい。大学が困っていることを聞き出して、そのために私たちはこれができますということをしっかり述べなさい」といわれるのです。実践的にいえば、きわめて具体的なことなのかもしれない、そんなことを考えさせられました。そのなかで連合会の総路線がしっかりしてくる。最大公約数としてそ

れが全国に次第に広まっていくことになったのです。

　愛媛大学の生協ができたことを総括する場合も、いろんな立場、見方があって、学生運動は学生運動として「我々の運動で生協をつくった」という。教職員の運動は教職員としていう。大学当局は当局としていう。ところが、福武先生は「愛媛大学が皆でつくったんだ」と総括される。学園に広く深く根ざし、大学との建設的な協力関係をつくっていくというのはそういうことなのか、これは、やはり違うなぁと感じました。

　70年代後半期、学生の状況が様変わりしてきます。学生理事や総代になる人がいないという状況になってくる。運動課題を理事会のもとで決めても、学生理事が「僕はわかりません」とそっぽ向くことも、まま出てくるわけです。そこで組織活動の分野でも、大学生協連の「知る、知らせる、考え、話し合う」という組織活動のあり方が強調されます。それは平和運動の領域において大変重要な運動方法論だったと思います。広島、長崎に出かけていって被爆者の話を聞いたり、原爆ドームを見たり、平和は大事なんだと実感する、実感したことを共感しあっていくなかで平和の活動が広まるのではないか。

　このように、大学生協運動の総路線が70年代を通して大きく変わっていったと思います。今日の時点では、このようなことをもって「大学生協の転換期」であると申し上げておきたいと思います。

関西地連事務局の運動のなかで

　お話しましたように、関西地連に出たのが75年5月です。その頃やったことのひとつが会員の指導、中小規模生協があたりまえの事業組織として運営されるように支援することでした。学生しかいない理事会に専従者を経営責任者として置くことや、専従者の経営力量が不十分である場合は、よりよい専従者を配置していく。思い出深いところ

では和歌山大学生協のことで、事務所に出かけていくと「僕は専務理事です」「私は業務部長です」と学生が名刺を渡す。いろいろ聞いてみると、決算ができていない、総会議案がつくれない、というのです。決算書作りが緊急の課題で、それを応援しなければならない。京大生協の専従になった頃、野村秀和先生に「これからの中堅幹部は簿記がわからないといけない」と1週間ほど簿記の特訓をやってもらいました。これが生きることになりました。その時の簿記の教科書とソロバンを担いで現場にいって、わからないなりに決算書をつくることになりました。その後、連合会の総務部の清田部長に来ていただき、経理帳簿システムを現場で指導されるのを見聞きするなかで、そうすればいいのかと覚えたりしました。滋賀県立大学生協も決算書ができていない。事業所が彦根と草津にあって、彦根の本部で「なんで決算書ができないのか」と聞くと、「草津のメンバーが棚卸しをやっていないからだ」というようなことでした。大阪外大生協の場合、当時、9,000万の事業高ですが、2,000万近い大赤字。気の毒でしたが、結果的には、経理担当者を除いて職員がほとんど入れ替わりました。

　関西地連は当時、北陸から中国、四国まで2府16県を5つのブロックにわけて、ブロックごとの専務会議、学生を含めたブロック会議などを機能させる仕事がありました。ブロックごとの連帯の場づくりや設立の仕事も大事です。愛媛、滋賀大大津、橘、鳥取、徳島、山口、四国学院大などをターゲットにして学生自治会や教職員を訪ねていきました。

　また、全国の大学生協の支部としても仕事をしました。共同仕入れ会議の事務局の仕事もありました。全国大学生協連は、コープ商品を開発して、会員生協に買ってもらい、普及していくことも独自の、重要な仕事としていました。今井常務がコープテープを100万巻売るというので、各単協の購買部店長らに集まってもらう、連合会の商品部が「大学生協連のコープ商品はこういう点で優れています」という会議をやる。関西地連はそういう場を提供することをやっていました。

大変だったのが、九州7大学生協の除名問題です。これについて全国総会決定前に5つのブロック会議で説明しないといけない。賛成してもらえるメンバーばかりではありません。なかには「連合会の方針にあわない7つの大学を路線問題で除名するのか」という意見が出されるのに対し、「そうではなく、暴力事件はいけないということでやるんだ」と説明する。しばらく平行線の議論がつづくといったこともありました。連合会の方針をわかってもらうために、5つのブロックを歩く。除名総会の時には「除名は待て」という。それを説得しないといけない。なかなかシビアな仕事です。

　会費未納生協との会員関係についても、暴力事件に関わった関大、大阪市立大、桃山学院大学、大阪経済大学などが会費をおさめてくれない。連合会としては書面を送り続ける。全国総会では最初に会費未納生協の会員権について諮り、議決権を認める、認めないの議論を始めないといけない。関西地連にはそういうことがあったわけです。また、当時、大阪大学が総代会が開けない状況になっていました。こういう大学の正常化を求めていく。こういうことも関西地連事務局としての仕事でした。

出版物の作成と教育

　関西地連の特徴的な活動として、出版物を数多く出したことがあります。出版物がもたらす影響力は捨てがたい、ばかにならないものがあったわけです。76年5月、『施設闘争ハンドブック』をつくります。事務局長の山村武男さんが責任者で、執筆責任者は僕と京大学生の矢原君の2人。このハンドブックは時代を画した出版物でした。「まえがき」から第6章まで、「闘争」という言葉がいくつ出てきますか、すごいですね。これは設立運動の現場でもよく利用されました。とにかくこの『施設闘争ハンドブック』は影響力のあった文書でした。そ

れだけに、大学生協の路線の転換ということを考えるとき、象徴的な文書としてとりあげられるのです。

　これが連合会の路線が変わった時に、どうなるか。1980年、連合会の『施設問題の基礎知識』のパンフレットが出ています。かつての闘争の姿はありません。5年で大学生協運動の路線が大きく変わって定着していったわけです。

　京大生協の考え方が間違っていたのか、そこが問われると思います。京大という場においては、それが正しかったということだと思います。とはいえ、京大生協自身も、70年代後半、状況が大きく変わってきます。いま思えば、そのなかで大学当局と大学生協の関係を整理して、新しい状況に進んでいくうえで、69年、70年ころの考え方が通用したかどうかが問われていたのだと思います。

　『中小規模生協の経理の手引き』は、連合会の清田部長に指導・監修してもらって、僕が大半つくったと思います。仕分け伝票を3枚複写でやっている時代に、大学生協の取引のほとんどが現金、預金でされている、したがって3枚伝票をつくってもむだだ、1枚式伝票があればいい。片方は現金、預金どちらかに○をすればいい。片方に科目がある。集計をやれば決算ができる。中小規模生協の現場ではこれでいい、というものでした。この手引きをつくって中小規模生協の経理担当者を集めて研修会をしました。

　組織部員、学生委員の教育のためのテキストもつくりました。『大学生協の理念と活動』を78年につくっています。これは関西地連の作品ですが、連合会の路線と関西地連の路線を調和させないといけないという時期の作品だったと思います。これもまたよく利用されました。

　『大学生協の組織運営と管理の手引き』を78年7月に発行します。小規模生協の指導のなかで、どういうトラブルが現場で起きているかをみた時、マニュアルが必要だ、仕事をやる上で手引きがほしいということでつくりました。連合会のもとで執筆委員会をつくってやった仕事です。総代会の手順や、総代会が終わったら役所に報告に行くこ

と、登記所に行くこととか、実務マニュアルをまとめたものです。

『生協設立運動の手引き』は78年8月につくっています。愛媛大学生協の設立運動の高揚のなかでつくられたものです。福武先生が「皆でつくった生協なんだ」といわれるのに対して、まだ「運動でつくるんだ」という雰囲気が色濃く残っていた文書だと思います。

出版物は一人歩きしますので、いろんな形で影響を及ぼしたと思います。こういうものが連合会の総路線の定着との関係で、一つひとつ克服していかないといけない課題になっていった経過があったと思います。

もう一つ、京都消費者団体連絡協議会が72年7月に結成されます。私は73年第2回総会から事務局次長に選ばれて、80年に関西地連の事務局長になるまで、関西地連の仕事をしながら、京都消団連事務局次長の仕事をやっています。こういう時期の消団連ですから、やはり闘争型の活動スタイルでした。公共料金の値上げ反対とか、円高差益の還元運動など、京都消団連事務局次長と関西地連の事務局の両面で使い分けしながら加わっていました。

実践を通じて学んだこと

実践のなかで勉強したことの一つが、大学民主化闘争の一翼としての大学生協運動という考え方から、大学生協もまた学園の構成員の一つである、皆でこの大学をよくしようという考え方に変わっていったことです。構成員の一員として、大学当局との間でも建設的な協調関係を持っていく、民主化闘争で変革する対象ととらえるのではなく、一緒になって大学をよくしようと考えていくようになっていったわけです。大学は学生を補導の対象として考えている、福利厚生は学生補導政策の一部で、『厚生補導』という雑誌もあるという時代でしたので、厚生補導ではなく、大学構成員のそれぞれの権利として福利厚生

を考えようという「権利としての厚生」論を主張する。このように「福利厚生」という理念をめぐって大学と大学生協はぶつかりあう関係があるなかで、僕の場合、京大からはなれて、連合会のなかに身をおいたことで、比較的早い時期に、学園に広く深く根ざした生協運動という考え方に頭をつくりかえないといけないと思ったのだと思います。

　確かに一方で北海道大学のように自力建設のやり方がよいのかどうかということは路線問題としては問われたと思います。しかし、実際に現地に行ってみると、クラーク会館は地域にあるようなものです。ああいうところに大学がお金をかけて学生の福利厚生施設をつくることはむつかしいわけです。地域生協をつくる考え方が大学生協に逆輸入されて、大学生協が自分の手で店舗をつくり、経営努力することによって組合員によりよいサービスを提供することができればいいじゃないかという考えも、現場を見てわかることもありました。

　同じようなことが大学生協の設立運動、徳島と愛媛の経験でも言えます。力づくで、生協をつくってしまえというのは、いくら頑張ってもできるものではない。大学生協がほしいという声を学園の世論にしなければいけない。大学当局が福利厚生政策のなかで、福利厚生事業の担い手として大学生協を選ぶという自然な形でつくる状況をつくりださないと、いくら頑張っても生協はできない。大学生協運動は全学に支持され、大学当局によっても支持される運動にならないと前に進まないということを実践的に勉強したような気がします。

　変わり身が早いといわれるかもしれませんが、75年に関西地連に出た時は京大で経験した「闘争型」というか、「権利としての厚生」論を主張する発想法で考えていたのでしょうが、78、79年になると、連合会の一員となって「学園に広く深く」の意味を考えるようになったのかもしれません。

　事業経営の大切さについてもずいぶん考えさせられたと思います。いくらいいことを言ったって事業経営がしっかりしていないと、長い

目で見ると支持されない。自己破綻してしまう。そういうことを覚えました。関西地連には経営問題を抱えていた生協がたくさんありました。こういう生協では本当の意味で大学当局も安心して福利厚生機能を委ねることにならない。その最たるものが立命生協事件だった。立命生協は、大学との関係もしっかりしていて、「立命館民主主義」のもとで生協は頑張っていると思っていました。全学協議会の一員となり、全学討論会や全学健康デーを行い、大学をあげて福利厚生に取り組み、生協の役割も全学で位置づけられている。これはすごいと全国的には見られたわけです。ところが、立命生協は全国の連帯活動から学ぶことをしていないと気づきました。全国の生協が大きく変わっていく状況認識が、立命生協では共有されていないことが、結果として「3億円事件」となって露わになったと思います。

　事業経営をしっかりしようということが、東京周辺ではあたりまえになり、連合会の金子常務のもとで、大学生協のあるべき経営構造、部門としての事業政策などが語られていました。そのなかで立命生協は事業経営についてチェック機能がなかった。理事会としては正しいことをやっている、全学に支持されていると思われていた。ところが蓋(ふた)を開けてみると、経理責任者が3億円使い込んでいたにもかかわらず、それが発見できないチェック状況だった。当時、18億あまりの供給高に対して、3億の赤字で再建不能かという状況でしたが、立命生協の火を消すわけにいかない。ということで、京都をあげて立命生協を応援し、人も集中する。金も出す。ひょっとしたら返ってこないだろうなと思いながらも、再建債を一口5万円でみんなが買ったものです。僕自身も、お話しましたように、ヨーロッパから帰ってきたら「医大生協へ行ってくれ」ということでした。

医大生協時代

　当時、医大生協は、京都の生協のなかでは、比較的安定した状態にありました。前任は水田専務です。その前の横関専務、上田専務の時代は、資金がないから学内の赤電話のジャラ銭を集めてきて一時金を払っていたそうです。僕が行った時は、経営的にはきちんと利益がでる構造になっていました。水田さんから「5％供給高を伸ばせ。それをやったら問題はおきない」といわれました。僕には単協の運営経験はありませんでしたので、周りの方は心配されたと思いますが、結果的にはご迷惑をかけることなく、3年間医大生協を守ったと思います。

　連合会の路線をきちんと単協に生かし、組合員の要求に基づく事業活動、経営基盤をしっかりすることに頑張りました。当局との関係も、福武先生の教えにしたがって毎日、当局に顔を出した。医大の職員の人が喜んでくれて、次から次へと成果が出たんですね。本部の直通電話がないなかで電話回線を1回線もらいました。本部のメンバーは大喜びでした。本部前の空き地に自動販売機を置いた。100円コーヒーを置いたら、よく売れました。購買部もしっかりやって、国内旅行業の看板を上げたり、下宿あっせん事業を手掛けたり、事業規模も上がりました。食堂も店舗改装や病院内食堂の夜間営業などで伸びました。6億ちょっとが、3年後、9億になっています。定期預金も1,300万円が6,000万円まで。よく頑張ったのではないかと思います。小さな生協の専務が京滋ブロックの運営責任者になるとか、事業連合で書籍部門の委員長になるとか、役割以上のことをやらせてもらいました。

　京都の生協全体では、大学と地域がほぼ同じウェイトにあって、生協の総力戦を展開することを強調し、第一弾として幹部の再配置を行う、第二弾として事業連合改革をやっていく時期でした。これについても多少なりとも関わっていたと思います。

（2009年9月17日報告）

1980年代以降

10

1983年立命館生協：
不祥事と再建のとりくみ

芦田　文夫

立命館生協の再建に当たって

　ふり返ってみますとちょうど四半世紀も昔のことで、記憶から遠ざかっていたわけですけれども、立命館生協「不祥事」とのかかわりは私にとって大変厳しい経験でしたので、なかなか忘れることのできないものがあります。資料もかなり残していて、当時職員の皆さんに研修会で切々と訴えた、そのときの詳細なメモ帳が出てまいりました。読み返していますとその時の緊張した気分が蘇ってきましたので、今日は公式的な流れはコンパクトに申しあげて、むしろ立命館生協の再建をめぐってどういうリアルな内外の情況があったのかということを、

芦田　文夫（あしだ・ふみお）
1934年生まれ。立命館大学名誉教授。立命館大学生協理事長（83年～85年）。大学生協京都事業連合理事長（01年1月～04年5月）。著書『社会主義的所有と価値論』（青木書店、1976年）、『ロシア体制転換と経済学』（法律文化社、1999年）、編著『ソ連社会主義論』（大月書店、1981年）ほか。

実感を交えてお話しできればと考えています。その時に一緒に学生委員として奮闘していただいた酒井さんや沼澤さん、常務理事だった粟飯原さん、また労組員の方々も来て頂いています。これらの方々にも違った角度から、お話を出していただいたら有り難いと思います。

「不祥事」事件――経過の概要

　話の流れは、レジュメ「1983年、立命館大学生協の不祥事と再建のとりくみ」にある順序で辿っていきたいと思います。その最初の［１］「経過の概要」ですが、これについては立命館生協『25年のあゆみ』のなかの「第５期：83年から88年、立命生協再建達成へ」のところに、全体の推移がよくまとめられています。これらの年度における通常総代会の議案書や別冊というのもあって、さらに詳しい内容が書かれております。

　ごく簡単に経過だけをたどりますと、私ども立命館大学は70年代から81年までかけて衣笠キャンパスへ１拠点にして統合するという一大事業を終えたわけです。それまでは府立医大の前の広小路キャンパスに主力があったのですが、70年代の10年の間に、そして最後に81年に法学部が移転して完了しました。キャンパスの広さも４～５倍くらいになり、これから一つのところに集まって、しかも立命館の場合は「大学紛争」も割合スピーディに解決されたと思われるので、これから全学が１拠点に結集して新しい段階を切り開こうとしていた矢先のことでありました。「不祥事」が明るみに出たのは、83年５月のことです。

　70年代のほとんどは、総長は細野武男先生で、それに象徴されるような「平和と民主主義」という教学理念、それから下からの教職員や学生の運動を何よりも大事にするという学風でした。このときわれわれは、"Going My Way" という言葉を使っておりました。つまり誰

が何と言おうと立命は立命で「平和と民主主義」の道を往くんだ、悪くいえば「井の中の蛙(かわず)」のような、そういう精神が漲(みなぎ)っていたというのが70年代です。

　さいごの［5］のところでも立ち返りますけれども、80年代に向けて、内外の新しい諸条件、歴史的にみても構造的といってもよいような大きな転換がやがてなされていくことになります。70年代の終わり頃にはすでにそのことを見据えておりましたので、80年代はもうすこし社会に向かって開かれた、そういう大学づくりにしていくべきであると考えていた、その矢先に、83年「背任・横領事件」が発覚したわけです。

　金額としては3億2,400万円です。しかし、70年代全体をとおして赤字経営が続いており、つまり言ってみれば事業経営よりも生協運動を最重視する、赤字になるということは教職員や学生にそれだけサービスを厚くしているのだから、むしろ積極的な意味さえあるというような、そういう活動のスタイルをしていたと思います。それで整理してみたら、ロスが1億円も出てきた。あわせて4億2,000万円くらいの負債を一挙に背負いこんだわけです。当時、「実質的には倒産」というように諸文書にも表現されている、そういう深刻な状況でした。戦後立命館大学の歴史は、末川博先生をシンボルに押し立てて、清潔と公正、オープンな大学ということでみんな自負をもってやってきましたから、こんな不祥事が起きるというのは学園始まって以来のこと、全学あげての大問題となったわけです。

学生時代からの生協活動家が再建の中心に

　これをどう乗り切っていくか、教職員のところでも学生諸君のところでも連日連夜、非常に厳しい論議が続けられました。そのなかで「生協再建検討委員会」が作られ、再建計画の基本的考え方と当面す

る緊急政策がまとめられていきました。それが生協理事会の「生協ニュース特別号」で、当時の生々しい、私の手元によれよれの新聞が残っていたものです。これを作ったのは若手の先生たちで、私の記憶では田井修司先生。現在、ちばコープの理事長ですね。そしていまの立命館総長で、「くらしと協同の研究所」所長もやっておられた川口清史先生。こういった方々ほとんどが京都大学で学生のときに生協運動を中心にやってきた人々ですね。だから、そのときの蓄積された力といいますか経験といいますか、それがこの再建のさいのなによりの原動力をなしていったと思います。

　私は、彼らより10歳ほど年上でありました。これを実行に移していく理事長・理事会を新しく組織していかなければならない、ということになって私は最初尻ごみをしました。こんな巨額を返済していくのは大変なことですし、しかも私は大学生協についてはこれまでまったく関ったことはありませんでした。学生時代は、京都大学で「学園新聞」という長い歴史をもった大学新聞の編集にずっと携わっていて、学内の動きはだいたい承知はしていたのですが、生協活動の内容にはまったくの素人でした。何回も固辞を繰り返したあげく、若手の先生方から言い含められて、田井さんが副理事長になって生協活動の経験やノウハウの面ではちゃんと支えると言われる、それからもうひとつ大きく引き受けようかなという気になったのは、このときに専務理事に水田健治さんがやって来てくれて、そして常務理事が粟飯原さんだったのです。水田さんは私の教え子で、ちょうど「大学紛争」のときの学生でした。「全共闘系が勉強もせず無茶ばかりやっている」というのでこれらに対抗して、彼は「資本論を読む、経済学系のサークルを創りたい」ということで私のところにやって来て、それでそのサークルの顧問を引き受け、紛争の対策も講じていたわけです。この「マルクス経済学研究会」、現在は「経済科学研究会」と改名されていますが、大変伝統があってその後大学の研究者たちも多く輩出した、立命館では一番歴史がある大きなサークルの一つになっていったと思い

ます。彼がそれの創始者なのですね、私も満幅の信頼を置いていました。水田さんが京大生協から移籍してくれるということで、断るわけにはいかないことになりました。

当時、大学は天野和夫総長。天野先生もこの80年代から新しい段階に大学を飛躍させようと考えておられた矢先でした。私を呼んで、「くれぐれも再建を立派にやってほしい」、大学と癒着していると見られるといけないから表向きは動けないけれど、「再建のために必要なら何でも相談してくれ」といわれ、総長からこう言われては仕方ないなと思って引き受けたのです。もう一つの参考資料として、「生協再建に燃える」という題で、当時の立命館の教職員組合新聞の特集号があります。教職員組合も生協の再建に一生懸命でした。それに私のすこし悲壮な決意というのを書いております。

生協活動の原点にたちかえる

このとき、たんに経営の再建だけではなく、生協活動の原点に立ち返って再出発していかなければならない、と考えました。全体を顧みるのに、生協活動そのものの原点を立て直すということでないと再建は不可能ではないか、これが当時の関係者がとももに決意していた胸の内であります。このことが一番よかったと今も私は思っています。「急がば回れ」で『25年のあゆみ』のところにも書いてあるのですけれども、生協活動の原点に立ち返って、組合員の、学生や教職員の要求、そして参加を徹底してやっていこうと。それが再建につながるのだと、当時私は一生懸命そう強調して廻りました。しかし本当にそうなのかなと、原点に立ち返ったら経済的にも再建できるのかなと内心、不安にかられることもありましたけれども、3年経ってみてやはりそのとおりだったなと、このことがあってはじめて経営の再建もできたな、ということをつくづく実感いたしました。

再建に取り組み始めた「三大スローガンと7つの基本視点」、こういうふうに書いております。7つの基本視点は、三つの大きなスローガンをさらにもう少し細かく書いたもので、三大スローガンというところにわれわれの戦略的な柱が置かれていたと思います。レジュメの順番の［2］がスローガンの②、［3］がスローガンの①、［4］がスローガンの③ということで、この三つの柱にそって少し中身を具体的に申し上げる、という報告の順序をとらせて頂きます。

大学生協運動の到達点から謙虚に学ぶ

　まず「大学生協の三つの役割」について。その後ろのところに「大学生協の三つの役割」（1980年の全国大学生協連の総会スローガン）にふれ、これに注を付けてそれに原則的にそってやっていくのだということをまず強調したわけです。それまでの立命生協は連帯活動には消極的であったと思います。先ほどの"Going My Way"、立命館は立命館の道を往く、他の大学生協に学ぶようなところはあまりない、という感じでありました。それに対する自己反省です。

　私は大学生協には全然タッチしてきませんでしたが、社会主義経済論の専攻でしたから、レーニンやカントールの協同組合論を理論としては勉強をしていたわけですが、その他の生協や大学生協のことに関してはまったくの未知でありました。理事長の話が出てきてから10日ほどあったと思います。その間に全国の大学生協運動のいろんな方針書や歴史などを付け焼き刃で一生懸命読んでみたわけです。当時、「福武テーゼ」というのがありましたが、これを読んで私は相当高い運動の到達段階にあるんだなと感心しました。それでスローガンの①、とにかく全国の大学生協運動の到達点に謙虚に学ぶということ、これをまず第一に据えたわけであります。

　どんな点を学んだのかを書いています。自主的・民主的であるとい

うことを自覚し、大学内組織である甘えを捨てないといけない。私ども立命館生協は大学に甘え過ぎていたと思います。そして、自力でやれることと大学の援助がどうしても必要なことはちゃんと分けてやらなくてはいけない。その前提として健全な経営がなくてはならない。業務の質的向上が求められている、ということが述べられております。さらに大学は教育・研究の場であるが、同時に生活の場でもある。しかも自主的・民主的な人間形成という教育機能を持っている。この辺りのところが業者や大学直営の施設とは違うんだということを、「福武テーゼ」は強調していました。私はこういうところをきちんと学んで、いずれも当時の立命館生協が陥っていた欠点と結びつけて、強調していったわけです。これが①の柱であります。

組合員の生活と要求と参加を根幹に

それから、次に②の柱。これは今では皆さん方がいちばん強調しておられる、要するに「組合員の生活と要求と参加を根幹に」、この原点を見つめ直さないといけないということ。確かに、このときの総代会、延々4時間半にわたって、学生や教職員やあらゆるところから、これまでの立命の生協に対して実に率直な不満や批判がいっぱい噴き出てきました。学生諸君は、200以上だったと思いますけれど、クラス決議が上がりました。それから「ひとことカード」、これを徹底して重視していったと思います。ものすごい枚数が貼り出されていました。理事会の席上でひとつひとつ意味を分析し議論したことを覚えております。それから学生諸君の、学生委員会の立ち上げ。

そして教職員ですね。教授会が終わるのを待っていて、その席を生協組合員集会に切換えて頂いて、いろんな不満や苦情が出ました。とくに先生方で、関心があるのは書籍ですね。今なら考えられないくらいのルーズさがありましたから、多くの注文が出ました。それから昼

弁当の要求。当時、まだ「カルム」のような教職員中心の食堂がありませんでした。だから昼は混みますし、生協食堂に多大の不便を感じていたと思います。それで昼弁当の配達を始め、その後教職員専用の食堂を末川会館に作ったりしました。

　要するに「組合員の生活と要求と参加を根幹にすえる」ということ、これを徹底してやろうとした。今から考えるとビックリするようなことですけれど、立命の生協には昼休みの従業員のための一斉閉店がありました。いちばん忙しい時間帯は外してありましたけれども、その前か後か1時間、一斉に窓口が閉まってしまうわけです。私はそのすこし前にロシアに1年8カ月ほど留学をしておりました。同じ光景がありました。いくら行列ができていても12時から1時になると窓口をピシャリと閉めてしまう。「働く人が主人公」というのが、「ソ連型社会主義」でした。まったくそれと同じだなと思いました。そういう風土を根底から変えていくという取り組みをしなくてはなりませんでした。

　それから③の柱、これは先ほどの「福武テーゼ」でも言われておりますが、「大学生協と大学との建設的な協力関係」。おそらくあのテーゼが生まれたのは「大学紛争」時代でしょうから、大学と敵対的な関係がまだ残っていたんだと思います。「福武テーゼ」は、この点を非常に強調しておられました。このように当時の三大スローガンというのは何気ないようですけれど、ずばりその本質的な問題を言い当てている。これを本当にどのように私たちのものにしていくのか、生協の再建に結びつけていくか、ということだったと思います。

「借入債券」と87年の再建達成

　この『生協ニュース』の中には、当面する緊急対策についても書かれています。何よりも問題だったのは当面の資金対策。本当は倒産し

ていたのです。資金対策の、まず一つは金融機関への返済の期間猶予、そして利子を下げてもらう。私も京都銀行の頭取の部屋へお願いに行ったことを覚えております。そういう金融機関対策。それから京都府の融資制度も利用したと思います。これに対しては、府議会の委員会から喚問されるのではないか、ということでその準備対策もいたしました。幸いにして喚問はありませんでしたが、生協組織全体として何かやっぱり問題があるのではないかということで警察が入るかもしれないと、その対策も備えをしたように思います。

　立命館大学にも融資をお願いしましたし、生協加入の改めての促進はもちろん、詳しい数字は申し上げませんけれども、いちばん劇的だったのは「借入債券」の話です。9,700万円にのぼる借入債券、これには立命館以外の大学生協関係者の協力もあり、学内からは5,700万円を集めたわけです。380人ですから、1人平均でも15万円。ぜひ借入債券購入に協力して下さいということでほぼ教授会メンバーの8割はしてくれたと思います。少ない人でも20万円くらい、50万円、100万円、そういう額を出してくれました。さきほどの天野先生の言葉ではありませんけれど、平和と民主主義の理念にてらしてもここで倒産したり、これ以上まずいことがあっては社会的責任に関るということで、自発的に出してくれました。後で3年くらい経って、86年から2年くらいで返済したのですが、そのとき「これ返してくれるのか」「まさか返ってくるとは思わなかった」と言われた人が多くありました。そういう感覚で皆さん実に多額の身銭を切ってでも大学生協を再建しようと、これが大きな力となりました。

　経過はこの『25年のあゆみ』の中にも書いておりますけれど、1年くらい経ちまして経営が黒字に転じました。われわれが最初目標に置いていたように進んで、組合員に利用を結集してもらってそれで再建していくしかないとしていた通りになりました。86年度から借入債券の返済を始めて2年くらいで完済する、87年度には累積赤字も全部返せたということで、87年に再建が完了するという成果にこぎつけたわ

けであります。

立命館における民主化の到達段階と関らせて

　さいごに［5］のところで、大学生協の83年「不祥事と再建」問題が、私たちの立命館大学全体の歴史の中でどういう意味をもっていたのか、についてふれておきたいと思います。
　私は『立命館100年史』の編纂にずっと携わってきました。06年3月まで室長をつとめて、戦後の末川先生を頂点にいただいて新たな大学づくりに乗り出した頃から1970・80年代のときまでが第2巻、この仕事をちょうど10年ほどやってきました。その立命館戦後史のなかで大学生協がどのように関ってきたのかということを、かなり詳しく扱っております。第2巻では「厚生援助政策と生活協同組合の発足」という章、他にもう一つの章があって全部で50ページくらいあると思います。立命館の場合は、学生運動や学生生活のことを全国のどの大学史よりも詳しく書いていると思います。他大学の生活協同組合の叙述をいろいろ見ましたけれど、みんなほんのちょっとしか書いてないのですね。70年代くらいまでは、立命館をつくりあげてきたのは学生と教職員の下からの運動が大きなモメントの一つだったという事実があるでしょう。
　先ほども申したように、70年代までは運動体としての生協という面が主要な置き方になっていました。これは生協だけではありません。われわれの大学づくり全体の中で、末川総長の辞任問題のときも「大学紛争」のときも学園を支え乗り切っていった、民主主義的な制度を創り発展させてきた主要な原動力は、学内の諸運動にあったと評価されているからです。だから全学協議会、私どもの大学の基本的な方針を論議する場ですけれど、大学の理事会と並んで学生自治会、教職員組合、そして生協もその正規のオブザーバーとして、運動体もぜん

ぶ参加してそこで徹底的に論議をして決めていく、という制度を創りあげてきたわけであります。

　そのようななかで、生協が70年代に大きな役割を果たしてきました。全学協議会のなかでも准構成パートの位置まで与えられておりました。当時のいろいろな資料を読み返してみますと、ちょっと大きく置かれ過ぎたかなと私は思います。「大学紛争」を克服して、これは運動ですから逆の面で過大評価され過ぎたという面が出てくるのは致し方なかったかと思います。その後是正されていきますが、その半面で、事業経営・事業活動としての面では生協は非常に立ち遅れていたと思います。慢性的な赤字体質でした。

　先ほど天野総長とお話をしたと申しました。総長はそのとき私に「生協の不祥事によって、末川先生以来の戦後立命館の伝統が吹っ飛ぶといっても過言ではない、世間の人は大学生協＝立命館大学だと思っている」と言われました。それから「生協栄えて大学枯れる」ということを言われました。確かに立命館は当時、大変質素で倹約で校舎もずっと貧弱なままを維持してきました。しかし生活協同組合には、常に大きな援助をしてきたと思います。出来るだけ要求に応えるよう努力してきました。しかし、生協の方はそういうところに甘え過ぎた。赤字経営について深刻に考えたり検討したりすることは少なかった。そこで天野総長はこのさい、大学機関という存在と大学における運動体のあり方を区別して、「これをきっかけにして、経営的にも自立していってもらわなければ困る」と考えられたのでしょう。立命館の一家主義、企業内主義では80年代の大学はやっていけない、社会に開かれ社会に支えられた、オープンな大学像を目指し、Going my wayではだめだ、そういうことも言われました。

　私たちも、[５]「大学生協と大学との相互関係における位置づけ」の視点でふれているように、やがて80年代後半からの新たな「日本の大学史上で第３段階」ともわれる「大学改革」に取り組んでいくことになります。戦略的に大きく変わっていかなければならない、そのた

めにはそれぞれの運動体もいままでの体質を変えていかなければならない、そのような改革の前触れがこの83年「不祥事」にかかわる大学生協の体質改革であったのであり、やがてそれは大学全体の体質改革のモメントになっていくに違いない、と位置づけて取り組んだわけです。

(2008年6月26日報告)

1980年代以降

11

京都の大学生協で 経験したこと、考えていたこと

小塚 和行

自己紹介に代えて

　私が生協に関わったのは学生時代からです。入学してすぐクラスの生協総代になり、それから生協の組織部に入り、学生時代の5年間生協に関わっていました。1976年卒業後、京大生協に就職しました。専務になったのは1983年10月で、前任が西山功さんです。この年、立命事件が起きて京都の大学生協にとって大きな転機になりました。専務理事を11年間やりまして、1994年に京都から大学生協連へ異動しました。大学生協連で3年半、その後京都事業連合で2年半くらい仕事をした後、2000年10月に日本生協連に異動しました。その時から共済の

小塚　和行（こづか・かずゆき）
1952年生まれ。日本コープ共済生活協同組合連合会総合マネジメント本部長。京都大学生協入協（76年）、京都大学生協専務理事（83年～94年）、全国大学生活協同組合連合会常務理事（94年～98年）等を経て、現職。共著『生協の共済　今、問われていること』（コープ出版、2008年）。

仕事をして、現在はコープ共済連にいます。

学生の主体的参加を大切に

　私がなぜ生協にかかわるようになったのかというと、入学した最初の授業でクラス討論がはじまって、自治委員など各種の委員を選びました。生協の総代は比較的、難しくなさそうだったので総代になりました。総代会では、食堂価格の値上げの提案があったときにクラスで署名を集めて発言しました。こうした経験から、生協は自分の意見が自由に言えるところだなと感じていました。

　そういう自分自身の経験から私が専務になったときも学生の意見、組合員がどう受け止めているかを大切にする必要があると思い、学生理事が積極的に発言できるような運営に努めました。学生が中心になって作っている機関紙編集活動、環境問題の活動だけではなく、店の品揃え、事業政策などについても、利用者として、また周りの学生がどう思っているのか、きちんと学生理事が議論できるように、理事会の運営を重視していました。

　私が学生理事になったときは、野村秀和先生が理事長でした。毎週常任理事会があり、夕方から11時、12時まで議論をしていました。そういう京大生協の伝統があったのかもしれません。理事会の論議は活発でした。たとえば食堂の価格改定を総代会に提案する時に、そういう提案が組合員に理解されるのか、理解してもらうためにはどういう説明をしたらいいのか、学生理事には組合員の立場から意見を出してもらうようにしていました。

　京大の特徴は、大学キャンパスが宇治も含めて6つに分かれていることです。キャンパスごとに食堂、購買、喫茶などの施設が配置されていました。70年代に施設が整備された後、キャンパス運営委員会を設置しました。キャンパスごとの「ミニ理事会」として学生、院生、

教職員理事、店長を中心に、店舗運営、品揃え、組合員の声を受けてどのように改善をすべきなのかについて話し合いました。また、キャンパスの事業所を赤字にしない、ということもキャンパス委員会の共通の課題にしていました。この典型が宇治キャンパスの運営委員会でした。宇治キャンパスの人口はわずか700人くらい。普通であれば、採算があわない規模でしたが、宇治の施設を改善するときに「生協が運営してほしい」という要望を受けて生協の事業が始まりました。店舗を運営する限りは、赤字にするわけにはいかないということで、キャンパスの組合員に自分たちで運営をきちんとしていくんだということを議論していただきました。

吉田キャンパスは、1、2回生の学生中心で、院生がいなくて、教職員は1,000人以下でした。夏休み、春休みは営業縮小します。キャンパス委員会では、職員の方から「夏の営業についてはこうしてほしい」「食堂のメニューはこうしてほしい」ということが、活発に要望が出されてくる。たばこを置くか置かないかの議論もしたことがあります。教養部ですから、多くの学生は未成年なので、店舗でたばこを置くのはいかがなものかということで、置くのをやめようかという話になりましたが、教職員から「それはやめてほしい」という話が出ました。そういう議論を通じて、学生からみるとこのお店を利用するのは自分たちだけではないのだ、教職員、院生がどういう要望をもっているのかを知る機会にもなりました。キャンパス運営委員会で学生、院生、教職員の階層をこえての議論ができるということで、学生にとって勉強になったのではないかと思います。

大学との建設的な関係づくり

私が入学した1971年には、大学紛争は終わっていました。当時京大生協は年1回総長との交渉をおこなっていました。厚生施設（生協の

店舗）の改善について、直接総長と話し合うことができました。次年度の大学の要求事項の上位に厚生施設の改善をいかにランクアップしてもらうかということが獲得目標です。総長にその必要性を認めてもらい、京都大学の概算要求で上位にランクしてもらうことを確認するわけです。当時私たちは「厚生施設獲得闘争」と呼んでいました。

　たとえば、食堂にクーラーを設置する要求を大学に出していました。私たちは、「食堂は食べるところで、喫茶は学内の人が憩い、語り合う場で機能が違う。食堂にもクーラーを入れてほしい」と要求しました。すると「研究室にもクーラーが入っていないのに、なぜ食堂に入れるのだ」と大学側が反論してきます。私たちは、「研究室はそれぞれの先生が個々で使われるが、食堂はみんなが利用するからみんなでクーラーを使える」、という「理論」（理屈？）で学生部と交渉しました。「喫茶のカーテンやフラワーボックスも大学が負担をしてほしい。施設にくっついているものは、施設の一部であるから大学が負担すべきだ」と、今からふり返ってみるとかなり強引な論理で大学に要求を認めさせ、施設の改善を実現してきました。

　1978年に福武会長の「会長所感」が発表されました。福武会長の提言を受けとめ、京大生協も徐々に大学との建設的な関係作りをめざすように変わっていきました。その大きな転機は1984年の吉田食堂の完成だったと思います。それまでは大学にほぼ全面的に予算を出してもらってつくってきました。この吉田食堂を建てるときには、京大生協としても相当な投資をしました。生協としても必要な場合は設備投資をするというスタンスをとるように変わったのです。

　私が専務になった時には、経営改善を行い、剰余をより積極的に蓄積をしていくという方針をたてました。それは、生協もできる範囲で必要な資金を出し施設を改善していくんだ、そのためには剰余を出していく必要があるということです。その考えをまとめたのが「大学における福利厚生の意義と生協の役割」（1992年）です。老朽化していた旧西部食堂を抜本的に改装する西部キャンパス将来構想を打ち出し

たときに、その政策的な主張として、大学のための福利厚生の必要性をまとめました。大学の施設は施設部が設計したり、工事計画をまとめたりします。しかし、こと福利厚生にかかわる部分は、当時の施設部も専門知識をあまり持っていませんでした。大学食堂にも近代的なフードサービスが求められている。それはこれまでのような定食をあらかじめ仕込んで渡すのではなく、カフェテリア方式ということで学生のニーズに応じて好きなものを渡すという施設が必要となってきている、そういうことを生協から大学に積極的提案をしてきました。そして、それを実現するためには、生協も投資が必要であり、毎年度剰余を蓄積していくこともうち出しました。

「赤字は悪」

　私が専務になった1983年の頃、京大生協は結構経営が厳しい状況でした。当時、このままではだめだ、職員全体が経営の問題を自らの問題として受け止めないと経営再建はできないと考えました。翌年の夏に京大生協の経営再建をめざして、職員全体研修を開き、経営の実態を率直に報告して、京大生協がこのままいくとどうなるのか、赤字がとまらない状況で体力消耗をしてしまうという現状認識を共有し、経営再建を呼びかけました。部門別の再建方針も示しました。食堂でいえば、同規模の国立大学に比べて、組合員一人当たりの利用高が低い、どうやって引き上げていくのか、食堂政策をどう展開をしていくのか、そういうことを職員の人たちと議論しました。そういった取り組みのなかで、84年から経営が徐々に改善し、剰余を確保できるようになりました。

　食堂事業の改革は、KUDS（Kyoto University Dining Service）として82年に打ち出します。西山さんと一緒に常務をしていた大崎義治さんが政策をまとめました。その実践が吉田食堂の完成になりました。

79年に『事業連合改革のために』という京都府生協連による事業連合改革政策が出され、経営セミナーでフードコンサルタントの話を聞いて、フードサービスの5原則を学びました。京都事業連合では、81年にアメリカに食堂視察をしています。このような近代的なフードサービスの理論と実践事例に学んで作られたのがKUDSという食堂政策であり、その具体化が新吉田食堂の建設でした。

その次には「勉学環境を支える生協」ということで情報機器事業政策をたてました。70年代から80年代は、学内の福利厚生、食堂を中心とした下宿生活をサポートするというのが生協の事業の中心的な役割でした。90年代にはいって、これからは大学の勉学環境に貢献をしていくことが重要な役割になると考えました。各大学でキャンパスネットワークの構築が進み、パソコンが急速に普及してきて、研究活動・勉学活動の中で活用されるようになってきました。「京大生協第5次中期計画」では「勉学環境を支える生協づくりへ」ということで、勉学情報機器、パソコン等の供給に事業の重点を置いていく、ということを打ち出しました。洋書事業、情報機器事業、旅行事業、勉学環境を支える事業を強化し、一人当たりの供給高を高めていくというのが第5次中計の重点課題となりました。

職員の役割、働きがい

日本の地域生協は60、70年代には、大学生協出身者が支えてきました。最初は、大学生協で働いていた職員が地域に出て行って、共同購入センターの中核としてがんばってきました。80年代になると地域生協も一定の職員層の基盤が出来上がり、大学生協の職員を受け入れる状況が少なくなってきました。そうなると大学生協の職員も、定年までいかに大学生協で働き続けるのかということを職員政策として持たないと大学生協の将来はない、そんな問題意識を持つようになりまし

た。

　1992年、京都事業連合で新人事制度を考えることになりました。大学生協で働いた職員が、現場でいろいろな経験を積み重ね、知識、技術を身につけながらプロフェッショナルとして成長していき、大学生協で定年を迎えるという人材育成・処遇の計画を論議しました。当時まとめた「新人事諸制度」では、大学生協で働くことの目的と、大学生協のなかでわれわれ自身が成長をしていくのか、プロとしての生協職員を目指していくということをまとめています。大学を卒業し生協に就職した職員が、店舗運営の技術を身につけて、数値をコントロールできる力をつけて、職場を運営するマネジメント力を身につけていく。そして専門職として頑張っていくのか、管理中心にいくのか、そういう大学生協職員として定年まで勤めていく人材育成計画をまとめたのがこの頃でした。

連帯とはなにか、事業連合の役割

　80年代始めころ、大学生協連が連帯に期待することは何ですか、とアンケートをとったことがあります。岡安喜三郎さん（当時東大生協専務理事）が「てんつば」と答えました。それは何ですか、と聞いてみました。「連帯に期待するというのは、単に期待すればいいということではなく、自分たちがやらなければならない。全部自分に返ってくるんだよ」という話をされて、連帯というものを考えるきっかけになりました。

　1984年に「事業連帯について――京大生協の基本姿勢・考え方」をまとめました。これは経営再建のなかで、事業連合との関係をどうとらえるのか、ということを職員と考えようという問題提起でした。この当時、京大生協は年間1億円、京都事業連合に分担金運営経費を払っていました。供給比2.48％、経費の構成10％を占めていました。

何のために事業連合にこれだけの金を払っているのか。これが有効に使われているかチェックするのは理事会の責任でもあるし、専務の責任でもある。「事業連合のそれぞれの機能がわれわれの店舗、商品の中で本当に有効につかわれているのかどうかということをわれわれがチェックしないとだめだ。」「こういう連帯について、どうとらえるのか、事業連帯は自分たちの組織の一部、体の一部だ」。「要求するだけでなくチェックする役割、責任もある、協同も必要だ」「効果的に活用するのは、専務だけでなく管理部門、店舗部門も責任をもたなければならない」「協同組織だから協同することにより、より大きな効果を期待できる場合は積極的に努力しなければならない。協同・連帯に目を奪われ、意見を言わないのは誤りである」。こんなことを、事業連合とは何かということで提起しました。

　その後、事業連合の第3次中計を議論するときに、打ち出したキーワードが"協同のマネジメント"です。事業連合の専従役員だけにまかせるのではなくて、各単協から出ている専務が連合の理事として連合の場で、協同で事業連合を運営・コントロール、マネジメントしていくのが協同のマネジメントなんだと。事業連合で議論する方針、政策については各生協の役職員がどこまでかかわるか、それをよりよいものにしていくために意見を出し、議論するのが大事だと。

　当時の事業連合の方針は、大学生協の事業のなかでは先どりをしていこうという姿勢は良かったのですが分かりづらい表現になっていました。そういうことについて放置をし、何もいわないのはまずい。店長会議でも事業連合の方針について、店長が分からないところなどを聞いてまとめて事業連合に発言していきました。事業連合を自分たちの組合員のために、生協のお店のために役立ってもらうために、受け身ではなく、積極的に発言し、事業連合と共にとりくんでいくことを職員によびかけ、一緒に実践をしてきました。

（2009年12月17日報告）

1980年代以降

12

田辺移転・業者競合から工学部の統合移転・女子大店舗開設の頃

横山 治生

同志社田辺校地の開校と専務理事就任

　私が同志社生協（当時は同志社大学消費生活協同組合）専務理事に就任したのは1985年6月5日の生協総代会からである。田辺校地開校の前年で、食堂事業の競合路線のなかでの移転計画づくりと経営再建という大きな課題を任されての出発だった。

　就任する直前から生協理事会の下に同志社生協支援委員会がたちあがっており、当時、事業連合の長専務、小見部長、立命生協水田専務、

横山　治生（よこやま・はるお）

1955年生まれ。大学生協京滋・奈良ブロック事務局長。同志社生協入協（80年）、奈良女子大学生協・同志社生協専務理事（85年〜99年）を経て現職。編著『20年後の「体」「心」「社会」をつくる　食の講座』（コープ出版、2008年）。

関西地連大崎事務局長、連合会から金子常務も参加して就任直後の方針を一緒に議論してもらった。史上最大規模の競合下に置かれる同志社生協の問題は京都だけでなく全国の大学生協の問題でもあった。生協の運営面では一緒に役員として常務理事に就任にしてくれた浜川和朗氏にサポートしてもらった。

　理事長は近藤公一先生から太田進先生に交代した。先生は就任にあたり、大学との関係改善と専従請け負いではない原則的な運営、そして生協職員の処遇改善を公約にされた。

　しかし、経営改善が進まないなかで職員の一時金が他生協を下回る回答しか出なかったことは心苦しい思い出である。

困難な経営と大学との信頼関係の回復

　総代会翌日に総代会開催報告の門前のビラ宣伝をしているときに、若い女性の事務職員さんから、「部署ごとに仕分けされているメールボックスに共同購入のチラシを入れないでください。生協さんのためにあるボックスではありませんから」ときつい口調で叱られた。就任していきなりの出来事であったが、生協と大学との厳しい関係がこんな形で教職員のなかにも表れているのかと、少し気が重くなったことを覚えている。

　この翌年の新学期から合格者の名簿が大学から借りられなくなり、寒いなかで入試宣伝に取り組むようになった。入試期間中の毎朝の「炊き出し」や宣伝後の朝・夕の反省会と当時は同志社だけがなぜこんな苦労をするのかと職員から嘆く声もあったりした。他大学でも合格者名簿の入手ができない時代になるなかで、さまざまな工夫で受験生の70％まで生協への資料請求はがきが配布できるようになり、先進的な取り組みになった。

　田辺移転は、その規模の大きさとともに本格的な業者競合かつ、当

時としては珍しい様々な業態の食堂店舗を設置するということでマスコミでも大きく取り上げられ、京滋・奈良地域はもとより全国の生協注目の中での取り組みだった。二校地、生協施設も二拠点ということで事業連合をはじめ京都の他大学生協に支援を要請し、大きな課題をになう店長・経営幹部体制作りのために人事派遣要請をおこない、京大、立命、龍谷の各生協から貴重な幹部人材を受け入れることができた。一方、学生運動の中には田辺移転反対世論もあり、生協は業者導入反対運動にも力を入れていたことで、移転後の事業計画づくりは手つかずに近い状態であった。移転計画委員会を設置し、各部門店長と事業連合商品部のメンバーとで両校地の店舗ごとの商品政策や店舗レイアウト、什器備品計画、人員配置計画、損益計画などつくった。田辺校地開校前年の85年は経営再建中期３カ年計画の最終年度であり、移転や店舗開設に少しでも資金が必要ということで、城陽市の深谷の土地を京都生協にお願いして買いとってもらった。この土地はもともと洛南生協（現京都生協）への対策の一つとして店舗をオープンするために取得した土地であった。大学との関係改善、移転準備に加えて、日常の運転資金のやりくりも大変であった。

　このころは事業連合の業者支払い延納制度というような便利なシステムはなく、資金繰り計画をもとに銀行と借入金額、期間、利率、返済計画の折衝を行い、理事会では銀行からの借入金決済が毎回の大きな議題であった。理事長にはいつも保証人の印鑑をつかせて恐縮だった。

　たくさんの業種業態の食堂が設置されるなかで生協の食堂店舗のネーミングについて大学から問い合わせがあった。業者食堂がキャプテンクック、フォンタナ、グラナダ、オリンピアなど横文字が占める中で「田辺生協食堂」とした。

　もっとも神経をつかったのは事業規模が60％に縮小する今出川校地の体制づくりで、パート職員の人員縮小をはかることであった。今出川から田辺に勤務可能な人を残して、契約期間で切ることとし、他大

学生協にもお願いして希望者を受けていただいた。人員体制縮小に伴うパート（団交）説明会にはたくさんの参加者があったが、当然雰囲気は暗かった。思い切ったシフト転換は大きな教訓であり、今出川校地の事業所の多くは赤字構造になった。

田辺校地は事業連合の谷本常務、小見部長、田中課長、京大からは佃店長、立命からは今岡店長に半年にわたり、準備から開設後の運営まで張り付いて支援していただいた。おかげで田辺校地の食堂の総席数2,000席のうち生協は25％の500席しかなかったが、利用高では50％まで占めるようになり、さすがは生協ですねと評価されるようになった。

組合員の声と参加を力にした運営と大学との信頼関係の回復にむけた地道な努力が実って94年の工学部の田辺校地統合に際しては新たにできた紫苑館の食堂は生協に運営が託された。情報処理関連商品を中心としたメディアショップも開設し、工学部の学生や教職員は勿論、近くにある体育施設から多くの体育会の学生たちが利用してくれるようになった。

この年に京都教育大生協の専務理事であった宮村氏が常務理事として就任し、一緒に理事会運営を担ってくれた。彼には主に田辺校地の運営をお願いした。大学関係や同志社女子大学への働きかけも熱心に行い、のちに大学生協連も構成メンバーである情報処理教育協議会の学会であるPCカンファレンスの田辺校地開催や同志社女子大の生協事業所開設のための下地づくりで大きく活躍してくれた。

同志社大学生協から同志社生協へ

同志社大学消費生活協同組合の創立から数えてちょうど40年目の1997年に総代会で定款を改訂し、同志社学園全体を活動エリアとした生協を展望して、名称も同志社大学消費生活協同組合から同志社生活協同組合とすることにした。

二拠点時代にはいり、女子大も含め生協事業所の多店舗運営、工学部移転、施設投資と経営的には赤字が拡大したが、大学からの評価もずいぶん好転し、組合員の利用も増えた。

ふりかえれば京都事業連合や京滋・奈良地域の大学生協の支援にささえられてここまで来た感がある。また、うれしく思うことは、その当時の連合理事会で議論してきた食堂政策が田辺生協食堂づくりに結実し、事業的にも経営的にも極めて優良な食堂づくりに成功し、全国からもたくさんの見学者が訪問にみえるようにまでなったことである。

本当に多くの支援をいただいたが、その成果が少しでも京滋・奈良地域の大学生協の事業に生かされていたならありがたいことである。

(2007年9月8日報告)

1980年代以降

13

34年の大学生協歴を
ふりかえって

平 信行

自己紹介に代えて

　大学生協に入協して34年と9カ月になります（2008年12月現在）。その34年をふりかえり、時々の強く印象に残っていることを中心に私の生協歴をお話しさせていただきます。

　私は1974年に同志社大学法学部を卒業、その年4月に同志社生協に入り生協職員としてのスタートを切りました。同志社大学の田辺キャンパスオープンの年、1986年5月に京都工芸繊維大学生協に移籍し、初めて専務理事の仕事を経験することになりました。工繊大生協は3年半と短い期間でした。その後、1989年11月に京大生協に移籍して常務理事に就任しています。京大生協への移籍当時、これほど長く京大

平　信行（たいら・のぶゆき）
1951年生まれ。同志社生協入協（74年）。京都工芸繊維大学生協移籍、専務理事（86年）。京都大学生協移籍、常務理事、同専務理事（89年〜00年）。京都事業連合移籍、常務理事（07年）。

生協に在籍するとは予想していませんでしたが、さまざまな事情から結果的に18年も京大生協で仕事をすることになりました。昨年4つ目の生協となる京都事業連合に移籍し、ちょうど1年となるところです。

繰り返された同志社大学のバリケード封鎖と総代会開催問題

　出身大学が同志社大学でしたので、学生の頃からの同志社キャンパスに対する思いとさまざまな経験が重なって、一部学生によるバリケード封鎖問題は、同志社生協時代の忘れることのできない強い記憶として今でも残っています。私が同志社生協に入協した以降だけでもキャンパス封鎖はたびたび繰り返されました。70年代から80年代にかけて、同志社大学でどれだけのキャンパス封鎖があったのか、生協の立場から記録があってもいいのではないか、と思うほどです。キャンパス封鎖は生協がまともに事業できないことを意味し、経営に与える打撃はその都度大きなものでした。不条理としか言いようのないバリケード封鎖問題は、当時の同志社生協職員にとっては、特別な思いとなって記憶に残っているものと思います。この問題については、元同志社生協理事長である太田進先生が本研究会報告「個人的回想から大学生協を語る」において大変リアルに報告されています。詳しいことはそちらを参考にしていただくのがいいのではないかと思います。

　私の学生時代から生協入協にかけての頃、生協総代会は妨害によって学内開催できない状況が続いていました。「総代会を学内で真っ当に開催しよう」という要求、主張は当時の同志社生協の最も基本的で重要な課題の一つであり、一貫して追求されていました。このことも太田先生の報告で、80年生協総代会の学内開催強行の問題発生として触れられています。

田辺移転問題対応への呪縛と解放

　80年の同志社生協の最重要課題は田辺キャンパス問題でした。田辺キャンパス開校は1986年ですが、そのかなり以前から、田辺キャンパスの福利厚生施設を生協が運営できるのかどうか明確にできていないことが重要問題となっていました。

　当時の同志社大学全体では、実際の世論、学内勢力がどうであったかは別にして、田辺キャンパス開校自体に反対する主張、運動が一部の学生によって声高く、威圧的に叫ばれ続けている状況がありました。そうしたことにひきずられるように、生協が田辺キャンパス福利施設の担当を正面から求めることが出来にくいというか、出来かねるような、気分、雰囲気のようなものが長く生協のなかに存在していました。もう少し正確に言うと、（生協であっても）田辺移転に対して明確な賛成の意思表示をしないと施設の運営担当要求はできないのではないか、とする考え方です。

　そもそも生協が大学キャンパス移転に賛成か、反対か、そんなことを考えたり、語る立場でもないわけで、組合員が田辺に行けばそこの施設をきちんとやっていくことが生協のスタンスなのだ、という極めて当たり前の考え方や頭の中の整理がなかなかすんなりとできていませんでした。今から思えば信じられないようなことですが、これが当時の同志社の生協の持っていた状況、問題点、しかも極めて大きな問題点であったと思います。

　この状況を克服し、田辺においても組合員の生活を守る、そういう基本に立って運動をしていくことになったのは実際の田辺キャンパス移転時期も迫ってからでした。生協の立場、スタンスが確認されて、言わば呪縛から解放された段階ではじめて田辺キャンパスの施設運営実現に向けた大きな取り組みは開始されていくことになりました。

　「田辺キャンパスの福利厚生施設の多くを生協が運営できるようにする」ことを求める署名運動を中心にしてとりくみは進められ、当時

の京滋ブロック、関西地連の応援も得ながら、運動は大きな規模に広がり、最終的には1万人近い署名を集めるまでに至りました。結果的に、田辺キャンパスの食堂全席2,000席のうちの500席、4分の1を生協が担当し、購買・書籍はすべて生協が運営することになったのはご存知のとおりです。食堂の残り1,500席、4分の3は民間事業者が運営することになり、同志社生協が初めて経験する本格的な競合時代を迎えることとなりました。

京都工芸繊維大学生協時代

　1986年に工芸繊維大学生協に移籍して、5月の総代会から専務理事に就任しました。当時36歳で、同志社大学生協でそこそこのキャリア、勤続年数はありましたが、専務理事の仕事をするのはまったく初めてであり、非常に緊張感のある中で仕事をしていたことを覚えています。工芸繊維大学生協は当時、1985年度最終決算で累積赤字をまだ若干残していたのですけれど、私の前の専務の南波さんの時代に過去の累積赤字を大きく減らしていて、私にバトンタッチした時にはあと1年で軽々と累積赤字解消できるところまでになっていました。工芸繊維大学生協赴任の年86年に累積赤字を解消し、あと87、88、89年と経営が最も安定する時代となりました。88年に工芸繊維大学の大学会館が竣工し、そのなかに生協の施設も新しく実現しました。工芸繊維大生協自らも生協の規模の割には非常に大きな投資をしましたが、それでも赤字にはならなかったほどでした。

　比較的規模の小さな大学ですから、福利厚生の新しい施設を実現するのは大学にとっても何十年に1回というようなタイミングでしかありません。そういう意味ではいいタイミングに居合わせたと思っています。生協施設で実現したのは、『アルス』という、今でも運営されている食堂と、ブックセンター、旅行カウンターの店舗が新たに実現

しました。

京大生協時代―西部会館ルネの誕生

　京大生協時代には数多くのことを経験することになりましたが、今回はそのなかから数点に整理して報告させていただきます。
　一つ目は、94年の西部会館の全面改修、ルネの誕生です。現在も京大生協最大の店舗として運営されている施設です。西部会館は、建物は70年代前半の建築で、築20年が経過していました。建物の半分程のスペースは当時何も使っていない廃墟(はいきょ)に近い状況になっていて、建物全体をリニューアルして蘇えらせる必要があるというのが大学、生協双方の共通した認識となっていました。1994年に改修工事の補正予算がつき着工されることになりました。新しく誕生する施設のスローガンは「知の宝島」とし、1階スペースは在庫点数8万点規模の書籍店舗と、勉学研究関係の専門店施設として実現していきます。2階は500席のカフェテリアとなりました。京大では中央食堂に匹敵する大きさの食堂がもう一つ実現することになりました。施設名は生協組合員から公募して「西部会館ルネ」に決定しました。ルネの誕生は、京大生協の施設環境整備では歴史的なことを意味し、それまでの時計台地下を中心とした非常に狭苦しい店舗施設環境から、一気に広々とした、十分な品揃(そろ)えを可能とする施設への改善となりました。それに伴って事業規模も拡大し、京大生協全体の事業規模はルネ実現以降供給高70億円をこえる生協になっていきました。

大学院重点化大学と生協の公費システム開発

　90年代の京都大学は大学院重点大学に変化していった時代です。国の政策として、大規模総合国立大学はいずれも同じ変化を歩みました。既存の学部を持たない独立大学院も毎年のように新設されていき、最終的には六つの独立大学院が設置されました。大学院生数も大幅に増加していき、今現在、1学年あたりの学生数は学部生より大学院生のほうが多くなっています。1993年当時の京大全体の院生の数は3,000人なんですね。それが2008年度で9,300人ですから、3倍以上の増加です。大学院重点化大学が生協にもたらしたのは生協の供給構造の変化でした。研究室への供給を公費供給高に置き換えて表現しますと、90年代の期間を通じて公費供給高は3倍、4倍のテンポで拡大していきました。具体的な事業分野では情報機器、パソコン関係が飛躍的に拡大した時代です。1983年当時、情報機器関係事業は京大生協で7億円程度でしたけれど、今、18億円、20億円近い規模になっています。事業高ベースで見れば、京大生協の事業を中心的に支える事業分野になりました。一方で、公費供給は掛けで商品供給するしくみですから、公費供給の飛躍的な拡大は管理すべき債権も大変大規模に拡大していく問題点を伴います。それまですべて手作業でやっていた債権の管理業務がもはや限界となる、とてももう手作業ではできない状態になっていきました。このことを直接の要因として、公費事業をシステム的に管理することをめざすことになりました。1997年に京大生協では基幹システムに連動したオプショナルシステムとして公費システムを独自に開発しました。当時、このようなシステムは先例がなく、京大生協が全国で初めて、それもオリジナルな開発ということで、苦労も多く、大変貴重な経験となりました。

生協留学生学生委員会

　三つ目の思い出として印象深く記憶に残っていますのは、生協における留学生委員会の活動です。大学における留学生は1983年に文科省が留学生10万人計画を打ち出し、これは10年という年月を要しないと実現しなかったわけですが、この計画に基づいて全国の大学で留学生が増えてきました。データを調べましたら、83年当時で全国の留学生が1万人。2006年に10万人をこえて12万人になっています。京都大学の留学生も83年は300人程度でしたが、今1,200人を超える規模になっています。京大の留学生は1,200人のうち62％が私費の留学生です。他の大学では私費の留学生の割合はもっと高いと思うのですけれど、京大は3割以上が国費の留学生です。8割がアジアの国からの出身者。また留学生の85％が大学院生であって、学部の留学生は15％です。京大の場合、院生の留学生が多いという関係もあり、研究室のなかで生活を成り立たせている人が非常に多くあります。なおかつ、私費の留学生は経済的に大変ですので、ほとんどの人がアルバイトで生計を成り立たせているということもあって、研究や授業が終わると速やかにアルバイト先に駆けつけるような状況でした。

　なかなかキャパスで日本人と交流するとか、日本人と一緒に活動するとか、そういう場面そのものが少なかったように思います。京大のなかでも留学生の存在感は意外と薄かったというのが当時の実感です。生協では、留学生も自ら主体的に行動する存在に変わっていこうということを目的に、様々な経験の蓄積の上に、96年、京都大学生協の留学生委員会を創設しました。当時既に名古屋大学生協に留学生委員会があり、京大生協は全国2番目でした。生協の留学生委員会ができたことによって、大学における留学生の存在感は確実に向上し、広がっていったと実感しています。

桂キャンパスの登場とPFI事業

　京大の第三キャンパスは様々な候補地が検討された経緯の上で最終的に桂地区に落ち着きました。99年、2000年頃から学内での議論が進行し、紆余曲折を経た上での結果でした。この桂キャンパスに関わって、当初から非常に強く主張されていた方針の一つに、「新キャンパスの福利厚生施設は最初から生協に決まっているわけではない」というものがありました。積極的な生協一般に対する否定論ほどではないにしても、方針としては明瞭でした。私達は最初から危機感をもって桂キャンパス問題について対応していくことになりました。

　当時の大学の新しい変化の姿を象徴するものとして、桂キャンパスは社会に開かれたオープンなキャンパスにするという大学の方針がありました。実際に桂キャンパスには物理的にもキャンパスに塀とか壁などなくて、周辺地域の人達でも誰でも出入り自由な状態になっています。大学と社会との融合が主張されていて、それとの関係でキャンパス内の福利施設も誰もが利用できることが強く求められました。そのことを前提とした場合、生活協同組合という組織の特異性、組合員資格、非組合員の利用の取り扱い等々が論点として挙げられていました。

　更に、これは当初予定していなかったことですが、桂キャンパスの一定の研究施設と福利厚生施設については従来型の国立型施設として建築、運営するのではなく、PFI事業によって行うことが決められました。PFIというのは民間の資金を活用して公共施設を建設、運営する方式のことです。PFI方式になってしまえば、そこに生協が参入する可能性は非常に小さくなる、そのような私達がかって経験したことのない新しい条件、状況も生じていました。

　桂キャンパスは2003年10月にAクラスターが開校、Bクラスターは2005年4月に開校しています。最終的には一部の専門業態、フレンチレストラン、ベーカリーショップ、こういうところは民間業者担当と

なり、それらをのぞいて基本的な福利施設については生協が運営することになりました。

法人化と大学の変化、法人間業務委託契約

　桂キャンパス開校とほぼ時期を同じくして、2004年に国立大学が法人化されます。当時、固定観念のように語られていた言葉として、「大学は変わる」とか「大学の変化」とか、今のオバマ政権と同じ「CHANGE」という言葉が絶えず語られているような時代でした。国立大学の法人化を契機に、明らかに変わったなと思うことの一つは、大学が特に国立大学が学生サービスという概念を明確にし、そのサービスを開始するようになったということでした。以前から京都大学にも学生部といった組織は当然ありましたが、それらの組織は従来"学生の管理"という側面を持つイメージがありました。今日それらの業務目的が、学生支援とか学生サービスというように明確に語られるようになったわけです。オープンキャンパスの開催、キャリアサポートセンターの設置など京大でも当たり前のように行われるようになり、それらも2004年の法人化を契機に変化してきたことの具体的な姿ではないかと思います。

　大学の法人化に伴って、生協は大学との間で福利厚生の業務委託契約を締結することになりました。それまでは国が生協に対して土地、建物を貸し与えるという関係だったものから、業務を委託する契約関係に変わるということでした。ただ、全国大学生協連では大学法人と生協法人とが対等の立場で、お互い協力しあって大学キャンパスをよりよくしていくという協定書を交わすことを基本とする方針を提起していました。その協定書締結が実現した大学生協もあり、京大生協も頑張ったのですけれど、そこまでは至らずに実務的な施設の業務委託契約の範囲に止まりました。

当時、大学の法人化にともなって最も懸念していたのは、土地・建物の使用契約が有償になるのではないか、あるいはそういう可能性を残すのではないかということでした。各生協理事長を筆頭にした粘り強いトップ交渉や話し合いの場を持つ等々、全国の大学生協で様々な取り組みがなされました。その結果として、土地、建物使用料は引き続き無償とする一つの到達点を導きました。

キャンパスアメニティの集中的改善

京大では、これも大学の変化と深く関係することですが、法人化の年前後にキャンパスの福利厚生施設改善が集中的に図られました。従来からの要望事項で生協も長く改善を求めていた施設もありましたが（宇治生協会館の拡充と全面リニューアル）、多くが大学のイニシアティブ、大学の主導で計画され、実施されたものでした。具体的には、正門横のカフェレストラン・カンフォーラ、時計台記念館、桂キャンパスAクラスターショップ、同じくBクラスター福利施設などです。

生協としてはどこまで体力や資金が持つのかということが大問題でした。しかし逃げることは一切せず、基本的施設はすべて運営担当をめざす覚悟でやっていこうとし、乗り切ってきたのが2003年から2005年にかけての時代です。当時、京大生協は、累積赤字もあり資金的には余裕がなく、多くをリース契約する、大学生協連の融資を受ける、京大生協独自でも金融機関から借り入れする、京都事業連合との会員生協の応援のなかでなんとか乗り切っていきました。

2004年にローソンが京大キャンパス内に出店することになりました。結果においては幸いにも京大生協の供給に大きな影響はなかったわけですが、その後、全国の大学へ民間コンビニが出店していく一つのきっかけとなりました。京大生協としては複雑な思いを残すことになりました。

「京大生協のMission：三つの使命」と「Vision 2010」

　桂キャンパス開校による福利施設担当者問題、大学の法人化、大学の変化の進行という状況のなかで大学生協、京大生協の存在価値が大変厳しく問われる時を迎えていました。かつてない危機感、緊張感を伴うものでした。そのことに応える、新しい前進を開始していくために、2002年度総代会において「京大生協のMission：三つの使命」と「Vision 2010」を策定していくことになりました。2008年急逝された当時の理事長、足立紀彦先生の強いリーダーシップにより、21世紀に入ったばかりの時代の大学生協の価値をきちんと定めていくことを目的にしました。ほぼ１年間かけてのとりくみと討議の結果でしたが、新しい「Mission：使命」は三つにまとめて定め、めざすべき中期的な基本の活動目標を９つのテーマに設定して「Vision 2010」としました。このように「使命とVision」を定めながら、それを学内外にどんどん発信し、政策をすすめてゆくことになりました。

　2001年から2002年にかけては、京都大学の総長、学部長を対象にトップインタビューを１年かけて行いました。最終的には12名のみなさんにご協力をいただいています。各トップに対して、大学の変化、京大の将来について、学生への思いや期待、その上での生協への期待を述べていただくインタビューです。インタビュー内容は京大生協の広報誌『らいふすてーじ』に掲載し、組合員に紹介していく、そして「使命とVision」策定に生かし、反映させていくとりくみでした。

　参考資料には、「Vision 2010」に基づいて具体的にはどのようなことを実践してきたのかを細かく紹介しています。従来はなかなかできていなかった活動、事業をこの時期積極的に展開できるようになってきました。桂キャンパス問題、国立大学法人化問題等々を乗り切れたのも、生協の新しい方向性を打ち出し、期待に応えられる内容を生み出してきた成果ではないかと思っています。多くの皆さんと１年間以上の時間をかけて生協の「使命とVision」について話し合い、検討し

あってきたという事実、実績が生協運営に確信をもってのぞめるようになった、ということも大きな成果だったと思っています。

事業連合の果たすべき役割・機能の再確立

　最後に事業連帯についても簡単に触れさせていただきたいと思います。事業連帯についての歴史的評価は別にして、今日はそのことについてではなく、今の京都の大学生協の現場はどうなっているのかという実態について触れ、これからどうしていくかの議論をスタートさせていく必要があるのではないかという提起にさせていただきます。

　一番の問題としてありますのは、事業連合ですから商品部があって会員生協に対する商品とメニューの提案をしていますが、最終的に提案されたそれらを採用するかどうかは会員生協の現場、店舗のまったくの自由になっていることです。事業連合からの商品やメニュー提案に基づいてしっかり提供している店舗もあれば、そうではなくて店舗の職員だけの頭で勝手に考えたものを中心に提供している店舗もあって、大変に分散的な実態になっています。こうしたことからどのような問題が発生しているのか？　主に二つあると思います。一つは、店舗で組合員に供給されている商品、メニューは本当に最適なものが提供されているのか、本当に大丈夫なのか、ということ。店のつくりかた、品質、品揃え、リスクマネジメントなどあらゆる面で検証する必要があり、そこに対する問題意識を強く持っています。

　もう一つは、数字で明らかなように、経営が成り立っていない。非常に困難な状況になっていることです。部門によってはすでに破綻しているところも存在しています。こうしたことも事業連合と会員生協の現在の関係がもたらしている結果と認識することが必要ではないかと思います。

　「コンビニ事業の現状と課題」と「京滋・奈良の食堂事業政策（案）

答申」というレジュメを、今日の資料でお配りしています。時間の関係で説明できませんが、後ででもご覧いただきたいと思います。昨年度、2007年度決算で京都、滋賀、奈良地域の基本食堂40店舗の内半分は赤字です。これが今日の現状であって、当然改善・改革する必要があります。

　大学生協の場合、多くは小規模の店舗で成り立っているのが現実です。京滋・奈良地域全体でショップ店舗は70、食堂店舗70で合計140の店舗があります。このなかで正規職員が2名以上いる店舗はわずか30であり、それ以外はすべて正規職員1名もしくはパートさんだけで運営している店舗です。京大、同志社、立命という大規模生協であっても、内実は小規模店舗が多数集まった結果の大規模生協という一面もあります。もちろん大規模店舗もありますが、一方で小規模店舗が多数存在する。これが現実です。このような実態のなかで、店舗が自らの力量、判断で品揃えやメニュー構成を自由に考えるというスタイルがどこまで成り立つことなのか、根本的な問題として考えないといけないと思います。

　京都、滋賀、奈良には19の大学生協があって、女子大は女子大の、短大は短大の、理工系は理工系の個性が当然あり、そのような個性はもちろん尊重されなければなりません。一方でそうは言っても19の大学生協の組合員が共通して求める商品やメニューのほうが割合からすると圧倒的に多いのではないかと思います。ですから、共通の商品活動が強化されて、本当に値打ちのある、魅力のある商品が開発、仕入れされて、全店舗、全生協で提供されていくことこそ組合員の求める最大のニーズだし、課題だと思います。こうした視点、こうした考え方が弱まっていて、言わば自由分散になっていて、結果的にいずれの会員生協も、いずれの店舗も商品力の低下した実態に陥っているのが今の状況ではないかと思います。

当面の経営改善課題

　京都全体に共通する経営問題は労働分配率が高いことです。食堂を例にとると、60％は決してよい数字とはいえませんが、それでもかろうじて60％をひとつの水準にしますと、それ以下の食堂は9店舗しかない。反対に粗利益のうち70％を人件費に費やしている店舗は20店舗もあるわけです。これが今の京都の現実であり、事業連合への機能集中から、分散方向にしてきたことの結果ではないかと思います。

　抽象的な表現になりますが、私は"柔軟でしなやかさのある"そういうものを持った強靭(きょうじん)な事業連帯活動を確立していくことが求められていると思います。事業連合を中心にした共同の商品活動を軸にすえると同時に、会員生協ごとのフレキシブルさをも柔軟にもっていく。そこの使い分け、バランスのとれた事業連帯を進めていくことがこれから一番求められることなのではないかと思います。そのためにも、事業連合の機能そのものを含めてあらためて強化していくことが必要ではないかと思っていますし、機能についても商品活動だけではなくて、店舗支援機能も明確にしていくことが必要ではないかと思っています。

　今、京阪神の事業連合機能を統合していこうという課題が提起されていて、腰を据えてしっかり検討していくことを確認しています。大阪、神戸は既に具体的な統一運営が進められています。京阪神事業連帯の機能統合の課題については、2009年度から、兼任体制などではなく専任体制をもってでもして、調査、研究、検討、提案からとりくみを開始していく必要があるのではないかと思っています。

（2008年12月18日報告）

14

わたしと大学生協

末廣　恭雄

大学生協とのかかわりと学生時代

　私は福岡県田川の出身で、北九州大学で大学時代を送って、そこで生協と出会いました。私がなぜ今ここにいるのかということをお話するのが今日の私の報告です。
　「わたしと大学生協」についてお話をさせていただきます。
　77年に北九州大学に入学しました。ここは公立大学です。今は北九州市立大学という名前に変わっています。77年入学といえば、ポスト学生運動、"しらけ時代"だっただろうと思います。世の中は平穏無事みたいな状況だったのですが、入学したその日、学友会のオリエンテーションで、テレビで見ていた学生運動が目の前に広がって非常な衝撃を受けた。そういう大学に入学してしまったんだと思っていたら、

末廣　恭雄（すえひろ・やすお）
1957年生まれ。京都府立医科大学・府立大学生協専務理事。北九州大学生協入協（81年）、下関市立大学生協・山口大学工学部生協専務理事兼務（88年）。京都事業連合へ移籍（91年）。事業創造チーム、コープ紹介リビングを経て、現職。

私の入った法学部の自治会のオリエンテーションは非常に和んだ雰囲気で、「えっ、大学ってどういうところなんやろう」というのが率直な感想でした。
　大学に通うようになって生協の食堂でご飯を食べるようになり、4月の後半になって「生協が私物化されている」というチラシがまかれるということがありました。九州大学生協職員の宮崎利明さんが北九州大二部に入学をしてこられて、生協を攻撃し始めました。私はそのころは生協に籍を置いていたわけではなく、クラスの自治会委員をしていて、「大学っていろいろあるんだな」と思いました。生協の総代選挙では対立派閥の人たちによって毎日ビラまき合戦が行われていて、「何なんだろう」というふうに思っていました。
　全国大学生協連合会から金子さん、学生常勤理事の方が北九州大生協の支援に来ていて、夜も一生懸命頑張っておられました。私は1回生でまだ何もわからなかったのですが、このような状況には前史がありました。
　1976年3月に九州の七つの大学生協が大学生協連から除名され、大学生協連を相手に訴訟を起こすということがありました。除名された方は多数派を獲得しようと北九州大学と佐賀大学だったと思うのですけれど、二つの大学にいわゆる生協転覆を目指して活動をしていました。本日の配布資料の一番後ろに「九州の大学生協現代史」というコピーを入れていますが、これは九州の地域センターでこの問題を総括した文章です。いわば当時、生協運動が二つに分裂していて、私はその真只中に入学をした。自治会は、学友会、外国語学部、商学部自治会の社青同と反帝学同の学生運動のグループがあり、九州大学生協とも通じながら何とか学内での主導権を確保したいという動きをしていたみたいです。
　私が大学に入った1977年、ちょうどその年、原水爆禁止世界大会が14年ぶりに統一されました。その世界大会、広島の大会に参加する機会を得て感激しました。生協が掲げる「よりよき生活、平和のため

に」というスローガンが私にはしっくり来ていたということです。実際はこの時期でも、田川生協内ゲバ事件という血なまぐさい事件も起こっていましたが。そこで、大学生協の組織強化として、当時、九州工業大学生協の専務だった赤木相太さん、後に長崎生協の理事長をされ、亡くなられましたが、赤木専務が北九州大生協に着任され、組合員のために一生懸命奮闘されました。同時に九州工業大学生協では佐藤専務が着任されました。北九州大生協には九州地連の事務局が置かれ、専従職員の山内さんがおられ、生協を民主的に運営していくことが大きなテーマになっていました。

　私自身はそういうなかで、学生の連帯を大切にしたいと思い、自治会のある大学、ない大学も含めて一緒に「北九州学生フェスティバル」というのを始めました。何年かやっているうちに参加校も増えて、多くの参加者を得るようになり、78年に法学部自治会の書記長を1年間やり、1年の任期が終わってその後、79年に生協の組織部に入りました。先の九州地連の分裂問題が尾をひいていたなかで、大学学内の勢力でいうと、学友会の民主化にみんなで頑張っていたわけで、そのことも成し遂げ、次は生協の組織部で何ができるのかなと考え始めていた時に、赤木専務から「次の学友会の委員長は君がやるべきだ」といわれて、3年生の12月に学友会の委員長選挙に出て、1年間学友会の委員長をやりました。

　北九州大生協は3億円規模の生協ですが、毎年2人ずつ新規採用職員を入れ、自治会出身者や生協の学生委員経験者が北九州大生協に入っているという状況で、私の気持ちのなかでは九州地連が二つに分かれている状況のなかで、北九州大生協としてどういう役割を果たさないといけないのかということを考え、生協で頑張っていこうと決心して就職したわけです。

生協食堂の時代

　就職した北九州大生協食堂時代ですが、要は、地連の中で除名されている生協と大学生協連に加盟している生協が同数なんです。そういうなかで福岡教育大学生協、ここはまだ未法人で女子寮の売店を生協が運営していたところで、ここを北九州大生協と九工大生協が支援して事業活動をやっていました。77年に大学生協連が「学園に広く深く根ざした生協になるために」というスローガンを出し、79年には全国理事会の高橋晴雄専務が九州に来て講演され、感銘を受けて生協運動へということになりました。

　学友会の委員長を降りて4カ月目くらいから食堂の現場で働くようになりました。当時生協は赤字で、1,000万円以上の赤字を持っていた。「赤字を出し続けてはいけない、黒字を出すことは悪いことではない」という福武会長所感を読みながら、事業としてどのように成立させていくのかというのが一つのテーマでした。ただし、新しい職員をどんどん入れてやっていましたので、経営としては苦しいなかで事業を続けないといけないという状況でした。当時の食堂部は6人の正規職員で1億円規模。生協の移管を受けた食堂のおばちゃんも含めて一緒に仕事をしていました。新たな人材を受け入れていくためには生協の正規職員も変わらないといけないと、組み立てもしながら職員の構成を変えられるように努力をしてきました。北九大、九工大、それから福教大の三つの生協で事業連帯を組んで、食材の共通仕入れについては京都に学んで、食生活相談会など生協らしい取り組みもしていました。北九大は定食メニューを出し、両大学に栄養士を抱えての事業スタイルでやっていたということです。経理を統一しようということになり、多分これは東京からの提案だったと思うのですが、当時、富士通のシステムを北九大に導入し、その入力パンチする機械を置いて、北九大、九工大、福教大の伝票を全部集めてパンチングしていました。小さい生協の集まりですが、そういう取り組みを進め、私は食堂の職員とし

てそのことに積極的に関わっていました。ひとこと活動もやっていましたし、店舗委員会で食堂、それから書籍の店舗委員会が積極的に活動していた時期で、食堂の店舗委員会は毎週水曜の午後に続けていました。85、86年に入協している職員は店舗委員会育ちというか、そういう人たちも生協に入っていただけるようになったというのが、それまでの北九州での仕事スタイルです。ただし、この間ずっと九州地連は二つに割れたままですので、我々の取り組みが前を向いて組合員のためになる取り組みであるということを名実共に証明する必要があったので、がむしゃらに頑張ってきていたというのが内実です。

生協設立の時代

　そういうなか、下関市立大学で生協の設立運動が1986年くらいに起きました。最寄りの生協は海峡を隔てた北九州大が一番近いのです。同じ市立大学ということもありますので、海峡を渡って支援をやろうということで、最初、福島専務が先頭に立ち、その後私が設立担当になり、87年に設立支援に入って、生協設立となりました。生協設立運動とは「人間系の数珠繋ぎ」だとレジュメに書いていますが、私は90年にも山口大学工学部生協の設立支援をし、それぞれの生協がなぜ出来たのかというときに、情熱を持っておられた理事長先生や教職員の方がおられたというのが一番大きなポイントだったと思っています。下関市立大学の場合は、白谷先生という元九工大生協の理事長だった先生が下関市立大学に移られ、外国語の教科書の共同購入を続けて生協設立につながりました。設立当時の理事長は梅垣先生、外山先生で、ともに京大、北大のご出身の先生でした。学生もすごく元気に取り組みをした。

　その学生の元気さが波及をして山口大学工学部に生協が設立できました。山口大学は実は鬼門で、生協設立運動は10年来、70年代から続

けていて、浮いたり沈んだりということでなかなか出来なかった。山口大学の本学は山口市にあり、工学部は宇部市にありますが、宇部市の工学部で生協が設立できたのは、末岡先生が「どうしても生協がいるんだ」とおっしゃって、設立運動が始まった。東大から着任したばかりで、生協がないと非常に不便だと。宇部の田舎では、「今まで使っていた文具が揃わない、私のこの棚をどうしてくれるんだ」という素朴な要求もあって全国大学生協連合会の岡安元専務と懇意な方で、学内での発言力も強くて、押せ押せで生協設立ということになりました。理事のお一人の佐野先生も京大。地学の先生と生協との関係は深くて、京都教育大学にいたときに武蔵野先生も実は京大の地学だったということで、つながりがあるんだなぁと後で思いました。

「学生に生協を知り、知らせる活動」としては、北九州大学や下関市立大では、学生委員会、店舗委員会が元気で、学生が一生懸命頑張って学内の売店と生協のお店との違いを実証しようと、学園祭でコープ文具やコープのお菓子の展示即売会をやって生協を作った。下関市立大学に生協が出来たときは、山口県の生協連から、「山口大に生協が欲しい」といわれて学生委員と一緒に山口大学の門の前で生協の入試時宣伝に行ったこともありました。

店舗活動における地連、県連、事業連合の支援が大きかったなと思います。資料メモには「下関市立大学生協の発足がエポックメイキング」と書いていますが、関門海峡を挟んで本州と九州の近くで生協をつくる活動をやっていたというふうに見えてもらえればいいと思います。実は山口県の中では水産大学校生協というのがありました。ここは除名七生協の支援でやっていて非常に特異な存在でした。そういう意味では下関の商圏は完全に北九州です。地理的に見ると山口県は関西地連に属するということで、四国も含めて京都から山口までが関西地連ですから、大学生協運動からいえば、関西地連の組織の一員として生協をきちんと作らないといけない。実際支援をしたのは北九州大で、北九大から関西地連へのバトンタッチが行われたということです。

当時関西地連の事務局は大崎さんが担当で、中四ブロックで協力していただいて何とかしようとしていたということですが、商流は北九州で、京都事業連合の商品部、当時小見部長を筆頭にいろいろな支援をしていただきました。棚づくり、店舗運営については京都事業連合に指導していただき、このとき、87年に京都事業連合と出会いました。

設立当時、大学のなかには業者の食堂もあって、生協は仮設のコンビニショップで始め、何せ1,200名の経済の単科大学で、売るものがなく、教科書が唯一大きな供給の中身で、ほかに食品、パン、文具も置いてはいたが、なかなか事業としては難しかったなと記憶しています。1年目の供給高は7,000万円程度。その中で新生活用品関連事業が2,000万円ありました。これは、7割くらいが下宿生で、入試日程がC日程ということで、A日程、B日程受けて、C日程も受けられるという理由で全国から集まっていました。新生活用品事業については組織原則どおり、中四ブロックへ要請をした。中四では愛松（あいしょう）、すなわち愛媛大学と松山商科大学の事業部と広島大が大きな存在だったので、広島大学と一緒にカタログをつくるという判断をしたということです。中四ブロックは関西地連の中でも得意な存在で、四国の大学プラス広島修道大学が唯一中国地方にあった大学で、その2校バーサス広大みたいな構図がありました。広大は神戸ブロックと事業連帯をやっていた。下関市立大学生協と当時徳島大学の共済会が生協に変わるときで、一緒に中四ブロックに加わった。下関市立大学にとってはその新学期事業は2,000万円ある命綱ですから、これをどうするのかが非常に大きな課題だったと思います。中四ブロックでは、下関も含めて、一緒に進めていこうという機運が高まりつつあり、新学期の共同仕入れと共済の加入率アップの学びあいを非常に積極的にやっていました。全国でも事業連帯を事業連合にしていくという方針があり、中四事業連合を作るために中四事業連帯事務局を作った。コア事業の共同化として、新学期のパンフレットを統一することや食堂の食材仕入れをあわせていく取り組みをやってはみたのですが、実は

食堂事業についても広島大学と四国の大学と事業政策上の違いがありました。当時、大学生協はカフェテリア食堂に移行していました。広島大学の定食食堂がメインの業態で事業政策上一致点が見いだしにくい状況や、広島大学の移転というのも行なわれるなかで、連帯事業の構築に困難な状況があったというふうに思います。

1990年、中四事業連合が設立され、事務所は松山と広島両方にあり、それぞれでやっていたと思います。事業連合としてどう発展していくのかということで、各地の事業連合を見学に回りました。私も理事でしたので、一緒に回った記憶があります。混沌とした議論をしながら、連帯の象徴として業務システムの統一が一つの方向じゃないかということで、京都との事業提携を決めたのです。その決定の詳細の経緯はわかりませんが、それぞれお邪魔した事業連合のなかでも京都は先進的で、魅力的な存在でした。そういうところと一緒にやっていくのはいいことだ思いました。そして、中四と京都との事業連合間連帯が決まりました。実は91年10月、私は当時、山口大学工学部生協の専務と下関大生協の専務を兼務していましたが、それぞれを若手に譲って中四事業連合の職員になり、当初、3年間くらい研修しようということで京都に来たのです。

京都事業連合の拡大路線についての私見

私が見た京都事業連合と書いておりますけれど、中四と一緒になることで、大型商品の購買力は大きくなれる。当時、倍増くらい、8億円くらいの規模にふくれあがったと思いますし、PC関係も1.5倍の規模になった。ただ京都と四国、広島、山口という配置ですから、新学期用品の物流については、非常に広域でかなり業務的な負荷は大きかったんじゃないかなと思います。ただ、それぞれの事業は、それなりに大きく問題もなく続いていたというふうには思っています。

食堂とコンビニの取引先を京都と中四で一緒にして、仕入れ条件の改善の取り組みをしました。私は商品部に属さなかったので詳しいことは分からないのですが、京都の場合は地域の取り引きを廃止して、雪印アクセスの中心に取り引きを統合したと思います、そういう広域を対象にできる業者への統一を行ったということがありました。京都地区は、ドミナントのエリアで受けていたサービスのレベルが広域の業者に変わった。特に問題があったのは地域の営業所での商品の欠品問題が非常に問題になった。取り扱っている商品はかなり幅が広いので、連合の定番に載っているが、それを例えば松山や高松の一営業所での全部品揃えが困難で、材料が揃わないということが発生した。何とか努力はやっていたと思うのですけれど、なかなか解決できない問題としてあったんじゃないかなと思います。
　それから業務システムの全国普及への一環として、UKシステムは全国へ広がりました。そのスケールメリットの拡大があったのだろうと思います。新たなシステム投資として毎年1億円くらいはシステム投資をしていたと思います。連合の規模が大きくなっていきますので、新規事業の開発と人材を活用していろいろな事業を新たに始めていた。カタログMACやプロバイダ事業、洋書事業、オール家電カタログ。総合リビングは松山にも支店がありました。事業ごとに固有の問題も多かったと思います。新規事業を色々と手がけ、京都事業連合の総コストは約倍増しました。これら事業について2000年以降に1個ずつ清算しましたが、これにも多額の費用がかかりました。
　経費配分の不均衡問題として、共同事業運営費の問題があります。京都の会員は2％、中四は1％くらいで事業連帯を組んでいたと思います。私は、94年から京都教育大学生協にいましたので、当時、POSレジの導入、プリペイドカードなどのシステム導入で賃借料、リース料など固定費が膨らんできて、小規模の会員は経営が危機的な状況になった大きな原因なのではないかと思っております。

京都事業連合のチェーンストア路線の私見

　京都事業連合のチェーンストア路線についての4点ほど私見をメモしています。私は91年に供給促進部というところに配属になり、スーパーバイジング機能を担当していました。基本定番政策では、コンビニエンスの分野の定番で絞り込みをして80％ほど共通商品でいきましょうということを明確に打ち出した。取引先も絞り込みを行って、利益率の改善をしたと思います。このこと自身に問題があったというふうには思わないのですが、ただし定番商品の改廃も含めての商品調達機能に問題があって、店舗の商品の不活性化というか、組合員から出てくる声に答えられなかった。PB商品も、例えばパンとかおにぎりとか商品の開発の停滞が問題点としては出てきつつあったと思います。
　店舗運営や設計については、購買、書籍、サービスの部門の統合ということで店舗の効率化、3人いた店長を1人にしようという政策をすすめた。店舗はスーパーマーケット型の店舗経営で、ピークのレジスピードの向上を目指して作っていったように思います。食堂の厨房はコンパクトな厨房設計を目指し、効率がよくなったのは事実です。ただ、分野を統一したことで専門的知識を持っている職員が94年以降生まれてきたかというとそれは問題で、特に書籍の専門的な職員は育っていない現状があるようです。
　スーパーバイジング機能としての供給促進部があったわけですが、一応、商品部とは独立した組織でしたので、店舗を規模別にわけて毎月の商品展開計画をそれぞれ作っていたのです。重点商品を決めて、販売計画も作っていたのですが、商品を直接提案できるわけではないので、成果が見えにくかったという問題もありました。最初は京都だけでやり、UKを中四に導入する段階で中四地区にもこの供給促進機能を広めようと、京都にいて中四の店舗を訪問するというのは非常に訪問頻度が低く、実質的に機能はなさなかったように思います。
　商品部自身は全体でいうと商品の絞込みとか、シーズナル商品の展

開を取り組んでいました。取引先を絞り込むということで、クープクラブ（取引先の会）が結成されましたが、会員がどんどん増えたというわけではなく、取引先が固定化してしまったと思います。結果、新規商品の開発は停滞してしまったのではないかと思います。

94年以降、京都教育大学の専務として、理事長先生とともに「京教で京響と第九を歌おう会」や、地域の方々を招いた合唱サークルを作っていました。「ヨーロッパ芸術と歴史の旅」は、美術の岸田先生を中心にして、毎年30人くらいを連れてヨーロッパ訪問ツアーに取り組みました。このような会員独自でいろいろな取り組みができた部分もあるのですが、経営的には苦しかったというのが96、97年のことです。99年、京都教育大学は購買、食堂を全部リニューアルしました。この時点でかなり赤字がたまって、やっと2008年、羽賀専務が完済する目途をつけたという状況で、約10年かかったということです。

私は2001年に京都業連合に戻り、事業創造チームの部長になり、新生活用品事業やフードサービスをやっていました。先ほどの話ででた2001年から2004年まで新規事業の清算をしてきて、コープ総合リビングの専務理事に着任し、2008年に会員生協に戻り府立医大・府立大生協の専務理事として仕事をしています。

90年代後半の事業連合は、効率という観点からは、数字も全体にはいい数字が出ていたのだろうと思います。ただし、使うほうもどんどん使っていて、トータルとしては赤字がなかなか減らなかった。97年には資金の問題で非常に逼迫した状況があったと思います。事業連帯を中四と一緒になる段階で事業規模を約2倍にしたが、さまざまな問題点や難しさもあったなと思います。

今、何を教訓にしながら、次の時代に何を目指していくのかというのが今後のテーマだと思っています。私の今までの歩みをふりかえると、京都事業連合とはいろいろな意味で関わりがあって、関西地連のなかで事業を進めていくときは京都事業連合が唯一頼りになる存在でした。87年、88年の店舗開設のときには、ここにおられる小見さんに

テープカットしていただいて挨拶をしてくださったお一人だったと思います。

（2008年11月20日報告）

1980年代以降

15

京都事業連合の歩みと「98年問題」を超えて

小池 恒男

大学生協とのかかわり

　用意したレジュメに基づいて、大学生協京都事業連合の歴史を振りかえりながら報告します。流れとしては、「1．私の大学生協とのかかわり」から98年の「2．最高執行役員の交代と問題の背景」、「3．問題の根本原因」「4．98年度臨時総会議案にみる方針転換の要点と改革・改善の取り組み」を整理しています。最後に「5．改めて事業連合の機能について」が重要と考え、将来の「6．連帯組織をどう構想するか」という問題についても、昨年11月全国大学生協連合会（以下、全国連合会と略）の「連合会のあり方検討会」に参加した直後に書き上げた文章も添付しました。

小池　恒男（こいけ・つねお）

1941年生まれ。滋賀県立大学名誉教授。農業経済学。滋賀県立大学短期大学生協・同志大学生協理事長（94年〜02年）。京都事業連合理事長（98年〜04年）。共著『協同組合のコーポレント・ガバナンス』（家の光協会、00年）など。

レジュメの年表は、1961年から始まっております。京都大学生協、同志社生協、京都府立医科大・府立大学生協の三者が協力して京都ブロックをつくり共同購入を始めたのが、今日の京都事業連合の前身です。10年後の1971年に法人格を取得しました。それ以降の歩みと「98問題」を考え直すというのが本日のテーマですが、こうして整理してみて、98年以前の京都事業連合について私は何も知らなかったなと改めて思い知った次第です。

　70年に東京事業連合が、98年に北陸事業連合が設立され、現在10の事業連合で全国をカバーするという大学生協の体制ができました。経済学での時代区分にコメントを挟み込んで一応年表風に整理してみました。

　大学生協京都事業連合は1981年3月に86年2月を目標年次とする第一次中期計画を策定しております。引き続き1986年3月に1991年2月を目標年次とする第二次中計を策定して、そして1991年5月に「98問題」のとき批判的検討を加えることになった第三次中計（1991年3月～1996年2月）と、第一次、第二次、第三次中期計画ということで98年まできております。先日も沼澤さんに「中期計画を策定するときはどういう名前をつけるのですか」と聞いたのですが、98年以降はそういう計画がないんですね。今年は、そういうことも考えなくてはならない年になるのではないかなと思っています。

　1990年に業務区域が滋賀県、奈良県まで拡大して現在の京都、奈良、滋賀という体制ができました。90年は拡張していく時期で、中国・四国（中四と略）事業連合の設立。設立と同時に中四事業連合と京都事業連合が組織提携をして、共通した事業政策方針と共通のインフラによる広域運営を行うのが1990年です。94年に総合リビング株式会社の設立、97年に洋書事業のための現地法人COPを設立します。同年にプロバイダー事業、インターネット・ショッピング事業の開始ということで、高度経済成長期というよりは1990年代に組織拡大を図っていくというように進められたのではないかと思います。

1998年の京都事業連合の通常総会で、トップマネジメント（最高経営責任者・最高執行役員）の交代で、80年代から90年代にかけての事業政策、機関運営を総括して会員生協の主体的な活動を基本とした事業連帯の方針に転換することを決定しました。それ以後、90年代に形成してきたものを全面的に見直していくことになりました。中四事業連合との連携解消、共同事業運営費検討委員会を設置する、COPの主幹事業を連合から撤退する、小規模（大学生協）自立支援方針を出す、インターネット・プロバイダー事業の移管、新規開発システムの原則的凍結、西地区連帯事業部と提携解消を進めるとともに事業連合主導の商品活動から会員生協主導の商品活動への転換等々を図ってきました。そして事業連合と単協の関係を規定してきた京都事業連合基本契約に関しても、事業連合と会員生協のあり方というのが一つの問題であったわけですので、2005年にその基本契約を改正しました。

　こういう歩みに対して、私の大学生協とのかかわりは、滋賀県立短期大学生協として1994年から2002年まで7年8カ月、短期大学のときから県立大学の生協を設立する準備をということで、短大生協のときに理事長になり、その後、現在の理事長の増田佳昭先生にバトンタッチして、県立大学生協での肩書きは副理事長というポジションにおいていただき、2007年3月で定年退職しましたが、任期は5月までということで、6年間副理事長をつとめました。

　大学生協京都事業連合の方は、この98年5月総代会で理事長に就任し、途中学部長をした時代に芦田文夫先生に理事長をしていただく時期4年5カ月をはさんで、2004年5月から再び理事長になり、現在に至っています。

最高執行役員の交代と問題の背景

　1998年5月の京都事業連合の通常総会を前にして、トップマネジメントの交代、会員生協専務理事有志による対案の提出と常勤役員の不信任、新たな方針の提起がなされました。

　当時、大阪いずみ市民生協問題（97年、同生協職員が実質経営責任者の経営私物化を告発し懲戒解雇された事件。後に裁判で地位保全が認められ職場復帰）などが起こり、私は当時、滋賀県生協連の会長でもありましたので、かたわらのはげしいトップの交代劇を目の当たりにして、大いにその影響を受けた体験をしました。コーポレート・ガバナンスをどうするか、不適切な企業経営とその統治の不備が非常に大きな問題になっていたのです。そういうなかでの京都事業連合の「98問題」は通常総会を前にした理事会の場で対案が出され、執行部の辞任表明がされたわけですから、むしろスムーズにという言い方が適切かどうかはわかりませんが、手続き上は正常な形で交代がなされました。しかし、問題の背景については、今一度学びなおしてみる必要があるのではないかと思います。

　2000年9月に、神戸大学名誉教授の山本修先生、京大名誉教授の吉田忠先生と私を編者として『協同組合のコーポレート・ガバナンス』（家の光協会）という本を出版いたしました。私はそこで「協同組合の連合組織におけるコーポレート・ガバナンス」を執筆しております。いま改めて読み直してみますと、私は「98問題」以前に連合会問題を考えてみたこともなかったと改めて感じました。いろいろな資料を読み、またいろいろな方からヒアリングしながらまとめたに過ぎないのであって、98年以前にどのような体験があったのかといえば、経歴をみていただけばわかるように大変心許ないわけです。今でも記憶しているのは京都府立大学教員で事業連合の監事をなさっていた、今は亡き私と同世代の馬場富太郎先生（96年没）から、「小池さん、事業連合、どうしよう」と問われたことが今でも思い出されます。あのとき

馬場さんが何を言いたかったのか私は全然理解できませんでした。本当に悩み深そうな顔をされて、今でもそれを覚えています。馬場先生は随分と頭を痛めておられたのだろうと思います。

「最高執行役員の交代と問題の背景」として、5点をあげておきたいと思います。まず第一に、「事業の変質」という点です。代表的な一つは、COP（洋書事業、洋書輸入のための現地法人）の設立、プロバイダー事業、インターネット・ショッピング事業など過度の新規事業の集中的導入と既存事業の軽視という点があげられます。二つには、ペガサス理論に基づく単協店舗のチェーンストア化という点があげられます。三つには、単品仕入れの集中化、これにともなって地元商店との取引中止ということもありました。経営効率最優先の事業展開が進んだことです。四つには、UK1などの基幹システム（事務処理のコンピューター化）への過信と事業の硬直化、等々の事業の変質が指摘されました。

第二に、最高執行役員による経営の私物化、乱脈化の問題があげられます。第三に、アカウンタビリティ（説明責任）の放棄という点です。第四に、構造的な経営不振の問題があげられます。98年5月時点で会員生協の累積赤字5億8,000万円にプラス事業連合の累積赤字が1億2,000万円に達し、98年の臨時総会の議案のなかでも「経営の危機的事態」という言葉が出ていました。しかし現在、それを上回る10億なにがしかの累積赤字を抱えておりますので、この事態をどう評価するのかという問題を感じないわけにはいかないわけですけれども、98年の総会のときには多額に及ぶ累積赤字の問題が指摘されました。1、2年のその後、良い経営成績を上げ、そこからまた沈み始めているというデータが、沼澤さんの整理された参考資料、1990年から2006年までの「略年表」と「事業数値の推移」グラフからも読み取れます。これをみますと97年、98年と連合の当期剰余と会員の当期剰余の棒グラフが下向きに大きく落ち込んでいます。ところが99年は、会員のところの当期剰余が改善されました。しかしながら、その後、2000年か

ら2003年とどんどん落ち込みが拡大する一方で、その後、2004年2005年、2006年でようやく棒グラフが上に向くという経過をたどっています。

そして第五に、事業連合による会員生協の経営支配ということが問題点として指摘されます。典型的なのは、第三次中期計画のなかの「供給に関する基本方向」として、①運営形態は事業連合を軸としたチェーン運営に移行し、事業連合理事会のもとで会員の別なくチェーン運営を行う。②連合が実施する共同事業に関しては、会員理事会の意思を反映する連合理事会の指導のもとに、連合が店舗指導に直接責任を負う運営に移行する。③会員の運営は事業関連を簡素化してラインを連合と直結させる。④会員理事会では、大学関係、生協組織の関係の運営を強化する。会員理事会への経営上の報告、事業経営起案は連合スタッフ集団の担当に移行させる、等々の4点があげられていました。これらは、協同組合は組織、経営、事業の三位一体という考え方が一般的であるのに対し、組織と事業・経営の分離をめざすような分離論を提起しているように思われます。大学を商圏的、戦略的にしか位置づけないような協同組合に、個性ある大学づくりの担い手になれるはずがないと思うのですが、この「供給に関する基本方向」は、内容的には組織と経営・事業の完全分離の方向を提起しているとしか思えません。京都事業連合の基本契約の内容につきましては、ここでは省略いたします。

問題の根本原因は何か

問題の根本原因として、以下の6点をあげておきたいと思います。（一）大学生協の主要な事業形態が店舗形態であるということ。これはチェーンストア化ということに変質しやすい事業形態が客観的条件としてあることを意味しています。（二）大学生協の規模の零細性。

しかし他の生協、とくに農協などと比較すると規模が小さいから合併しましょうというふうには合併できない。そういう経営対応がないことも背景にあると思います。（三）協同組合のガバナンスの最大の問題として、「形式民主主義を超えて」という課題があります。これは、一人一票制ということなのですが、組合員が責任を全（まっと）うしないと一人一票制が生きてこない。そのために大奮闘しないといけない。大奮闘することこそ協同組合の本質だという考えもあるとは思うのですが、そこをどう乗り越えていくのか、これは大学生協だけの問題ではないとは思いますが。

　このことは、（四）「主体不在」になりがちだという基本的体質とも大いにかかわります。私が理事長に就任したとき、いつもこの主体不在ということばかり言っていました。4年経てば必ず組合員はいなくなる、それが幸せなことだし、学生は留年したら大変ですから4年経って卒業するのが一番幸せなんですが、そもそもそういう主体不在になりがちという基本的な条件があります。当時、地域生協では、四分の一、五分の一の組合員が毎年入れ替わると聞きました。不思議に思いましたが、地域生協でも転勤があるわけですから、そのように五分の一の組合員が入れ替わるということが当然のごとくあるのでしょうが、大学生協の場合は確実にそれがあって、大学院もありますが、どうしても主体不在になりがちで、それが常により形式民主主義に陥りやすい体質としてあると思います。本当にこれは、協同組合は気をつけなければならない問題で、本人出席、委任状出席を全部あわせて成立しましたで済ませているわけです。考えたらぞっとするというか、本人出席はその何分の一であったりするわけですね。そういう問題と永遠に取っ組み合いしながらやっていかなくてはいけない。4年という短い期間に引き継いで、引き継いでいく。そこで大学院生が大きな役割を果たすということはありますけれども、そもそも「主体不在」になりがちという体質があります。しかしもちろんその反面、そうであるが故の秘められた可能性というものがないわけではないという点

も付け加えておかなければなりません。

　連合会問題としては、これも大学生協だけの問題ではありませんが、必然的に経営の論理として、（五）二次組織ゆえに必然的に生まれる経営の論理優先の事業展開ということがあるわけです。二次組織のむずかしさというのは、都道府県、市町村にも同じ問題が指摘されます。とりわけ協同組合の場合は、二次組織、三次組織ゆえの客観的な条件があります。（六）人事政策の限界という点があげられます。高度経済成長の時期には大学生協が地域に人材を輩出して、地域生協の発展に貢献したということがあったのですね。しかし、高度経済成長が終わりますと、人事政策を見直さなくてはならない。京都事業連合のなかで人事を全うすることが非常にむずかしくなってきます。専務を10年、20年勤めてその先、40代、50代というふうに考えると、小さな組織で人事政策をどう考えていくのか、大きな問題ではないかと思います。

　以上の問題の本質と根本原因を並べて考えてみますと、それぞれ相互に関係しあっている実態がよくわかります。とりわけ、「構造的な経営不振」の問題、これはすべての問題に関連していると言えるかと思います。

臨時総会議案にみる方針転換の要点と改革・改善の取り組み

　沼澤さんが「98年度臨時総会議案に見る方針転換の要点」を整理しています。本当は第一次中期計画も第二次中期計画もきちんと読んでお話をしないといけないのですが、時間がなくてその点不勉強となっております。

　方針転換では、第三次中期計画の推進によって90年代前半の生協の経営が大幅に改善するという成果があったが、90年代半ば以降さまざ

まな問題点も浮上したと指摘しており、その点については、先ほど説明したとおりです。とくに事業経営の商品にかかわる活動を事業連合に委託し分業することによって会員生協の組織運営に混乱が生じました。さらに90年代後半には新規事業、新規システムへの投資の不採算による経営悪化や不透明な経営体制が明らかになりました。そして会員生協専務理事による対案の提出と常勤役員の不信任の方向によって、新たな方針が確立されました。

　新方針のスローガンは、「会員と連合が総力をあげて『組合員の生協づくり』を進めよう」、「求められているのは『大学生協運動の創造的再生』であり、システム運用とコストカット偏重のなかで、組合員の声に応える取り組みが軽視されているので、これを強めることが中心課題として設定されました。

(1) 98年度方針の要点

　臨時総会で採択された98年度方針の要点として、以下の6点があげられています。(一) 深刻な経営不振による累積赤字が、きちんとした総括がないまま、問題を感じても活発な議論がなされず、認知されにくい状態になっていたということがあります。不透明な経営体質、アカウンタビリティの欠如といった問題がありました。(二) 連合が定番の改廃やメニュー決定をすることにより、会員店舗単独では組合員への要望を受け止められない基本構造となり、ひとこと運動も非常に消極的になっていくということもありました。(三) あるべき生産性やネット率の重視からコストは削減される、しかし利用・供給高の減少が起こる、だからさらなるコストカットへ、という悪循環が進みました。(四) システム導入と業務改革による損益改善手法への過信があり、既存事業を軽視した経営がありました。コストカット偏重の経営対策によって職員活動の弱体化が進みました。理事会、会員生協に対するアカウンタビリティを果たすという点でも問題がありました。

　(五) 議案書には「私たちがこれからやりとげなければならないこ

とは、組合員の声や願いを真摯に聴いて、それをお互いの創意や工夫、その学びあい、励ましあいを通じてお店の活動や商品活動に結びつけ、組合員の声や願いを実現していくことです。そうしたいきいきとした循環を創り出していくことです。事業連帯組織や連帯そのものは、こうした循環づくりをサポートし、そのなかで蓄積された教訓を広げる役割を発揮することです」とあります。（六）会員と協力して具体的に問題解決していく職員、その職員を支援するトップマネジメントの形成をめざすとしています。

（2）事業連合の改革・改善の取組み

　事業連合の改革・改善の取り組みの要点として以下の9項目をあげています。①組合員・会員生協本位の管理・運営および事業展開に向けての改革・改善の取り組み。②会員生協の経営改善。これは参考資料のグラフでもわかるように、99年に会員生協のところではプラスの当期剰余を出すのですが、それが持続しなかったということがデータで明らかになっています。

　③事業連合の事業・人員の会員生協へのシフトの取り組みということでは、職員数が94年80人、96年88人、98年79人、そして99年には62人となっています。もっとも少ない2005年には35人になっていますが、中四との関係も考慮してみる必要があります。いずれにしましても、20人近い連合職員が削減されました。改革の一つとして、経営資源を会員生協にシフトさせていくという課題があります。しかし、本来の事業連合の機能を果たすために適正な規模はどのくらいなのかという検討をしたわけではありません。理論的にはむずかしいことではありますが、事業連合の機能は何か、そのために最低これだけの連合職員が必要という検討が必要だったのだろうと思います。連合組織における運営のまずさ、人員の問題もあるのかもしれないと思っております。

　それから、④組合員・会員生協の管理・運営や事業展開に必要な改革と改善ということで、共同運営費の見直しについても取り組みまし

た。⑤アカウンタビリティの積極的な遂行については、透明度は非常に高いと思います。しかし、企業の説明責任というときに、ある情報を全部提供するだけがアカウンタビリティなのでしょうか。たとえばシステム問題などは、1年、2年、3年と問題を抱えながら改善していくというのが一般的な姿かもしれないし、アカウンタビリティをきびしくするということと合わせて、どこに問題があるのかということを責任をもって説明することがより大切なのではないかと思います。ただ手持ちのデータを全部ばら撒けばそれで責任を果たしたということにはならない、というところまで深く考える必要があるでしょう。システム問題でとくに思い知らされたことです。

　⑥常任監事の選出と監査室設置の課題は実現してきたと思います。⑦事業連合理事会改革の課題では、教職員理事を増やしていきましょうということをずっと取り組んできました。このたびの生協法改正にともなって、事業連合の常務理事のところを充実させていくとか、理事長、副理事長体制を形成するというところまでは手が届かなかったのですが、ようやく現在、それを実現し、2007年にはその体制にもっていくことができました。⑧人事政策の改善については、これは簡単には解決しません。この問題については、狭い京都事業連合のなかだけで本当に全うできる問題なのかという点も含めて考えていかざるを得ない課題かと思っております。最後に、⑨大学づくりのクルマの両輪であるキャンパスライフにかかわる福利厚生の構築と大学の組織文化の形成という両目標の実現をめざすという課題があります。双方独自の追求と、両者の大いなる協同の力を発揮していこうという指摘です。独自に追求した上で大いなる協同をしていくという考えが非常に重要ではないかと思っています。そういう点ではずいぶん、大学との間でいろんな話し合いができて、いろいろな協同の成果が出てきたのではないかと思っております。

改めて事業連合の機能について考える

(1) 定款で定められている京都事業連合の行うべき事業

改めて事業連合の機能とは何かを考えていくとき、参考にするものはいくつかあります。たとえば定款です。定款で事業連合の行う事業をどのように定めているのかということがまずあります。改めて定款をみますと、逆に、いやそうではなくて、もうちょっと前の段階の考え方というところからきちっと整理しなくてはいけないということも思います。それに基づいて、考えられる業務は何かというと、商品に関する業務、店舗運営に関する業務、経営体制に関する業務というふうにきわめて細かく列挙されています。

(2) 連合会のあり方検討会『答申』

この点「連合会のあり方検討会」の『答申』のなかでも、事業連合の機能と連合会の機能についてふれている箇所があって、ひとつは仕入れの結果と商談づくり。2番目に商品サービスの提供、会員生協の食堂づくりの支援。3番目に情報処理、情報処理システムの形成。経理、決算支援と仕組みづくり。4番目に人件費の調整となっています。連合会はこれらの機能が10の事業連合のなかで統一されていない、ばらばらだと指摘しています。これらの機能を統合しながら共有化していくことが大きな課題ですよと指摘しています。だから事業連合の全国結集が必要だと言っているわけです。京都事業連合で当たり前と思っていても他の事業連合ではもっと先を行った機能もあるでしょうし、京都事業連合の方が進んだ機能を発揮しているところもあると思います。10の事業連合トータルではカバーできているけれども、機能はまだばらばらだという現状があるということです。

私は武内哲夫先生の「連合組織の機能」(武内・太田原高昭編『明日の農協』農文協、1986) を参考に考えています。武内先生は、農協論の専門家ですね。農協にとって連合会問題は非常に深刻な問題です

から、共済も事業連合の組織、経済事業の連合組織で、中央会という組織もあり、今の農協にとっての事業改革は、ほとんど連合体の組織再編といわれるぐらいに深刻な問題でもあるのです。

　武内先生は、以下のように整理されています。大きくは「補完的機能」と「本来的機能」の二つ。補完的機能には絶対的補完機能と相対的補完機能があります。この補完機能というのは会員生協に対する補完機能です。絶対的補完機能とは、連合組織においてはじめて機能するものです。これは会員生協や農協では発揮することが出来ない機能で、ここであげているのは、経営機能、監査機能、業務改善指導などです。それと事業機能として、大規模加工流通施設の設置と運営、商品開発、広域情報、対外貿易等々です。相対的補完機能としては、会員農協の規模と力量しだいで担当することは可能ですが、連合組織においてより効果的に表れる機能で、生産物の納品、生産物の市場販売、生活物資の共同仕入れなどがあげられます。ただし、どのような機能が絶対的な補完機能であり、また相対的補完機能であるかは、監査などの特定の機能は別として、会員農協の規模と関係する自己完結性の水準に規定されて流動的です。まさにそういうことだと思います。

　それに対して本来的機能というのは、会員がやろうと思ってもできないこと。会員生協に対する調整機能は、会員生協がよその組織をどうのこうのなんていうことはできないわけですから、連合会であって初めてできる機能です。大学生協京都事業連合は、会員生協の構成において全国でもっともガリバー型の組織と言われますが、大規模な生協と極端に小規模な生協が一緒になって連合組織を構成している典型的な事業連合だと思います。ですから調整機能というのは、京都事業連合におきましてはきわめて重要な役割を果たしてきたわけです。調整という機能は、事業連合にとって本来的機能であるということです。それは事業計画の調整、必要資金の調整、取扱商品の調整等々ですね。京都事業連合の実態からいいますと、付け加えておかなければならない組織的特質に基づく固有に求められる機能が二つあると思います。

一つは、京都事業連合における大学間格差の調整という機能がとくに重要だということです。これがあるから単独では成立しないような生協を支えてきたということで非常に大きな力を発揮してきました。それゆえに紛争が絶えないという言い方はやめておくとして、それがゆえに組織内部での議論がいつも必要になると思います。議論を重ねないとなかなか納得が得られないということでもあります。

　もう一つは、人材育成と人事政策は会員生協では全然できない。しかも、京都事業連合で完結できるかというとそうも思えないのです。人材育成と人事政策というのは、事業連合が本来的にやらないと回っていかないのではないかと思います。武内先生はこれを本来的機能としてあげたてはいなのですが、絶対的ではなくとも実態的として、組織の実態をふまえて整理をしなくてはいけない問題であると考えています。

（2008年1月24日報告）

1980年代以降

16

同志社生協食堂部門の歴史と京都事業連合及び大学生協連食堂政策の推移

今岡 徹

食堂事業の特徴

　京都の食堂部門の歴史は、食堂部門政策の歴史と深く関わります。
　京都は、食堂部門を重視し位置づけてきたこともあり、政策を基本とした運営を行ってきましたが、そのために事業連帯に深く関わることが多く、部門全体の動向がその政策に規定付けられました。また、食堂部門の特徴である製造を自ら行う部門であるために、技術や仕組みや運用の到達点に政策そのものが左右されることが多くありました。

今岡　徹（いまおか・とおる）

1947年生まれ。同志社生協入協（66年）。明徳館購買部を皮切りに、立命館生協、同志社生協・京田辺キャンパス生協食堂オープンプロジェクト参画、京都事業連合食堂課配属。京都工芸繊維大学生協、京都事業連合へ異動。同志社生協へ異動（03年）。京都事業連合へ異動（06年）。07年8月大学生協京都事業連合役員室を定年退職。

「学ぶことは食べること」の時代から、生協食堂の基盤を固めた時代

(1) 施設基盤を固めた時代

　戦後から生協が設立されるまでの資料は無く、京都の大学でどの様な食堂が運営されていたのかは明確ではありません。

　多くの大学生協食堂（学食）の基礎は、この当時に形作られ発展してきたものと類推されますが、学生自身が食堂運営に携わり、買出した食材を加工して多くの仲間に提供していたとされています。

　1960年代半ばまでは、空腹を満たすことに重点が置かれていました。

　京都の大学に生協が設立され、事業が移管されていった当時の同志社生協では、明徳館食堂と現在の明徳館コンビニ南側談話室の位置にあった「エリカ」を拠点にした食堂運営が行われていたと類推されますが、1961年に新町地下に食堂がオープンし、1966年学生会館（現在の寒梅館の地にあった）に500席を有する学生会館食堂（当時は日本最大規模）、喫茶とグリルレストランを併設した「ケルン」、大食堂横にはスナックコーナーをオープンさせ、今出川校地における食堂部門の施設基盤が確保されることとなりました。

　この時期を前後して、寮食事の委託や高校、中学それぞれでの食事提供業務の委託を受け、当時、大学キャンパスだけでなく広い分野での食堂事業展開を行い、その後の京都の大学生協食堂事業の運営に大きな影響を与えることとなりました。

(2) 同志社生協は大学生協食堂の調理技術体系の確立に大きな力を発揮しました

　生協の食堂が事業を開始する時期、食堂部門職員は、町の食堂などで経験を持つ各調理分野のスペシャリストを迎え、生協食堂の技術体系の蓄積をはかりました。大学生協食堂生え抜きの先輩が生協食堂に就職したのもこの頃です。1960年代中頃、京都の大学生協は統一採用

により若い労働力を多く確保するため、集団就職（雇用）として鹿児島県や京都の北部地域から中学・高校を卒業した人たちを男子・女子の寮も完備して雇用を確保していました。

　町場の調理の技術を大学生協の食堂事業に適合させ、若い調理人の卵たちに継承しながら独自の作業の体系をそれぞれの生協が蓄積していくこととなりますが、劣悪な厨房環境、調理の腕が人間関係を牛耳る調理場の世界で長続きできる人は少なく、厳しい環境の職場でした。

　こうした反面、食堂経営問題や大量給食のシステム化に向けた理論の学習や蓄積は皆無な時代でした。

　同志社における最初のシステム化は、明徳館、新町、会館の3拠点の調理作業の効率的な運営を目指して、統一厨房（セントラルキッチン）を会館食堂に持ったことでした。

　会館食堂で、一次仕込みを行った後に各店舗に食材が配送され、各店舗では加熱調理を基本にして、盛り付けて提供するいわゆるプロダクト機能の分散化を京都で始めて取り組みました。

（3）当時の京都や全国の食堂政策の背景

　京都では、1961年京都同盟体を作り、共同仕入れなどの連帯事業を模索し始めました。食堂では、共同仕入れを更に効果的に行うことを目的として1964年ごろから第一次統一献立政策を確立して取り組むこととします。

　事業連帯への期待の希薄さや、「経験と勘」がマネジメントの基本に位置づく時代であったこと、事業連帯運営のノウハウが未確立なこと、原料、原体仕入れが殆どのために、仕入れパワーより相場が優先される仕入れ事情により、効果的な仕入れメリットも得られず、結果として第一次統一献立政策は連帯での総括がないままに1970年に中止が決定されます。以降、京都では会員の間で食堂政策の検討がまったくされないまま十数年を過ごすこととなります。

　1973年大学生協連は食堂政策委員会で「食堂政策の確立」を発表し

ますが、基本食堂のメインコンセプトを明確にし、その実現を「基本献立政策の確立」として全国に向けて提起しました。

連合会食堂政策委員会答申（要旨）

1）食堂を「食生活改善の運動の場」としてとらえ、「健康的でかつ楽しみのある食堂づくり」をテーマとした。
　　このことにより、「基本食堂」の概念を定義付けることとなった。
2）献立政策は、「基本献立」の設定と嗜好を重視したカルト群の配置。
3）組合員の支出能力に近づける価格設定と平均単価の確保。
4）食材コストの引き下げと付加価値の向上によるGPRのアップ。
5）作業のシステム化の追及と労務構成の適正化。
6）食事環境保障のため施設・設備の改善。

　同志社生協は「推薦献立政策」を確立、コープランチとエコノミーランチの提供を通して、組合員の食生活改善と健康で安全な食事提供という食堂政策の主要な部分を具体化していきました。

　こうした推薦献立政策と重要に関連する取り組みとして、食生活提案活動が挙げられますが、プライスカードへの栄養表示、一日に必要な栄養提案、卓上講座などが取り組まれるのもこの頃からです。同志社生協では、1975年に最初の食生活相談を実施、毎年欠かさず継続して行ってきました。

　同時期に、京大生協も立命生協も基本献立政策を独自に確立しましたが、政策の主要部分が献立に凝縮され、政策の基本部分の一致を見ながらも具体的なメニュー内容に及ぶ議論が困難なこともあり、政策交流や政策の全般検討がなされないままとなりました。

　こうした、各生協の政策執行部分における僅かな違いにより、事業

連合は、会員生協が必要な食材を調達する機能に限定されました。

　ただ、大学生協連が提起した「基本献立政策」はその後の大学生協食堂の商品政策を確立、発展させる上で極めて重要な役割を持ちました。『安全と健康』がすべての根幹を貫く大学生協食堂事業のベースを形成し、「組合員の支出可能な範囲で価格を設定すること」「朝・昼・夕の三食を生協食堂で利用できる利用条件の整備」など、単なる栄養管理された食の提供ではなく、『組合員の食生活を守る』という永遠の使命を確立することとなりました。

　こうして、組合員の嗜好やニーズに対応した個別の献立が定着していく一方で、政策交流や政策議論が皆無な状況が継続し、食生活の多様化や変化に対応しきれずに各生協では圧倒的な利用食数後退が連続したほか、典型的労働集約型作業体系からの脱却が出来ず、1975年に1食当たり8円30銭だった赤字が1979年には24円に達していました。食堂政策問題は、70年代後半に事業経営問題としてクローズアップされました。

（4）新たな食堂運営システム導入の先行実施を行ったのも同志社生協でした

　同志社生協は、学園紛争により営業機会を失うことが多く、経営構造悪化を防止するために、70年代後半から急速な正規職員の削減とともにパート化比率を高める運営にシフトしていき、オペレーションのシステム化に果敢に挑戦することとなりました。

　京大生協では、すでに加熱を含めたセントラルキッチンシステムが西部キャンパスの統一厨房を拠点として行われていました。同志社生協では、スペックオーダーというシステムで、加熱処理を含めた提供機能を除くすべての調理の工程を外部に委託しました。経営悪化をコスト圧縮で乗り切るやむを得ない選択でしたが、品質の下限は劣悪で、利用者には受け入れられず長く続くことはありませんでした。

　1979年に新町食堂を改装しましたが、当時の加熱エネルギーは殆ど

がガスに頼っていたのに対して、主厨房の加熱機器をすべて電気にすることが試みられました。当時の厨房は、ガスの排熱による高温多湿の環境で劣悪なものでしたが、厨房環境改善と熱効率改善による水光費削減の試みとして取り組まれました。

「エルベ」としての改装は、当時の外食産業が発展するなかで店作りの重点としていたファサードから店舗内装の一貫した店作りにも挑戦し、フードサービスの意味を総合的に実現するための改装でもあり、大学生協食堂としては端緒的な業態論を基にしたフードとサービスを一体化する店作りへの挑戦でした。その後の新店舗設立や店舗改装の基本的な手法となりました。

後のハンバーガーショップ業態の導入や、カフェテリア化への最初の施設導入となった1980年の明徳館食堂の大改装実行へつながります。

京都における食堂事業連帯の再構築と食堂経営の近代化に向けた取り組みと同志社生協

（1）京都事業連合食堂部門第一期中期計画

1970年代後半期から、大学生協食堂部門は、経営問題、連帯問題として大きくクローズアップされてきました。このことをきっかけにして、食堂部門は、大きな政策転換を迫られます。

1977年の大学生協連食堂セミナーでの宮川宗明氏の講演をきっかけに、食堂政策の基盤であった献立政策見直しの必要性がでてきました。講演で提起されたのは「フードサービスの5原則」としての新しい給食概念でした。その主要な中身は、管理された栄養から、顧客のニーズを尊重した選択性のある給食への転換です。まさに、長年継続してきた定食（セット食）という管理された栄養という政策を集中したメニューから、組合員自身が自らの選択できるメニューで管理する栄養に変化しました。

1970年代後半から1980年代前半には、京都の大学生協は、経営的にも政策執行上でも大きな転換期がおとずれることになりました。

フードサービスの5原則
1）顧客のニーズに対応してセグメントされ、選択が出来るメニュー構成であること。
2）適切な価格・品質及び分量であること。
3）食材・調理のサニテーションの徹底。
4）適温提供の徹底と、ホスピタリティーの徹底。
5）快適な食事条件と環境の保障。（アトモスフェアーの重視）

1）京都府生協連　第三次中期計画（1980年9月）での食堂経営問題に対する警鐘

京都府生協連第三次中期計画で80年前半期の克服課題として、大学生協の経営問題の克服、特に食堂経営問題の克服が提起され、連帯の場に食堂の赤字構造の問題がクローズアップし、議論の土壌が形成されることとなりました。

2）1981年2月に開催された京都事業連合常任理事会で食堂再建方針が決定されました

食堂部門の事業連帯の歩みを総括し、食堂事業の再生、再建にとって、食堂部門そのものの再生と事業連帯の再生を一体化して取り組むことを決定しました。
［総括視点は下記です］
・京都同盟体設置の意義と教訓
・統一献立の教訓
・統一献立中止とその後（単協独自路線）の意味と結果

［教訓化したこと（本文より抜粋）］
1．事業連帯の総括は、どの様な困難があろうとも必ず事業連帯の場でやりぬく、これは事業連帯に不可欠な原則である。
2．食材料の仕入は献立計画と切り離され、単協個々からの注文品の買い揃えと配送という枠内に封じ込められた。計画仕入や食材開発に迫力を欠きコストダウンの追及や品質管理、改善などの力を発揮する条件を弱める結果となった。
3．食堂部門を事業として自立させるという強い認識が共通のものとなりきっていない弱さがあった。極端な例として「食堂は赤字でよい」と言った考えまで事実あったくらいである。ローコストオペレーションへの強い経営意志が不十分な中では、ハード、ソフトを含むシステム開発や、マネジメントの研究、人材の育成などの面で必然的に大きな立ち遅れをきたした。

［確認されたこと］
・程度の差はあれすべての単協に共通していることは既に経営としては破綻している。よって、部分修正でなく部門全体の全面的な洗い直しと再構築を必要とする。
・単協の主体的な政策確立を当然の前提としながらも、単協の枠をこえたチェーンシステムへの転換を連合を軸として早急に達成しなければならない。

［共通目標として］
・フードサービスの5原則に近づけることを基本目標とする。
・業態開発、システム開発、マネジメント研究機能の確立。
・メニュープランニング機能の抜本的強化。
・食材開発と品質管理機能の改善。
・オペレーション管理、指導機能の確立。
・人材教育、訓練機能の確立。
・部門予算原案提案機能の確立

以上を実行プロジェクトの確立により具体化する。

3）食堂対策部の設置と京都事業連合食堂第一期中期計画の提案
　（1981年12月）
　食堂対策部は、2月の常任理事会決定を受けて設置されましたが、常任理事会決定をはるかに上回る規模で改革を必要とするとの認識で、3〜5年を到達目処とした中期計画を立案し、提案することになりました。
［中期計画の提起したこと］
・赤字克服を第一義課題とする。
・効果的、効率的な飲食事業の確立。
・事業連合を軸とした新しい事業連帯の再構築と連帯重視の徹底。
・業態開発と商品開発。
・コスト政策の確立とオペレーションの改善。
・マネジメントの高度化と人材育成。
・集中と分散による機能分業とマーチャンダイジングの確立。
［中期計画の本質］
・食堂経営の近代化の提起（チェーンストア理論での理論武装）。
・理論に基づく、事業連合を軸とした組織再編。
・中期計画実行に必要な複数以上の実践的な人材育成による近代化理論と実践力を持つ人材の層を形成する。
・メニューと食材の一元管理の展望。
・供給1億円規模で1名のマネージャーで運営できるノウハウ確立。
　食堂第一期中期計画は、実行計画というよりは大学生協食堂近代化に向けた理論武装の提起でした。多くの食堂職員が一生懸命中計の中身を理解することに力を集中しましたが、理論の提起先は明確に会員TOPに向けたものでした。

（2）1980年の明徳館食堂改装の果たした役割
1）カフェテリアへの移行に大きな役割を果たした施設改善
　1977年に新しい給食概念の転換提起を受け、京都でも新施設計画や

改装計画に具体的な実行計画として取り入れる試みが開始されます。

同志社生協では、1980年に明徳館食堂の大改修を実施することとなります。この改装で、エリカを現行場所へ移設します。

コープランチとエコノミーランチを、トレイメイクアップシステムの採用により保温、保冷されている食材を盛り付けながら提供するオペレーションシステムを導入して適温提供に京都で初めて挑戦しました。後に立命存心館食堂（1981年新設）、京大吉田食堂（1982年新設）にも拡大することとなります。

明徳館改装では、京都で始めてカフェテリアカウンターを設置しました。決済（レジシステム）を商品購入後に行うことに変更したのも明徳館改装時に始めて行ったことです。

この時期は、カフェテリアのメニュー体系にはノウハウがなく、欧米のメニュー群と分類で構成したために利用が促進されず、カフェテリアメニューでは苦戦することとなりました。

2）業態の先取りをはかった「エリカ」の役割

エリカは、いわゆる軽食喫茶からハンバーガーショップへの大胆な変更を行いました。使い捨ての資材で供給することが本格導入されました。京都で本格的なテイクアウト業態を取り入れたのは初めてでした。

ハンバーガーやサンドイッチは、大学生協で商品化するノウハウの蓄積ができていなかったこともあり、既に市販されている商品と提供方法とオペレーションのパッケージ導入を行いました。この経営手法の取り入れも初めての試みでしたが、業態確立の重要な要素を実践的に取り入れた画期的なものでした。エリカはその後、京都の食堂店舗で最も経営効率の高い店舗に成長することになりました。

3）フードサービスの5原則実践にむけた新しい厨房機能の導入はその後の厨房改装や新規の厨房設計を支えました

　今では当たり前になった、食器返却のトレイドロップ、それまで主力であった回転釜がスチームケトルに代わり、多機能の調理が可能なブレージングパンの配置、全て可動式としたモービルシステム、食器ディスペンサー、カフェテリアユニットの配置や、コールドショーケースによる小鉢物の展開が保冷されて出来るようになったのもこの改装からでした。

　厨房の床は水溜りがいっぱいあるウエットキッチンで衛生上も多くの問題を抱えていましたが、アメリカのキッチンを見学して学んだドライキッチンを採用しました。

(3) 立命生協事件、中期計画迂回、第二期食堂中期計画
1）その後の施設改善

　1981年立命生協は念願の衣笠一拠点化を迎え、新しい食堂を存心館に完成させます。翌1982年に京都大学生協は、吉田キャンパスに新吉田食堂を完成させます。両食堂ともに、セット食をメインメニューとして展開する計画で、トレイメイクアップレーンを中心窓口に設けた設計でした。厨房システムとしては、明徳館食堂の改装で実現した機能を確保した新しい食堂でした。

　しかし、時期的にはセット食から組み合わせの食事へ大きく変化する最初の時代であり、大学生協全体で政策整備も不完全な時期と重なったことや外部ノウハウの吸収率も悪く、十分な機能発揮ができないまま数年間を過ごすこととなりました。

2）立命生協横領事件の発覚と連帯構造の変化

　1983年に立命生協では、職員の横領事件が発覚し、立命生協と京都全体の生協の連帯構造、役職員構成、その他に大きな影響がでます。

　食堂全体では、第一期中期計画を優先できる状況ではなくなり、全

体でも立命生協の総括と並行して京都全体の総路線を中心とした総括を厳しく行うこととなりました。これらの議論を踏まえて京都全体の動向は、事業連合への人、物、金という経営資源集中のきっかけとなり、事業連帯は事業連合を軸としたチェーンストア化を基本にして進展することとなります。

3）第二期食堂部門中期計画

　第一期中期計画が理念と理論の構築であったことに比べて、第二期中期計画は、いわゆる実行計画でした。

　言葉と数値の一致。業態の確立を前提とした商品政策の確立と商品政策の一致。商品政策の一致を前提としたオペレーションシステムの改革。オペレーションシステムを含めたトータルな食堂システムの分業化と協業化による効果的で効率的な食堂事業の確立。そうした基盤を支援するメニューデーターベースシステムの構築でした。

　商品管理プロジェクト（1986～87年）が組織され、仕入れの一元化を実現。メニューは、京大、同大、立大のメニュープランナーが会員生協全てのメニューを集約して分解し、一つ一つのメニューを共同メニューとして確定していきました（1987～88年）。

　仕入れと商品を事業連合が一元管理するというプランニングとバイイングを協業化し、オペレーションとは分業することが効果的であることが証明されることとなりました。

京田辺キャンパス開校と本格的な食堂競合

（1）京田辺での食堂競合内容

　1986年京田辺（当時は田辺）に同志社大学が新しいキャンパスをオープンすることになります。京都の大学では、京都市内以外にキャンパスをオープンするのは初めてのことでした。

京田辺キャンパスでは、キャンパス内で給食産業の大手業者と生協の食堂が同じ屋根の下で営業を行うという直接的競合関係となりました。

（2）京都全体で生協店舗のオープンと競合対策の支援を受けました
1）京田辺食堂開設プロジェクトの結成
　1986年2月に同志社生協、事業連合、京大生協、立命生協合同の開設プロジェクトが結成され、4月末まで活動することになりました。
　この時代には、新規店舗をオープンするノウハウの蓄積が事業連帯では皆無でした。従って、京田辺生協食堂のオープン時にそのノウハウの蓄積を開始することとなりました。

2）施設の特徴
　当時は、食材の加工度は低く、プレパレーション機能を厨房内に確保することになりました。指定された提供形態はセット食（定食）でしたが、当時はセット食からカフェテリアへの移行時期でもありカフェテリアユニットをメインカウンターに配置した本格的なカフェテリアレーンをWレーンで配置しました。このWレーンが競合する集中時間帯で収容能力では桁外れの能力を発揮しました。

3）カフェテリアメニューの基本体系を確立したメニュー計画
　（メニューそのもの）
　単品は京大、日替わりや丼FF類は立命、アラカルトメニューは同志社をモデルにして編成をしなおしました。統一ガロニを簡便化して整理したのもこの時でした。
　（提供方法）
　日替わりメニューは、定食タイプメニューとして提供することとしましたが、その他はすべて単品で組み合わせる対象メニューとしました。現在のカフェテリアメニューの編成基盤が確立されることになり

ます。また、各生協メニューをモデルとしたメニュー構成は幅と深みが出るようになりました。京田辺生協食堂のオープン計画メニューは、大学生協の食堂で初めてカフェテリアの基本が完成します。

（メニューサイクル）
　単品を組み合わせて利用していただくカフェテリアメニュー体系提案により、メニューの品目数は今まで以上に増加させる必要がありました。こうしたメニュー数の増加を日常のオペレーションに落とし込むには、二つの支援が必要で、一つは、食材の加工度を上げること、もう一つはメニューのサイクルをどのようにするのかでした。特に、99％が初めて食堂で働く方で日常のオペレーションを行うという条件も付加して、その方たちが一定慣れるまでの間メニューを変化させないことにしました。
　単純に定番メニュー政策がこの時点で決まったということではありませんが、結果的には競合下にある各食堂で「あの店の」「あのメニューを」「あの価格で」食べに行こうという決定（利用目的）に見合った政策であったことや、定番で供給し続けるために品質が作業習熟度合いと重なって向上したこと、結果として、食べたい品質のメニューが並ぶ食堂という評価につながることになりました。

（3）京田辺生協食堂の競合下の教訓とその後
1）大学の評価、大学との関係を最重視すること
　大学の想い、大学との関係を抜きにしたキャンパスでの事業活動はありえないこと。生協の事業活動は、常に大学との緊張関係の継続を基本にして成立するということです。
　競合状況に至った経過を自らのものとして反省することが極めて重要でした。

2）食堂事業における運営システムの重要性を再認識しました
　食堂事業にとって重要なのは、運営システムをどのように確立する

のか、メニューやメニュー編成、食材計画、調理や提供というオペレーション、オペレーションを支援する厨房設計など全体を俯瞰する仕組みづくりの中でシステムが確立されるという点でした。

食堂メニューシステムを基盤に事業連合を軸にしたチェーンシステムによる食堂改革の進展

(1) UKシステム導入の決定
1) 食材の統一

1986年、事業連合ではUKシステムの導入を決定します。EOS発注を行う目的で、食堂では商品管理プロジェクトにより、当時仕入先や仕入条件がバラバラであった、食材の仕入実態を明らかにしていきました。事業連合による食材管理により、食材と仕入れ先を統合し食材マスタを作成して1987年にEOSによる発注を開始しました。このことにより、まず、食材の事業連合一元管理が実現します。

2) メニュー政策の一致を前提としたメニューシステム開発の決定

1987年には、京大、同志社、立命のメニュープランナーが事業連合に集まり、全会員生協のメニューレシピを集約し、共同メニューとして一つ一つのメニュー内容を確定していきました。

1988年に事業連合理事会は、それまでタブー視された食堂商品政策の一致とメニューシステムの開発を決定します。1988年12月から、メニューシステムは全店舗で実施されることになりました。

(2) UK2開発と食堂POS導入計画の実践
1) 食堂POS

1991年事業連合配信のメニュー領域を拡大する食堂POSが導入されます。事業連合による100％メニュー配信が実現します。同時に、レ

シートによる栄養価表示が開始されました。この本質は、チェーン化の推進であり、事業連合と会員店舗の機能分業でした。

　計画と消費が一致することにより仕入れは大きなパワーとなり、集中する食材調達のために仕入れチャネルはメーカーや海外が相手になるなど、まったく違ったバイイングとなりました。

2）画一化することによるオペレーションシステムの標準化と統一化の限界

　店舗で提供するメニューが統一されることによる効果は、食材の仕入れ交渉力だけではなく、スーパーバイジング機能の連合集中が可能となりました。数値分析により店舗のオペレーションをスリム化する基盤が出来ます。

　事業連合による店舗予算提案機能が高まり、会員予算調整会議を通して店舗のオペレーションを簡素化していくことで店舗の経営数値に大きな変化が出だしました。

　しかし、店舗の主体性をなくしてしまう連合と会員の関係は、組合員の願いや要望とまったく異なる事業への道を進むことも多くなりました。

食堂政策・食堂事業連帯の変遷と食堂現場の移り変わり

（1）調理の技術・調理の現場・食材やメニューの移り変わり

　この数十年で、大学生協の調理技術、調理現場の作業や仕組、厨房も大きく変化しました。食堂政策や事業連帯の質的変化の影響を受けた面と、当然外部環境（食材の産地や食品メーカーや業界など）の変化にも大きな影響を受けています。それは、原料・原体からすべて加工を必要とした時代から、盛り付けるだけでメニューが出来る時代へ食材の加工形状・流通の変化です。食材の変化は当然のことながら

厨房で必要とする調理の技術的な変化とともに厨房の調理機能や保管機能の変化と並行して進展してきました。

メニュー内容も定食（セット食）からカフェテリアメニューへ大きく変化しました。

手作りが作業の主流であった時代、必要食数をいかに早く製造するかということに重点が置かれ、そのための技術の習得と熟練度の向上が求められたのに対し、今では商品の完成度＝クオリティーの向上が求められることに変化してきました。つまり、調理という作業が軽減される一方で、トータルな作業の組み立て方に習熟することが求められるようになり、丼勘定で何事も済ませていた時代から数値に基づく科学的な作業体系の確立を必要とする厨房に変化しました。

（2）調理の技術の向上と継承

これまでの食堂事業政策で、多くの食堂職員に誤解されてきたのは調理の技術の否定があったとされていることです。食堂事業の基本は、メニューに価格を付けて供給することです。食材がどのような形状になっても、調理の技術が不要にはなりません。

政策により否定されてきたのは、調理技術に基づく組織づくりの否定です。重視したのはマネジメントの技術でした。

いつの時代も現状より更に質の高いフードとサービスの提供がより強く求められます。調理の最前線では、1,000食・2,000食とカウントするのではなく、目の前に来てくれる個々の組合員の一食を大切にする姿勢が何よりも重要であるといえます。

（3）食堂の事業連帯と食堂の現場

今では、どこの生協にどのような食堂店舗があり、そこは誰が配属されているのかを知らない人は少なくなっています。

食堂事業が改革される以前、会員間をまたぐ人事交流や交流そのものもなく、情報や知識、知恵や技や工夫のすべてが閉ざされ、その結

果、食堂で働く人たちの成長が著しく遅れ、事業や経営そのものが長きに渡って停滞する要因を作っていました。

　食堂事業の連帯は、会員や店舗が異なる店舗の人たちが集い、さまざまな意見を出しあう機会を増やし、人事の交流により今までとまったく異なる環境でさまざまなことと出会えるチャンスを与えてくれました。

京都における食堂事業の政策と経営

　1998年から2008年まで、組合員の願い・要望を実現するために、店舗の創意溢れる取り組みが展開され、さまざまな教訓が生まれました。しかし、この間またしても政策の検討や交流議論、数値が基本のマネジメントがなくなり食堂の事業経営は悪化の一途を辿ることになりました。

　「組合員のために」ということから始まった店舗独自の取り組みは、会員メニューを肥大化させ、店舗独自仕入れの拡大など、連帯による政策を実質的に否定することに結びついていきました。同時に、教育・研修・交流の機会はなくなり、共通の言語や数値も忘れ去られることになり、労働分配率の悪化・生産性の急落により連結した事業NETは再び赤字を計上する結果となりました。

　2007年に結成された食堂事業プロジェクトは2008年10月に食堂事業政策を答申し、2009年に実行方針と計画が理事会で決定され、2010年から三度、再生の道を歩みだすことが始まりました。

　10年という期間は、食堂店舗の思考や行動様式を確定する体質を作り上げる上では十分な期間となります。店舗が主体性を発揮して組合員の願いや要望を自ら実現する意義の大きさと同じくらい食堂部門における事業経営は重要なものです。10年間という期間で連帯事業として確立してきた食堂事業システムは崩壊し、経営を軽視する体質が定

着してしまったこと、その結果、1980年から積み重ねてきた食堂事業の改革は大きく後退してしまいました。

　食堂部門は、その時代に必要な事業の方向性を明確にして、目標への歩み方を検討し、検討結果に忠実に歩んできた歴史を持ちます。方向性は常にその当時の事業連合理事会の経営意思が反映されてきたことは言うまでもありません。

　連帯の意思決定が色濃く食堂部門運営に反映したことで、連帯の構図である「集中」「分散」ということの繰り返しのように見えることも事実です。

　しかし、食堂部門を支え組合員の利用に応え続けてきた食堂職員の多くは、良くも悪くも真剣にその意思決定を店舗で実践することに集中してきました。

　連合理事会の連帯での意思決定ほど重要なものはないということを食堂部門の政策の歴史は物語っているといえます。

（2007年6月28日報告）

1980年代以降

17

先輩方の頑張りの上に今大学生協の書籍事業があることを！
――大学生協書籍事業の歴史と到達点――

寺尾　正俊

既存の書籍事業史と報告

　今日の報告の元になっている資料は『書籍ハンドブック』（1979年）の改訂版です。そこに1976年頃までの書籍部の活動がまとめられています。この後、途切れていて、1999年全国書籍セミナーで、東京事業連合の鈴木喜一さんが「大学生協書籍部連帯活動の35年」というお話をされました。それぞれの文章から拾ったものを使わせていただき、それ以下を私が付け足しました。

寺尾　正俊（てらお・まさとし）

1950年生まれ。大学生協京阪神北陸統合事業部関西書籍事業部。京大生協入協（71年）、京大書籍部、京都事業連合（87年）へ移籍。全国大学生協連合会へ出向（93年）。京都事業連合（97年）へ。京都教育大学生協（01年）。京都事業連合（06年）へ。09年関西書籍事業部発足にともない現在にいたる。

戦後、書籍部づくりの苦闘時代　〜1953年

　戦後初期の頃は、鈴木さんらの文章を読むしか方法がないのですが、1953年頃までを、ひとつ区切りをつけていらっしゃる。1965年にできた最初の『書籍ハンドブック』に活動の歴史がまとめられており、ここに初期の段階で、皆さんが大変ご苦労されたことが書かれております。最初、生協ができたイコール書籍部ができたわけではなく、教科書も最初から扱えたわけではなく、大変苦労なさったことが詳しく書かれております。

　大学生協の書籍事業は、閉鎖性の強い日本の出版業界のもとでのスタートでした。書籍の売り場をつくることは商品を調達すること。ところが、京都の大学生協が、いつどこの取引先と取り引きを始めたのか、全然わからないんですね。今、京都の大学生協は日販を中心として取引先にしていますが、現在は東販とは取り引きを止めています。鈴木書店は倒産。柳原書店も倒産。不退書店とだけが継続で、不退書店さんに聞いたんですが、記録に残っている大学生協と名前が出てくるのは昭和38年からになっている。それ以前は大学生協という名前は出てこない。その当時は今のような問屋だけではなく、丸善やオーム社は、出版もやり、小売りもやり、取次（少し表現が違いますが）もやっていた。そういうところと直接取り引きをすることによって他の関係の書物も回していただく形の取引がずっとやられていましたので、数多くの取引先と同時にやっていたのだろうと思われます。

書籍再販闘争の時期　1953年〜1957年

　書籍、教科書すら、まともに扱えない状態が続くのですが、さらにもっと幅広い商品を扱いたい、せっかく扱うならより安く売りたいということで、教科書を現金割引したり、クーポン割引をしたり、戻し

割引をしたり、いろんなことをするのですが、これが業界で大変揉めるわけです。一般書店にすると、再販制度が1953年にできたばかりで、それに適応するために苦労していた。書店は今でも店頭では定価販売ですよね。大学生協が割引きをすると店を利用していた学生たちが生協の方に流れるので、大学の中で商売していた書店にすると大変なことだった。

　そもそも、大学という市場の中では、書店が教科書を売っていたわけです。京大の中でナカニシヤが。同志社の元文堂、洛陽書店。立命はオーム社、正風堂書店が。龍谷は山崎書店。府立大学は葵書房。これらが扱っていた教科書を大学生協が奪い取る歴史なのです。これはその書店さんとの摩擦を引き起こす。

　京都府立図書館で出版関係の資料を探すなか、大学生協の資料がいくつか出てきたひとつ『大学生協の歩み　大学生協連創立25周年記念』のなかに、割引問題など業界との摩擦、商品の出荷について揉めたことが出ています。京都のなかでもありました。大学生協に商品を届けることを書店さんが生協の周りで見張っている。問屋が届けにくるのを妨げる。それくらい大学生協に入れてはいけないということで、こちらからは妨害ですけど、向こうは商売を守るためにやる。東京の早稲田周辺は小さい店がありますので、大きな揉め事を起こしていました。横浜国立大学は一番激しく、地元の最大手の有隣堂という書店のグループが神奈川県全域を仕切っていましたので、そこが大学生協の行動について揉めました。

　その前の1956年に割引問題で揉め、大学生協と業界で「三原則」という約束事をします。組合員以外に売らない、供給は定価で行う。割り戻しは別途に行う。現金割引はしないという約束をするわけです。10年以上くすぶって、1965年、横浜国大の問題が決着ついて静かになったかというと、そうではなくて、さらに10年くらいは現金割引をすることに対する圧力がありました。最初は5％割引、そして10％割引、ブックフェアでの15％割引というと、さらに圧力がかかりましたので、

出荷止めは結構、頻繁に発生しています。横浜国大生協50年史『燃える群像』を見ると、割引問題で周辺の書店さんとの摩擦で先輩方がご苦労された。こういうことが全国各地で起こっていたということです。

全国共同仕入れの発足と拡大　1953年〜1963年

　この当時は扱いたいすべての商品を扱えたわけではなく、大学生協の取扱商品の幅が広がらないということで、1958年に共同仕入れの形の対応をします。大学生協はどこの店でも、そこと取り引きしたら同じ条件で仕入れられますよ、という形でスタートする。1958年には鈴木書店。人文社会系の取次店で、今はありません。鍬谷書店、西村書店。でも全国のすべての生協で取り引きできたわけではないんです。鈴木書店は京都でいうと京大と同志社と立命の3大学だけ。西村書店は京都では取り引きしていないと思っていたんですが、古い連合の資料に西村書店と何年間か支払いが発生しているのを見つけまして、いつどこでやっていたのかわかりませんが、取り引きしていたことがわかりました。京都は柳原書店、不退書店。今の不退書店は岩波書店の本しか扱っていませんが、当時は結構、いろんな出版社を扱っていました。裳華房（しょうかぼう）、養賢堂、児童書のポプラ社とか、全部で5、6社扱っていました。不退書店、柳原書店は、京都の生協といっても、滋賀、奈良は対象エリア外です。京都市内だけでしたので、それ以外は取り引きされておりません。

発展と充実の時期　1964年〜1965年

　そういう形で少しずつ生協の取り扱いが広がり、1964年、東販が全国指定取次に加わりました。これによって一挙に商品の幅と取り引き

できる生協が増えたんですが、まだまだ東販とすべての取り引きができたわけではありません。仕入れ条件も同じにし、どこでも届けてくださいというんですが、なかなかそうはなっていなかった。最初の頃、大学生協だけではないですが、地方価格というのがあって、国鉄料金が大幅に値上がりした時に出版業界は東京都内以外、定価に何％か乗せた価格設定をする。1,000円のものが地方で売る時には1,100円で販売されます。

　府立図書館で『京都大学新聞』を見つけました。知りたいことは、先輩方にお話を聞いている時に、「京大生協が商品偏差・ロスで、営業できなくなって店を閉鎖したことかある」と聞いたことがありました。いつ、どのくらいの期間閉鎖したのか、商品ロス問題では、時計台の地下書籍店だけを閉鎖したのかと思っていたら、教養部にあった吉田の店舗も閉鎖しています。吉田の店舗は、さらに長期間、閉鎖して大変だったみたいです。京大新聞1962年のなかには論説として、「生協書籍部閉鎖の背景」という分析がされていて、学生たちの目から見てどういうふうに映っていたのかと興味を持ちまして調べました。京大では、63年に書籍部閉鎖問題で総代会が流れています。

　『京都大学新聞』によれば、1964年、「教養自治会も協力　生協の教科書販売戦に」とある。生協理事会と教養部自治会が協力して「教科書は生協で買え」というチラシを配って、ナカニシヤの販売所の前で営業妨害をした。学生が行かないようにさせる。これが大問題になりまして、大学がなかに入って生協とナカニシヤの間で裁定をしていただいた。2年もかかって決着がつく。「教養自治会も協力」となっていますが、京大生協が発行していた『協同』という部内報にも写真が載っていますが、「私たちは書籍の割引のために頑張っているんだ」という記事しか載っていない。「教科書合戦は休戦」という記事も見つけました。もともとはナカニシヤさんが売っていて、大学生協も売っていて、最終的にはこの時に販売していた比率、生協からいうと3対7、生協は3割くらいしか売ってなかったんですが、これがずっと

尾を引いて、ようやく100％京大生協が扱うようになったのは2009年です。もちろん同志社ではまだ競合書店が学内で販売しています。

同じように生協について、他の大学の大学生新聞は、どのように見ていたのか。立命館にも、龍谷大学にも大学新聞があるのも知っていましたので伺いましたが、私が知りたい資料は、ほとんど載っていませんでした。

大学紛争の影響とその後の歩み　1966年〜1979年

今回調べきれなかったのは、大学紛争の影響とその後の歩み。私が生協にかかわった時はすでに下火の状態で、残り火があるくらいでした。私が京大生協に入った時も、ルネができるまでは、時計台の地下から1階に上がるところに鉄の扉がありました。大学紛争の名残りでした。

事業連合の『庶務月報』の中に、大学紛争の頃、1969年ですから下火の頃でしょうが、それでも6月度の各単協の資料では、この影響で何％か売れ行きが落ちたとか残っています。

この時に京大院生協議会が『京大闘争の記録』、副タイトルが「スクラムの海から　1969年1月8日〜3月5日」までの記録が一冊の本になり、300円で売られていました。

府立図書館で見つけたその本のなかに、その時の『週刊現代』の記事を切り取ったものが本の間に挟まっていました。この当時、週刊誌はこういうふうに掲載したんだなというのが、まざまざとわかりました。伊藤次栄さんにお聞きすると、3回くらい刷り増しして何千部か売って、ほとんどもとはとれたから、それを倉庫にぶちこんで、商品在庫としては数えてなかったらしいんですね。古い倉庫のなかにあったのでもったいないなと、カビ臭かったんですが、店に積み上げたら結構売れましてね。学生たちが喜んで買っていきました。

全国連合会の『読書のいずみ』の創刊は翌1970年。今の『読書のいずみ』とはまるきり違うですね。学生への推薦図書の説明を入れた紹介の冊子。これが『読書のいずみ』のスタートです。分厚かった。

　1972年、正式に全国組織の全国書籍政策委員会が独立で立ち上がります。『書籍部門情報』13号には、委員長だった伊藤次栄さんが、その冒頭の基調報告が掲載されています。滔々と先輩方が苦労されたことの思いが語られております。

　1973年、三省堂の「値上げシール」拒否運動。これがきっかけで三省堂は顰蹙を買って倒産してしまう。最初、東大生協がこれに反対しようと立ち上がる。東大生協の岡安さんと何人かの方々が京大生協に、「シール反対を京大生協もやってほしい」と申し入れたが、京大生協はこの時は賛成しない。その後、大学生協も業界そのものが大きな問題だということで反対して、三省堂は、この年に倒産いたします。この時期はオイルショック後でしたから大変な時期で、目に見えて大変だったのは、医学書が、もともと価格が高いのが大幅な値上げが始まります。全国の医学部の学生たちだけでなく、生協も一緒に賛同して反対運動をして、値上げを止められたわけではありませんが、大きな運動として盛り上がったということが記憶に残っています。

　1976年、COOP版『太宰治全集』を出版。全集というセットものがずんずん売れなくなって、出版社も在庫を持てなくなってくる。太宰治の全集は絶版になっていたのですが、当時の東京事業連合が中心となって復刻版としてつくり直してくれないかとお願いして、2,000セットを大学生協で買い取りました。でも完売までは、結構、年数がかかったように思います。

　1979年に、13年ぶりに『書籍ハンドブック』が改定される。それまでの歴史の振り返り、業務のあり方とか結構詳細に記述されているものです。その後古いと言われながらも基本のハンドブックとしては、僕たちが仕事をする上で貴重なバイブルでした。刷り増しをしなかったので、コピーして使っていたのだろうと思います。

京大生協書籍売り場は、いつ頃からどこにあったのか。1949年から法経4番地下にあったというのは調べてわかったんです。65年から時計台の地下の三角形のところに35坪くらい。76年以降は食堂の跡地に移って70坪くらい。最初は全京都学生生活協同組合京大支部が運営していたことは確かなんですけど、どこに店があったか、売り場があったのか。わかったら教えていただけたらうれしいなと思います。なかなか大きく広がっていかないものだと改めて思います。

　1978年、京都の7大学生協でブックフェアを企画し『京の出版と文化』という冊子を作りました。新入生が京都に出てきたら京都のいろんなところを知ってほしい。京都にはこんなに出版社があるよと紹介してブックフェアをやろうと。その時につくった冊子です。ご協力いただいた吉田光邦先生に「出版と文化」と題字を書いていただき、文章をいただいたり。西山専務の名前を西村と書いてしまって、全部手書きで直した記憶があります。「日本史研究と京都」の原稿のN先生は西山良平先生です。この当時、まだ院生でした。この後ろに120〜130社の京都の出版社のなかから70社くらいの代表的な書目を紹介しながら、本を出品していただいて販売をいたしました。フェアは結構、盛況だったと思います。

高度成長と大学生協

　82年、教員理事の先生方を中心に、「大学生協の書籍事業・読書推進活動」のシンポジウムをされています。これがスタートで、学生たちの今の本に対する実態、意見交換をしています。これからスタートして読書推進の活動交流会を始める。3回で終わっているという言い方になっていますが、3回しかしないと最初から決めていたんです。全国の活動を3回やって、各地域でこういう活動をやっていこうというのが狙いで、そのための3回だったと思います。1回目が1984年、

東京学芸大学。2回目が京都大学の会場で法経4番か7番の教室。3回目が東北大学。東京学芸大学の宮腰先生がご熱心でずっとかかわってご尽力いただきました。第3回目の時の目次を資料に載せています。手元にあるのが1987年発行の冊子で、3回目の活動の中身が入っています。この冊子だけが、交流会に参加した人の名前が全部入っています。1、2回目は参加者がわからないんですが、3回目の参加者一覧が全部入っています。

　同時期、大学生協だけで専門書の復刊事業がスタートします。現在は出版社同士が、絶版になっている本を復刊していろんな形で取り組んでいますが、この時にいろんな出版社に呼びかけて、ぜひ復刊してほしいと、話をしながら詰めていくんですが、事前に復刊したい書目を出して、全国の学生たちの票を集める。それを集約して復刊の本を決めていく。決まったものを出版社に500部つくっていただいて、そのうち200部は生協が買い取る形で全国の生協が売る。これは92年まで約10年間続きました。最後には売れなくなってしまいました。最初はすごく売れたんですけどね、品切れになってて皆が欲しくてしょうがない本でしたから。

　1983年、あえて触れるつもりはないのですが、立命館の事件が起こった時の『立命館大学新聞』を追加資料に入れておきました。この事件の時、立命館書籍には東大生協の店長だった織田さんに来ていただいて、建て直しの中心になっていただいた。京阪神の当時のいろんな活動の今の基盤をつくっていただいたのかなと思いますね。折角、近くにいるんだから皆でいろんなことをやろうよと、この当時に始まったと思います。

　書籍ハンドブックが出て5年たち、1984年『書籍マネジメント教本』ができあがる。店の運営にかかわるもので、記載文の横に「H・B　149pを参照」と、旧ハンドブックの何ページに載っているという紹介がされている。79年度版の『書籍ハンドブック』と『マネジメント教本』は対になっています。生協の書籍の店長にとって、この二つ

が一緒になって自分たちが仕事をする上でとても助かった。

86年には連合会で洋書の全国直仕入れを模索し、何年か動いたんですが、これもなかなか軌道に載らなくて。中央洋書の協力も実りませんでした。

1982年には、京大生協で『京都大学教官著書目録』刊行をスタートしました。長い時間をかけることになるとは思わなくて、余計なことに手を出してしまったなと後悔しました。全部で11分冊になりました。先生方から相当、反発を食らいました。「本の形態になっているものだけを評価するのか」ということで、先生方が書いたものを紹介しようと思ったんですが、全部で11分冊、丸２年半かかって発行しています。

書籍事業の再構築の時代へ

1991年、大学生協書籍事業のリトスラクチャリングを発表します。柱は「書籍情報システムの構築」「連帯構造の革新」「版元・取引対策を革新」の三つでした。これをまとめた文章が出るのは93年です。その前に何か出たのかもしれないが手元にない。発表と同時に動いたのは取引先を変えること。東販から日販に切り換える。全国で200億の売り上げを移動させました。大変でして、単純に「明日からこっちから仕入れるよ」で済むという話ではなく、当時、常備委託などの契約を結んで１年間、たとえば有斐閣の商品は東販と帳合にして大学生協のうちの店から１年間借りますと契約を結びます。これを日販に切り換えると、正式には東販へ商品を全部返して日販経由でとらないといけない。そんなこと、していられませんので、伝票だけで切り換えることを何とかしたかったんですが、その当時、事業連合が悪いわけではないんですが、そんなこと細かく管理をしていないんですよ。伝票を括っては剥がして大変です。事業連合で整理伝票をつくって、これ

を何とか切り換える。仕入れ条件の交渉もやりましたので、この時に大きく２％以上の仕入れ条件の改善をしています。全国で何億というお金が動いた。全国がすんなり動いたわけではなくて、変更しない生協もありました。

　それだけすったもんだしていたのに、「システム化」するということが地域ごとに思惑が違うわけです。これを単純に書籍の部分だけ一つにすることはできないわけですよ。売上だけを全国に集める方法を考えましょうと。京都は全国でも、いち早くPOSレジを入れましたが、それが入ってないところは、どうやって売上データを捕捉して全国に届けるのかも含めて、情報システム構築では各地域の思惑がモロにぶつかって、なかなか進まないということで尻切れになる。

　1994年から始まった書籍定番は、購買分野の定番とはかなり違います。その当時の出版社と店舗の商品契約は「出版社（ごとの）常備契約商品」、店が揃えたいのは「分野・分類ごとの商品」。この「出版社ごと」と「分類ごと」を組み合わせたものを、店に提案し、その分野ごとの本を集約して出版社ごとに契約を結ぶというもの。

　また定番の仕組みは小規模の生協にとって非常に仕事をしやすくしました。それまでは小さい店は一社の商品だけで棚を半分占めてしまうとか、他の出版社にお願いしても「お前のところには売れないから商品を出さないよ」とかいわれるなかで、小さい店は不良在庫を抱えることになる。定番を注文、品揃え、小さい店でも小さいユニットをとれば棚は埋まりますし、専門書もおけるようになる。不良在庫がなくなるということでは大きなスタートを切りました。ただ裏側では、そういうふうに楽になったので、生協書籍のところに職員がいなくなる。ここでパートに切り変わっちゃう。確かに楽になるんです。本当はそれをもとにして、今までできなかったような、先生のところへ行ったり、大学のこととか、学生のことをもっと調べるとかの時間を振り向けしてよくしようという提案をしていたのですが、楽になると、そういう形になってしまう。残念です。

出版業界不況の中、大学生協も同じ流れの中で喘ぐ
1999年〜2002年

　バブルが弾けて、業界だけでなく、全体的に非常に落ち込んでいく時、生協が取次をしていた柳原書店は1999年に倒産。戦後、初めての書籍大手取次の倒産の始まりでした。2000年には、京都の駸々堂書店、洛陽書房倒産。洛陽はジュンク堂が買い取りましたが。日販のNDC西日本物流センターも閉鎖する。2001年には鈴木書店が倒産。人文社会系が強かったところが大きな痛手になって、一部の地域は明文図書との取引開始になる。2000年にアマゾンが日本に進出してくる。そんな状況のなかで物流の改善は一向に進まない。

　これに一番最初に行動したのは北大生協でした。割引率を8％だったのを2年くらい組合員と議論して5％に下げたんです。割引率を下げた目的は、その費用で、物流を少しでも早く入れるためにファックス、電話、人も機械も入れたいということで、そこにお金をかけてでも1日でも早く商品を入れることにした。物流対策で組合員議論を2年かけてやっています。いろんなところに物流改善の要望を出したりしましたが、なかなか進まなかったという実態がありました。

もう一度「基本」に立ち戻って再構築時代へ
2003年〜2009年

　2003年〜2009年には、もう一度、基本に立ち戻って再構築時代へ。一つは読書マラソン活動の芽生え。2003年に法政大学生協より始まっています。京都では立命館で2004年からスタート。今も広がってきています。最近は波が下がってきているかと思いますが、これをきちんと位置づけようと、2006年には「大学生協書籍事業の再構築」答申が出ています。今、ここのところが基盤になって全国で仕事をさせてい

ただいています。2007年には全国書籍事業を東京事業連合へ委託ということになります。京阪神では、2006年答申に基づいて「京阪神の書籍事業の再生政策」の答申を出しています。今、スタディガイドと、もう一つ、キャリア事業とかやっているんですが、これはくっつけた形にできないかという議論を同時に始めましたが、キャリア関係は一致できない。結果的にはスタディガイドと書籍だけでスタートして、キャリア関係は各地域のなかでやっていこうと、今、残っています。もう一回、ちゃんと検討しないといけないんですが。2009年に京阪神エリアで書籍業務の統合化がスタートし、関西書籍事業部を立ち上げています。表向きは事業部の体制は私を入れて4人。今、改めて全国で仕事をするにはどうするか。一地域だけの問題でなく、全国の仲間たちとつくりあげてきたものですから、ぜひ発展させていきたいなと思っています。

年表、興味ある事項など

　年表で※をつけた弘文堂という京都の出版社ですが、東京に移転し、分裂したところまでは知っていたんですが、どこでどうなったのか。弘文堂は当時、岩波書店と並ぶくらい、すごく売れるアテネ文庫という商品を持っていた。今、その一部分を別会社にしています。明治30年、京都で古本屋として創業。大当たりしたのが1917年、河上肇の『貧乏物語』。これで当たったので出版業に切り換えている。昭和13年に本社は東京へ。昭和23年、アテネ文庫刊行。これがまた非常に売れた商品です。昭和26年、当時編集の臼井さんは、現在京都のお茶・美術関係の出版社の編集者ですが、この方も公職追放されました。社長も公職追放されてしまって、何年かたって戻ってきた時に社を切り盛りしていた方とあわなくなっている。編集をやっていた後で未来社を立ち上げる西谷さんという方と、弘文堂の編集長だった方は創文社を

立ち上げ、自分でつくった本を持って分かれていく。この頃の京大の美術、哲学の先生お二人の著書を見ていると、岩波と弘文堂からしか本を出してないんです。あとになってもアテネ文庫と創文社からしか出していない。個人的に知りたいことです。

　1973年、龍谷大学生協で現金10％割引。年がら年中、すべての商品を１割引きというのは、西では龍谷大学が最初です。単発で教科書フェアをするということは同志社も京大もあるんですが、年間を通じて１割引きをやったのは龍谷大学生協が初めてです。

　駸々堂の倒産、京都書院、ナカニシヤ書店さんが閉店。丸善京都店、オーム社書店が閉店。きりん館、金原商店、アオキ書店、海南堂、そして丸善。京都の書店がなくなったなと、改めて思いました。

　もう一つ調べたかったのは大学生協の書評誌・読書誌です。続いているのを調べるのは簡単ですが、途切れたり、なくなったのを調べるのは難しいものだと思いますね。同志社生協の『邂逅』が1978年〜87年まで出ていた。立命館生協の『蒼空』がいつなくなったのか、わからないんですね。京大生協の『綴葉』は最初、『協同　書評の特集』という、若い研究者の論文発表の場でした。有料で販売していました。学生たちの『綴葉』が75年にできて、ところが、一回途切れたんです。80年で終わって「書評の特集」は院生たちがやっていて、院生と学生たちが話をして特集をやめてしまう。学生向けの『綴葉』をスタートして読書をアドバイスするものを出そうと。現在、270号くらいになっています。続いているのは東大の『ほん』と『ひろば』。一時期70年全盛で生まれたんですが、続かないんですね。以上です。

（2010年10月21日報告）

1980年代以降

18

70年代後半の大学生協の活動と事業について
——体験に基づく報告Ⅰ——

三宅 智巳

大学生協とのかかわりと学生時代

　私は70年代後半に学生の立場で大学生協にかかわった経験とその流れのなかで生協に就職しましたので、その前段部分を中心にご報告をしたいと思います。

　まず報告の前提として、私は1957年生まれで77年に同志社大学文学部に入学しました。横山さんが２年先輩で、私が生協組織部に入ったとき、横山さんは組織部長でした。80年に大学生協関西地方連合会の代表理事に就任をいたしました。後でまた詳しくお話をしますけれども、私のときで３代続いて同志社から代表理事になっておりまして、

三宅　智巳（みやけ・さとみ）
1957年生まれ。大学生協京都事業連合調査担当。同志社生協入協（82年）、京都府立医科大学・府立大学生協専務理事（88年〜94年）、滋賀大学大津地区生協、同志社生協専務理事（05年〜08年）を経て現職。

私の一代前が松井さん、その前が横山さんということで、この頃は同志社勢が頑張っていたと思います。82年に同志社大学の生協に就職して、奈良教育大学や滋賀大大津地区、京都府立医科大学などを経て、2005年から同志社生協専務理事をしています。
　まずは、私の学生時代の社会・政治・文化的な状況、社会背景として、どういう世代なのかということを理解していただいたほうがいいかなと思いました。77年の大学入学で、学園紛争は終わっている世代ですし、下関での高校時代も政治的なことを体験する世代ではありません。下関は基本的に保守的な地域で、公立高校でも進学校は男子校、女子校と分かれていますし、私が通った公立高校は男女いましたけれど、建物の中で真二つに分かれていて男子クラス、女子クラスと分かれていて図書館だけが女子学生と顔を合わせる場というそんな高校でした。そういう土地柄で、京阪神の高校とは性格が違うのか、社会的な意識も芽生えることも広まることもなかったと思います。77年に京都に来て、大学生活を始める。70年代には革新自治体が全国に広がっていっていましたが、それは私たちにとってはどんどんひっくりかえっていくことになり、そんななかで生協に関わることになります。
　この頃は、三田誠広の『ぼくって何』や村上龍の『限りなく透明に近いブルー』が芥川賞を取り、村上春樹が文壇デビューした時代でした。三田の『ぼくって何』は、学生運動を体験している主人公の、アイデンティティがきちんとつながらないというか、本のタイトルそのままのような、そういう意味で70年前後や60年代の学生とは基本的に違う環境が既に周りにあり、われわれはそういう時代に居た。大学生協の路線もこの時代から変わっていきます。その辺りを踏まえた上で、当時どのような大学生協の活動をしていたかお話をしたいと思います。

77年〜81年　学生時代の大学生協

　77年頃の組織部の活動テーマとして、まず「国鉄おにぎり大作戦」に代表されるように、この時期毎年のように国鉄運賃や学割も、また私鉄、バス、ガス、電気など当時は公共料金値上げが続き、生協はその反対運動を中心に取り組んでいました。消費者運動を中心に取り組み、これをベースにして、外へ出かけていくということもありました。『東と西と』の記事にもあるように、5月20、21日に「全大学人集会中央統一行動」というのがあり、東京へ代表を派遣するために、学館食堂でおにぎりを売りながら署名を集め、売り上げをカンパにあてるという、おにぎりカンパ活動をしていたわけです。春も秋も中央行動がありました。地元では円山公園で集会がありました。全大学集会というのは、生協や全学連などの大学7団体の主催で、同志社ではありませんでしたが、京都大学、立命館では学内の共闘組織をつくりながら学生集会をやっていたと思います。

　『東と西と』に、この頃77年6月に開催される総代会議案書の要約記事に、このときの情勢認識や組織方針案が載っています。

　一つの柱は、「組合員の要求を実現し、生活を守る事業活動の展開で利用結集を高め、生協の生活擁護機能向上をめざす」ということ。「ひとことカード」をこの頃から始めて、「ひとことポスト」を設置してそれをベースに組合員の参加で事業改善をしようという方針で、この時期からこういう方針案が定着する。

　二つ目が、「政府自民党の大企業本位の政治に反対し、組合員の生活を守る運動を強める。」この方針のもと先ほどの公共料金の値上げ反対運動を進めていました。記憶にはないのですけれど、大学生協米要求運動というのも8つの方針のなかにあげていました。

　三つ目は、学園整備計画の中に、これは田辺移転の話も出ていたものですからそこに位置づけるということで、柱になっています。

　四つ目に、文化・レクリエーション関係。

五番目に、原水禁運動や小選挙区制反対運動。
　六番目の柱が、他大学生協と連帯活動をすすめること。このなかに、「九州除名七生協をはじめ、暴力と分裂策動に反対する」と書いています。75、76年の全国大学生協連合会の臨時総会で九州の七大学生協が除名されたのです。熊本大学、西南学院大学など七つの大学生協。このころの連帯については、後のレジュメでお伝えしたいと思います。
　それからもう一つ、大学生協設立運動の支援として、中国・四国のことを書いています。この時期は愛媛大学、徳島大学での生協設立運動が盛り上がり、ここが戦略的にも重点だったので、活動の中心にあがっていました。
　以上のようなことを当時の学生組織部のテーマにして活動に取り組んでいました。ところで、昔は組織部ではいろいろなセミナーや集会になると、必ず歌を歌いました。今はもうやりませんけれど。歌を歌いながら運動するというのは、我々の世代が最後でしょう。後輩になると怖いとか、はずかしいとか言われて、もう歌わなくなってきていると思いますが、我々は意味も分からず「国際学連の歌」とか労働歌をみんなで歌っていました。
　この年の冬の総代会のスローガンとして、「"革新の灯台"京都民主府政の継続発展めざし奮闘しよう」とありますが、これは、たぶん京都生協も掲げていたと思います。大学生協も京都府生協連の一員として、知事選を正面から取り組むということをやっていた時代です。「私たちをとりまく情勢の特徴」という囲みの記事がありますが、このなかでも一番下のところで、京都府知事選をめぐる情勢ということで文章を起こして蜷川府政を守ることについて説明をしています。これを読むと、当時社会党が脱落をしているというのが分かります。
　大学生協は毎年3月に全国組織活動研修セミナーをやっておりまして、全国から組織部員、学生委員たちが集まって、500、600名規模のセミナーを開いていますが、この78年3月には名古屋大学を会場にし、セミナーが終わったら京都にやってきて、寺町のほうのお寺で宿泊を

して知事選の応援をするということがありました。77、78、79年頃の組織部では、社会情勢とか世の中の動きとか、そのなかでの生協運動の役割をしっかり勉強しながら議論してやっていましたから、入部しても価値観があわずにやめていく学生も結構あって、同志社はきわめて少数精鋭の組織部体制でもあったと思います。

　この頃によく話題になっていたのは、事業と運動をどう位置づけるのかということでした。「車の両輪」とか、「両輪じゃなくて団子論だ」ということをよく議論しながら、学生で事業活動にどうかかわるのかという問題を考えていました。ですから、このころ東京大学が非常に頑張っていて「ひとこと活動」を早くから取り組んでいまして、全国的にも広がって全国の方針になっていくというのが79年、80年頃からあるわけですね。同志社でも「ひとこと活動をやろう」と組織部が積極的にかかわり始めた。

　組織部では、78年度１年間かけて、「書籍一割引実現」の取り組みを運動化するということでやっていました。何を運動化するのかというと、書籍部で本をたくさん買うという決意書を作って組合員にサインをしてもらう。その署名が1,000名を超えたと『東と西と』にも出ています。

　この78年春には、うどんの価格改定があり、『東と西と』では「同大うどん奮闘記」という記事を書いています。食堂をめぐる環境や、食堂の専従さんに聞こうということで、当時の小見店長に登場してもらい、生協の食堂の方針や現状について直接伺って記事にし、こういう形でお店のことを組合員に知らせていくというような、組織部学生が積極的に生協職員とかかわるし、事業についても正面に据えた活動をするということをやっていました。このように、公共料金問題や社会運動から、同時に事業活動にかかわっての運動という様子が、『東と西と』を見ながら改めて読むことができます。

　この年同志社生協は、1953年の同志社大学協同組合を起点にしての25周年をお祝いしています。この議案書のスローガンに、「学園に広

く深く根ざす生協に」というのが出てくるのですね。これが要するに「学生生協から大学生協に」という福武所感が出てきたころで、77年12月の全国総会で「学園に広く深く根ざす生協に」というのが出てくるわけです。ここから同志社でもそのスローガンを受け止めているわけで、そういう意味で事業活動に組織部が関わり、それが全国的にもなってくるという時期だったと改めて読み取ることができます。

組織部から学生委員会への変化

　レジュメでは「組織部から学生委員会へ」と書いています。これは、先ほど言いましたが、代表理事を学生がやるのは私が最後だったわけですが、その後は京大生協専務の西山さんが京都では関西地連の専従の代表理事になられているわけです。80年ごろだったと思います。それはなぜかいうと、資料がなく記憶で言いますと、要するに組織部というのは学生だけが組織活動をするわけではないということ。教職員活動もあったと思います。運動を担う組織部活動には、教職員委員会や院生委員会も活動があるので、学生の活動だけを組織部というのは、位置づかないので、学生委員会にするという意見があった。もちろん大学生協の活動は学生が圧倒的に多くて学生の活動が中心ですが、生協そのものの活動が、教職員、院生、学生も含めてトータルの組織活動ですから、事業活動も含めて責任ある活動としては、組織的にも代表理事が学生でいいのかという問題だと思います。そこで、代表理事が専従に変わっていく。そのように組織の見直しが始まったのが福武所感による「学生生協から大学生協へ」という転換といいますか、そのように考え方が変わっていく時期に組織も変わっていったのではないかと思います。同志社の『東と西と』の編集名が、編集は組織部となっていましたが、学生委員会という名前が出てくるようになったのは81年4月号からで「組織部（学生委員会）」と変わっていって、次

第に組織部がとれて学生委員会という風に変わっています。同志社生協で学生委員会を正式に名乗るようになったのは81年からじゃないかなと、『東と西と』を探していくとそういうふうになっていました。

関西地連の主な任務と役割

　それから、関西地連の主な任務・役割として、私自身が同志社生協から関西地連に行ったわけですけれども、関西地方連合会というのは当時非常に広域でして、中国、四国まで、北陸を含めてのエリアでした。関西地連のなかには北陸ブロック、大阪ブロック、中四ブロック、神戸ブロックという風にそれぞれ地連の中にブロックがあり運営をしておりました。それで、関西地連は非常に広域ですので組合員活動とか交流はブロック単位でやることになっていて、関西地連はその上にある組織で、関西地連の常勤の学生は主に設立支援が基本の仕事になっていました。ですから、西日本全域の大学生協の設立支援をするのが活動の中心で、関西地連担当者は月に1回は中国周りをするということで、他の大学の自治会を訪ねていくという活動をやっていました。当時は山口大学、岡山大学、島根大学、鳥取大学が中国地方の生協のない国立大学。中国地方の国立大学は広島大学以外に生協がなかった。それらを全部回るということと、四国のほうでは戦略的に徳島大学へ。岡山大学、島根大学には共済会がありました。徳島大学厚生会というのは生協組織のように運営をしていて、コープ商品も仕入れてやっていたように思います。基本的に生協化するのが前提と決まっていて、専従を配置して援助をやっていました。

　大学生協連が作った映画で『1日1275円の青春』というのがありました。我々が学内で映画会などをやるときは、『七人の侍』などをやって、必ず20分くらいの大学生協の紹介をする。それが『1日1275円の青春』というタイトルの映画でした。その映画で印象深いシーンが

あり、何年の出来事かは分からないのですが、大学生協の応援部隊が大阪からフェリーを借り切り、虹の旗をひらめかしながら徳島の町から徳島大学構内でデモをして生協設立支援をするという場面がありました。それを徳島大学の執行部は怒って、絶対徳島大学で生協の設立は認めないということになり、徳島大学の生協化は結果的に非常に長い年月がかかってしまうということがありました。他の大学と違って徳島大学の生協設立支援はデリケートな問題となって、学生も一切かかわらないということが当時あったと記憶しています。

西日本の大学生協の連帯組織の状況

　特殊な例では、鳥取大学の生協の件。鳥取には鳥取西部生協と東部生協があり、鳥取大学には東部地区生協の出店で生協があったのです。これを大学生協化するという合意が、東部地区生協はもちろん簡単には取り決めできないですし、大学ともなかなかうまくいかないことがあって、かかわった記憶があります。そういう環境のなかで地連の活動があったわけです。

　ブロックの活動としては、中四ブロックの場合は、四国のなかには高知大学と高知県立女子短大と香川大学、愛媛大学があって、四国学院も77年、78年にできた出来立ての生協です。徳島大学に大学生協をつくるというのが戦略的な目標でした。中国では広島大学と広島修道大しかなく、そういうなかで将来、中四地方連合会にしていくのだとずっと目標を掲げていました。ですから事業連合としては、関西地連の中では京都事業連合、大阪事業連合、神戸事業連合という3つの事業連合があって、あとはブロックの中で連帯しあうといった括りだったと思います。この当時は、四国の大学生協への職員支援人事は割合、京大から行くとかが結構多かったのではないかなと思います。

　このころは、滋賀県や奈良県の大学生協は京都の事業連合にはまだ

加盟していなくて、京都の事業連合は京都のなかだけでやっているというのが連帯の状況でした。九州除名七生協問題では、72年に全国連合会の総会で九州地連の正常化を目指す特別会議があって、76年の連合会の臨時総会で除名を決議しています。77、78年に我々が全国総会に行くと、九州のメンバーとシンパシーを感じる会員生協の学生はデモをやったりビラをまいたり、というような活発な動きがありました。

80年代の京都事業連合の路線

　私は82年1月に卒業をせずに同志社生協に就職をしましたが、山口県には山口市民生協がありましたが、下関では生協のせの字もない時期なので、親は生協というのはまったく知らない。親の理解もないままに生協に就職した。組織部を経験して、大学生協に残り始めたのは、70年代の人たちからではないかなと思います。その流れに私もいたというわけです。

　最初、購買に配属され、当時はオーディオが一番花形の分野でして、産業会館のフェスティバルでは、学生が大勢行列して、相当売れていた時代です。1年たって、奈良教育大学の生協に移りましたが、こうした人事については事業連合がコントロールをするのではなく、まだ関西地連が契約主体になっていました。私が、同志社大学から奈良教育大学へ移ったときは、出向という形で籍は同志社に置いたままなのですね。そういう形で奈良教育大学と同志社大学と関西地連の三者が出向契約を交わすというやり方になっていました。

　3年経って奈良から滋賀大学の生協に変わったときは、滋賀大学大津地区生協は歴史的に京大生協から人事がなされていたという経緯があって、私は同志社から奈良教、それから大津に行ったのですけれど、自分の身分は知らないうちに同志社から京大へ籍が移っていて、京大生協職員の身分で滋賀大大津に行っているのですね。だから契約も京

大生協と滋賀大大津と関西地連の三者で契約を交わしていたのだろうなと思うわけです。見たこともない京大生協の庶務からいろんな連絡が来ることが大津時代はあったのです。当時は奈良、滋賀は事業連合に入っていませんので、京大、同志社、立命から出向していくという関係があって、何らかの分担があったために同志社から大津への出向ではなく、いったん京大へ行くという形になったのだと思います。人事的にはそういう形でやりつつ、商品活動は事業連合のサポートを受けつつやっていましたが、未加盟でしたので、どのように運営していくのかが大きなテーマでした。

　1983年、立命館生協の例の不祥事事件が起こった年で、この事件を節目として、83、84、85年ごろから京都の大学生協もEOSを導入し、それをベースにUKシステムを開発し、第三次中期計画を作っていくという流れになっていくのだと思います。小見さんはこのころ、事業連合で商品部長をされていた時期だと思いますので、この辺のことは小見さんが一番詳しいと思います。

　その後、88年に大津から府立医大生協に変わりますが、府立医大の生協のそのものの詳細はともかくとして、この頃は府立大の馬場富太郎先生が府大生協の副理事長もされていましたし、事業連合の監事としてもかかわっていただき、この第三次中計が進んでいくプロセスの中で、単協主権と事業連帯の関わり方に非常に問題意識を持っていたことと、馬場先生が非常に気に留めておられたのは、会員生協の理事が一気に若返りをしたという時代ですから、生協運動をもっと勉強しなくてはいけないということで、月1回馬場ゼミというのをやっておりました。当時、立命にいた常務理事、専務理事、酒井さんや工芸繊維大生協から京大に移る前か後か、岡潤一郎さんら、若いメンバーが月1回馬場先生を囲んで『転換期の生協運動』などを読みながら勉強会をしていました。そういうことをやりつつ93年には、第三次中期事業計画が決まるという時期と思います。

　その後、中四事業連合ができて、京都事業連合と実質的に統合する

ということがありますし、そうするとそれまでは京阪神ということで事業連帯の関係が、隣を飛び越えて中四との関係になり、いろんな意見があったと思います。

　九州の問題も91年に九州事業連合が設立されているので、大体そのころ直前に基本的には和解をしていくことになっていったと思います。そのことを踏まえながら、九州と京都と中国、四国連合の連帯の深まり、そこに大阪・神戸も参加してくるという流れがあったと思います。

（2008年10月16日報告）

1980年代以降 19

70年代後半の大学生協の活動と事業について
―― 体験に基づく報告Ⅱ ――

毛利 雅彦

学生時代の立命館大学生協

　私は、三宅さんとほぼ同時期の話です。記憶をたどりながらの報告で、特に立命館大学生協の学生の活動の様子をできるだけリアルにお伝えできればと思います。それ以降の生協の職員としての活動もあるのですが、かなりの部分が83年の立命館大学生協の不祥事の事件になりますので、それはそれでまた時間がかかりますので、今回は学生時代の活動を紹介の中心にさせていただきます。

　まず私が76年に入学し、80年代前半の動きです。当時はまだ拡張路線に入っていない時代であり、生協は二部があったために、朝8時半から夜8時までという長時間の営業スタイルが特徴でした。学生数は衣笠に1万2千人、広小路に6千人という状況です。78年に文学部と、

毛利　雅彦（もうり・まさひこ）
　1955年生まれ。同志社生協専務理事。立命館生協入協（87年）、同志社生協、京大生協、京都事業連合管理部、滋賀県立大生協専務理事を経て現職。

二部全学部が広小路に移転して実質的に81年には完成するのですけれど、機能そのものは広小路が中心で、私たち学生組織部の活動も78年の移転まではスクールバスで広小路から衣笠に行って、毎週、会議を行うというスタイルをどこのサークルでもやっていました。

　もうひとつの特徴は、クラブ・サークルなどのほかに語学を中心としたクラス分けをしている。そのクラス分けが、1回生、2回生持ち上がって60人単位で、その単位が高校でいうクラスというまとまりがあって行動できたというのが大きな特徴かなと思います。

　3回生以上になると、ゼミの20名から40名くらいの規模で集団的に動いていました。76年当時の学生寮は衣笠寮と言いまして、衣笠キャンパスの西のはずれの南側にあり、ほかの寮はほとんどなくなってセミナーハウスになっていて、学生たちの小集団の会議の場とか合宿の場に使われていました。

　生協の施設としては衣笠の以学館地下に食堂、パン・ミルクとか雑貨コーナーがあり、その隣に靴屋さん理髪店がありました。キャンパスでは中央の学而館には食堂、食品・雑貨コーナーがあったことを記憶しています。図書館の前のところに当時、中川会館ができていなくてプレハブの購買書籍あり、キャンパスの西の端に第二体育館の「憩いの広場」には、非常に活気のあるお店があったように記憶しています。

　広小路には、研心館に書籍購買があって、存心館に食堂があったように記憶しています。

学生層の取り組み

　学生たちがどのようなことをしていたのか、ということを紹介します。新入生が入ってきたら、まず目につくのがモデルルーム、コープの部屋と言っていました。今でもやっていますが、4畳半程度にこた

つと机を置いて、生活環境を見せる。衣笠では50坪ほどの特設会場に机や家電から、お茶碗、箸、スプーンなどの日用雑貨を揃えて、そこで買って帰れるように用意していました。その横に学生組織部員が粘って生協勧誘をしていました。勧誘だけではなくて、学生生活の相談や近隣の情報提供などをする立場として位置づけていました。

　生協委員の選出には、各学部の自治体がオリターという各クラスの教室単位に3名くらいを代表して、自治活動を支援するサポーターがついていました。当時組織部はまだ人数が少なかったものですから、オリターの人たちが生協の組織部に案内をして、組織部は手分けをして、各教室のオリエンテーションの時間を使って生協の加入紹介をし、生協に入ってね、集まりはここですよと説明をして回っていました。オリター、自治会が生協委員を選出して運営をする関係がありましたので、自前で組織をするわけでなかったというのが当時の弱点だったというふうに思います。とはいうものの、クラスのなかで一番最初に決まるのが生協委員で、共同購入を呼びかけ、主に語学テキストを共同購入してください、という具体的目的がわかりやすいですので、即集まっていただいて説明会をするという感じで、各クラス2人から、6〜8人の生協委員が選出されました。

　専門書の共同購入をすると、生協委員は数十万円集めていろいろお世話をしないといけないし、ダンボールも5、6箱抱えて分配しなくてはいけないということで、非常に過酷な役割で、一度やったら二度とやりたくないという意見もあって、やり方を考えなくちゃいけない、語学だけ中心にやろうか、ということを話し合っていたように思います。自前で生協委員を選出し日常活動としての生協活動ができるように、学部単位で支部が必要だということになり、76年には十数名しかいなかった支部委員が77年、78年には60人近くに成長しました。いろいろな活動の広がりや取り組みの成果が原因でしょうが、組織部、学生委員会の組織作りということで取り組んでいったと思います。

　三宅さんの話にもありましたように、当時総代会は年2回やってい

まして、春の総代会は組織をつくる総代会、秋は運動課題を確認する総代会として、ふたつの大きな側面があって、春の６月末の総代会では、生協委員が総代に立候補してもらい、２週間ほど投票箱を設けて、無記名の１票制で投票していただく選挙運動をしていました。誰か１人は落ちないといけないという総代選挙ですので、組織部員１名が、わざと落ちて他の生協委員を当選させるということをしながら総代を決めてゆく。やりながら矛盾を感じつつも、総代会には生協委員が揃い、事務局は組織部員が担当していました。

　新入生の動きでいうと、まず入学してから先ほどお話をした共同購入をまずやる。新歓夜祭には250〜300の屋台が出て、そこのクラスのお世話係も生協委員がやって物品調達、機材の確認もやる。そして４月も終わって、ゴールデンウィークが終わってから総代選挙という流れで、生協委員は総代会までいろいろな形でかかわって大忙しでした。

　総代は、各学部で16人くらいの選出ですけれど、学生としては120名強、教職員からは30名、総勢150名の選出。実質100名を超える総代会を運営していました。総代会議案書は、生協委員会で議論しながら作っていく。あがってくるいろいろな要求は、模造紙で30枚、40枚と壁にはっていくという総代会をやっていて、総代会で決議した模造紙を本部の学部自治会のところに持っていっていただいて、議論をして自治会の決議にしていく、そういう要求集約型で大会をして、確認一致していくなかで全学協議会ということで全学の討議の場で食堂の席数増の話とか店舗の拡充の話も決まっていくような流れにはなっていました。

組織部の活動

　一方、組織部の活動では公共料金の値上げに対する反対、私鉄、ガス料金に関しては公聴会にも参加をして、学びながら意見を言う。学

んだことをビラにして学内に配布をして、というようなことをしていました。先ほどあったように76年の春の総代会基本計画ということで出して組合員に問いかけて秋の総代会で確定していくわけですけれども、当時、2、3年前からインフレがかなり進行をしておりまして、特に78年の生協職員と生協理事会の団体交渉では2割増しという要求が出て、満額回答が1回で終わるというようなかなりインフレの時期であったと思います。そういうときに総代会でも改定をしていくということで、価格をこういう形に変えます、というのはあったのですけれども、特に米価の安定ということで食管法、標準価格米ということで当時提供をし、その逆ざや問題などのテーマで協議しました。朝食、夕食も提供をしていましたので3食提供して栄養価をきちんとバランスのとったメニューを提供しようとかいうことを運動として取り組もうということで討議書を作って議論をしたと記憶しています。

　地方要請行動や私学助成など、各省庁に請願をしたというのは三宅さんのお話にもあった通りです。平和の取り組みということでは、ヒロシマ、ナガサキへの参加。これは毎年夏に向けての取り組みでした。夏以降でも年中きちんと取り組んでいこうというプログラムがあり、76年はわだつみ像建立の時期でもあって原水爆禁止、核兵器廃絶の学習会の行動提起をして、必ず十数名を広島に派遣しました。「平和のための京都の戦争展」もこの時期にはじまってそれ以降、今は平和ミュージアムの常設にいたりましたけれど、深めていったというところです。特に78年、国連軍縮特別総会、第1回の総会へ、学生の声を集めて代表に送ろうということで1年くらい前から準備が始まり、半年くらい前から具体的に署名活動をはじめ、5月末から6月に学友会から1名、生協から1名代表を派遣しようと60万近いカンパを集めて派遣しました。これも先生方、学内の大勢の方や周辺の金閣寺、銀閣寺などの観光地を巡って署名、カンパ活動など、ありとあらゆる活動を当時の生協委員が手分けをして成果が出ていたように記憶しています。

　文化・レクリエーションの取り組みも活発で、連帯でのサマーキャ

ンプや立命の独自なところでは、淀川長治さんを招いて、映画を上映しながら講演会をするという取り組みが7年続きました。最後は淀川さんの体調が悪くて来れないということで79年くらいが最後だったと思います。あとは、爆発的に人が入りきれないほどの人気だったのは、熊川伸一郎さんの講演会で理学館1号で入っても1,200人、という教室で1,500人～1,600人くらいびっしり通路から何から入って、会場の外にも音声をスピーカーで出して聞く、というくらいとても人気のある講演会として成功しました。あと当時人気のある山田洋次さんとか藤本義一さんとかを呼んで、春と秋に、特に秋にこのような有名な方の講演会をやっていました。当然映画の上映会もやっていました。

健康デーの取り組みでは、中井久美子さんという栄養士の方が生活相談をずっと続けられて、これを全学的な取り組みにできないかということで、学生課、厚生課とも打ち合わせをしながら、生協だけじゃなくて、全体的に取り組むような活動ということで秋の生協強化月間ということで始めていくということもこの時期からスタートしていく感じです。

あとは受験宿泊。これは関わったメンバーは思い出深いもので、10箇所ほどの宿泊所に生協が受験生の宿の紹介をしていく。ここに組織部員を配置して、いろいろな相談活動をします。大学のこといろいろなことを話して、受験生に大学生になる夢を伝えていくという形で現在もやっています。現在は地方でも試験が受けられるようになり、わざわざ京都に来てというのもありますので人数そのものは減っています。

あとは機関紙の発行と立看部隊。立看部隊も話せばいろいろとあって、要は立命はどーんと立看が出せたということですね。4枚張りはベニア板を4枚並べて1枚もので一気に出す。それを4連結の立看板をつくる。最大12連結というのをグラウンドに出したこともあります。そこで総代会開催や食堂を変えてやりますよ、という大宣伝をして、以学館の前で常設的に看板を出す。看板を作成する部隊は、4回生が

御師匠さんになりながら、3、2、1回生が弟子となって夜中に徹夜して作成をして、それもまた実際の写真などが残っていたら楽しいお話で面白いのかなと思うのですけれど。歴史的に私も記憶に残っているのは、戦争展の垂れ幕を以学館に垂らしたのですけれども、大学から許可を得てシーツみたいな布に描いて垂らすということをやらせていただいたり、看板については歴史的な伝統を持っています。

　一方で書籍の一割引きの実現も同志社と同時期に実現できたのですが、残念ながら運動化はできず宣伝のみというように記憶しています。同志社や京大に学んで書評誌を発行しようということで『蒼空』という名前をつけて書評誌を発行していたのをかすかに記憶しています。そんなことを活動しながら学生委員が次の活動をしていくためには、次のメンバーを揃えるためにも定例的に活動を広げていくというかたちでやっておりました。

（2008年10月16日報告）

あとがき

　本書は、同志社大学人文科学研究所の共同研究（研究テーマ「京都地域における大学生協の総合的研究」2007～2009年）の研究成果の一部である。第Ⅰ部研究篇の各研究論文および第Ⅱ部証言編の各証言は研究例会での報告を取りまとめ、前者は同研究所の機関誌『社会科学』、後者は京都の大学生協史編纂委員会編『会報』に発表した初出の論文および証言を改稿のうえとりまとめている。前者については省略することにして、後者の19の証言の報告者、テーマ、報告年月日、『会報』（以下、省略）掲載号は以下の通りである（本書掲載順）。

　1．竹本成徳「同志社大学協同組合の経営立て直しに参画する」2008年4月24日、第8号
　2．太田雅夫「同志社大学学生会館と生協設立」2008年4月24日、第8号
　3．横関初恵「私の在籍した頃の京都府立医科大学・府立大学生活協同組合」2007年10月25日、第7号
　4．横関　武「『同盟化』の時代」未掲載
　5．小見　弘「大学生協における事業連合組織の形成とその特徴」2009年3月26日、第12号
　6．稲川和夫「京都地域の大学紛争と生協・京都地域大学生協の事業連帯活動について」2009年11月19日、第14号
　7．西山　功「1960～70年代の京大生協」2007年1月25日、第3号
　8．野村秀和「紛争に揺れた時期の京大の表と裏　京大生協のことも含めて」2009年6月18日、第13号
　9．原　強「大学生協運動の転換期に身をおいて」2009年9月17

日、第14号
10. 芦田　文夫「1983年立命館生協：不祥事と再建のとりくみ」2008年6月26日、第9号
11. 小塚和行「京都の大学生協で経験したこと、考えていたこと」2009年12月17日、第15号
12. 横山治生「田辺移転・業者競合から工学部の統合移転・女子大店舗開設の頃」2007年9月8日、未掲載
13. 平信行「34年の大学生協歴をふりかえって」2008年12月18日、第11号
14. 末廣恭雄「わたしと大学生協」2008年11月20日、第10号
15. 小池恒男「京都事業連合の歩みと『98年問題』を超えて」2008年1月24日、第8号
16. 今岡　徹「同志社生協食堂部門の歴史と京都事業連合及び大学生協連食堂政策の推移」2007年6月28日、第6号
17. 寺尾正俊「先輩方の頑張りの上に今大学生協の書籍事業があることを！　大学生協書籍事業の歴史と到達点」2010年10月21日、第18号
18. 三宅智巳「70年代後半の大学生協の活動と事業について　体験に基づく報告Ⅰ」2008年10月16日、第10号
19. 毛利雅彦「70年代後半の大学生協の活動と事業について　体験に基づく報告Ⅱ」2008年10月16日、第10号

『会報』にはそれぞれ「報告」と「質疑」を掲載したが、本書では紙幅の制約のため「質疑」は省略した。

　共同研究の成果というにはささやかなものであるが、一応の区切りとして、本書『大学の協同を紡ぐ　京都の大学生協』が刊行でき、研究会参加者みんなの喜びは大きい。参加者のみではなく、同志社生協や京都地域さらに全国の大学生協関係者の喜びでもある。本書には、これまでの五年間にわたる共同研究のうち、最初の3年間の30回以上

になる研究会の成果が書き込まれている。同志社大学人文科学研究所の研究会という枠組みで始まり、最初の3年間は同志社生協の研究を中心としてすすめられ、その後の2年間は京都地域の大学生協の研究を中心としてすすめられている。その過程で、『きょうとからの出発』（同志社生協設立50年発祥110年記念誌、2009年3月）が刊行され、続いて『大学生協京都事業連合の歩み』（2011年11月）が刊行された。

　研究編・証言編の説明・紹介は「はじめに」で書かれることだろう。一読者としての感想を書かせていただくなら、第1章の庄司論文は衝撃的だった。同志社生協の問題点を的確に指摘し、研究会の存在意義を高めてくれる内容であった。また及川論文は洛北生協の成立過程における同志社生協の「増員計画」の説明にもなっていて、あわせ読むことで両者の関係も理解しやすくなった。証言編から同志社生協の成り立ち（学館闘争）や京大生協の抱えていた問題、立命館生協の不祥事とその解決など興味深く読ませていただいた。時代がすすんで京都事業連合の食堂政策・書籍政策も紹介されていて、以降の貴重な資料になることと思われる。

　研究会のリーダーである庄司先生には感謝しきれない。大学生協で毎日3食を食べた先生の思いが込められた内容であったし、研究会のよき牽引車であった。この研究会を立ち上げるには同志社生協の理事長である大鉢先生の貢献も大きかった。先生が同志社大学の精神的バックボーンともいえる新島研究会のリーダーであったこととともに、研究会の最初に発表された安部磯雄の研究も同志社生協の意義を教えてくれた。くらしと協同の研究所の研究者でもある井上英之先生や久保建夫先生なしには方向は定まらなかっただろう。さらにこの研究会を幅広くしたものは、横関さん・西山さん・小見さんら大学生協・京都事業連合・京都生協などで活躍した大先輩や京大生協の元理事長野村秀和先生、同志社生協成立時の立役者太田雅夫先生などの参加であった。報告者はある種の緊張を強いられたことと思われる。

　最後にふれておかなければならないのは井上史さんである。前半は

同志社生協の、後半は京都事業連合の嘱託として、この研究会の企画立案・ゲストの連絡調整・当日の実務・研究会の報告さらには上記の生協史に加えるに、今回の論文「1960年代の同志社生協」、「1970年代80年代の同志社生協」に至るまで縁の下で活躍していただいた。『会報』の「報告」等は井上さんの手によって全てまとめられたものであり、本書は井上さんの力がなければ到底まとまらなかった。同じく事務局として貢献していただいた横山治生さんにも「ありがとう！」と記しておきたい。

日本生活協同組合連合会出版部の佐藤博部長と清原工氏には、出版事情のきびしい折、本書の出版を快く引き受けていただいた。清原氏のテキパキした仕事ぶりには、本当に助けられた。いろいろとご配慮いただく一方、当初の予定より大幅に増頁になるなど迷惑をおかけした。深甚よりお礼とおわびを申し上げたい。

同志社大学と人文科学研究所の職員のみなさんにも厚くお礼を申し上げなければならない。同志社大学はこのような地味な共同研究に対しても学内資金を研究費および研究成果刊行助成金として支給し、研究活動を支えてくれた。研究を重視する同志社大学の「雅量」の大きさをひとりの教員として誇りに思うとともに、感謝の気持ちで一杯である。その期待に多少なりとも応えることができただろうか。田中雅美さんをはじめ人文科学研究所の職員のみなさんには無理を言いっぱなしである。とくに、厖大かつ乱雑に残された同志社生協の資料を見事に整理し、貴重な資料目録を作成していただいた竹内くみ子さんに厚くお礼を申し上げる。同資料が利用できるようになって研究に大きく弾みがついた。

みなさんの有形無形のご協力がこの著作につながったのだろう。胸を張って本書をみなさんにお届けしたい。

　　　　　　　　同志社大学言文センター教授
　　　　　　　　京滋・奈良ブロック会長・京都事業連合理事長　　名和又介

年表

年	京都の大学生協運動	全国の大学生協運動
1945		協同組合運動再建懇談会、日本協同組合同盟（日協）総会 東京学生協組合連合協議会準備会、慶応大学生協設立
1946	全京都学生協同組合（理事長／鳥養利三郎＜京大総長＞）結成、市内39校加盟 京都大学学生協同組合創立 同志社大学学生協同組合が活動	東大農学部協組設立、慶応協組発足、東京学生協同組合連合会発足、北大協組設立、全京都学生協同組合設立 学生食堂連合会設立、学生図書協会設立、早大生共済会発足、東大協組合設立
1947	全京都学生協同組合解散・全京都学生協同組合連合会設立	5月全国学校協同組合連合会（全学協）創立（東大法文経25番教室）、全日本生活協同組合連合会発足（48年不渡り手形で崩壊） 関東地方本部、北海道地方本部、東北地方本部、東京学館協組発足（旧近衛歩兵第一連隊兵舎　館内に全学協本部、図書協会、学食連、などの本部事務所） 東大協組出版事業開始
1948	京都大学学生協同組合再建	全学協7月15日第1回総代会（大会）、ノート荷受のための請願書、11月機関紙「学校協同組合」創刊 東北大学協組設立、仮称北海道地方連合会、新潟県学校共済会連合会、石川県学校協同組合連合会、名古屋地方本部、山陰地方本部 広島高校共済会・身延山専門学校厚生部・静岡女子薬専協同組合・岡崎高等師範共済部 9月全日本学生自治会総連合結成 生協法期成同盟　10月1日生協法施行、全大阪学生協同組合連合会、兵庫県学校協同組合連合会、全愛知学校協同組合連合会
1949	京大学生協組、京大職組厚生部、京大厚生会の三者合併して京都大学協同組合設立	全学協5月15日第2回総代会（大会）、助成金請願書、京大協同組合発足、東大協組「きけわだつみのこえ」を発刊、東大協組法人化取得。協組20組合に激減。
1950	京都府生活協同組合連合会設立	日本生活協同組合同盟と名称変更、東大生協・指導部会議による五項目の運動基本綱領を決定、同生協・協同組合防衛宣言 早大共済会の生協設立準備委員会結成 7月東大・明大・早大・慶大・中大による五単協アピール（学校協同組合東京連合会設立趣旨書）
1951		3月第3回全学協総代会（大会・東大内）開催、再建趣意書の基本綱領の再確認、関西地連の設立促進、 日本生活協同組合連合会創立（3月20日　東大会長賀川豊彦）、早大生協設立総会 北大生協・総会から総代会への切り変え決議、他北海道、名古屋、九州でも促進

年	京都の大学生協運動	全国の大学生協運動
1952		第4回全学協大会、「生協は純粋に廉売機関として存在し得ず、学内民主団体と民主統一戦線を作り必要」を確認。常任理事会強化（東京2東北・関西各1）・書記局を設置、破防法反対声明。慶応生協「食堂再建運動」
1953	同志社大学協同組合設立	3月16～18日第5回再建大会（東大内）、総代会及び利用者懇談会組織の確立と強化を方針として掲げる、要求を基礎とした生協運動へ。スローガン「より良き生活と平和のために」を決定。 労働金庫法の制定、労働者共済生協設立 東大生協・経営委員長の専従制の確立、宮崎大学農学部に生協設立 宮崎大農学部生協・宮崎大学芸学部・鹿児島大生協の三者による九州地連結成 10月学園復興会議準備会結成及び開催、東京都食生活改善学生会議開催（必要カロリーを満たした定食制の実施） 全学協・宮崎大における全国理事会開催（分科会形式の採用、経験的活動報告の確立）
1954		3月第6回全学協大会（京大内） 学園の中の自主的な生活改善運動としての生協活動を強調、生活改善運動を始めとして学生統一行動を提起。学生専従の悩み・「講義にでられない」「精神的・肉体的に疲れる」学生生協運動活動家。全国生協の実態調査実施 業務の専門化（専従化）と組織活動分離、東大生協専従専務理事制度（塚崎）の定着 11月第7回全学協大会（早大内）
1955		11月27日第8回全学協大会（同大・立命内）、幅広い生活改善運動の中に生協運動を位置付ける・「学生の行動には何でも手を貸そう」を脱却、助成金打ち切られる。全学協代表として塚崎を中ソに送り出す、供給総額8億5千万円、供給伸張20％以上、扱い品目の拡大。地域的勤労者生協の設立（鳥取西部・東部・鶴岡生協）
1956		3月東京地連事業委員会発足、全国消費者団体連絡会結成 12月1日第9回全学協大会（主婦会館・法大内）経営を科学的に合理化し、民主的に運営し、活動の上での無理をなくし、講義にでられないという学生専従の悩みを解決してゆくこと。経営の研究・レジスター管理・労働力の合理的配置・帳簿システムの研究・予算統制など地連単位で講習会をもつ 日生協加盟決議（翌年会員）、日本協同組合貿易株式会社創設、ソ連との貿易開始

年	京都の大学生協運動	全国の大学生協運動
1957	同志社大学生協創立	9月1日第10回全学協大会（比叡山大会）　教育環境整備運動・消費者運動・平和と民主主義を守る運動、学生生活の実態調査 役員体制＝専務理事・杉本（早大卒業生）、常務理事・友貞（同大）坂田（東北大）佐藤（東大駒場）種村（中大） 45加盟生協中法人格大学生協＝東大・中大・法大・東外大・山梨大・東理大（同大機関紙より） 全国事業委員会（全国共同仕入組織）の発足を決定、連合会・地連勘定科目の統一、全学協専従専務の確立（杉本） 10月全国事業委員会による共同仕入事業（血盟型組織で始まる。北大・東北大・東大・東大駒場・中大・早大・明大・同大・九大・のち東大単一化・明大加入）、全国大学生協労組協議会結成 全日本労働者共済生活協同組合連合会創立、法人化組合・東大・中央・法政・東北大・神戸大・京大の7生協 2月全国消費者大会開催、中小企業三法反対闘争）
1958	京都府立医科大学生協創立	3月28日全国大学生活協同組合連合会（大学生協連）設立総会（於・勝浦　全国理事会を総会にかえて達成。会長・嶋田啓一郎　翌年2月16日認可　8月登記完了） 全国事業委員会設置（委員会書記、事務局員、専務をあわせて3名の専従体制）、同大生協法人化 8月大学生協連第1回総会（東大内）、書籍の全国共同仕入実現、岐阜大学消費生活協同組合法人化 北越紙業別漉きフールス紙ノート「大学ノート開発」
1959		8月大学生協連第2回総会（同大内）、杉本専務から田中専務へ交代（杉本は労金協会出向）、経営指導委員会発足 「連合会を軸とした生協相互の同盟的結合を強化していく」同盟化方針提起、定款変更・第5条第2項支部条項を付加 早大生協法人化、早大生協（森定）・同志社大生協（横関）・東北大生協（我孫子）・北大生協（野崎）それぞれ専従専務制へ 伊勢湾台風 中教審答申と特殊法人化構想＝生協等の不拡大敵視政策への転換、安保改定阻止国民会議結成、三井三池炭鉱指名解雇
1960	京都地区大学生協同盟体運営委員会発足	8月大学生協連第3回総会（早大内）、学生福祉事業の民主的権利を確保する活動、独占の大衆収奪・流通支配に反対する活動、連帯活動強化の活動。経営指導委員会の発足と事務局体制整備。中教審答申と特殊法人化構想を文部省は断念・大学生協の教環整備運動と対置する必要、学生会館設立要求強る。建物使用料等の徴収撤廃活動強化と学内共闘の必要性・文部省を通じて大蔵省管財局の確認を。九大生協法人化、中央大学生協脱退、加盟生協58

年	京都の大学生協運動	全国の大学生協運動
1961	7月京都市左京区田中大堰町に京都地区大学生協会館開館。鉄筋コンクリート2階建。京大・同志社、府医大生協の出資と借入金 京都大学生協1961年度総代会で菅野専務理事不信任、員外理事制廃止され部長制に(「京大問題」)	8月大学生協連第4回総会(関学大内)、同盟化方針決定、「設立の手引き」発行、全国経営統計作成、加盟生協64 同盟化方針の具体化を総会決定 事業委員会解散、全国理事会のもとに事業部を設置、理事会の諮問機関として中央委員会を設置 専務理事の諮問機関として事業運営委員会設置、事業部長(野崎弘明常務理事)・書記・会計を設置、関西支所を設置・責任者を配置 「書籍共同購入確立のための戦い」を決定、再販励行委員会交渉、私鉄運賃値上げ反対東京連絡会結成(東京地連幹事団体)
1962	『ブロック通信』(のち「月刊消費者運動」)創刊 立命館大学生協創立 京都府医・府立大生協統一総代会 四単協勘定科目の統一 労働者福祉研究会、合理化委員会(仮称)の発足 組合員需要動向調査アンケート実施。階層別収入食費、食堂(生協)利用度、書籍費、被服費など 鹿児島地方求人動向調査実施 11月10日-12日大展示即売会(勧業会館)	8月大学生協連第5回総会(鬼怒川)、大学生協経営標準値第一次案を設定、再販励行委員会と三原則の確認 「同盟化の重要性とその意義について」総会決議、東京地域「同盟化推進委員会」設置 水光熱費撤廃闘争のための拠点生協設定(岩手大・お茶大・静大・神戸大・鹿大) 76会員・供給規模34億8760万
1963	四単協合同常任理事会で同盟化、府連再建、地域化、労福協運動を確認 合同新入生歓迎会 4月20日京都府生協連再建総会 同志社生協「生協学校」発足(4月～8月、15講座) 西村豁通校長 講師:井ケ田良治・中桐大有・嶋田啓一郎・能勢克男ら 大学生協会館定款を改正「加盟大学の単一同盟化へむけての組織活動」 一乗寺寮閉鎖(1962年開設)、北白川寮・小山寮開設 第1回学生生活実態調査 戦前の消費組合運動家と大学生協関係者の懇談会開催(『月刊消費者運動』13号、『東と西 婦人版』1963.6月号に掲載)	8月大学生協連第6回総会(同志社大内)、連合会事務所落成(板橋) 大学生協連東京支所(東京同盟体・運営委員長高橋忠信東大生協専務)発足 第1回学生生活実態調査実施 同盟化推進方針①組合員の横断的結合とセクトの排除②業務統合と単協間の責任体制明確化③小単協支援④調査・企画経営機能強化 79会員・供給規模45億3620万 大学生協連15周年記念式典(「大学生協15年のあゆみ」発行) COOPマーク使用開始。COOP白衣
1964	統一献立の実施 四単協+大学生協会館の共同編集による統一機関紙(1964年5月号～65年7月号まで) 牛乳値上げ反対闘争 同大生協特販部、11月京都洛北生協(能勢克男理事長)創立 京都府連を通じて全国連合会へ人事要請	8月大学生協連第7回総会(明大信濃学寮内)、鈴木・西村両書店について東販との取引開始、生活協同組合研究所発足 東京・京都団体交流研究会 水光費・私学問題・基礎的組織活動の3章からなる「教環パンフ理論編」発行 11月第1回全国消費者大会開催 水光熱費撤廃闘争に関する論議・検討 専従専務理事制度確立単協32、86会員・供給高80億

年	京都の大学生協運動	全国の大学生協運動
1965	長期計画委員会（①長期計画プランの立案 ②組織整備要項案の作成 ③単一化合理化をふかめること ④新会館建設計画）の発足 夏期総務講習会の開催 書籍の統一、教科書供給の一元化 「西日本構想」 京大生協総代会で理事全員辞任（一人を除く）、新理事会方針	8月大学生協連第8回総会（箱根） 大学生協としての路線の確認と確立（大衆運動として要求に基づく課題、組織強化の課題、民主勢力の一翼の課題） 東京地域、西部・三多摩両同盟体発足、東部支所発足、札幌市民生協設立、所沢生協設立（後、埼玉市民生協に名称変更） 私立大学の授業料値上げあいつぐ、東北大移転問題を機に生協施設の拡充、京大五者連絡会議再建（生協構成メンバー）
1966	龍谷大学生協創立 プレイガイド部門設置、coopラーメン、替ズボン開発 八幡町志水農協との直取引	8月大学生協連第9回総会（伊豆） 早大授業料値上げ反対155日闘争・生協施設の拡充進む・危機突破九項目の実質化 3月第1回大学ゼミナール開催（全学連、全寮連、大学生協連）。設立運動が進むなかで中四国の空白地帯と地連暖海の組織の集団的指導体制の確立が急務となる。所沢生協支援・京大生協再建のために連合会から菅野購買課長・稲川常務理事をそれぞれ派遣。指導部を設置 総会会場で暴力事件発生
1967	仕入・支払い計算をブロック集中 関西地連総会で暴力事件 新倉庫（高野玉岡町）計画案 同志社生協第18回総代会	8月大学生協連第10回総会（湯河原） 同盟化活動の再定義、単一化論の克服、教職員組合員組織の現状分析、コープ商品選定基準。横浜国立大生協に対して再販三原則の契約不履行で東販が教科書の出荷を止める（員外利用・定価販売・別途利益還元）。クラス運営委員会など下からの日常的な統一的組織化と学内共同での組織化が重要、当面する大学生協の基本任務を確認。 大会スローガン「あらゆる大学に生協をつくろう」、琉球大生協設立加盟、地域生協支援を確認 立命館大学・学園振興懇談会・暴力の追放、京大生協職員監禁暴行受ける、関西地連総会暴力事件発生 東京都生協連より東京地連へ地域生協支援要請、生活問題研究所発足、20周年記念式典。
1968	「京都における同盟化運動の総括と当面の基本方針」（消運38号） 大学生協会館定款の変更、「単一同盟化」用語が消え「共同事業」に 新会館（高野）新築、事務所移転 電器サービスセンター開設、家庭配達センターの統一 coopメリヤス開発 教育研修計画（ペガサス教育受講） 「月刊消費者運動」改め「消費者運動誌」に 奈良女子大学生協設立	8月大学生協連第11回総会（伊香保）、「大学生協運動の歴史の教訓」「当面する大学生協運動の基本任務」を提起。経営指導委員会を改組、事務局内に指導部を設置、中央委員会を解散、単協代表者会議を設置、設立と連合会加盟の政治的意義の明確化、連合会融資金制度を確立 共同仕入活動の意義を再確認、同盟化方針の定着、生活問題研究所発足、有限会社大協発足 東大闘争勃発・全共闘学部図書館・安田講堂を占拠、大学生協理事・鹿大生協理事会2時間にわたる集団リンチ事件、北大生協常務理事強制監禁 東大生協「生協の経営危機について訴える」を発表、東京生協発足、大学生協会館建設を決定 流通近代化五ヵ年計画を発表（政府）、公害問題多発 札幌地区連合（同盟体）結成

年	京都の大学生協運動	全国の大学生協運動
1969	滋賀県立短期大学生協創立 TTAFU（タッフ）研究会（有志による予算のための研究会）発足	8月大学生協連第12回総会（東京、全電通）、「大学生協運動の到達点と当面する任務」を提起決定 北大生協施設拡充・生協会館の自力建設、埼玉大生協・東北大生協施設拡充、地域生協支援の社会的意義を確認 ICA大会「消費者権利宣言」、東大生協「確認書」をもとに総長交渉を実現・窃盗発生、茨大生協右翼による暴行受ける 東大生協「大学弾圧立法粉砕・生協危機突破総決起月間」を開始、名古屋勤労市民生協発足 1月東京地連総会で全域同盟化方針を決定・対策委員会を設置、10月東京事業連合設立総会。「読書のいずみ」第1号発刊。
1970	法人化定款の確認 滋賀大・大谷大学生協への物資支援	8月大学生協連第13回総会（熱海）、共同仕入五原則の提起 第二次経営標準値を提起、コープ商品開発三ヵ年計画を策定 教職員組合員組織化の重要性を確認、日販との取引開始、公取見解による再販問題に決着、室工大生協生協会館を実現 東京地連・同盟化対策委員会・全域同盟化構想案をまとめる、宮城県民生協発足、盛岡市民生協発足 「大学生協の同盟化活動の到達点と当面の課題」同盟化・単一化路線の理論的総括 九州地連総会暴力事件発生、東京事業連合・札幌地区連合法人格取得。「ロックアウト」「封鎖」で供給悪化・前年比東京地連94.5%・関西地連99.5%・九州北海前年並み・東北地連120%。
1971	3月京都事業連合創立総会（京都教文センター）、竹内欣理事長、稲川専務理事。4月30日法人格取得 京都工芸繊維大学生協、龍谷大学生協、京都教育大学生協、京都府庁生協の加盟 4月臨時総会（京都教文センター）、会員規約、連合基本契約、業務委託規定、組合債の発行 統一献立の中止 事業連合と京都府連との「覚書」締結（府連の「民主的統制」と承認） 9月1日第1回通常総会（勤労会館） 『消費者運動誌』44号で終刊、『連合通信』に改題 牛乳のCOOP化について検討答申	8月大学生協連第14回総会（東京）、全大学人による生協づくり豊かな事業活動 京大生協国有財産使用に関わる「確認書」を交わす、九大生協厚生会館を実現、法政大生協理事長暴行を受ける 東京地連・同盟化対策委員会を推進委員会に改組・東京地連全域同盟化計画案を提起・推進本部を設置 二同盟体（西部連合・三多摩事業所）が東京事業連合に法的に合併・東京支所を加える 地域生協建設を再度確認、大学生協会館用地として中野区中央敷地購入（現東京都連会館） 128会員数・供給高208億
1972	7月第2回総会（教文センター） coopデスク・ラック・冷蔵庫の開発 業務改革小委員会発足 京都府連に加入 洛南生協創立	大学生協連第15回総会（箱根） 圧倒的多数の組合員の戦いで要求を実現し運動の強化をはかる、明るく豊かな学園生活の実現をめざす。消費者運動・森永ヒ素ミルク中毒事件の被害者救済運動・組合員討議による「不買」運動がいくつかの会員で行われる。「Co-op商品についての基準」提起。九州地連の正常化を目指す特別決議 三多摩市民生協発足・連合会常務理事を専務として派遣 131会員数・供給高242億

年	京都の大学生協運動	全国の大学生協運動
1973	7月第3回総会（教文センター） 稲川専務理事から和田正之専務理事に交代 電卓、タイプライター、レコード、カラーTVが大幅伸長 女子共同寮を閉鎖 洛南生協設立委員会を設置 京都府生協連第1次中計『京都の生協運動の拡大強化計画』（1973～1975） 臨時総会（地域生協設立支援強化、全国連合会加盟、物価高騰等抗議決議、蜷川知事7選出馬要請決議）	大学生協連第16回総会（東京）、コープ商品選定基準の一層の明確化、部門政策委員会を設置 九州地連正常化と暴力一掃を再度確認、11月大学生協会館落成式・大学生協創立二十五周年式典を開催 北海道札幌地区連合、東海地連事業部、神戸同盟体、事業センター一般旅行業登録完了 「蔵官1号」の改悪を許さず生協規制排除の戦い進む、弘前・東北・信大松本・東大・群大「確認書」を目指す活動。 会員数136・供給高285億 第一次オイルショック
1974	7月第4回総会（教文センター） 豆腐のAF2（食添）・ファンタ供給中止 書籍政策委員会の設置 府連に地域生協支援委員会設置され、地域生協との業務運営、人事交流 経理事務の共同作業を連合にて開始 平安女学院生協創立 奈良市民生協創立	大学生協連第17回総会（8月・東京・日本青年会館）1号議案無し 第三次経営標準値を提起、137生協・2事業連合加盟、財団法人消費生活研究所発足（理事長・野村平爾日福大学長）。「パンフレット大学生協25年のあゆみ」発行・生協会館落成式当日配布、大学生協25年概史（略称）を発表 紙こせ10万人署名運動 第一次オイルショック・狂乱物価、「新価格体系への移行」公共料金30%から60%におよぶ超大幅値上げ 「第16回総会以降の九州地連運営をめぐる経過について」を報告・暴力一掃・暴力者の自己批判・大学生協連への誹謗・中傷の陳謝を決議
1975	7月第5回総会（かんぽーる京都） ショップ部門で大幅予算割れ、来店数、接客線、新入生アンケートなど調査活動実施 米穀統一仕入実施 サッカリン、着色剤使用品取扱い中止 奈良教育大学生協創立	大学生協連第18回総会（議案なし、資料のみ） 「大学生協運動の当面する任務」を確認、インフレ下（22%）でより良い商品をより安く提供する事業の重視 生協組織を強化し民主的運営の原則を守ること、共同仕入代金回収の前進、米価・ガス・バス・灯油など値上げの反対運動。同志社・法政・沖国大などで生協施設の破壊や暴力による民主主義破壊が進行しているが、断固として反対する活動を強化。 総合的な厚生施設獲得した大学生協140会員中36、公共料金値上げの学習会と反対活動進む。会員数143
1976	7月第6回総会（教文センター） クレジットの利用増（1975年秋スタート） 星光堂（レコード）取引開始 サウンドイン76開催（京都国際会館） 連合体制を整備し、店舗指導部を調査企画室に改組	大学生協連第19回総会（8月）、議案なし・資料関係のみ 総合的な厚生施設獲得した大学生協140会員中36、公共料金値上げの学習会と反対活動進む。会員数143。「大学生協の80年到達目標」を提起、共同仕入路線検討委員会設置 嶋田会長から福武会長に交代、同時に田中専務から高橋専務に交代 暴力問題・誹謗・中傷問題が頻発する、除名九州7大学生協の影響各地に出る

年	京都の大学生協運動	全国の大学生協運動
1977	7月第7回総会（教文センター） 食材オーダーシステムを実施 (株)京都文化事業センター設立（国内旅行、スポーツ、娯楽、保養所、損害保険代理業、自動車教習所斡旋、土地・家屋・下宿斡旋等） コンピューター導入に向けての調査、研修。「実施にいたらず」 coop牛乳への全面切替。coopアイスクリームの開発 パート職員の社会保険加入 橘女子学園生協創立 平安女学院生協の連合加盟 京都府連第2次中期計画『京都府における生協運動の任務と目標』（1977〜1980）	大学生協連第20回総会（8月） 「学園に広く深く根ざした大学生協づくり」を提起 大学生協30年の到達点と教訓（組合員の要求による事業活動の充実、民主的生協建設、組合員総力の運動発展。事業部門の伸張・書籍14.8％・購買13.4％・食堂14.5％、52大学生協センターが建設、120会員生協・177店舗が書籍事業を恒常的に展開・供給高150億、冷蔵庫・テレビ・トースター購買部門280億。 健全経営の確立、連合会ものとでの連帯活動の発展、民主的運動の原則の擁護） 全学の誰もが参加する民主的生協へ、一言運動の定式化＝組合員の声を聴く活動 大学生協連第21回総会（12月） 30周年記念事業（前年から約1年間、11月椿山荘にてレセプション）、全国共同仕入改善強化について中間報告 福武会長全国の大学生協行脚
1978	9月第8回総会（教文センター） 電算機導入し、食材振替業務、連合決算事務のコンピュータ化（NECシステム200型、自動読取機OCR-N6370)) キャッシュレスカードの導入 京都事業センター（南区吉祥院）竣工式、事務所移転 滋賀大大津地区生協生協創立 京都生協と洛南生協の組織合同	大学生協連第22回総会（12月・東京・大学生協会館ホール） 大学内の福利厚生施設充実が不可欠であり生協が運営するのが最もふさわしい、「自炊のすすめ」を発行（東京事業連合） 学園に広く深くあるため全学全階層にわたる組織建設・経営強化・人材育成が必要、書籍の定価を本体に表示させる運動 生協運動は破壊の策動との戦い・誹謗・中傷や暴力は生協運動とは無縁 連合会経営研修セミナーで「大学生協をめぐる諸問題（会長所感）」を発表
1979	9月第9回総会（京大会館） 大丸との提携、スーツセール開催 12月臨時総会で府連の「事業連合改革」（府連を中心に地域・大学・職域の総力戦等）承認。員外理事・長義一（元京都府連事務局長）選出 京都府連『京都における連帯の発展をめざして事業連合の改革のために』	大学生協連第23回総会（12月・東京・大学生協会館ホール） 自治と民主主義の力を育む大学生協・学生組合員の「学び成長する」主体として支援する 事業において組合員の生活と「広く深く」結びつく視点が多くの生協で定着した 全階層の人々が組合員として組織し運営への参加を促進した、生協施設の拡充が多くの大学で実現 重たい・油っこいメニューの改善の必要・長い待ち時間に短い喫食時間の改善を、共済事業発足。 購買部門商品の多様化（例えばオーディオ商品など）13.2％伸張・中でもレコード・プレイガイド20％伸張。 「低成長」経営への対策の必要、第二次オイルショック、第二次新価格体系への移行

年	京都の大学生協運動	全国の大学生協運動
1980	7月第10回総会（かんぽーる京都） 食材スペックオーダーの開始 購買委員会の設置 食堂事業再建プロジェクトの設置 京都生協のカタログ供給事業開始（人事交流をふくむ共同事業、コンピュータの共同化） 府連第3次中計『克服すべき大学生協経営と食堂経営』	大学生協連臨時総会（10月） 定款変更及び関連規約の変更 大学生協連第24回総会（12月・東京・大学生協会館ホール） 「大学生協の役割と当面の課題」を提起（生活の基礎を支える、生活文化の向上、自治と人間連帯を育む） 組合員の生活と広く深く結びついた事業を軸に生活文化の向上・健全経営 全学全階層にねざし組合員を主人公とした組織運営 「大学食堂の充実についての要望と提案」（課外で集い発達の場としての食事・食堂）
1981	6月第11回総会（京大会館） 連合・単協意思統一会議を開催 食堂事業第1次中計。「食堂対策部」を「食堂事業部」に改組。食堂「定型講座」実施 オーディオ・ビッグ・フェスティバル 大学生協事業センターの代理店化 coopマヨネーズ、coopソースの開発 イタリア生協から輸入スパゲティ18トン 府連総務会による大学・地域・職域役職員の教育・研修・人事交流の総合的計画案。総務部独立	大学生協連第25回総会（12月・東京・大学生協会館ホール） 豊かな食生活実現のために、組合員の読書要求にこたえて、組合員の多面的要求にこたえる 大学との建設的な協力関係の確立をめざし福利厚生の充実をはかる 「知る・知らせ・考え・話し合う」活動を提起 定款一部改正（共済関係）コープイン渋谷建設決定、第2臨調「行革大綱」増税によらない財政再建 「学生総合共済」募集開始
1982	7月第12回総会（京大会館） 下宿斡旋事業の開発、文化事業部烏丸営業所オープン 食堂「定型講座」実施 学生共済・保険北陸ブロックを担当 立命館生協3億円横領事件発覚	大学生協連第26回総会（12月・東京・大学生協会館ホール） 組合員の"生活"と"要求"と"参加"を事業・経営・活動の根幹にすえる 福利厚生における提案能力を強め生協施設の拡充に努める 平和ゼミナール、ヒロシマへの旅・ナガサキへの旅 共済活動の再定義「友達のために使われてよかった」と言えること 東海事業連合設立。コープイン渋谷開業
1983	7月第13回総会（教文センター） 『第1次中期計画（83～86）』 立命館生協再建問題検討委員会を設置 本部・倉庫の高野再移転（吉祥院事務所・倉庫は京都生協に賃貸） 京大生協・同志社生協で旅行事業開始 京大吉田食堂・統一厨房見直し 購買部門中計答申 「物流システム委員会」答申（新学期物資の別course物流化、食品NBベンダー物流化、POSシステム、オンライン化案等） 京都生協との共同電算室使用開始 事業連合『部内報』の発行	大学生協連第27回総会（12月・東京・大学生協渋谷会館ホール） すべてを生協らしい執行力の総合化に、総合的な理事会を、総合的な執行力の強化を 「計画-実践-総括」の基本過程を理事会が総括を、冊子『九州7大学生協の除名とその後』発行 「知る・知らせ・考え・話し合う」活動は草の根活動の基本、定款の一部変更（共済） 「事業連帯組織の発展をめざして-会員生協での検討のために」事業連合を「組織内組織」として定義 書籍復刊事業開始

年	京都の大学生協運動	全国の大学生協運動
1984	7月第14回総会（立命館大学末川会館） 第1回バイク安全運転教室 自動車合宿制教習所（山形）の開始 『食品無添加取扱ミニマム』、無添加食材の開発 仕入計算コンピュータ化 府大サンドイッチ・コーナー 立命館大学末川会館レストランをオープン 京都生協coop商品24品目の取扱い開始 電話磁気カードの取扱い開始	大学生協連第28回総会（12月・東京・大学生協渋谷会館ホール） 組合員の参加にもとづく事業活動、"組合員の声"活動の蓄積・継承・発展を 大学生協らしい生活文化の向上をめざす活動を、総合力を発揮して広報宣伝活動・組合員組織強化・理事会活動・連帯活動 第1回読書推進交流会開催
1985	6月第15回総会（本能寺文化会館） 連合、事業案内パンフ作成 ccoop商品小口配送の導入 京都生協、府連との三者による「文化事業の発展・強化に関する協定」締結	大学生協連第29回総会（12月・群馬・ニュー松の井ホテル） 組合員の参加の広がりの中で参加の力をお店と商品に 生活の中から出てくる要求と関心を共有し生活文化の向上 理事会を中心に組合員の期待に応えうる総合的な執行、相互信頼関係をさらに発展させ連帯活動の強化 全国教職員・院生委員会の発足、高橋専務から岡安専務へ交代 神戸事業連合設立
1986	6月第16回総会（本能寺文化会館） 第2次中期計画（トータルシステム開発の方針決定） 電算機の京都生協との共同利用をやめ、野村コンピュータに委託 書籍部門中期計画 連合部内報『連帯』創刊 同志社　田辺校地開校	大学生協連第30回総会（12月・静岡・暖海荘） 「新しい協同をめざして～変化の時代における大学生協の役割～」を採択 会員どおしの学びあい・励ましあいで連帯活動が進んだ（新学期活動、統一新学期カタログ作成） 魅力ある大学づくりに貢献すること、組合員の生活・要求を基礎に活動をすすめる、大学コミュニティの充実、 定款一部変更（生命共済掛け金、財産運用）、魅力ある大学づくりに貢献すること、組合員の生活・要求を基礎に活動をすすめる、大学コミュニティの充実 円高不況、自民党「生協問題特別委員会」の再開
1987	6月第17回総会（かんぽーる京都） EOS概要設計 新情報システム（UKシステム）稼働 統一メニュー準備開始、メニュー編成会議の確立 文具の統一商品リストの確立 オーダーブックによる発注開始 「物流センター構想」（just in time物流への挑戦、広域化対応など） サービス事業中期計画 「大型間接税導入反対決議」	大学生協連第31回総会（12月・福島・磐梯熱海グランドホテル） 「新しい協同をめざして～変化の時代における大学生協の役割～」当面の重点課題採択 階層別・生活動向の時系列分析と事業化・広報宣伝、PEACE NOW企画で地域の戦争体験・基地の実態調査 臨時教育審議会最終答申・大学審議会設置、国公立大学入試制度変更
1988	6月第18回通常総会（かんぽーる京都） EOSの実施。会計、供給システムの実施 組合員モニター制度の導入 クープ倶楽部創立 京阪神事業連帯協議会発足	大学生協連第32回総会（12月・京都・パルスプラザ） 組合員の"生活づくり、仲間づくり"をすすめ、組合員にとって"魅力ある大学づくり"をすすめる 東北事業連合・大阪事業連合設立 九州除名大学生協に関する和解勧告を受け入れる

年	京都の大学生協運動	全国の大学生協運動
1989	6月第19回通常総会（コープイン京都） 京都トラベルセンター開設 共同店舗の開設 事業連合の区域を京都府・滋賀県・奈良県とする 定款及び会員規約変更 総務部を業務管理部に改組 コープイン京都オープン	大学生協連第33回総会（12月・静岡・つま恋） 消費税廃止運動の取り組み、生活研究・商品研究の必要性の認識 組合員の勉学・研究上の喜び・悩み・知恵を生活提案・商品提案としてすすめる 生協の魅力を活かして仲間づくりをすすめる、ICAアジア生協小委員会・オリエンティーション開催、コープイン京都開業 福武会長7月逝去、大内力会長就任
1990	6月第20回通常総会（アピカルイン京都） 厚生省認可法人へ（広域化） 『ダイレクト・コミュニケーション事業構想』 PPM（プロダクト・ポートフォリオ・マネジメント）による業態別改善 事業本部・管理本部・理事会室の2本部1室制へ組織改革 物流機能の外部委託方針を決定 新規事業準備室スタート 滋賀大大津地区生協、滋賀大学彦根地区生協、奈良女子大生協、奈良教育大生協の加入	臨時総会（7月） 定款変更 関西地達事務所移転に伴う従たる事務所を削除、共済制度改善 大学生協連第34回総会（12月・静岡・つま恋） 仲間とともにすすめる楽しさと、大学生活で「やりたいこと」「行き方」が見つかる喜び、生協への参加拡大 組合員一人ひとりの生活を出し合いながら、お店づくりと生活づくりをすすめてきた HELP（高等教育におけるコンピュータ環境の革新）の実践、裁判の和解の年にあたって 北海道事業連合・中国四国事業連合設立
1991	5月第21回通常総会（アピカルイン京都） 第3次中期計画 中四事業連合と組織協定書締結、UK1の導入 UKシステム稼働（予約管理、組合員情報、食堂、購買、サービスでPOS） 組合員証の磁気カード化 ペガサスセミナーに専務理事ら幹部のべ109人を派遣 日本生協連合会への加入 事業連合創立30周年事業	大学生協連第35回総会（12月・静岡・浜名湖ロイヤルホテル） 実行、仲間つくり、楽しい大学など願いを自分の力で人と人のつながりをつくりながら実現できる生協づくり 環境課題のとりくみに関わる組合員 組合員の要求に答え続ける事業活動、九州問題の解決と九州事業連合の結成 私学研究会答申、大学生協書籍事業のリストラクチャリング、フードサービス事業の変革をめざして、旅行事業第3次中計
1992	5月第22回通常総会（京都私学会館） 総合リビング事業プロジェクトと学生マンション建設提案の承認 京都生協とのタイアップによる共同購入組織・コモディティー通販プロジェクト答申 旅行・サービス分野の京阪神事業連帯の検討 プリペードカードシステム実行計画の承認 書籍事業リストラクチャリングと書籍事業システム開発計画の承認 中四・京都提携のための政策の課題と広域物流対策方針の承認 情報機器政策の承認 京都文化事業センターにおける保険事業政策の承認 マッキントッシュを使った供給促進ツール開発の承認 あき缶対策プロジェクト答申と実行計画 育児休職に関する統一協定書 日生協厚生年金基金への加入（企業年金保険の一元化）	大学生協連第36回総会（12月・静岡・つま恋） 生協単位（集団）の組合員参加、魅力ある大学づくり、組合員の実現実感を大事にする 組合員・役職員の一体感を高める、生協職員の参画意識を高めるマネジメント 定款改定（役員任期、他）、会員・支部・総会運営規約の変更 21世紀委員会答申、ICA東京大会・ベーク報告「変化する世界での協同組合の価値」 九州事業連合設立

年	京都の大学生協運動	全国の大学生協運動
1993	6月第23回通常総会（ホテルニュー京都） 購買・食堂・サービス分野での予算未達成（構造的不況） 書籍スタディガイドの大幅伸長 会員生協でのオリジナル海外旅行の成功 ハイパーメディア・学内LAN対応投資の承認 外販事業化計画（教職員・家庭へのサービス） キャンパスサービス事業開発答申の承認 中四・京都組織協定書「5項（組織統一による事業連帯の高次化について）」を削除 給与処理業務の標準化とシステム化の計画 部内報『連帯』の復刊 米凶作による「きらら・標準米」の一時停止と米問題に関する提案	大学生協連第37回総会（12月・静岡・つま恋） 組合員の持つ知恵や経験を活かした店舗づくり、生活単位での協同を広げる活動 PCカンファレンス（工学院大学、立命館大学） 東京地連、インターカレッジコープ設立
1994	6月第24回通常総会（ホテルニュー京都） コープ総合リビングKK設立 DPE内製化の全店展開 文具取引先変更についての対策 新学期物流計画（全会員店舗で予約POSを運用し、供給は電話・FAX受注を受注センターへ集中。物流センター倉庫2か所に集中、9デポから宅配・家配。新学期商品在庫を連合で集中管理） システム改善費用の承認 新人事制度具体化委員会の設置 事業本部を廃し、ショップ事業部、フードサービス事業部、総合リビング部の3部門体制へ。人事教育部の新設 HELP事業のウインドウズ環境での事業強化（NRIとの新しいパートナーシップ確立についての提案） LAN対応の生活情報システム開発の承認 たばこ事業計画と小売販売業認可 CDのオンライン発注スタート 伊藤忠フーズとのハンバーグ開発の承認 ピザ展開計画の承認 私費掛売システム実行計画の承認（導入は95年6月）。コープ・メンバーズカード 会員・連合間のコミュニケーション・シートの活用（提出先は専務理事） 京都生協との共同事業の政策検討委員会設置（京都生協15万軒、大学生協教職員2万軒専用チラシ）	大学生協連第38回総会（12月・静岡・つま恋） 21世紀へむけた大学生協のビジョンとアクションプラン 大学生協の21世紀ビジョンを表明、組合員の主体形成を積極的に論議 「知り、知らせる、考え、話し合う」平和への行動の輪を広げてきた、地連活動強化検討委員会答申 コミュニケーションのあふれる大学づくり、組合員の実現実感を大切にした店舗づくり 大学審議会答申と大学設置基準の大綱化、雇用不安・消費不況・円高

年	京都の大学生協運動	全国の大学生協運動
1995	5月第25回通常総会（ホテルニュー京都） 印刷事業内製化事業の開発と実施 事業連合21世紀ビジョン（第4次中計）の検討 京都生協・コープしがとの事業提携（ユニコン倶楽部）本格化 全職員人事データベースの作成 カタログ事業部、ネットワーク事業部の新設 クリエイツかもがわとのコンサルタント契約（ビジョン・中計スタッフとして参加、カタログ事業、ユニコン倶楽部など起案） 外国語コミュニケーション事業政策PJ設置の承認 厚生省指導検査「通知」への回答（府庁生協・中四事業連合との業務提携について、コープ総合リビングの総会決議をしていなかった件について） 生協間取引員外利用に関する申請書提出 日外アソシエーツ（BOOKデータベース）購入の承認 システム開発PJ・スタディガイドシステム及びネットワークPJ設置の承認 物流倉庫変更の承認（高野倉庫から京和梱包運輸に賃貸・一元化） パソコン通信用生協オリジナルモデム開発の承認 自転車オリジナル化推進の承認 洋書事業PJ答申とSISへの出資の承認（SPI社との取引開始とSISへの出資） 奈良県商科大学生協の創立、加盟 池坊学園生協の創立、加盟 京都経済短期大学生協の創立、加盟 奈良工業高等専門学校生協の創立、加盟	臨時総会（6月）　共済制度改善にともなう定款変更と規約変更 臨時総会（10月）　6月臨時総会で議決した定款及び火災共済事業規約の一部訂正 大学生協連第39回総会（12月・静岡・つま恋） 阪神・淡路大震災に対する救援・復興支援活動、戦後50年を節目にした平和への貢献と国際交流 学びと交流あふれるキャンパスづくり、大学生協経営評価基準策定委員会答申 会計検査院による大学生協の国有財産の無償使用許可の指摘
1996	5月第26回通常総会（ホテルニュー京都） 中国語教室・語学研修の開発 ERIの取り組み 京大・同志社・愛媛などで外販事業の開始 デイビスCOOPとの契約 インターネット・プロバイダー事業の開始 ユニコン倶楽部家電事業の精算と中止（京都生協の政策変更のため） 大阪樟蔭女子大生協の創立、加盟	大学生協連第40回総会（12月・静岡・つま恋） 「生協ファン」をふやすことを経営の中心に、生活センターとしての生協店舗 地域センター・全国センターを提起・「連帯活動強化推進委員会答申 CIECの創立、HSK（漢語水平考試）の取り組み、大震災被害への国民的保障を求める運動を提起 ICAアジア太平洋委員会とICAキャンパスコープ青年セミナーを開催、「知り・知らせる。考え・話し合う」核兵器廃絶運動
1997	5月第27回通常総会（ホテルニュー京都） コープ・オンライン・パシフック設立 京都・中国・九州3事業連合業務締結協定書 フードサービス・業務ツリーPjによる運営基準書の作成 ショップ事業における京都・中・九州の共同化（オリジナル・サンド、缶ジュースの共同仕入れ） 新学期商品の受注センター共同化 7事業連合（北海道、東北、大阪、神戸、中四、九州）のフードサービス部門の交流 滋賀県庁生協、樟蔭女子大、岡山大、立命館BKC食堂の新規オープン	大学生協連第41回総会（12月・静岡・つま恋） 大学生協の基本的価値を「教育機能」と「協同体験の重視」と規定、組合員の対等・平等、大学生協の情報開示 みんなが「関わってみよう」「もっと関わってみたい」と感じる生協に 自分の生活実感の発信による共感の拡大、組合員の生活・生協職員の実感が共有される理事会・職場運営 地域・全国センター構想を提起、定款の一部改定（共済・入院介助特約）、赤字会員の増加、消費税率のアップ 地球温暖化防止京都会議開催

年	京都の大学生協運動	全国の大学生協運動
1998	合同理事会議の改革 4月理事会で役員辞任 5月第28回通常総会（かんぽーる京都） 京都事業連合方針討議 7月臨時総会の開催 13会員、16キャンパス訪問研修と報告集の発行 新規システム投資の大幅圧縮 連合及び関連会社の経費支払いに関する調査委員会の設置 フードショップ事業の振り返り 2000年問題対応新システムの6事業連合共同開発 京阪神協議会の継続 業務委託・共同事業運営費検討PJを京都・中四合同で設置 環境マネジメントシステムの導入・研究会開発 民主的で開かれた事業連合への組織運営の変更 会員支援担当常務の配置 店舗運営支援部の設置 新規事業担当常務の配置 COP専任副社長の配置 中四事業連合との分離準備 商品部の設置 人事教育部、庶務担当、理事会室を統合し役員室に改組 調査担当を専務直轄に変更 『98年度理事会発言録』発行	大学生協連第42回総会（12月・静岡・つま恋） 参画と協同体験を通じて生協の魅力を広げていく、組合員との関係づくりを重視する生協職員 社会体験を通じて自分自身を発見し成長を育む就職支援活動、人と地球にやさしい生活づくり・事業体づくり 経営危機の打開・健全な財務体質の構築、会員生協経営対策特別積立金の設定、定款変更（生命・火災共済） 地域/全国センターの発足、厚生省社会・援護局長私的諮問機関「生協のありかた検討会」、樹恩ネットワーク設立 岡安専務理事から小林専務理事に交代、岡安副会長理事へ
1999	5月第29回通常総会（京都教育大学学生会館） 中四事業連合との提携解消 COP（洋書事業）は中四へ経営移管 京滋・奈良地域センター設立	大学生協連第43回総会（12月・静岡・つま恋） 一人ひとりの「夢」を協同体験を通じて実現、私達がつくる全国10の地域センター 現場の臨場感あふれる情報が組織を駆け巡り共感の輪が広がる アクションプラン策定委員会を設置する、地域センター確立支援と連合会の事務局再編、チーム制へ 1999年度将来構想プロジェクト答申（教育・研究機能に貢献する事業、大学コミュニティへの提案力、地域に根ざす大学生協） 大内会長から田中学会長に交代、岡安副会長退任 北陸事業連合設立。
2000	5月第30回通常総会（龍大深草3号館） 京都事業連合改革方針第1次案 共同事業運営費の新基準 食堂メニュー編成委員会設置 日販本の抜き取り取組と「本やタウン」の導入 ちばコープ視察研修 東京、横浜、神戸、西宮のAPを（株）バーシティウェーブへ譲渡 地域センター主催APU視察研修 コープ牛乳産直交流協会10周年交流会	大学生協連第44回総会（12月・静岡・つま恋） 21世紀に向かう大学生協、仲間から仲間へ・そして活気ある大学へ、一人ひとりの願いを私達の願いに広げ・実現に 学内にあるコミュニティとのつながり、組合員のつながりの中に位置づく生協事業 他者と社会との関わりの中で私を発見する、経営改革は生協再生のビジョンの中で 共感を広げながら一人ひとりの得意技を活かし一緒に取り組みを 憲法調査会を設置

年	京都の大学生協運動	全国の大学生協運動
2001	5月第31回通常総会(龍大深草学舎 紫光館) プロバイダー事業の移管 組合員が食べたいパン作りの活動、暮らし応援、食と健康、巣立ち応援委員会など、声に応える活動 カタログ編集の取り組み 地元野菜の提供や伝統食の取り組み 京大時計台店舗移設、工繊大購買部改装、奈良女子大付属中学店舗開設、同志社新大学会館・新町別館・情報棟カフェプランなどの支援 監査室の設置 定款改定(責任ある運営体制、合理化へ) 総会運営規約・会員規約の改定、監事監査規約設置 連合職員の削減 地域センター主催すこやかセミナー 大学コンソーシアム・地域センターとの合同懇談会	大学生協連第45回総会(12月・静岡・つま恋) 「生活」を「協同」すること、自分たちの手で自分たちの暮らしづくりを 魅力あるキャンパス・学びと交流あふれるキャンパスづくりを目指す 巣立つ学生組合員が学びと自己発見・成長・実体験を通して豊かに大きく育つために 一人ひとりが学びと成長・協同を広げられるこれからの生協店舗・食堂の役割、定款一部改定(旅行業、会員資格など)
2002	5月第32回通常総会(コープイン京都) 大山乳業協同組合との酪農インターンシップ、治道トマトの提供 滋賀県立大学生協の地産地消の食堂づくり 奈良女子大文学部付属中学の食堂・購買部の開設支援 立命館宇治中学・高校新キャンパス食堂開設支援 監事会意見書と回答	大学生協連第46回総会(12月・千葉・幕張メッセ) 私たちの暮らし・学びあい・生協とサポートする大学生協の役割・諸活動 魅力ある大学とそれを造る私達、私達の充実したキャンパスライフを支える大学生協 多くの仲間づくり(生協加入)と知らせることの大切さ 明治大学生協の自主解散、工学院大学生協仮理事会発足
2003	5月第33回通常総会(コープイン京都) 国立大学法人化にともなう、大学と生協との基本協定書締結の取り組み 京大生協『カンフォーラ』『宇治生協食堂』『時計台生協ショップ』『桂キャンパスショップ』、同志社生協京田辺『カフェジョアミ』、立命館生協『カフェユンゲ』の開設支援、BKCリッツカフェテリアの増床、滋賀大彦根地区生協『カフェラグーナ』、池坊学園生協『オアシス』など充実させるとりくみ	大学生協連第47回総会(12月・千葉・幕張メッセ) 組合員同士の主体的な学びあいが進んだ、互いの助けあい・支えあいが進んだ、自分達で大学生活を良くする取り組みが進んだ 組合員・大学から信頼される生協経営が出来てきた、組合員の興味・関心を広げるきっかけとなる店舗づくりが進んだ 生協と出会って自分が変わった・自分が変わって友達もキャンパスも変わった(総会テーマ) 読書マラソン(中京、法政)始まる。小林専務から和田専務に交代 有事関連3法成立

年	京都の大学生協運動	全国の大学生協運動
2004	5月第34回通常総会（コープイン京都） 大学生協の存在意義（役割）と信頼を高め続ける取り組み 学生サービスの強化、キャンパス環境の整備 立命館諒友館食堂の増床、生協フードコンビニの拡充、BKCセントラルアークのカフェオープン、龍谷大生協深草キャンパスショップの移転、滋賀県立大生協の人間看護学部食堂の開設、京都橘学園生協の共学化にともなうキャンパス整備、京大桂キャンパス新食堂開設の支援 会員生協・連合の累積赤字解消6カ年計画（2004～2009年度） 共同事業運営費の計画的削減 京都教育大生協、滋賀県立大生協、京都工繊生協、同志社生協の再建支援 京都の大学学びフォーラムへの参加 京都学生祭典など企画支援 コンソーシアム京都の長期実習コース開始 オリジナルサンドイッチの開発	大学生協連第48回総会（12月・千葉・幕張メッセ） 健康で安心した生活を送るための提案活動、学びあいの活動（読書マラソン、キャリアデザインセミナー） 先輩と後輩が繋がり大学生活の経験を伝える取り組む、自大学の魅力を伝える活動（オープンキャンパス） ISO14001認証取得21会員、コンプライアンス経営重視と民主的経営強化、組合員の参画しやすい店づくり 変化への対応力、大学の元気は学生の元気、大学生協論研究会答申「21世紀の大学生協の革新」 国立大学の法人化（学生中心、教育中心、運営交付金の削減、大学の種別化、法人経営）、福利厚生施設のPFI建設
2005	5月第35回通常総会（コープイン京都） 業務システム移行に関する日本生協連との協議（システム移行1年延期措置） 共同事業運営費等検討委員会答申 食堂事業プロジェクト準備会の事業再生ロードマップ 大学及び大学関係団体との提携の取り組み 小規模生協への人材派遣・育成制度 臨時総代会で定款改正 滋賀大大津地区生協カフェ、同志社新町カフェテリアの新設、立命館BKCのDCカフェ新設の支援	大学生協連第49回総会（12月・神奈川・パシフィコ横浜） 各大学生協の存在意義と価値をビジョンとして大学内外に発信する会員の増加 組合員一人ひとりの成長に貢献し協同の力でコミュニティづくりの推進 地域社会や社会へ目を向けて大学生協の社会的役割と発揮、大学との協定締結と協同の促進 大学生協の総合力を活かし経営・財務の改善と経営体力の強化、共済加入者の1万減少 田中学会長から庄司興吉会長に交代
2006	5月第36回通常総会（コープイン京都） 連合職員不祥事 新システムの不具合発生 立命館朱雀店、府立医科大看護店のオープン、龍谷大生協瀬田ショップの新設移転、同志社明徳館食堂・立命館中川購買部・龍大青志館食堂の全面改装など支援	大学生協連第50回総会（12月・茨城・つくば国際会議場） 「21世紀を生きる大学生協のビジョンとアクションプラン」を採択、「事業連帯の発展のために」答申 学生の元気が集まるコミュニティづくりが進んだ、読書マラソン委員会・新学期アドバイザー・新入生院生留学生歓迎会 ビジョンナビゲーションセミナ開催、環境サークルと生協の協力共同行動、共済活動の強化発展、書籍事業の再構築答申 大学との定期懇談・協力・共同の強化、組合員の声を基にした店づくり（白石さん効果）、人事・労務政策強化（団塊世代） 所得の二極化と奨学金受給学生の増加、大学内コンビニ店の導入続く、生協法改正の動き

年	京都の大学生協運動	全国の大学生協運動
2007	5月第37回通常総会（コープイン京都） NRIシステム（PK2システムWeb6版）への再移行決定 キャリアアップ支援制度を軸とした人事処遇・人材育成プロジェクト答申 システム問題を検証する第三者委員会中間答申 新学期交流・スタートアップセミナー開催 京都橘生協カフェレストラン新設、同志社京田辺体育地区食堂の生協移管、立命館BKCのミールショップ新設など支援	大学生協連第51回総会（12月・茨城・つくば国際会議場） 「協同・協力・自立・参加」で豊かなコミュニティづくりを進める大学生協、「連合会のあり方検討委員会」答申 学生の元気で大学・地域の活気をつくりだす出す大学生協、生協と学内諸団体との協力・協同 大学生協の取り組みに位置付ける学生の「学び」と「成長」（入学から卒業までを） 組合員の消費者・生活者としての成長を育み社会に目を向けた取り組み（環境、災害ボランティア、Peace Now、食育） 健全な事業経営と大学への寄付（留学生支援、学生支援、施設投資）、「広報戦略・新マーク策定委員会」答申 国民投票法の成立、約4割の私立大学で定員割れ
2008	5月第38回通常総会（コープイン京都） 食堂事業プロジェクトによる事業政策の検討 新人事処遇制度の検討 コンビニエンス事業政策の検討 京阪神の書籍事業再生政策答申 小規模会員店舗支援グループ開始 ジョブローテーションの実施 京阪神スタディガイド共同事務局の活動開始 連合旅行事業の受託と京阪神旅行サービス事業部運営の開始 連合メニュー価格改定 管理部を管理支援部に名称変更 非接触ICカード導入に向けての準備 受験宿泊事業の別会社（スチューデントトラベルジャパン）への移管 改正生協法（2007年）による定款改正 公認会計士・税理士法人との新契約 同志社生協への経営支援 地域センターとの共催『食のシンポジウム』	大学生協連第52回総会（12月・茨城・つくば国際会議場） 「協同・協力・自立・参加」の好循環でたすけあい・まなびあいを育み、組合員とともに成長する大学生協を、ビジョンをもとに「組合員の参加・協同」「大学との協力」「経営の自立」を一体的にすすめよう 改正生協法への対応と組織運営の見直し・強化 大学生協の4つの使命「協同」（ブルー）「協力」（イエロー）「自立」（オレンジ）「参加」（グリーン）を表現する新マーク「つながる元気、ときめきキャンパス」決定 新学生総合共済スタート

年	京都の大学生協運動	全国の大学生協運動
2009	5月第39回通常総会（コープイン京都） 「2020年ビジョンと第1期中期計画」決定 事業経営構造改革と店舗運営技術の向上の取り組み、 食堂事業「商品政策」「業務政策」「組織政策」の決定、食堂定型講座、「食堂施設計画ハンドブック」作成、「厨房機器の日常的保守手順書・衛生管理マニュアル」作成 「ショップ（セルフ・コンビニ分野）事業政策」作成 連合（常勤常務理事）、同志社生協、工繊生協の役員人事について連合会に支援要請 コープ総合リビングの再建支援計画 会員生協間人事交流協定書の締結 CMBOの順次導入、メンター制度開始 京阪神・北陸事業連合機能統合に関する調査委員会設置 KLASシステムを導入、運用開始 滋賀県立・京都教育大につづいて奈良教育大生協で非接触ICカード導入 保険事業センターへの専任担当者配置 パワーハラスメント・セクシャルハラスメント研修の実施 小池理事長から名和又介理事長に交代	大学生協連第53回総会（12月・茨城・つくば国際会議場） 「大学と協力し、学生どうしのたすけあいと学生支援の輪をひろげよう」、組合員の協同と参加による、知恵と力でささえあい、自立する大学生協を 共済連合会設立の準備、「『新たな組織運営』の具体化（第1次案）」、連合会・地域センター（支部）など組織再編、事業連合間の機能統合の検討、「社会的責任（CSR）」を自覚した事業組織をめざす 新型インフルエンザの対応 『大学生協の歴史と未来　法人化50周年想い出集』発行 国連「2012年を国際協同組合年」に決定 アメリカ・オバマ政権誕生、政権交代、「リーマン・ショック」世界同時不況、デフレ
2010	5月第40回通常総会（コープイン京都） 京阪神北陸事業連合機能統合に関する調査委員会答申、統合に向け準備 役員処遇および登用のありかた検討委員会答申 食生活かんたんチェックサイトの開設 連合資料室開設、ブロック創設50周年法人化40周年記念事業検討	大学生協連第54回総会（12月・茨城・つくば国際会議場） 「大学と協力し、学生支援の輪をひろげ、組合員の参加と協同で学生の成長を」、会員と二つの連合会が協力し、自立と連帯を強め、組合員の願いを実現しよう アピール「学生生活をまもるために高等教育への予算確保を」 「学生支援」をキーワードに大学との共同・協力を広げる、組合員の「コト」を把握し「モノ」提案 経営改善・コンプライアンス経営の充実、ブロックによる支部運営の準備、全国会計システムの構築 8月臨時総会で会員規約改正 大学生協共済連合会第1回通常総会 庄司興吉会長『大学改革と大学生協　グローバル化の激流のなかで』出版（企画制作・全国大学生協連） ハイチ大地震緊急募金、核不拡散条約（NPT）再検討会議（NY）へ代表派遣

出典：生活協同組合連合会大学生活協同組合京都事業連合『発祥50年・法人化40周年記念　大学生協京都事業連合の歩み』2011年（小見弘氏・井上史作成）。

細目次

はじめに ……………………………………………………… 庄司 俊作　3
　研究対象　3／本書の意義と今後の課題　7

第Ⅰ部　研究編

第1章　大学生協の高度経済成長と学生生活 ……………庄司 俊作　16
　はじめに　16
　1　1960年代の学生生活　18
　2　同志社生協の設立と発展　23
　3　経営不安定な時代へ　29
　4　1970年代の同志社生協と学生生活　32
　おわりに　40

第2章　バブルおよびポストバブル期における消費動向と学生生活の変化
　……………………………………………………… 久保 建夫　42
　はじめに　42
　1　バブル、バブル崩壊と生協―大学生協にもふれて　43
　　（1）なぜバブル、ポストバブルを問題にするのか　43
　　（2）生協におけるバブル・ポストバブル認識　46
　2　学生生活の変化とその背景　51
　　（1）1980～08年における「1カ月の収入と支出」の推移と特徴　51
　　（2）学生生活の重点と生協　57

第3章　京都、滋賀、奈良地域の学生生活
　………………………………… 久保 建夫、名和 又介、三宅 智巳　64
　はじめに　64
　1　学生生活の現状と問題点　65
　　（1）学生の1カ月の収入の特徴　65
　　（2）下宿生の1カ月の支出の特徴　67

2　下宿生の生活を支える保護者の負担　74
　　3　学生の意識と行動　76
　　4　「学生生活総合支援」のあり方について―まとめにかえて　79

第4章　消費者運動から考える大学生協 …………………………… 原山　浩介　83
　　はじめに　83
　　1　「安くてよいもの」という発想　84
　　2　運動と資本主義の狭間　86
　　3　生協とは何か、という問い　89

第5章　1960年代の同志社生協 ……………………………………… 井上　史　92
　　はじめに　92
　　1　同志社生協の歴史的概略―1945年まで　95
　　　（1）初期社会主義思想の学生消費組合　95
　　　（2）大正デモクラシー期の同志社購買組合　97
　　　（3）恐慌下の社会的キリスト教運動と階級的消費組合としての「学消」　97
　　　（4）戦時下の学生消費組合運動　100
　　2　同志社生協の歴史的概略―1945年以後　102
　　　（1）全京都学生協同組合と学生会館食堂問題　102
　　　（2）法人認可　105
　　3　第1期「東と西と」　107
　　　（1）『東と西と』の誌名　能勢克男と羽仁五郎　107
　　　（2）安保問題と「単一同盟化」　110
　　　（3）婦人版の創刊　112
　　　（4）統一版機関誌と生協研究所、洛北生協の設立　114
　　　（5）理事会の改選と誌面改革　115
　　おわりに―安部磯雄から嶋田啓一郎へ　117

第6章　1960年代の同志社生協の可能性 …………………… 及川　英二郎　125
　　はじめに　125
　　1　値上げ問題の発生　131
　　2　値上げ問題への取り組みと地域生協　139
　　おわりに　155

第7章　1970年代、80年代の同志社生協 …………………井上 史　160
　はじめに　160
　1　施設闘争と府連第2次中期計画の「総力戦」　165
　2　「学園に広く深く根ざした大学生協づくり」と事業活動の転換　167
　3　食堂政策の転換　171
　おわりに　175

第8章　『邂逅』（同志社大学生協書評誌）と全国大学生協読書推進運動
　　　　………………………………………………………名和 又介　181
　はじめに　181
　1　『邂逅』の紹介　182
　2　大学生協の書籍政策　187
　3　読書推進運動　190
　おわりに　197

第9章　初期の同志社生協史に関する一考察 ……………小枝 弘和　205
　はじめに　205
　1　安部磯雄の消費組合設立と同志社の状況　209
　2　商事研究会の発足と購買部の設置　211
　3　同志社大学学友会への購買部移管
　　　―学生会館と新島会館建設をめぐって　215
　4　その後の購買部と課題　220

第10章　安部磯雄から学ぶ………………………………………大鉢 忠　223
　はじめに　223
　1　安部のキリスト教観　227
　　（1）キリスト教を学ぶ　2年級時代　227
　　（2）キリスト教教会活動に奉仕　228
　　（3）神学の研究と将来設計と宗教観　4年級　228
　　（4）退学から留学まで　229
　　（5）洋行日記　230
　2　安部磯雄の社会主義　231
　　（1）洋行後の心境の変化　231

（2）安部社会主義思想の起源　232
　3　安部磯雄の協同組合（消費組合）運動　233
　おわりに　235

第Ⅱ部　証言編

1950～1960年代

1　同志社大学協同組合の経営立て直しに参画する…………竹本 成徳　240
　　大学生活とのかかわりと学生時代　240／専門性の要求と民主性の確保　242

2　同志社大学学生会館と生協設立……………………………太田 雅夫　244
　　自己紹介に代えて　244／安保、京大天皇事件、破防法闘争　245／第１次学館闘争　246／『同志社学生新聞』に見る学館闘争史と協同組合の創立　249

3　私の在籍した頃の京都府立医科大学・府立大学生活協同組合
　　………………………………………………………………横関 初恵　254
　　女性の専務理事　254／破防法闘争と火炎瓶事件　255／学友会副委員長、生協初代監事として　257／府立医大生協に就職　259／府立医科大・府大生協の組織統一と大学紛争　261／赤字経営再建の悲願　264／府庁生協、地域生協設立支援　266／不変の生協理念　267

4　「同盟化」の時代 ……………………………………………横関 武　270
　　同志社生協の再建と「同盟化」　270／忘れがたき指導者たち　271／同盟化運動の総括と発展　273

5　大学生協における事業連合組織の形成とその特徴…………小見 弘　274
　　大学生協運動と事業連合　274／歴史的形成　275／連合組織をつらぬく論理の特徴　282

1970年代

6　京都地域の大学紛争と生協・京都地域大学生協の事業連帯活動について
　　………………………………………………………………稲川 和夫　289

関西の大学生協とのかかわり　289／関西地連に赴任した背景　291／大学紛争と大学生協をめぐって　293／京都の大学生協と事業連帯活動をめぐって　294／京都地区の事業連合創立をめぐって　296／事業連合の創立をめぐって　297

7　1960～70年代の京大生協……………………………………西山　功　299
京大生協30年史の取り組み　299／路線上の混乱と経営管理上の未熟　301／経営改善と学生の変化　302

8　紛争に揺れた時期の京大の表と裏………………………野村　秀和　305
生協とのかかわり　305／京大学生時代　306／院生・教官時代　308／学内の民主化—組織・生協理事会　309／京大生協理事長時代　312／大学生協設立支援　315

9　大学生協運動の転換期に身をおいて……………………………原　強　317
大学生協とのかかわりと学生時代　317／大学生協の転換期　319／関西地連事務局の運動のなかで　321／出版物の作成と教育　323／実践を通じて学んだこと　325／医大生協時代　328

1980年代以降

10　1983年立命館生協：不祥事と再建のとりくみ………………芦田　文夫　329
立命館生協の再建に当たって　329／「不祥事」事件—経過の概要　330／学生時代からの生協活動家が再建の中心に　331／生協活動の原点にたちかえる　333／大学生協運動の到達点から謙虚に学ぶ　334／組合員の生活と要求と参加を根幹に　335／「借入債券」と87年の再建達成　336／立命館における民主化の到達段階と関らせて　338

11　京都の大学生協で経験したこと、考えていたこと……………小塚　和行　341
自己紹介に代えて　341／学生の主体的参加を大切に　342／大学との建設的な関係づくり　343／「赤字は悪」　345／職員の役割、働きがい　346／連帯とはなにか、事業連合の役割　347

12　田辺移転・業者競合から工学部の統合移転・女子大店舗開設の頃

　　　　………………………………………………………………横山　治生　349
　　同志社田辺校地の開校と専務理事就任　349／困難な経営と大学との信頼関
　　係の回復　350／同志社大学生協から同志社生協へ　352

13　34年の大学生協歴をふりかえって………………………………平　信行　354
　　自己紹介に代えて　354／繰り返された同志社大学のバリケード封鎖と総代
　　会開催問題　355／田辺移転問題対応への呪縛と解放　356／京都工芸繊維大
　　学生協時代　357／京大生協時代―西部会館ルネの誕生　358／大学院重点化
　　大学と生協の公費システム開発　359／生協留学生学生委員会　360／桂キャ
　　ンパスの登場とPFI事業　361／法人化と大学の変化、法人間業務委託契約
　　　362／キャンパスアメニティの集中的改善　363／「京大生協のMission：
　　三つの使命」と「Vision2010」　364／事業連合の果たすべき役割・機能の再
　　確立　365／当面の経営改善課題　367

14　わたしと大学生協……………………………………………………末廣　恭雄　368
　　大学生協とのかかわりと学生時代　368／生協食堂の時代　371／生協設立の
　　時代　372／京都事業連合の拡大路線についての私見　375／京都事業連合の
　　チェーンストア路線の私見　377

15　京都事業連合の歩みと「98年問題」を超えて………………小池　恒男　380
　　大学生協とのかかわり　380／最高執行役員の交代と問題の背景　383／問題
　　の根本原因は何か　385／臨時総会議案にみる方針転換の要点と改革・改善
　　の取り組み　387／改めて事業連合の機能について考える　391

16　同志社生協食堂部門の歴史と京都事業連合及び大学生協連食堂政策の推移
　　………………………………………………………………………今岡　徹　394
　　食堂事業の特徴　394／「学ぶことは食べること」の時代から、生協食堂の
　　基盤を固めた時代　395／京都における食堂事業連帯の再構築と食堂経営の
　　近代化に向けた取り組みと同志社生協　399／京田辺キャンパスの開校と本
　　格的な食堂競合　405／食堂メニューシステムを基盤に事業連合を軸にした
　　チェーンシステムによる食堂経営改革の進展　408／食堂政策・食堂事業連
　　帯の変遷と食堂現場の移り変わり　409／京都における食堂事業の政策と経
　　営　411

17 先輩方の頑張りの上に今大学生協の書籍事業があることを！
　……………………………………………………………寺尾　正俊　413
　既存の書籍事業史と報告　413／戦後、書籍部づくりの苦闘時代　～1953年　414／書籍再販闘争の時期　1953～1957年　414／全国共同仕入れの発足と拡大　1953年～1963年　416／発展と充実の時期　1964年～1965年　416／大学紛争の影響とその後の歩み　1966年～1979年　418／高度成長と大学生協　420／書籍事業の再構築の時代へ　422／出版業界不況の中、大学生協も同じ流れの中で喘ぐ　1999年～2002年　424／もう一度「基本」に立ち戻って再構築時代へ　2003年～2009年　424／年表、興味ある事項など　425

18 70年代後半の大学生協の活動と事業について………………三宅　智巳　427
　大学生協とのかかわりと学生時代　427／77年～81年　学生時代の大学生協　429／組織部から学生委員会への変化　432／関西地連の主な任務と役割　433／西日本の大学生協の連帯組織の状況　434／80年代の京都事業連合の路線　435

19 70年代後半の大学生協の活動と事業について………………毛利　雅彦　438
　学生時代の立命館大学生協　438／学生層の取り組み　439／組織部の活動　441

あとがき……………………………………………………………名和　又介　445

　年表　450
　細目次　468

執筆者紹介

庄司 俊作（しょうじ・しゅんさく）
　　1952年生まれ
　　同志社大学人文科学研究所教授、くらしと協同の研究所研究委員
　　日本経済史　農業問題
　　主要業績『日本の村落と主体形成──協同と自治』日本経済評論社、2012年

久保 建夫（くぼ・たてお）
　　1942年生まれ
　　くらしと協同の研究所客員研究員、佛教大学非常勤講師
　　経済学
　　共編著『生協再生と職員の挑戦』かもがわ出版、2005年

名和 又介（なわ・またすけ）
　　1947年生まれ
　　同志社大学言語文化センター教授
　　大学生協京滋・奈良ブロック会長・大学生協京都事業連合理事長
　　中国語・中国文学
　　編著『20年後の「体」「心」「社会」をつくる 食の講座』コープ出版、2008年

三宅 智巳（みやけ・さとみ）
　　1957年生まれ
　　大学生協京都事業連合調査担当

原山 浩介（はらやま・こうすけ）
　1972年生まれ
　国立歴史民俗博物館准教授
　日本現代史
　著書『消費者の戦後史　闇市から主婦の時代へ』日本経済評論社、2011年。共著『食の共同体――動員から連帯へ』ナカニシヤ出版、2008年。共編著『食と農のいま』ナカニシヤ出版、2011年

井上 史（いのうえ・ふみ）
　1957年生まれ
　編集者
　元大学生協京滋・奈良ブロック事務局嘱託
　論文「『土曜日』と能勢克男」『社会科学』94号、2012年、共著『同志社生協設立50年発祥110年記念　きょうとからの出発』同志社生協、2009年

及川 英二郎（おいかわ・えいじろう）
　1967年生まれ
　東京学芸大学准教授
　東京学芸大学生協理事
　日本現代史
　主要業績　「生協運動史研究と植民地主義・ジェンダー――1950・60年代の社会運動――」『同時代史研究』第2号、2009年

小枝 弘和（こえだ・ひろかず）
　1975年生まれ
　同志社大学同志社社史資料センター社史資料調査員
　同志社史、教育史
　著書『William Smith Clark の教育思想の研究――自由教育の系譜――』思文閣出版、2010年

大鉢 忠（おおはち・ただし）

1941年生まれ
同志社大学名誉教授。同志社生協理事長（05年〜）
著書『新島研究第100号別冊　安部磯雄日記　青春編』同志社社史資料センター、2009年。編著『同志社生協設立50年発祥110年記念 きょうとからの出発』同志社生協、2009年他

同志社大学人文科学研究所研究叢書 XLIII
大学の協同を紡ぐ ―京都の大学生協―

［発 行 日］2012年5月20日　初版1刷

［検印廃止］

［編　　者］名和又介・庄司俊作・井上 史

［発 行 者］芳賀唯史

［発 行 元］日本生活協同組合連合会出版部
　　　　　　〒151-8913　東京都渋谷区渋谷3-29-8　コーププラザ
　　　　　　TEL. 03-5778-8183

［発 売 元］コープ出版（株）
　　　　　　〒151-8913　東京都渋谷区渋谷3-29-8　コーププラザ
　　　　　　TEL. 03-5778-8050
　　　　　　www.coop-book.jp

［制作・印刷］株式会社 晃陽社

Printed in Japan
本書の無断複写複製（コピー）は特定の場合を除き、著作者・出版者の権利侵害になります。
ISBN978-4-87332-310-7　　　　　　　　　落丁本・乱丁本はお取り替えいたします。